善爱　公信　共生

——昆山周市镇社会建设的实践与探索

张广利　史红亮　编著

世界图书出版公司

上海·西安·北京·广州

图书在版编目(CIP)数据

善爱　公信　共生 / 张广利,史红亮编著. —上海：上海世界图书出版公司,2011.9
ISBN 978-7-5100-3841-9

Ⅰ.①善…　Ⅱ.①张…　②史…　Ⅲ.①社区管理—昆山市—文集　Ⅳ.①D669.3-53

中国版本图书馆 CIP 数据核字(2011)第 163806 号

善爱　公信　共生
——昆山周市镇社会建设的实践与探索
张广利　史红亮　编著

世界图书出版公司出版发行
上海市广中路 88 号
邮政编码 200083
南京展望文化发展有限公司排版
上海市印刷七厂有限公司印刷
如发现印刷质量问题,请与印刷厂联系
(质检科电话:021-59110729)
各地新华书店经销

开本: 787×1092　1/16　印张: 24　字数: 470 000
2011 年 9 月第 1 版　2011 年 9 月第 1 次印刷
ISBN 978-7-5100-3841-9/G·287
定价: 50.00 元
http://www.wpcsh.com.cn
http://www.wpcsh.com

序

当今中国正在经历一场全方位的社会转型。伴随着经济的快速发展和社会体制改革的加速,社会结构正发生着急剧的变迁,社会成员的自主性明显加强,利益主体日趋多元,利益结构进入深度调整期,从而全面改变了人们当下的生活场景与活动空间,形塑着中国社会建设的进程,迫切要求社会管理体制、机制和能力的全面创新。

昆山地处长三角经济区,是江苏省的东大门,东邻国际大都市上海,西依历史文化名城苏州。改革开放以来,昆山紧扣时代脉搏,走在江苏全省“两个率先”的前列,综合实力位居全国百强县(市)首位,成为我国 18 个改革开放典型地区之一。地处昆山、太仓、常熟三市交界的周市镇,是昆山中心城区的重要组成部分和北部城市副中心,也是昆山北部装备重镇和正在崛起的商贸新城,区位优势明显,交通便捷,产业发达。作为经济发达和快速城市化的区域之一,周市的经济社会转型比其他经济欠发达区域来得更早,也更加全面、深刻,社会建设与社会管理面临前所未有的机遇与挑战。张广利、史红亮课题组以高校和地方政府合作的形式,借助华东理工大学社会与公共管理学院的研究力量,通过对周市镇深入细致的调研,完成了以《善爱　公信　共生——昆山周市镇社会建设的实践与探索》为题的研究报告,有力回应了在社会生活和管理体制都发生深刻变化的背景下周市镇社会建设的任务与使命,具有重要的理论价值与实践意义。大体说来,该研究报告具有以下几个突出的特点:

第一,以跨学科的理论视角和研究方法,全面审视周市镇的经济社会发展历程,找寻区域社会建设与社会管理的科学路径。在社会成员服务需求日益多样化、复杂化的新形势下,要践行以人为本、均等共享的价值理念,必然要求实施多元竞合的制度安排。该课题从社会学、经济学、管理学以及政治学等学科角度,以座谈会、跟踪访谈、专家咨询及专题研讨等形式,立体展示了快速城市化地区小城镇经济社会发展的基本概貌。该课题的研究,为周市镇的经济与社会的协调发展,探索快速城市化地区的小城镇社会发展和管理模式,找到了一个新的突破口。研究报告显示,周市镇紧紧围绕加快转型升级、建设幸福周市的核心任务,以保障和改善民生为重点,以完善社会服务为基础,以促进公平正义为导向,以社会管理及其创新为特色,以体制机制改革为动力,以社会规范特别是法制建设为保障,全面加强社会建设，努力开创具有时代特征、江苏特色、周市风貌的社会主义社会建设新局面。

第二，全书五大篇在总体框架内既相互支撑，而各篇又自成体系，既是周市镇近年来社会建设方面的经验总结，又是民生体系中的热点问题，共同建构善爱包容、公信共生的和谐周市。新世纪以来，周市镇借助其独特的区位优势，社会建设起点高，建设快，特别是在社区建设方面取得了较大的成绩，积累了许多经验，在社区管理服务机构、服务设施、服务队伍、服务制度及服务水平等方面成绩喜人。然而，受人口结构、产业结构、社会结构及文化传统的影响，周市社会建设与社会管理的任务相当艰巨，本书各篇正好回应了诸如此类的问题。第一篇：周市镇民生与社会保障的建设路径主要探讨了周市劳动与就业促进的探索之路、人人可及的卫生服务、全覆盖的社会救助网络体系、统筹城乡社会保险体系建设和社会福利与社会服务，从而构筑了一个社会保障的安全网。第二篇：传统城郊型社区向现代都市型社区转变的实践探索与模式创新，探讨了在快速工业化、城市化及从乡到城转变的大背景下，周市镇从城郊向现代社区的嬗变过程中如何旧貌换新颜，对周市的社区建设与统筹城乡发展具有战略性意义。第三篇：周市镇公信政府建设实践探索，分析了快速城市化背景下的乡镇政府的职能转变、外来人口不断增加与政府管理的压力，以及在以人为本、执政为民的管理服务理念下，周市镇公信政府建设的目标诉求，指出公平与效率是服务型政府的基点。依法行政与法治型政府建设、“阳光、务实”的政务公开与村务公开，以及形成合力的行政监督体制，都是公信政府建设的核心内容。第四篇：人文氛围构建与包容环境建设探索，分析了“一龙起舞”到“五凤竞翔”的背后，周市快速城市化的人文环境瓶颈，而“关爱人、塑造人、发展人”，为周市社会建设与人的发展找到了一条可行的路径。第五篇：“平安周市”的创建路径与实践探索，则从社会治安环境优化的网络建设与行动逻辑、社会矛盾纠纷的化解机制创新、外来人口服务与管理的制度架构、生产生活安全的保障方式和实践策略等方面，综合分析了“平安周市”建设的基本路径。

第三，适时总结周市镇经济社会发展的地方经验，不仅有利于推动周市镇自身的转型升级，也为全国其他经济发达地区贡献更多的地方性知识。社会学家费孝通先生曾在考察苏南模式时指出，“小城镇，大问题”。小城镇的发展之路，可谓中国经济社会转型的缩影。作为快速城市化的典型区域之一，周市镇社会建设和基层社会管理的相关研究与地方经验的提升，能够为昆山市乃至全国其他经济发达地区面临的同质性难题提供重要参考价值和借鉴意义。如：探索在快速城市化的非农化过程中，如何尽快提升新的城市化地区的城市管理水平，为居民提供高水平的公共服务；探索在规划刚性约束下，如何实现经济成功转型问题；探索以镇为独立财政预算单位，如何更好地管理城市化社区，尤其是大型居住区问题；探索让群众成为城市社会建设和社会管理主体的平台和路径；以及探索经济发展背后的文化动力等。当然，周市镇在发展过程中，也呈现出较多个性化的地方特质，具有其他发达地区所不能复制的经验，其自身发展也面临诸多独特的困境，这些都在考验基层政府行政管理和社会管理者的智慧。

随着社会管理体制改革的深化，政府与社会的合作关系逐步深入，政社合作关系日渐步入契约化和法制化的轨道，社会组织与政府平等合作及多元参与的社会管理新格局正逐步显现。周市崛起之路是中国经验的重要组成部分，而中国经验正期待新的理论解释。如何借鉴发达地区的先进经验，有效链接学理关怀与现实路径，回应这些全新的时代命题，是周市镇迫切需要解决的现实课题，也是本书有待进一步提升的地方。总体来说，本书对周市镇地方经验的解读，是适时的，也是必要的，这不仅是政府和高校的战略合作的重要抓手，更是周市镇主动找寻经济社会发展过程中的约束因素与未来命题，探索转型升级之路的明智之举。

曹锦清

华东理工大学社会发展研究中心主任　教授　博士生导师

目录

第二篇 传统城郊型社区向现代都市型社区转变的实践探索与模式创新

第三篇　公信政府建设实践探索

第四篇　人文氛围构建与包容环境建设探索

第五篇　“平安周市”的创建路径与实践探索

总论

加强社会建设,创新社会管理,是中国特色社会主义建设的重要组成部分。当前,我国正处于从传统社会向现代社会过渡的转型时期。在这个转型过程中,社会成员的自主性明显加强,社会结构、社会功能、人们的生活方式和社会需求、社会组织间的相互关系都日趋多元化,城市的社会生活和管理方式也在发生着深刻变化。但原有的资源配置体系、社会控制机制正趋于消解,而新的整合机制和利益诉求渠道尚未完善和充分发挥作用,各种类型的社会问题、社会冲突、社会风险现象凸显,威胁社会安全与稳定。针对我国进入经济社会发展新阶段的国情,不久前,中共中央政治局专题研究了加强和创新社会管理问题,分析了当前加强和创新社会管理的紧迫性、重要性,提出了总体要求、原则、途径和突破口。社会建设作为政治、经济、文化、社会等四大建设之一,主要包括发展教育、实施扩大就业的发展战略、深化收入分配制度改革、加快建立覆盖城乡居民的社会保障体系、建立基本医疗卫生制度以及完善社会管理等方面。也就是说,既要进行保障改善民生、社会事业的建设,又要进行包括社会事业体制在内的社会体制改革和创新;既要加强社会管理、社会安全体制的建设,又要进行社会伦理、社会规范的建设;既要加快收入分配关系的调整,有效调节过高收入,扭转贫富差距扩大的趋势,促进社会公平,又要支持中产阶层的发展壮大,加快调整社会结构的步伐,使之形成与现代经济结构相适应相协调的现代社会结构。因此,社会建设是一个宏大的系统工程。加强社会建设,创新社会管理是构建和谐社会的必然要求,也是事关巩固党的执政地位,事关国家长治久安,事关人民安居乐业的大事。

经济社会迅速发展的昆山,尤其是正处于工业化和城市化快速推进、经济迅猛发展时期的周市镇,已经涉入社会转型的深水地带,进入利益分化的多事之秋。能否化解社会矛盾,实现和谐发展,是摆在昆山周市镇人面前的一大现实难题。昆山地处长江三角洲，是江苏省的东大门，东邻国际大都市上海，西依历史文化名城苏州，区域面积 927.7 平方公里，其中陆地面积 641.1 平方公里，水域面积 286.6 平方公里，是江南典型的鱼米之乡；常住人口超过 120 万。1989 年撤县设市，现辖 10 个镇和 1 个国家级昆山经济技术开发区。改革开放以来，昆山率先改革、率先开放、率先发展，以自费开发为起点，走出了一条以改革开放为时代特征，以"创业创新创优"精神为强大动力，以全面小康为显著标志，以人民幸福为不懈追求的率先发展、科学发展、和谐发展的昆山之路、率先达到江苏全面小康社会水平，走在江苏两个率先的前列，综合实力位居全国百强县(市)首位，成为我国 18 个改革开放典型地区之一。

周市镇位于昆山北部，地处昆山、太仓、常熟三市交界，由原周市、新镇、陆杨三镇合并而成，是昆山中心城区的重要组成部分和北部城市副中心，与昆山经济技术开发区仅一河之隔。区域面积 81.56 平方公里，辖新镇、陆杨 2 个办事处，18 个社区和 15 个行政村。周市区位优异，交通便捷，产业发达，是昆山北部装备重镇和正在崛起的商贸新城，400 多家外资企业、1 000 多家民营企业在这片生机盎然、商机无限的热土上蓬勃发展，做大做强。近年来，周市镇更是认真贯彻科学发展观，坚定信心，创新思路，多措并举，真抓实干，着重推进优化经济结构、优化城镇环境、优化队伍素质等三个优化，各项事业均取得了长足的进步。近年来先后被评为国家卫生镇、全国环境优美乡镇、江苏省文明镇、江苏省体育强镇等。解读周市的发展历程，可以概括为：抓住了乡镇工业、外向型经济和城市化三次发展机遇，形成了先进制造、现代服务和房地产三大产业为主导的产业体系，一个崭新的昆山北部新城正在崛起。

进入新世纪，随着周市镇城镇化的迅速推进，大量土地被开发，产业发达，大批农民变为城镇居民，大量人口急速集聚，外来人口规模巨大，人口组成复杂，居民生活方式、价值取向多元，利益分化严重，治安、环境等矛盾突出。为适应新形势的需要，在保持经济平稳较快发展的同时，周市镇的社会建设开始启动。周市镇党委和政府立足发展实际和社会现实，把加强社会建设、创新社会管理摆在更加突出的位置。他们以"善爱、公信、共生"为理念，坚持以人为本、居民自治、共建共享、依法办事、创新创优、注重服务、突出和谐的原则，积极探索社会管理体制、机制、制度、方法等改革；加大在教育、卫生、文化、就业、就业服务、社会保障、生态环境、公共基础设施、社会治安方面的投入，扎实推进经济社会协调发展。周市镇的社会建设起点高，建设快，在短短的五六年时间内，周市镇在民生与社会保障、社区建设、公信政府建设、人文氛围构建、包容环境建设、社会安全建设等诸方面，都取得了显著的发展，对城市化快速推进过程中的社会建设和社会管理进行了大量富有成效的探索和实践，积累了许多宝贵的经验。

在促进就业方面：就业乃民生之本，同时也是促进市民社会参与的一个重要实现方式。周市镇根据稳住已有就业、推进自主创业、加大就业援助的行动框架，优化就业环境，积极开发新岗位和构建劳动力市场信息服务体系，通过开展诸如推进女性就业服务平台的“春风行动”、针对就业困难群体就业援助的“131工程”、促进毕业生就业和技能培训的“青年见习计划”等一系列的扶持行动，实施对农村劳动力技能培训与创业扶持的“富民强村”战略等，在全面推进周市镇就业工作中发挥了实质性的作用，成效显著。另外，针对市场竞争的日趋激烈，劳动者面临的压力也不断增强，一些长期处在高压工作状态下的员工，已经普遍呈现职业倦怠、心态紧绷等亚健康状况，周市镇以“彰显人文关怀，构建善爱之家”以及“尊重人、关爱人、塑造人、发展人”为行动理念，开展以促进员工快乐工作、提升员工生活品质、关爱员工心理健康、员工价值成长、平衡健康绩效、实施心理援助、建设阳光班组为内容的“快乐工作”关爱职工行动，有效地回应了当代产业工人在竞争的市场与充满压力的环境中的特定需求，促进了和谐劳资关系的形成和稳定。

在医疗卫生方面：在周市镇，无论是城镇居民，还是农村居民，都同样可以享受基本医疗卫生服务，初步形成了一个体系健全、均等服务、人人可及的基本医疗卫生服务体系，这一切都源于周市镇优化的卫生服务平台所发挥的作用。近年来，周市镇不断完善基本医疗卫生服务体系，基本形成了“1体2翼12点”的社区卫生服务网络，打造“15分钟健康圈”。并建立健全社区卫生服务质量管理机制和社区卫生工作的组织运作机制，完善了社区药品政府补贴制度，加强公共卫生服务项目评估管理工作，突出“六位一体”的社区卫生服务功能，切实做到小病在社区、大病进医院。在此基础上，实施了让全体居民共享经济发展成果的卫生服务“温情工程”。为把这项惠及千家万户的惠民工程做好、做扎实，周市镇管理层在组织保障、业务培训、部门联动以及宣传发动等方面实施了一系列保障性措施，使百姓都能享受到优质的医疗、预防、保健和康复服务。

在社会救助、社会保险和社会福利方面：周市镇已建成了全覆盖的社会救助网络体系，包括职工特殊困难救助、慈善事业与慈善超市、低保与临时性救助、医疗救助、“三无”对象的供养等。实现对困难群众的全覆盖，让他们在困境中有所依，在艰难中不失希望。并通过“慈善超市”这种新型扶贫帮困形式，对社区低保、残疾人、下岗失业、困难职工等困难家庭进行了帮助。周市镇的社会保险体系已比较完善，基本实现镇域层面全覆盖，初步形成一个包括农保、居保和城保在内的能够覆盖周市镇不同人群的社会保险网络。构建了结构合理、运作高效的城乡一体、市镇联动的劳动保障公共服务体系，在各村、社区建立了劳动保障工作站，保证了劳动与社会保障各项工作的顺利开展，有效地回应了群众的社会保障需求。2010年，周市镇又全面推出“善爱之家”工程，惠及全镇范围内农村、社区、企业的全体居民、职工、女性、儿童、残疾人士等，推出了包括心理咨询、团体人身意外险、大病救助、临时救济、托养服务、康复服务等20多项服务内容，推进了民生保障和公共服务的全覆盖、均等化和优质化，推进了政府服务职能的转型，取得了良好的社会效益。

在社区建设方面：由于周市镇正处于城市化快速推进、经济迅猛发展的时期，大量土地被开发，大批农民变为城镇居民，外来人口规模巨大，房东经济蔓延，导致社区人员杂乱，内部结构复杂，社区居民生活方式多元，物管等矛盾突出，且社区队伍素质偏低、社区经费不足、管理服务缺位、法律法规缺失等问题。为应对社区建设和管理面临的困境，周市镇立足现实，在社区硬件建设的同时，在社区软件建设上，采取多种措施，在社区管理机构、社区管理服务设施、社区管理服务队伍、社区管理制度和工作机制、社区服务体系、特色和品牌社区创建等方面进行了积极的探索和实践。即通过"八个一体化"，推进从城郊向现代社区、农民向市民的转变；通过"职能部门进社区"、"三位一体"的多元共同治理、无候选人直选的社区自治等制度转型，创新社区管理的模式；构建了"民生 110"等社区公共服务网络；通过"四方会议"，改进社区综合治理机制；通过社区教育、社区参与和社区文化提升居民的综合素质；并成功创建了"一居一品"的社区品牌等等。社区建设和管理取得良好的成果，有些社区还获得了省级乃至国家级荣誉。

在公信政府建设方面：近年来，周市镇在推进公信政府建设方面做了很多有益探索。政府作为一个为社会成员提供普遍服务的组织，其公信力程度通过政府履行其职责的一切行为反映出来。政府公信力是政府影响力和号召力的象征，它来自人民长期形成的一种基于客观事实的主观意念，政府公信力形成中最重要的并且直接关系到人民切身利益就是政府提供的公共产品和公共服务。周市镇把以人为本、执政为民作为一切工作的指导思想，以法制化、民主化作为公信政府建设的目标诉求，以实现公共利益最大化让民众过得更加幸福作为镇政府的工作目标，将"四个弄懂四个坚持"作为执政为民的实践标准，加强 "三大体系"建设，优化社会管理体制，提升 "三大环境"质量，优化"两大公共产品"，满足群众迫切需求。在信访工作方面提出了具有创新性的"五个抓"与"五个变"，拓宽了社情民意表达渠道。围绕依法行政和规范行政提出了"八大任务"和"八条禁令"，以及增加政府工作透明度的"政务公开三级指标"，坚持重大事项听证制度，完善人大、纪检、群众、特约监督员等组成的行政监督体系，并开展每年一度的"创新奖、规范奖、突破奖、清风奖、和谐奖"评选活动等等，周市镇的公信政府建设收到了很好的效果，大大提高了政府在群众心目中的威信和地位，增强了政府的影响力和号召力。

在人文氛围和包容环境建设方面：人文环境是社会发展的主要内容和重要指标，社会发展归根结底是人的发展。周市镇党委、政府以高屋建瓴的长远眼光提出"关爱人、塑造人、发展人"的发展战略，高度重视人口素质和人力资源的提升，以及人文氛围和包容环境建设。着力配置"优质均衡"的基础教育资源，示范创新社区教育。大力发展群众文化事业,汲取历史文化优良传统,开展丰富多彩的群众文化活动,营造全民共享文化平台,提高文化凝聚与认同。并通过实施"善爱之家"工程,树立"善爱之村"、"善爱社区"、"善爱之企"、"善爱之家"、"善爱之星"等先进典型,充分发挥党组织、工会、团组织的作用,形成人人善爱、大家善爱的善爱大家庭,以善养善,搭建一个善爱他人的平台,全面提升周市社会文明度。目前,周市镇一种具有周市特色的善爱文化,关注弱势群体、关爱他人的良好氛围和包容环境正在形成。

在社会治安方面:平安是社会稳定的基础,周市镇在平安创建过程中,逐步建成统一指挥、城乡一体、反应灵敏、攻防兼备、实战高效的现代治安防控体系。周市镇通过实施"户村接警系统"和"平安细胞"工程、健全"三区联防"治安巡逻防控机制、搭建"五位一体"的综合治理基层平安保障平台、开展"四进四送"和"大走访"开门评警等活动,提高了人民群众的自我防范意识和能力,整合治安管理力量,形成防控合力,消除治安管理盲区、畅通治安管理信息,织就了平安和谐网络。同时,有针对性地适时开展专项整治和综合性整治活动,使得各种违法犯罪行为得到进一步控制,为社会发展创造了良好的治安环境。为此,周市镇连续五年被苏州市政府授予"平安镇"称号。

在社会矛盾化解方面:周市镇着力推进社会矛盾纠纷大调解机制建设,制定了重大事项社会稳定风险评估方案,完善群体性事件应急处置机制;理顺"大调解"工作的管理体系,实现人民调解、行政调解、司法调解有机结合;完善"纵向到底、横向到边"的信访工作的组织体系和基层信访工作平台,畅通人民利益诉求渠道;创新矛盾纠纷调处方法,把矛盾化解在基层、解决在萌芽状态,最大限度地减少了不和谐因素,取得了良好效果,为全镇经济社会又好又快发展创造了稳定的社会环境。

在外来人口服务与管理方面:周市镇引入了"人口信息采集仪"及相关工作机制,全面、准确、及时地对外来人员进行信息采集和登记。实施了外来人口的集中住宿的"集居工程",完善建管并重的规范化机制,严格落实 "二查一管"的工作机制,创新"三三制"管理运作模式,形成了"上有人管,下有人抓"的管理网络,为外来人口管理工作顺利进行打下坚实的组织基础。同时,周市镇围绕"善行天下,爱铸周市"系列活动方案,积极推进关心、关爱新周市人行动,全面提升外来人口公共服务均等化的能力,将"四同"理念落到实处,推进外来人口的全面发展,基本实现了"新老周市人善爱一家亲"、"均等服务,乐在周市"的目标,为构建"平安周市、和谐周市"提供坚实的基础。

当然,周市镇在社会建设和社会管理方面取得了举世瞩目成绩的同时,也面临诸多的困境和挑战。第一,现行保障政策就业导向的正激励效应相对不足,社会救助制度框架面临体制性矛盾的挑战;第二,社区管理队伍素质偏低、思想观念滞后、管理服务不到位、物管矛盾突出、有关法律法规缺失等；第三，政务公开力度不够，交互性不强，村民会议制度尚不够健全，政府网站从形式到内容都还不甚完善等；第四，人文环境构建和包容环境建设的主题定位不清，基础教育和社区教育的可及性存在问题，“善爱之家”工程的组织架构和制度尚不完善；第五，和谐社会建设的任务依然艰巨，社会稳定的压力突出，社会累积性矛盾和阶段性问题相互交织，新的社会需求、社会事务、社会矛盾等对社会管理体制提出了新的挑战，维护社会稳定的任务尚很繁重。所有这些都还需要进一步的进行实践探索和深入研究。

本课题立足于昆山周市镇社会建设和社会管理的实践，在广泛深入调研的基础上，对昆山周市镇社会建设和社会管理的理念、目标、原则、内容、路径、效果、面临的挑战及进一步改革发展等，进行了比较全面系统和深入细致的分析和研究。主要由五部分组成，包括：周市镇民生与社会保障的建设路径、传统城郊型社区向现代都市型社区转变的实践探索与模式创新、周市镇公信政府建设实践探索、人文氛围构建与包容环境建设探索、平安周市的创建路径与实践探索等。本课题的立项主要有两个方面的目的：一是力图总结和提炼出昆山周市镇社会建设和社会管理的成功经验，以期获得可供借鉴和推广的成果，为其他经济发达地区的社会建设和社会管理提供重要参考和借鉴；二是针对昆山周市镇在社会建设和社会管理中遇到的某些瓶颈和挑战，直面现实，提出一些行之有效的对策建议和改进措施，为周市镇的经济与社会协调发展，营造安定团结的社会氛围，探索社会建设和社会管理的模式作出贡献。

张广利

华东理工大学社会与公共管理学院副院长、教授、博士生导师

第一篇
民生与社会保障的建设路径

前言

刚刚过去的第十一个“五年”，对于昆山周市镇而言无疑极具不平凡的意义。其间既须直面席卷全球的金融危机的挑战，同时民生与社会建设的时代重担又历史性地落在周市人的肩上。一方面，大的经济环境具有诸多不确定性，保增长、促发展的压力相当沉重；另一方面，在社会建设的大形势下，保稳定、促民生的任务并没有丝毫减轻。如何在这种严峻形势下做好民生与社会保障工作，无疑是周市人须直面解决的现实课题。近年来的实践表明，周市镇坚持科学发展模式，将抓经济发展与抓人的发展相协调，将民生工作放在重要位置，坚持以就业促进为抓手，以社会救助体系的完善为政策托底，以统筹城乡社会保险体系建设为契机，在民生与社会保障制度建构与管理模式上积极探索转型与升级的路径。

近年来，周市镇秉持“对人的关怀”这一施政宗旨，本着“关爱人、塑造人、发展人”的工作理念，在民生与社会保障事业的建设方面，以极具前瞻性的视野和超前理念，开展了大量富有创新性的工作，形成了良好的民生与社会保障实践格局和发展型社会政策的实践模式。

在就业方面，周市镇不断强化政府促进创业、充分就业战略，在推进结构调整加快自主创新过程中，统筹兼顾增强企业竞争力和吸纳就业的能力，扩大就业容量，积极制定与产业规划相配套的职业规划，推进国家级创业示范型城市创建工作，建立就业服务新干线，加大职业技能培训，整合现有行业、企业、学校、培训机构的教学设备资源，大力培养社会紧缺的技能型人才，加强公共就业均等服务，建立企业用工和技能需求数据库，加强统计分析，发布企业用工指导，强化就业预警工作。

在城乡卫生服务体系建设方面，周市镇以推进社区卫生基础建设为抓手，按照卫生中心、卫生服务站一体化的要求，以“温情工程”为实现载体，初步形成了一个体系健全、均等服务、人人可及的基本医疗卫生服务体系。

在社会保险方面，周市镇坚持城乡统筹的发展战略，基于城乡一体化的工作思路，积极鼓励和引导农民参加城保，加快实施社会保障城乡一体化工程，让更多的城乡居民享受更高水平的社会保障，稳步提高农村基本养老保险和征地保养金发放水平，有效保障农村老年居民基本生活。建立居民医保筹资标准适时调整机制，重点向大病重病患者倾斜，住院报销待遇逐步与职工医保统筹并轨，同时试行无业重残人员社会保险补贴办法，逐步解决社会特殊困难群体参保问题，并逐步实行生育保险城乡统筹，保障农村女性居民生育保险待遇，进一步健全城乡社会保险体系。

在社会救助方面，周市镇按照整合资源、统筹城乡的发展要求，在制度安排上取消城乡差别，在资源整合上注重均衡发展，不断健全救助体系，提升救助水平，初步形成一个包括城乡低保救助、低保边缘家庭救助、城乡五保与三无对象供养、爱心助学、大病医疗救助、重残家庭救助、困难职工救助等在内的综合帮困救助体系，基本覆盖了作为镇域层面的周市镇各类困难群体，形成一个彼此衔接、无缝隙覆盖的社会救助网络体系。

“善行天下，爱铸周市”，周市镇以其超前的战略眼光和全局视野，初步形成了一个基于民生为本的社会福利与社会服务行动框架。诚如周市镇一位管理者所言，通过实实在在的举措，实现社会事业首先从民生领域转型，从而提高每一个生活在周市这片热土上的人民的归属感、满意度、幸福度；更是以爱为圆心，以服务为半径，画出幸福同心圆。

第一章 劳动与就业促进的探索之路

就业乃民生之本，同时也是促进市民社会参与的一个重要实现方式。近年来周市镇在提升劳动者人力资本、促进充分就业方面，积极探索。2009 年与 2010 年期间，受大环境影响，整个长三角地区经济形势面临诸多不确定因素，特别是 2008 年以来的金融危机对周市镇就业带来十分艰巨的考验。面对严峻的就业形势，周市镇公共决策部门以充分就业为总体目标，实施积极的就业政策。从宏观层面上看，积极的就业政策是指以促进就业为取向的宏观政策体系，即不仅要将就业作为经济增长的前提和经济运行的结果，而且要将其作为经济发展的基本目标，在产业结构和产业布局的调整以及经济增长方式和增长速度的确定等重要决策中，充分考虑各项措施的就业效应，将能否促进就业增长作为宏观经济决策的基本原则。在上级政府的统一部署下，周市镇根据"稳住已有就业、推进自主创业、加大就业援助"的行动框架，通过一系列的扶持行动，如"春风行动"、"131 工程"、"青年见习计划"和"富民强村"工程等一系列活动，以强有力的政策支持，进一步优化创业环境、推动自主创业、加大就业援助力度、促进毕业生就业等为手段，全面推进周市镇就业促进工作。

一 岗位开发、职业培训与人力资本提升：就业促进的实践策略

（一）岗位开发与劳动力市场信息服务体系构建

相对于原子化的劳动力个体对于就业信息把握的不完整性而言，一个完善的劳动力市场信息服务体系无疑可以使劳动者充分了解当前市场对劳动力数量和岗

位种类的供求信息，为有就业需求的劳动者选择适合的就业岗位提供了信息保证。同时，完善的劳动力市场信息服务体系可以给劳动力培训部门提供可靠的信息，以使其确定符合市场需求的劳动力培训方案，从而提高劳动者的素质。

同时，针对劳动者的就业结构与求职需求，周市镇在近两年多渠道拓展就业岗位、搭建就业平台、提供就业机会。如2008年由于申达印染厂、自重堂服装厂的关闭，有近200名周市镇本地户籍人员下岗。为了尽快分流和安置好这些人员的再就业，周市镇就业指导部门采取行政推荐和自谋职业相结合、企业设摊招工和自主择业相结合的办法，在劳动保障工作站设立本地人报名就业窗口，经过报名、推荐，为近80%的下岗劳动力进行了就业安置(其中万达服饰安置本镇户籍员工最多)。对于一些企业关闭后员工就业问题，镇就业指导部门积极动员同行业的企业进驻招工、张贴招工简章，使下岗人员尽快就业。实践证明，这些措施有力地促进了周市镇劳动者的就业问题。2008年，周市镇完成就业人数1 253人，促进困难群体就业222人，其中：开发公益性岗位安置153人、用人单位录用64人、自谋职业5人。2008年，周市镇开办农民劳务专场27次，进场企业招聘142家，设立招聘岗位864个，达成聘用意向人数832人。此外，公共职业介绍服务1 523人，建立企业用工信息库150家。

同时，为了及时有效地对基层村、居劳动者的就业予以必要指导，周市镇重点推进村级劳动保障工作站的建设工作，组织劳动保障协管员进行相关法律法规学习和业务辅导，使他们既懂业务、又会操作，更好地方便群众、服务群众。

2009年周市镇加大了对农村劳动力转移就业安置的工作力度，全年共实现农村城乡劳动力941人就业，其中困难群体就业完成365人；举办各类大小劳务专场40余次，其中三下乡流动就业服务21次；进场单位230家，提供岗位2 332个；通过招聘达成用工意向935人，其中大中专毕业生有39人。就业困难对象登记率100%，援助率达100%，援助对象就业率达100%。在企业受到金融危机影响之后，镇劳动保障部门高度重视本镇籍人员在企业就业，特别对“40、50”大年龄就业状况走访了企业，在走访过程中就有关就业政策做好宣传解释工作，千方百计抓好稳岗就业工作，当年的稳岗就业率达到100%。

2010年，周市镇继续推进就业促进工作，至该年第三季度末，镇层面举办就业招聘专场22次，成功实现4 560人就业；组织“3·5雷锋日专场”，成功实现801人的就业；公共职业介绍中介成功帮助1 950人实现了就业。每周二组织用人单位进入人才市场招聘31次，建立公共就业服务VIP会员单位8家。这些措施极大缓解了企业招工难问题。同时，针对就业困难的人员，发放登记卡，援助率达100%。

(二) 春风行动：周市镇推进女性就业的服务平台

2010年3月初，由周市镇劳动和社会保障所和周市镇妇联联合举办的2010年

“三八架金桥，春风送岗位”女性专场招聘会在周市镇劳动和社会保障所门口举行。

此次女性专场招聘会是贯彻昆山市委市政府就业工作总体部署的具体措施，也是落实周市镇促进就业系列活动的实际行动。本次活动也是继 2 月 23 日在镇劳动保障所门口开展的“2010 年春风行动咨询活动”之后的另一场就业支持行动。

促进广大女性劳动者就业，是周市镇劳动就业部门一项长期推动的事业。2010 年开年之初，镇劳动保障所即成立了“春风行动”领导小组，形成了周密的行动方案，积极做好政策宣传，在周市镇劳动保障所服务窗口和各种大型活动中发放“春风卡”、“春风地图”、求职指南及相关宣传资料，以此来引导进城求职的农村劳动力和外来务工人员正确地求职，顺利实现就业。同时，在社区和村级劳动保障服务站站发放宣传资料，工作人员和社区协理员做好 2010 年“春风行动”的宣传和咨询服务工作。

广泛开展职业技能培训，按照市职业培训指导中心的计划对进城务工农民实施就业前的免费就业指导培训，对有需求的劳动者进行免费的职业技能培训。充分挖掘就业岗位。加大岗位挖掘力度，积极走访企业，了解企业需求，宣传公共就业服务。把隐性的就业岗位挖掘出来，变成显性的就业岗位，从而给更多的求职者挑选。

春风行动计划每周组织一次招聘活动。并于各片分别开展一次较大规模招聘活动，周一招聘活动不少于 3 家企业，片上招聘活动不少于 10 家企业，为农民工提供就业岗位。2010 年 3 月 2 日的春风行动即是一次以女性求职者为主的大型招聘会。这次招聘会以“服务进城务工，帮助返乡就业，扶持回乡创业”为指导，镇劳动保障所邀请周市镇 20 多家企业，涉及机电、纺织、服务业等行业，提供就业岗位 780 余个。现场除了为外来务工者及农村劳动力提供就业岗位外，还专门设立了政策服务咨询台，包括劳动、妇联、团委、工会、司法、科协、计生、文教等。免费为求职者提供劳动政策、计生政策、工商政策等的咨询。

求职者及用人单位的热情高涨，招聘现场一派热闹景象。许多求职者在招聘信息展板前仔细查看用人单位招聘岗位及要求，有的直接与用人单位进行沟通，有的在印有招聘用工信息的报纸资料上寻找心仪的岗位，还有的通过咨询相关法规政策，完善自己的劳动法律意识或寻觅适合自己创业的项目……据统计，共有约 500 名求职者参加现场应聘，122 人与企业达成就业意向，23 人现场签约。

周市镇劳动和社会保障所主办的这次女性劳动力就业专场招聘会活动，是解决农村妇女转移就业难和中小企业用工难的积极有效措施，为求职者和企业搭建桥梁，送去政策、送去岗位，必将对帮助广大农村妇女劳动力实现就业再就业、缓解中小企业用工难、促进社会和谐稳定产生有力的推动作用。各有关职能部门积极参与此次招聘活动，进一步提高认识，强化措施，提供政策咨询，对于促进周市镇构建和谐稳定就业平台产生了积极作用。各用人单位则充分体现了其强大的社会责任感，为党和政府分忧，为人民群众解难，尽可能地帮助包括农村妇女在内的广大农民工实现就业再就业。

（三）131 工程：针对就业困难群体的就业援助

根据上级政府的统一部署，周市镇于 2007 年开始实施"131"就业援助工程。这一工程主要面向农村大龄劳动力这类就业困难群体，为他们提供相应"131"就业援助：即为就业困难人群提供 1 次职业指导、3 次有效的岗位推荐和 1 次技能培训，对"零就业家庭"，确保一个月内至少一个人实现比较稳定的就业，对其他困难家庭和人员，争取"出现一户（人），帮扶一户（人）"，"就业一户（人），稳定一户（人）"。

为将这项工作做得更细更实，在"131"工程实施工程中创新举措，推出跟踪服务卡，将社区劳动保障协理员在就业服务中的登门了解情况、制定就业方案、就业岗位推荐、就业后的回访等工作全部记录下来，便于检查调控、监督落实。

2010 年周市镇采取切实措施，将"131"工程落实到实处，全年共计安排农村就业困难人数 360 人，其中用人单位吸纳 37 人，公益性岗位安排 323 人，安排青年见习人员进基地见习 100 人，完成朱家湾村农贸市场和北部原创基地两个创业孵化基地的建立，详见表 1－1。

表 1－1　2007～2010 年周市镇农村大龄劳动力就业情况一览表

项目 / 年份（年）	公益性岗位（人）	用人单位吸纳（人）	自主创业（人）
2007	513	40	
2008	323	37	5
2009	317	29	4
2010	323	37	
合计	1 566	143	9

（四）技能培训：促进毕业生就业的实现方式

人力资本提升的一个重要实现方式即是对劳动者的劳动技能与职业培训。周市镇根据昆山市相关就业促进的统一安排，实施特别职业技能培训计划。这一计划规定，对企业采取在岗培训、轮班工作等方式稳定职工队伍的，所需资金可按规定从企业职工教育经费中列支。对连续 5 年按时足额缴纳失业保险费且在生产经营困难情况下少裁员的企业，积极组织职工开展在岗、转岗和技能提升培训的，由企业提出申请，经市局审核批准后，可适当安排职业培训费补贴。

同时，实行中、高等(职)院校毕业生技能培训补贴，对本地户籍中、高等院校包括高职在内的毕业生，在其毕业后一年内，参加昆山本地区中、高级职业技能培训并取得相应国家职业技能培训等级证书的，按实给予培训费补贴。

为促进培训工作的有序开展，周市镇建立工作小组，并配备专人负责，为劳动者的技能培训提供了有效的制度支持。这可以从近三年来周市镇培训的一些数据中得以反映。2008 年周市镇为劳动者开办了数控机床、中级计算机、缝纫工、家政服务、绿化工等技能培训班，仅 2008 年 1～11 月已完成农村劳动力培训 907 人，而当年上级确定的指标为 730 人，完成总指标 124.2%，其中技能培训 277 人，完成总指标 110.8%，被征地农民岗位培训 130 人，当年的实际指标为 130 人，完成率达 100%；知识实用技能培训 350 人，指标完成率为 100%；新成长劳动力培训 150 人，本省劳动力培训 180 人，跨省劳动力培训 256 人，培育创业促进就业典型 2 人，均提前完成了市局确定的年度培训任务。

2009 年，周市镇按照因人而异、分类指导的原则，针对不同层次不同行业开办多样化的技能培训，例如与博新电脑学校共同开办了中级计算机操作员培训班，为各村联防队员举办了保安员培训班，与镇妇联及成校共同开办了家政服务员培训班，与民政办共同举办了绿化工培训班等等。除此之外还组织人员到培训中心开展人力资源管理师、物流师、职业经理人等高层次的培训班。2009 年共开展了各类培训班十余期，本地劳动力技能培训指标为 250 人，完成 276 人，完成指标 110.4%，省内劳动力技能培训 150 人，省外技能培训 220 人，见习基地 4 个，参加见习人数 40 人。高技能培训本市 21 人，毕业 8 人；省内 10 人，毕业 3 人；跨省 13 人，毕业 4 人。新成长劳动力培训 150 人，征地失地农民培训 80 人，完成下达指标 100%。举办企业班组长、中层干部培训一期，共有 160 人参加，举办人事干部法律法规培训一期，共有 300 多家企业，300 多名人。

2010 年，周市镇的培训工作起步早，到该年七月底已提交完成全年培训任务。2010 年周市镇继续针对不同层次不同行业开办多样化的技能培训，以满足不同类型的岗位需求，例如为各村联防队员举办了保安员培训班，与民政办共同举办了绿化工培训班等。为适应制造业与装配业等行业的实际需要，周市又购置钻床、钳工操作台等设备，开办了第一期装配钳工。同时在 2009 年家政服务员初级班中选择了三十名成绩较好的学员举办了家政服务员中级培训班；培训中心组织学员参加人力资源管理师、物流师、职业经理人等高层次的培训班。据统计，2010 年，周市针对不同人群开展各类培训班 20 余期，本地劳动力技能培训指标为 195 人，完成 211 人，完成指标 108%。省内劳动力技能培训 103 人，省外技能培训完成 321 人完成指标 119%。高技能培训 66 人。其中本市 33 人，省内 10 人，跨省 23 人。新成长劳动力培训 180 人，征土失地农民培训 100 人，全部足额完成培训指标。

同时，为了帮助市民创业，推进以创业带动就业，2010 年，周市开办了创业培训班4期，共88人完成培训，并领到就业培训合格证。2010年周市共新增103人自主创业，树立创业促就业典型2人。此外，为了提升管理水平，周市就业指导部门还邀请了知名企管专家为企业举办了两场关于“80后员工管理”的专题讲座。其中一场为圣美公司中层单独举办，另一场集中了100多家企业中层管理人员183人。一系列就业培训工作的展开为劳动者人力资本提升发挥了实质性的作用。

二 “快乐工作”：关爱职工行动综述

八月中旬的一天，来自四川的青年员工小李走进新近成立不久的周市镇“关爱职工”工作室，咨询在工作中遇到的人际关系相关难题。在工作人员的热情开导和帮助下，不到半小时，小李心情愉快地走出了工作室。“没有想到，我一个普通的外企员工碰到了困难，有这么多人愿意关心我、帮助我。”她说。

尊重人、关爱人、塑造人、发展人，这是周市人在新的发展背景下、在新的发展起点上所形成的一个极具前瞻性的战略思维。如何将这一发展构想付诸实践，周市人为此做了大量探索。经过几年来的不懈努力，周市镇基本探索出了一条颇具周市特色的关爱职工之路，为所有在周市就业、创业的劳动者打造了一个人文关怀平台，周市不再仅是一个人们谋生的地方，更是让人对这片土地有着强烈的认同感、归属感的温情家园。

随着市场竞争的日趋激烈，劳动者面临的压力也不断增强，一些长期处在高压工作状态下的员工，已经普遍呈现职业倦怠、心态紧绷等亚健康状况，员工的高压力迫切需要缓解和释放。如何采取有效的方式，以回应劳动者目前所面临的问题，这是周市镇近年来着力思考的一个现实课题。经过调研和前期准备，周市镇组织公共管理部门及企业和社会组织，以“彰显人文关怀，构建善爱之家”为行动理念，以“快乐工作”为形式，开展了一系列关爱劳动者的行动，这些行动旨在倡导企业尊重劳动、尊重知识，着眼于提升员工对于组织关爱与职业发展的感知，提高员工忠诚度、满意度与归属感，为应对新一轮竞争储备充足的信心和健康的心理准备，是传递政府对员工、企业对员工、员工对员工关爱的积极策略。

为彰显人文关怀，构建善爱周市，倡导企业遵纪守法、诚信经营、善待职工的行为规范，培养职工爱岗敬业、钻研技术、精通业务的职业品质，维护职工合法权益，提高职工面对竞争和压力的心理调整能力，周市镇成立了“关爱职工”工作室。工作室设在镇工会。其主要职责包括接受职工诉求、疏导职工心理、开展法律援助、调处各类争议，实施依法维权，主动维权、科学维权的行动，倡导尊重职工、尊重劳动、尊重知识的风尚，强化以人为本、体面劳动、关爱生命的理念。帮助职工爱岗敬业、岗位成才、愉快生活，为职工提供全方位、全过程的服务。

这一工作室由周市镇相关公共管理部门以及社会组织所组成，包括工会、劳动保障所、招商部门、妇联以及司法公安等机构，各机构各司其职同时实现部门联动。在关爱职工行动中，工会是最主要的部门，它不仅代表和维护职工合法权益，监督企业遵守国家劳动法律、法规，教育培训进企业，关心帮助到职工，调处争议在萌芽，同时还负责在关爱职工工作中，发挥信息汇总、重点监控的作用；妇联主要关心和保护女职工特殊权益，监督企业遵守国家关于女职工保护的相关法律、法规，开展女职工特殊权益知识宣传、指导，进行女职工文明礼仪、家庭美德培训，接受女职工咨询、投诉；团委的职责主要在于建立健全企业团组织，组织开展青年志愿者活动，举办特色鲜明的宣传教育和文体活动。关注青年思想动态，引导青年树立正确的世界观、价值观、恋爱观，争当弘扬正气的中坚力量；招商服务中心的职责主要集中于宣传贯彻国家对外开放招商引资法律、法规、政策，引导企业履行依法经营、善待员工的社会责任，积极开展创建劳动关系和谐企业活动，在全方位服务企业的同时关心员工权益，在接受调处企业诉讼的同时关注员工呼声；劳动保障所则专注于宣传和执行国家劳动法律、法规，监督和规范企业行为，接受职工诉求，指导职工签订劳动合同，依法建立劳动关系，严格查处各类违法行为；司法所在关爱职工行动中，主要承担有计划地开展法律宣传、法律咨询、法律培训，关注职工法律需求，规范律师执业行为，参与各类劳动争议调处，发挥职业特长、提供法律援助；周市镇派出所则在关爱职工行动中，依法维护社会稳定，适时介入突发性事件的调处，教育职工理性维权。

表 1-2 周市镇产业工人服务工作站服务职责一览表

服务时间	单 位	职 责
星期一	周市镇工会	代表和维护职工合法权益
星期二	周市镇妇联、团委	关心保护女职工的特殊权益；关心关爱青年的合法权益
星期三	周市镇司法所	为职工提供法律援助
星期四	周市镇招商服务中心	维护企业稳定
星期五	周市镇人民医院	企业员工健康咨询
星期六	周市镇劳动保障所	员工技能培训，维护职工权益
星期日	周市镇派出所	保障企业职工人身安全

同时，为加强人文关怀，传递对在周市就业、创业劳动者的关爱，增强员工归属感，周市镇实施了一系列着眼于人性开发和完善的关爱行动。在这些行动中，周市镇秉承一个理念，那就是企业是全体员工的“生命共同体”，这不仅是企业内聚力的

根基，也是共建"心理契约"的基础之所在；周市是员工温暖的家，是员工实现自我、成就自我的舞台。

自进入新一轮发展期，周市人在经济社会实践中开始把观察发展的视角从"物"转向"人"，更加注重满足人的需求和促进人的自由发展。人类发展能力理论认为，发展的本质在于扩展人的可行能力，即人们对自己认为有价值的生活、做自己想要做的事情以及实现自己想要达到的状态的能力。

广大员工一直处在高压的工作状态下，为了市场的良性发展而辛勤工作，导致很多员工出现职业倦怠、心态紧绷等亚健康状况，员工的高压力迫切需要缓解和释放。前所未有的更大竞争压力不断袭来。市场的强势竞争将压力传递给企业员工，因此，关爱员工、促进企业健康发展势在必行。

如何在具体工作中实践对员工的"关爱"？周市人逐步探索出了以下工作机制：树立关爱员工意识，建立关爱员工组织，制定关爱员工制度，增强关爱员工能力，营造互相关爱氛围，建立起分工明确、各负其责、密切配合、目标一致的工作机制。周市镇认识到，关爱员工，要注意发现员工的潜在需求，通过调查摸底，收集整理员工意见和建议，根据调查分析报告制定出员工关爱计划。从近两年来的实践来看，这一关爱体系大致包括以下几个方面内容：实现员工价值成长、落实薪酬福利、职业发展、能力提升等人力资源政策，推动人力资源管理持续创新。

(1) 促进员工快乐工作

缩短管理链条，简化工作流程，优化考核指标，降低一线工作压力和复杂度，减少低效、无效劳动，提高整体工作效率。

(2) 提升员工生活品质

丰富员工的文化和精神生活，解决员工的实际困难，塑造和谐人际氛围，加强员工情感关怀，切实为员工办实事，解决员工困难。

(3) 关爱员工心理健康

建立畅通渠道，始终保持公司中高层管理者与一线员工的密切联系，保证让员工的心灵诉求得到及时回应与合理解决；塑造阳光心态，引导员工提升心理资本，搭建员工心理援助平台，帮助员工预防、应对、缓解各种职业心理健康问题及危机事件，助力员工身心和谐健康成长。

(4) 员工价值成长

持续深化用工管理一体化成果，落实薪酬福利、职业发展、能力提升等人力资源政策，专门制订一体化政策，放宽派遣制员工的发展通道，使派遣员工在职业发展上有目标可寻，在薪酬福利上缩短与体制内员工的差距，解决同工不同酬的尴尬问题。在流程、管理和机制等方面做好对员工特别是一线人员的支持，提升员工对组织关爱与职业发展的感知，提高员工忠诚度、满意度与归属感。适度调整资格等级比例，完善各类人员内部晋升渠道，减少混岗，建立有序、公平公开的员工职业发展机制;根据物价和劳动力市场变化,适当调整薪酬标准,明确薪酬调整方法,提升派遣人员薪酬市场竞争力;落实休息休假等福利政策,提出相应举措或建议;强化直线经理人力资源管理意识,加强各级管理人员队伍建设;优化工作流程,改进支撑手段,缓解工作压力。

(5) 平衡健康绩效

当前员工承受着各层级传递下来的考核指标,由于数量类别众多已经成为工作负担,阻碍工作的有效执行。为减轻不必要的考核压力,精简 KPI 考核,加强指标的过程管理,确保员工的努力与企业的价值协同一致,进一步优化绩效考核体系,以市场为主导,强化目标牵引,激发发展潜能;精简考核指标,聚焦战略定位,让员工从一大堆的考核指标中解放出来;上下协同,对下进行相关绩效分析,及时优化改进指标;注重公司整体发展的 KPI 目标导向,定期公布各单位绩效考核情况,提高绩效考核的透明度。

(6) 实施心理援助(EAP)

推进 EAP 项目实施,增强员工抗压能力。开展员工心态调研,摸清员工压力成因;加强 EAP 宣传,引导员工树立良好的“身心和谐”观念,通过 EAP 简报、专栏以及利用宣传栏或海报、标语、自助卡等形式推动员工全面了解 EAP,积极关注心理健康;组织各类人员心理资本提升培训,对基层、中层管理人员及员工进行分层导入培训;建立关爱交流平台,利用飞信、短信、手机报等虚拟平台与员工开展一对一交流,帮助员工应对压力,进行危机干预;设立“心灵沟通室”,接受员工一对一咨询,维护员工心态健康;举办心理课堂,根据不同类型员工需求,进行适宜讲座,缓解心理困扰。

(7) 建设阳光班组

深化班组文化建设,营造“快乐工作、健康生活”氛围,提升组织绩效,塑造核心竞争力。通过素质提升、情感关爱、心理减压、和谐家庭、班组长心智成长建设等 5 个方面对基层员工实施心理辅导,充分发挥员工潜能和力量。进一步深化班组文化建设,在班组精神文化、物质文化和制度文化建设的基础上,开展班组管理机制建设和班组能力建设,建立班组精细化管理体系,实施班组长胜任素质能力提升培训,增强班组的战斗力和凝聚力。

关爱员工是调整员工心态的有力支撑,使得员工心态从被动变主动、消极变积极、接受变拥抱,形成一股强大的动力,为应对新一轮竞争储备充足的信心和执行力。

除了上述行动,周市镇在关爱职工活动中还推行了工建促党建、企业职工救助以及关爱产业工人“百日欢乐行”等系列活动。在“党建带工建,工建促党建”推进月活动国。镇党委、政府班子领导挂钩相关企业,指导企业工会建设,从最初的九家重点企业(包括职工在 500 人以上的企业、高科技企业以及其他具有影响力的企业)开始,推行党建带工建,工建促党建,实现党建工建统筹推进。目前,这项工作正从重点企业向区域范围内所有企业普遍推进。同时,为救助因突发意外事件造成伤害的企业员工和特困企业员工,由周市镇政府财政拨款,成立了周市镇企业职工救助基金会,以把对职工的关爱落到实处。在诸多行动中,要数关爱产业工人"百日欢乐行"系列活动最为广大企业职工所喜爱。2010 年,周市镇为实施关爱职工政策、缓解职工工作压力,开展了"周市镇百日欢乐行"系列活动,包括五场优秀企业青年联谊活动、十场励志电影进企业活动、"激情舞台"、"大家一起来"周周唱活动(选定 10 家企业,每周进入一家企业为员工搭建展示才艺的舞台)"构建和谐企业"经验交流座谈会、产业工人工装展示活动、产业工人"三分王"投篮赛、"企业之声"歌手大赛、产业工人才艺展示等活动。

毫无疑问,对劳动的疏离本身并非劳动者的天然本性,而是劳动环境对人性的损害。因此,对劳动者的关爱不仅是构建和谐劳动关系的需要,它更是从源头上消解劳动者对劳动产生疏离的重要手段。实践证明,周市镇关爱职工行动,以"彰显人文关怀,构建善爱之家"为行动理念,以"快乐工作"为形式,较好地回应了当代产业工人在竞争的市场与充满压力的环境中的特定需求。

二 富民强村:促进农民就业的实现战略

囿于我国就业促进工作城乡分割的现实,农村就业工作一般相对边缘化一些。快速城市化进程中的周市镇同样面临这样一个问题。如何通过更具针对性且行之有效的措施来推进农村就业工作,无疑是摆在公共决策部门面前的一项现实课题。经过近几年来的探索,周市镇通过一系列富民强村的政策措施,在较好地解决农民就业工作的同时,也探索出了一条快速城市化进程中如何统筹城乡就业工作的实践之路。

富民强村,顾名思义,主要在于两个方面工作的推动,一方面是促进农民就业,另一方面在此基础上的新农村建设,其中,富民是基础,是前提。富民的关键在于加强农村劳动力技能培训,特别是加快农村大龄劳动力就业,加大农民创业的扶持力度,确保农民收入持续增长,不断提高农民富裕程度。

近年来,周市镇加大了对农村劳动力技能培训与创业扶持的力度。2008 年周市镇以加强技能培训为重点,提高农民就业增收,在劳动社会保障所、农技站、成人教育办公室、团委、妇联等部门的有效配合与部门联运效应下,根据年初的目标,当年着重抓好 442 人次培训,参加技能培训并获得国家级职业资格证书和特殊工种岗位证书。

同时,2008 年周市镇以帮助大龄劳动力就业为重点,积极推进农民充分稳定就业。毫无疑问,提高农村劳动力就业率是促进农民增收的有效途径,2008 年内共完成 220 人次农村劳动力安置,就业渠道得到进一步拓宽,农村劳动力基本实现稳定就业。

此外,2008 年周市镇就业部门以全面创业为重点,设法提升农村家庭物业发展层次。进一步完善农民持续增收机制,使增收方式有新转变,收入水平总体提高,村级经济实力不断壮大。鼓励和扶持农民创业,促进农民创业增收和创业致富,发放农民创业小额贷款 600 万元,起到扶一把,送一程的作用,把握条件,认真审核,跟踪管理,提高创业的成功率。鼓励农民通过物业增收,全年新增物业超万元农户达到镇农户总数的 5%,全镇新增万元以上家庭物业户 441 户。新建物业户载体项目一个,投资不少于 300 万元,让利给本村老百姓,从而达到增收。在村企挂钩合作方面注重扩面和增收,合作项目的经济收入比 2007 年增收 10% 以上,以标准厂房,打工楼租赁、房店铺、劳务合作、集体土地出租内容为主,成为村级经济主要支柱。继续开展扶持集体经济,结合富民强村载体项目的建设,实行统一扎口管理,统一结算和分配各村年经济效益。年内 4 个经济薄弱村有 2 个村可支配收入超过 50 万元。

在 2008 年的农民技能培训中,周市镇针对不同层次不同行业开办多样化的技能培训,例如与博新电脑学校共同开办了中级计算机操作员培训班,为各村联防队员举办了保安员培训班,与镇妇联及成校共同开办了家政服务员培训班,与民政办共同举办了绿化工培训班等等。除此之外还组织人员到培训中心开展人力资源管理师、物流师、职业经理人等高层次的培训班。截至 2008 年底,共开展各类培训班十余期,本地劳动力技能培训指标为 250 人,完成 276 人,完成指标 110.4%,省内劳动力技能培训 150 人,完成 165 人,完成指标 110%,省外技能培训 220 人,完成 240 人,完成指标 109.09%,见习基地 4 个,参加见习人数 40 人。高技能培训完成本市 21 人,毕业 8 人;省内 10 人,毕业 3 人;跨省 13 人,毕业 4 人。新成长劳动力培训 150 人,征地失地农民培训 80 人,完成下达指标 100%。举办企业班组长、中层干部培训一期,共有 160 人参加,举办人事干部法律法规培训一期,共有 300 多家企业、300 多名人参加了该项培训。

2009 年周市镇农村就业促进工作在前期基础上又有一个新的发展。特别是在国际金融危机这一大背景下,城乡就业工作本身就面临较多的不确定性。周市镇就业主管部门在相关部门的配合下,开展了一系列卓有成效的就业促进工作。

首先在于抓农村劳动力的培训,促进农村劳动力的就业。开展劳动技能培训,提高劳动力的文化素质和技术素质,是农村劳动力充分就业的前提,现招工的企业大部分不再是单纯的劳力型员工,而是要求技能型、智力型的员工,因此镇职能部门精心组织、广泛发动,积极协助镇劳动保障所和农技站举办各类劳动技能培训班。2010年举办了12期培训班，培训人数420人。其中中级计算机培训25人，农民创业培训64人，高级工培训20人，家政培训88人，绿化培训53人，保安培训40人，农技、水产、农机培训130人，完成了全年任务的110.5%（全年指标是380人）。

富民的方式和途径有多种，但实践证明让农民充分就业是一条现阶段最直接、最有效的农民增收捷径。因此，合理、有序地安置农村劳动力（特别是大龄劳动力），增加就业收入，成为周市镇各级政府的一项主要职责。为此，镇富民强村职能部门积极配合镇劳动保障所，向有关企业宣传安置农村劳动力（特别是大龄劳动力）享有的优惠政策，通过各种途径，享有通畅劳动力市场信息，对全镇有就业愿望的劳动力实施等级制度，积极采集岗位，挖掘就业能力，先后举办公共就业招聘专场27次，组织进场单位98家，2009年通过各种途径安置农村大龄劳动力365人，完成年度任务的104.3%（全年指标是350人）。

其次，抓项目投入，促富民强村载体建设。提高农民收入除了就业增收外，物业增收也是富民的关键，实践证明就业是富民的关键，而物业是致富之道。农民要得到较高的回报，就要自主创业，大力发展物业。2009年共完成家庭物业载体项目2个（斜塘村、东明村），根据市委和市政府扶持家庭物业载体项目的有关政策，在青阳工业园建设标准厂房。报建主体单位为斜塘村和东明村，规划建设物业载体项目，项目在同规划区内，落户在周市镇青阳北路平庄段东侧，设计建筑面积20 000平方米，建造六幢标准厂房，一幢综合楼，底层店面房。项目建设用地和立项都经有关部门批准，总投资2 600万元，该项目分期进行，一期工程面积1 039 215平方米，项目实际投资168 125万元，工程已在2009年10月底竣工，该项目已通过市相关部门验收。建成项目已向市富民强村办争取资金40万元。同时已与红星美凯龙签订租赁合同，预计年租金收益150万元左右，增加村级经济创收。全年新增万元物业收入超万元的农户150户，完成任务的100%（全年指标是150户）。全镇新增创业农户达到总数的5%，完成任务481户，完成100%（全年指标481户）。

近年来随着内资、外资企业的快速发展，加上周市镇优越的地理位置优势，给开展村企挂钩合作提供了大好机会。通过努力，目前周市镇基本实现村村有村企合作项目，合作项目近两百余个，项目到账收益一千余万元。

此外，周市镇积极实施政策扶持，促进农民自主创业，以创业带动就业。为进一步激发广大农民创业热情，加大对农民自主创业小额贷款的扶持力度。2009年市下达指标650万元，完成715万元，惠及创业农户114户，完成年指标111.5%。2009年创业的规模不断扩大，认真做好贷前调查初审，以安全放贷的理念，对贷款人负责，对部门负责，对政府负责的认识，把好五个关，一是行政预算关，二是贷款创业年限关，三是贷款户年龄关，四是创业户实业关，五是贷款人反担保资格人关。跟踪管理，使大部分真正创业而资金紧缺的创业户得到扶持政策的阳光温暖。到目前为止，小额贷款呈现良好运行态势。随着小额贷款的力度不断加大和受益农户的示范作用，现在农户创业的热情越来越高，有志创业农户越来越多，这应该说是广大农民持续增长、广大增收渠道、带动农民就业都起到了十分重要的作用。根据周市镇对农民小额贷款调查，从中经营实际比较来看，因为小额贷款的发放，使创业农户增加了流动资金，得以扩大经营规模，所以创业农户普遍取得不错的效果。以2008年为例，根据调查，2008年周市镇共发放小额贷款640万元，惠及农民创业户112户，2008年创业农户固定资产值增加1 174.5万元，比上年增加27.4%，上年为4 286.2万元。经营收益增加值629.1万元。

2010年周市镇继续实施“富民强村”计划。该年的富民计划仍以农民技能培训为重点，以农民就业增收为目标，先后完成335人次农村劳动力培训的任务，除了使这些农村劳动力获得了诸如国家级职业资格证书和特殊工种岗位证书等资历外，更是让这些原本难以适应市场经济竞争的农村劳动力掌握了一技之长，在人力资本提升并进而提升其劳动力市场的竞争力无疑贡献莫大。2010年，周市镇进一步拓宽就业渠道，先后完成350人次的农村劳动力安置，实现了农民就业的稳步增长。同时，周市镇采取有力措施，加大了对农民创业的扶持力度，实现以创业带动就业。2010年周市镇进一步完善农民持续增收机制，使增收方式有新转变，收入水平总体提高。鼓励和扶持农民创业，促进农民创业增收和创业致富，发放农民创业小额贷款1 200万元，起到扶一把、送一程的作用，扩大成长型创业小额贷款；鼓励农民通过创业及物业增收，全年新增创业农户达到全镇农户总数的5%，全年完成481户；新建物业户载体项目一个，投资300余万元，让利给本村老百姓，从而达到增收目的；向农村低保户赠送富民合作社股份千股，确保年股份收益每户不低于800元；村级增收要紧跟全市富民政策，以标准厂房、打工楼租赁、房店铺、劳务合作、集体土地出租等内容为主，打造村级经济主要支柱。全年实现可支配收入在100万元以上的村达100%，超千万元经济强村1个；继续开展扶持集体经济，结合富民强村载体项目建设，实行统一扎口管理，统一结算和分配各村年经济效益。全面完成薄弱村扶持项目如东方高效农业园、食用菌等项目的建设，详见表1－3。

表1－3　2010年度周市镇实施“富民强村”对就业困难群体的扶持情况表　　(单位：元)

用人单位吸纳(按50%结算社保补贴)			公益性岗位(1 000元/人)			
就业人数	缴纳社会保险(150元/月)		就业人数	补贴经费		
	合同月数	小　计		镇补(30%)	市补(70%)	小　计
37	444	66 600	294	88 200	205 800	294 000

第二章 人人可及的卫生服务

一 医疗卫生服务体系构建

在周市，无论是城镇居民，还是农村居民，都同样可以享受基本医疗卫生服务，这一切都源于周市镇优化的卫生服务平台所发挥的作用。

近年来，周市卫生服务体系建设取得重大进展，以周市人民医院、周市镇预防保健所、陆杨、新镇社区卫生服务中心、社区站等公立医疗机构为主体，以2家民营医院、4家私营门诊部、5家私人诊所等赢利性医疗机构为补充，昆山市传染病医院（市一院广仁分院），昆山市康复医院为支撑的周市卫生服务新体系基本形成，能更好地为百姓健康提供优质的医疗、预防、保健和康复服务。

近五年来，周市镇不断完善基本医疗卫生服务体系，2006年至今，市镇两级财政不断加大资金投入力度，2008年新建了周市人民医院和新镇社区卫生服务中心并投入运行，按照社区卫生服务站设置标准新建、改建了市北、斜塘、春晖等社区卫生服务站；2009年改建了陆杨社区卫生服务中心，鑫茂、东明、新卫等社区卫生服务站；2010年易地新建了小泾、新镇社区卫生服务站，基本形成了"1体2翼12点"的社区卫生服务体系：即以周市人民医院、周市镇预防保健所为主体、以新镇、陆杨2个社区卫生服务中心为两翼、以12个社区站为基本网络点，打造"15分钟健康圈"，完善了社区药品政府补贴制度，抓紧抓好公共卫生服务项目评估管理工作，突出"六位一体"的社区卫生服务功能，切实做到"小病在社区、大病进医院"。

近年来，周市镇不断健全公共卫生服务体系，周市镇预防保健部门按照市局要求，深化公共卫生服务体系建设，加强艾滋病、结核病、血吸虫病、乙肝以及流感等各类重大传染病的疾病预防控制，按照国家规定做好辖区内计划免疫接种工作，各类传染病疫情始终处于可控平稳状态，未发生重大传染病暴发流行。突出加强食品卫生、职业卫生、饮用水卫生等重点领域的监管，加强公共卫生应急体系建设；以昆山市职业健康体检中心落户周市为契机，加强职业健康体检工作；全面开展45岁以上居民和残疾人免费健康体检，建立居民电子健康档案，强化健康教育与管理，不断提高居民健康素养。

不断提升医疗技术水平。医院以等级医院复核评审为抓手，继续深化医院管理年活动，推进内、外、妇、儿、骨等基础学科建设；引进新技术、新项目，不断提升专科技术水平；制订并完善质量控制体系，提升医疗质量。坚持患者利益为先，加强日常医疗质量管理，制订切实可行的质量目标，实现诊疗工作规范化，护理行为温馨化、药事管理合理化。定期开展医疗质量检查，落实奖惩措施。狠抓医疗安全教育，积极沟通医患关系，防范医疗纠纷发生。

康复服务体系逐步形成。昆山市康复医院按照康复专科医院的设置标准，设立康复门诊、病房、康复训练区、理疗室、中药熏蒸室等功能区域。成立由康复医生、康复治疗师和康复护士组成的康复专业服务团队，引进100多台国内外先进的康复设备与器材，运用运动、作业、物理、言语、中医针灸等治疗方法，开展神经康复、骨关节病康复、工伤、小儿脑瘫、脊髓损伤、骨折后、颈椎病、腰椎间盘突出等康复医疗服务。2010年成立周市老年护理中心，为60岁以上身患疾病又不能自理的老年人提供医疗、康复、护理服务。

公共卫生服务能力显著提高，疾病预防控制不断加强，传染病防治、食品卫生安全、职业中毒等突发公共卫生事件应急预案和预防控制措施进一步完善。“十一五”期间，麻疹、手足口病、甲流疫情的成功控制以及食物中毒、职业中毒处理中有效应对，赢得社会广泛赞誉，标志着周市镇疾病监测能力和突发公共卫生事件应急能力迈入新阶段。卫生监管能力进一步加强，镇域层面卫生监督分所体系建设取得突破，《食品安全法》、《职业病防治法》等卫生法律法规宣传活动取得社会积极响应，人民群众身体健康得到有效保障。食品卫生监管模式日益成熟，“三鹿”毒奶粉、集体食堂等食品卫生专项整治行动取得实质性成果。职业病联合防治体系逐步完善，无重大职业病事故发生；慢性非传染性疾病防治工作取得明显成果，高血压、糖尿病登记报告规范到位。妇幼保健工作成绩突出，计划免疫各类疫苗单面接种率达95%以上，孕产妇死亡率由2005年的39.55/10万下降到0/10万，婴儿死亡率由4.55‰下降到2.36‰。甲、乙类传染病发病率由2006年的222.09/10万下降到2009年的184.50/10万。

周市镇初步形成了一个体系健全、均等服务、人人可及的基本医疗卫生服务体系。以推进社区卫生基础建设为抓手，按照中心、站一体化的要求，周市镇逐步建立起以社区卫生服务中心为主体、社区卫生服务站为基点的社区卫生服务网络，通过不断提升基本医疗工作效率，在现有条件下，努力实现基本医疗资源人人可及，公共卫生服务城乡均等，基本形成15分钟路程的就医网络（如图1-1）。

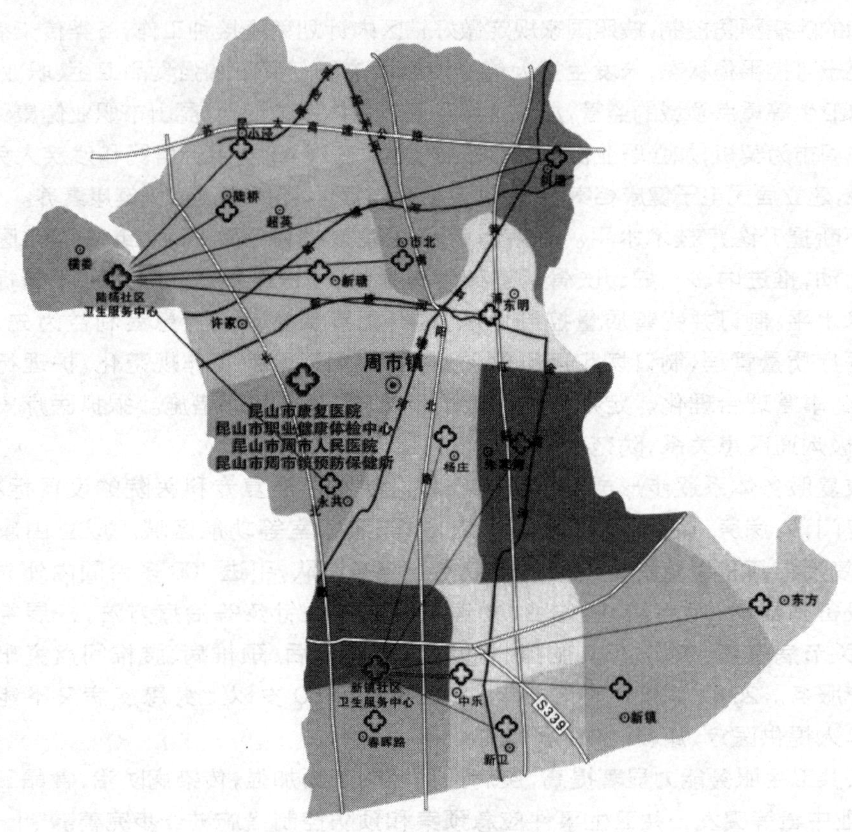

图 1-1 周市镇医疗服务网络

在下一个发展阶段，周市将进一步加强卫生服务体系建设，在现有基础上，根据周市区域规划、城市建设和人口分布状况，增设、调整 1 个社区卫生服务中心、5 个社区卫生服务站。其中，2011 年在东方花园、黄浦小区增设、调整社区卫生服务站 2 个；2012 年增加社区卫生服务中心 1 个，社区卫生服务站 2 个；2013 年社区卫生服务站 2 个；完善 15 分钟健康服务圈，形成社区卫生服务规划建设、业务管理、人才队伍、制度规范、设备配置、药品供应等“六个统一”的管理机制，为居民提供医疗、预防、保健、康复等“六位一体”服务。

二 质量建设与组织建设同步的基本医疗卫生服务运行机制

（一）社区卫生服务质量管理机制

为加强队伍建设，周市镇近年来加快了社区卫生人才队伍培养步伐，充分依靠上级医院技术资源解决社区医护人员临床进修学习问题，加强与市卫生进修学校、疾控、妇保等机构联系，按规定完成全科医师、公共卫生医师、社区护士的岗位培训和继续教育任务。鼓励和吸引医疗卫生机构中符合条件的退休医务人员到社区卫生服务机构工作。

稳步推进内部运行机制改革，全面推行社区卫生服务机构负责人的公开招聘制度，建立健全任期目标责任制和业绩考核制度，建立健全全员合同聘任制，从身份管理向岗位管理转变。对新进人员，全面实行人事代理制度。积极推进分配制度改革，合理拉开分配档次，调动广大医务人员的积极性。社区卫生服务机构认真执行劳动法律法规，接受劳动监察，依法与职工签订劳动合同，按时间、按标准缴纳用人单位应当承担的各项费用。依法加强行业监管。财政部门认真按照非营利性机构的会计制度，加强对社区卫生服务机构的财务监管。改革社区卫生服务经费补偿方式，完善社区公共卫生服务政府购买政策，按常住人口预算，经考核后发放。通过试点，推行效益和人员收入与药品和检验收益分离的机制，引导中心(站)和人员把精力放在"六位一体"的服务上。建立社区卫生服务机构药品统一招标采购和派送制度。严格规范各类社区卫生服务机构执业行为，倡导诚信服务、廉洁行医。对经过规范考核、连续两年不能履行公共卫生职能或所在社区居民代表满意率达不到80%的社区卫生服务机构，建立退出机制。

充分发挥中医药的作用，社区卫生服务中心和有条件的社区卫生服务站积极配备中医师，开展中医治疗、针灸、推拿、养生保健咨询等特色服务，弘扬中医药文化，发挥中医药在社区预防保健、医疗康复等方面的独特作用。

(二) 社区卫生工作的组织运作机制

镇域层面的基本医疗服务体系运作的有效性，除了上述质量监控体系之外，组织保障也是十分重要的一项工作。在近年来的实践中，周市镇始终要求各村(社区)、部门要把发展社区卫生服务作为政府执政为民的一件大事来抓，认真履行职责，加强整体部署，精心组织实施，确保责任到位、措施到位、投入到位，并在年度工作和任期目标中加以落实。定期和不定期召开会议，分析面临的形势和任务，提出对策措施，抓好贯彻落实，确保社区卫生服务事业快速健康持续发展。

卫生部门负责综合协调、规划推进、政策制定、业务指导、行为监管、质量考核等职责，不断完善社区卫生服务的运行机制。

各村(社区)具有协调监督的职责，负责协调辖区各方力量，支持社区卫生服务工作的发展，监督社区卫生服务工作的运行。财政、劳动、民政、建管和计生等部门是社区卫生服务的支持部门，主动承担任务，按照各自的职能，负责为社区卫生服务提供良好的环境，协助解决社区卫生服务工作中遇到的各类问题。

再好的组织体系，其运作的有效性离不开"人"的主观能动性，因此，队伍建设无疑是周市镇基本医疗服务建设的重要内容。近年来，周市镇通过持续投入，逐步加大社区卫生服务人才引进培养力度，每年定向招聘引进一批社区卫生服务实用型人才，定向脱产培训一批应届应聘医学毕业生，确保社区卫生服务人才队伍的可持续发展。除人才引进之外，现有卫生队伍的培训也是人才队伍建设的重点内容之一。周市镇逐步完善社区卫生服务人才教育培训机制，按照省市统一部署，积极稳妥地解决在职乡村医生中专学历教育问题，逐步将乡村医生队伍纳入《执业医师法》管理轨道。建立和完善社区卫生服务人员培训制度，积极组织社区卫生服务人员参加省定全科医生、护士、乡村医生规范化培训和继续教育工作，不断提高社区卫生服务人员的业务技术水平。此外，全面实施城市医生在晋升中高级职称前到社区卫生服务机构服务一年的制度，积极鼓励专家进社区服务，发挥公立医疗机构对社区医生的传帮带作用。

按照公共卫生项目管理要求，各社区通过主动上门、电话随访等形式，积极为辖区居民提供医疗、预防、保健、康复、健康教育和计划生育技术指导"六位一体"的社区卫生服务。新镇中心组建的社区团队服务也在开展中，使居民在家也能享受到有效的上门医疗保健服务。在做好公共卫生项目管理的同时，加强了社区医务人员的理论知识和基本技能培训，通过医院、社区轮转等形式提升社区常见病、多发病的诊治能力，建立完善双向转诊制度，确保医疗安全。

"十二五"期间，周市将着力完善医疗卫生服务功能，提升医疗服务水平，根据疾病谱特点和市民医疗需求，今后两到三年期间，周市镇将着力加强医院内涵建设，不断提升医疗康复技术水平，做强康复医院。2011 年，申报创建昆山市重点专科 1 个，镇级重点专科 2 个，申报创建二级医院建设单位；2012 年创建昆山市重点专科 1 个，创建二级医院建设单位；2013 年创建二级医院。医院顺应老龄化发展趋势，加快老年护理科建设，发挥专科专病特色，不断满足居民的医疗服务需求，更好地为全镇居民提供优质的医疗服务。

三 温情工程：让全体居民共享经济发展成果的卫生服务实践

2010 年 5 月，在昆山一家公司中作保洁的张女士在昆山接到了陆杨街道办的电话，通知她去周市人民医院进行免费体检。张女士最初不相信，还以为是骗人的，直到回家看到了体检通知单，才兴冲冲地按时赶到医院，一看前来参加体检的队伍已排得很长，都是村里的亲眷邻居，每个人的脸上都洋溢着笑容，这其中有很多和张女士一样，这辈子还是头一回，没生啥病也来医院做个健康体检的呢。

张女士所享受的免费体检实际上是周市镇于 2010 年开展的一项惠民工程——温情工程的一部分。这项工程系周市镇党委、政府推出的"善爱之家"系列行动之一，是落实民生工程的一项实际行动，也是构建和谐周市的重要组成部分和基于推进医疗服务体系建设、均衡城乡医疗资源的积极举措。

2010 年，周市镇党委、镇政府提出了"善爱之家"三年行动计划的总体部署，开展健康城市、健康社区、健康单位创建，实现治疗与预防，医疗技术提升与健康环境营造并重，开展居民健康管理，免费为全镇 45 岁以上的户籍居民以及残疾人进行十几个项目的全套健康体检，并为每一个人建立了电子健康档案，仅 2010 年，受惠于该项惠民工程的周市居民达 14 776 人。

定期体检，是对疾病"早发现、早诊断、早治疗"的有效手段，更是指导"未病先防、小病先治"现代保健生活模式的必要方式。周市镇重视居民健康、倡导"储蓄"健康，对本镇 45 岁以上农村居民和残疾人全部进行免费体检，并建立个人健康档案，责任分配到每个社区卫生服务站，进行系统的干预性预防。由政府补贴费用，对全民实行免费健康体检，是提高周市居民健康水平，促进公共卫生服务均等化，实现人人享有基本医疗卫生服务的重要举措，在有效缓解群众"看病难、看病贵"问题，促进居民健康，密切医患关系，推进和谐社区建设等方面发挥日益重要的作用。健康体检内容包括血压、身高体重、内科、外科、五官科、血肝功能、肾功能、血糖、血脂、血常规、尿检、B 超、心电图、DR 摄片等 10 余个常规检查项目。如表 1－4 所示。

表 1－4 居民健康体检项目表

<table>
<tr><th>检查项目</th><th>检查目的</th></tr>
<tr><td>身高、体重、血压检测</td><td rowspan="13">1. 筛查有无常见心血管疾病如高血压、高脂血症、动脉硬化症、心律失常等疾病。
2. 筛查有无肺结核病、肺炎、肺气肿等肺部疾病。
3. 筛查有无五官科疾病。
4. 筛查有无体表、甲状腺、淋巴系统、腹腔等部位肿瘤病变。
5. 筛查有无肝炎、肾炎、肾盂肾炎等疾病。
6. 筛查有无贫血、白细胞增加或减少、血小板减少症等血液系统疾病。
7. 筛查有无糖尿病、痛风等代谢疾病。</td></tr>
<tr><td>系统内科检查：发育营养、心、肺、腹部、神经系统等</td></tr>
<tr><td>系统外科检查：皮肤、甲状腺、淋巴结、四肢、关节等</td></tr>
<tr><td>五官科：耳、鼻、咽、喉、口腔等</td></tr>
<tr><td>数字化彩色超声：肝、胆、脾</td></tr>
<tr><td>数字化 X 线摄片：心、肺、膈</td></tr>
<tr><td>血细胞检查</td></tr>
<tr><td>尿常规</td></tr>
<tr><td>肝功能全套</td></tr>
<tr><td>肾功能全套</td></tr>
<tr><td>血脂全套</td></tr>
<tr><td>乙肝表面抗原</td></tr>
<tr><td>健康综合评估</td></tr>
</table>

表 1－4 内容表明，周市镇居民健康体检的项目基本覆盖了常规体检的全部内容。

实际上，周市镇 2010 年免费体检的温情工程可以追溯到 2006 年农民健康工程。客观地说，在经济发展到一定水平之后，如何让全体周市居民分享经济发展的成果，是周市镇管理层一直关心的重要议题。为全面加强农村卫生工作，提高农民群众健康水平，2006 年周市镇开始推行农民健康工程。该工程是一项关于农村公共服务体系建设的综合性工程。开展农民健康工程的目的在于建立起与周市镇经济社会发展水平和广大农村居民健康需求相适应的农村医疗卫生服务体系，通过这项推进性工作，使得周市镇农村公共卫生政府投入保障机制更加有力，农村居民基本医疗保险制度更加完善，农村居民健康保障水平得到提高。

周市人的目标甚为宏大，他们希望通过几年的努力，让周市镇"主要健康指标达到中等发达国家水平，基本实现农村卫生现代化"。与其说这是一项公共卫生规划方面的发展蓝图，不如说它是一个镇域层面对于农村公共卫生建设的一项庄严承诺！周市镇农民健康工程的主要内容包括：

2006 年初，周市镇提出，要进一步完善农村居民基本医疗保险制度，以提高参加农村基本医疗保险的农村居民保障水平与受益程度为目标，完善稳定的筹资与增长机制，逐步提高筹资标准，不断提高农村居民基本医疗保障水平；完善合理的补偿机制，制定科学的补偿方案，提高基金使用效益；建立严格的管理机制，健全管理制度，确保基金安全运行；建立有效的费用控制机制，强化定点医疗机构监管，控制医药费用的不合理增长。

2006 年农民健康工程的一项重要内容是，落实农村各项基本公共卫生服务。重点加强周市镇农村居民的基本公共卫生服务、重点人群卫生服务、基本卫生安全保障服务等三大类 8 个项目公共卫生服务。第一类是农村居民基本公共卫生服务，包括开展健康教育、处理突发公共卫生事件、规范免疫预防接种、做好重大传染病防治等；第二类是农村重点人群卫生服务，包括妇女保健、儿童保健、慢性病和精神病防治及老年人的动态健康管理等；第三类是农村居民基本卫生安全保障服务，包括对农村食品、公共场所和饮用水卫生监测、农村公共卫生信息收集和报告等。

为保证这一健康工程的切实推进，周市镇在近五年内不断加强农村医疗卫生机构建设，不断调整和优化农村卫生资源布局，统筹区域内医疗卫生资源，着力缓解医疗资源不足的状况，重视和加强镇预防保健所硬件建设和专技人员队伍建设，确保人员编制、工作用房、工作经费、基本装备四落实。大力推进社区卫生服务机构建设，认真贯彻落实市政府《关于进一步加快发展全市社区卫生服务的实施意见》精神，根据当时的计划，在五年内的时间，在辖区内建设一所标准化的社区卫生服务中心，建设一批标准化的社区卫生服务站，达到市社区卫生服务示范中心(站)标准要求。

为了保障上述任务能得到有效落实，自 2006 年以来，周市镇采取了一系列措施，以对这项工程施以组织支持和资源支持。

深化农村卫生服务机构运行机制改革，以提高农村医疗卫生服务能力和水平为抓手，按照“做优市级、做强镇级、做大社区”的发展思路，不断加强镇村二级医疗卫生服务机构建设，逐步形成区域性医疗中心、社区卫生服务机构组成的二级医疗服务构架，二级医疗机构之间实行双向转诊。逐步健全以镇预防保健所为枢纽，各社区卫生服务机构为网底的疾病预防控制网络化管理体系。不断强化周市镇卫生监督分所的卫生监督垂直化管理网络，使农村卫生服务机构的服务条件明显改善，服务能力和水平明显提高。

按照市卫生局的统一安排，周市镇近年来不断加强城市卫生对农村卫生工作的支援力度，医院、预防保健所配合做好市级医疗卫生机构的主治(管)医师在晋升副主任医师前到农村或基层社区服务工作，从而不断提高周市镇卫生技术人员防治常见病、多发病和急诊急救能力。

对于农村卫生事业的支持关键在于投入。近年来，周市镇认真落实政府对农村卫生的补助政策，随着经济增长和财政收入的增加，镇村两级财政逐年加大对卫生事业投入，增加的投入应主要用于发展农村卫生事业，用于直接面向农村居民的基本公共卫生、基本医疗服务及卫生监督。

同时，着力加强农民健康工程项目考核评估。加强具体实施方案和年度工作计划的考核评估，以签订责任书的形式，层层分解任务，确保农民健康工程顺利实施；加强对农村医保、农村公共卫生服务、农村卫生机构建设等工作项目的考核评估，使农村卫生状况得到明显改善，农村居民健康素质得到明显提高；加强对项目经费投入和使用的考核评估，使农民健康工程专项经费投入到位，专款专用，规范使用。

从最近几年来的实践来看，这些措施有力地保障了既定目标的实现，同时也为后续公共卫生服务事业建设奠定了重要的工作基础。一个明显的例证是，2008 年该镇在持续推进农民健康工程中，基本上是在 2006 年工作框架内进行。2008 年，该镇继续推进农民健康工程建设，进一步提升农村卫生工作水平，巩固发展省农村健康工程工作成果。

近年来，周市镇深入开展环境卫生工作，以创建国家级卫生镇及市级健康镇为抓手，加强镇村基础设施建设，重视环境保护和美化绿化，杜绝剧毒农药的使用，提高生活污水无害化处理率，水冲式无害化户厕建设覆盖率。深入开展农村“三清”工作，完善垃圾的收集和处置工作，提高生活垃圾无害化处理率，加强蚊蝇等孳生场所卫生管理，降低病媒生物密度。

全面落实基本卫生服务，一是加强卫生应急体系建设。进一步健全卫生应急组织，完善卫生应急预案，强化应急培训演练，切实提高公共卫生应急能力。二是加强重大疾病项目管理。以“全球基金结核病防治项目”、“江苏省娱乐场所艾滋病高危人群干预试点市”、“全国百万高血压患者健康行动项目”为抓手，进一步加强重点疾病的防治工作。三是加强重点人群保健管理。以实施 60～65 周岁人群免费体检服务、重点慢性病人群的系统化管理服务，切实提高重点人群卫生保健水平。四是加强健康宣传教育工作。深化“亿万农民健康促进行动”，普及健康知识、倡导科学、文明的健康行为和生活方式，全面提高居民健康知识知晓率和健康行为形成率。

加强公共卫生监督管理，深化卫生监督量化分级管理制度，尤其是加强学校集体食堂及集体送餐单位食品卫生理化分级管理，年内学校集体食堂 A 级率达到 30%。建立重点单位卫生监督责任制度，对发生食物中毒、职业中毒、卫生设施差的单位列入卫生监督重点挂牌单位，实行专员责任管理。建立餐饮安全承诺制度，明确各餐饮单位餐饮安全目标要求、责任和义务，确保餐饮安全。加大公共卫生监督检查力度，加强公共卫生监督监测，切实维护公共卫生安全。

公共卫生建设最终的表现成果是群众是否得到实惠，居民是否享受到公共卫生服务体系建设的发展成果。检视周市镇的卫生服务实践，不难看出，答案是肯定的、具体的。这可以从 2008 年老年居民健康体检说起。2008 年 5 月至 8 月，根据统一部署，周市镇历时 4 个多月，对该镇 60～65 周岁老年居民开展了一次免费健康体检工作，在全镇大力弘扬尊老、敬老、爱老的传统美德，以开展老年人健康体检为抓手，全面了解老年人群中心血管疾病、糖尿病、肿瘤等重点疾病的患病情况，分析、评价老年人群疾病的变化趋势及其影响因素，制定科学的干预策略与措施，进一步提高老年人健康水平和生活质量，建设和谐周市。

本次体检的同时，为 60～65 周岁老年居民建立健康档案，以便跟踪服务。体检从 2008 年 5 月开始，至 2008 年 10 月止，历时 4 个多月，体检费用由社区卫生服务专项资金每人补贴 50 元，市、镇两级财政各 25 元。体检人员个人不承担任何费用。

为把这项惠及千家万户的惠民工程做好、做扎实，周市镇管理层在组织保障、业务培训、部门联动以及宣传发动等方面实施了一系列保障性措施。

(1) 组织保障

开展 60～65 周岁老年居民免费健康体检是党和政府实践“三个代表”的具体体现，是发扬尊老、敬老、爱老中华美德的重要载体，是为民利民、提高老年人健康素质的重要举措，是造福群众的一件大好事、大实事。镇预防保健所及各村、居委会明确分管领导，组建工作班子，落实考核制度，层层落实责任制，确保健康体检工作任务落到实处。

(2) 业务培训

60～65 周岁老年居民健康体检是一项涉及面广、工作任务重、操作难度大，关系几千老年居民切身利益的大事，各村、居委会按照全镇的统一部署，周密安排、精心部署，预防保健所加强对参与人员的业务技术培训，提高健康体检工作质量，并制定切实可行的工作方案及设计有效的告知程序、便捷的体检流程、人性化的体检环境。确保体检方法统一、标准统一、要求统一。

(3) 部门联动

镇预防保健所负责辖区范围内健康体检组织、协调和管理工作。组织开展预约登记、健康体检,建立健康档案。对体检结果进行审核,出具健康体检评估报告,反馈给体检者。收集健康体检数据,核对后将内容进行数据录入,校对后上报市疾控中心。周市人民医院和陆杨社区服务中心按照镇政府统一部署,组织医务力量积极参与辖区内体检者的建档和体检工作。各村、居委会具体负责收集区域内人口学基础资料,对体检对象发放免费健康体检通知书及体检场所和早餐的安排。

(4) 宣传发动

开展60～65周岁老年居民健康体检是一项社会性工作,离不开社会各部门的配合和支持,也离不开群众的热情参与。周市镇加大宣传工作的力度,充分利用各种宣传媒体,广泛宣传健康体检的目的和意义,让老人们感到党和政府的关爱,营造良好的社会氛围。同时,印发有关健康体检宣传材料,向体检对象告知体检时间、体检地点及注意事项等相关内容,使老年人知晓健康体检有关事宜,真正把好事办好,把实事做实。

实践表明,这项工作受到了包括体检对象在内社会各方面的肯定。它从实践层面上昭示了公共卫生服务均等化并不是一个遥不可及的梦想,让全体社会成员享有经济发展的成果也不仅是文件书写中的修辞,而是实实在在实践,这种实践成果,人人可及,城乡均等。

2010年,周市镇在前期公共卫生服务建设的工作基础上,开始全面推进"温情工程",公共卫生服务的受惠面进一步扩大,2010年,周市镇宣布将免费体检的对象从年龄层次上扩展到45岁这一下限,而昆山市划定的年龄门槛是60周岁。据户籍资料显示,周市镇45岁以上人群约20 478人。这种扩展,对于户籍人口5万余人的周市,意味着将近有一半人群将被纳入政府的免费健康体检的范围内。

为切实把此项涉及范围广、组织难度大、保障要求高的体检工作做实做好,医院专门成立健康体检工作领导小组和协调小组,组建了由医院志愿者组成的医疗服务队,召开专题会议,明确分工、落实责任,确保质量。

根据参加体检人员居住分布及残疾人行动不便等实际情况,医院提前与各村、社区进行协商沟通,确定体检场地,制定合理的体检流程,同时在现场配备多名工作人员进行协调、引导,确保体检工作有序进行。

温情工程见真情。一位居民由衷地感慨:"现在生活水平提高了,我们大家吃好了、喝好了,但是在不知不觉中,毛病也多了。平时事情多,自己也想不到要到医院做个体检。现在好了,在自家门口就能免费体检,我们真的很感激,儿子女儿没有想到的事,政府都做到了。"

温情工程给居民带来的不但是全方位的医疗检查,同时也给居民带了便捷,带来了城乡一体化的公共服务姿态。周市镇朱家湾村的顾老伯这几天很高兴，由周市镇组织的体检服务队连日来为村里的居民进行健康体检。顾老伯和老伴都做了个彻底的检查，难怪他高兴地说，“不去市里、不进医院，在家门口就可以见到医生、接受健康检查，我和老伴好开心。”

和顾老伯有同样感受的居民远不止一位。从5月开始，周市人民医院抽调各科室的医生组建了一支体检服务队。这支服务队分批走进周市镇的各个村，把一台台体检设备搬进村委会，每天从早上6点工作到11点，为45岁以上农村居民和残疾人体检提供便利。据介绍，一天下来，该服务队要为200余居民提供服务。

“真的很开心，以后体检不用往市里跑了。”这是参加完免费健康体检的周月娥发自内心的感慨，以前参加昆山市组织的免费体检都要坐车到市区，再排上近1个小时的队才能轮上。“每次都是早上去，吃午饭的时候回来。”而在这次镇里组织的免费体检中，周月娥前后花了1个多小时。“周市人民医院抽调了各科室的医生组建了一支体检服务队，分批到镇上的各个村做体检，减少了我们排队的时间，而且项目也齐全。”

对本镇45岁以上农村居民和残疾人进行免费体检，是周市镇2010年30项重点工作之“温情工程”中的一项内容。据了解，属于该镇免费体检范围的居民有2万余人，按每人200元的体检标准计算，仅免费体检一项，周市就必须拿出400余万元。周市镇相关负责人介绍，“温情工程”内容除了为居民免费体检，还包括向农村居民赠送人身团体意外伤害保险，减轻和缓解农村居民因意外伤害带来的损失，增强农村家庭保障能力；完善托养服务所、社区康复站等设施，积极实行“回防”机制，构建困难人员临时救助和关爱体系等。“这些举措的目的都是为了进一步提高居民健康水平，促进公共卫生服务均等化，为‘和谐周市’建设添砖加瓦。”该负责人这样说。

同时，周市镇还投入十多万元专门开发了体检信息系统，每天选派六名医务人员进行体检人员基本资料的录入，建立电子健康档案，汇总体检结果后组织资深医务人员进行健康咨询和相关健康知识讲座后，由所辖社区卫生服务站进行动态跟踪管理。动态跟踪管理对于一些有潜在疾病隐患的人员而言，无疑具有重要的健康引导、提醒的作用。

50岁的老邓就是被动态跟踪管理的对象之一。老邓在周市一家日资企业打工，繁忙的工作和家务，让他忽视了自己的健康。在去年的体检中，他被查出血糖略偏高，这一指标向他的健康发出了预警信号。现在，他经常能收到来自周市人民医院的手机短信，如“糖尿病自控十招”、“糖尿病人如何调节饮食”等等，这些提示不仅让他感受到了周市公共卫生服务部门送来的温暖，更让原本对医学常识知之甚少的他有了了解预防疾病的便捷渠道。在2010年规模空前的体检结束后，许多居民都享受到了类似于老邓这种被医院“追踪”的待遇。医务人员根据体检结果针对不同病种、不同年龄、不同性别分别进行了健康教育，引导居民树立健康理念；发送个性化健康信息，提醒居民健康生活方式；社区医生定期上门进行随访和指导，通过扎实有效的措施，不断提高居民健康水平，提升周市居民的生活质量和幸福指数。这都是周市公共卫生服务部门致力于居民健康管理所做的尝试与探索。

总体来说，健康管理一般包括档案管理、亚健康管理、体检管理、疾病管理、知识管理五部分。其不同于一般医疗形式，倡导关注人胜于关注疾病，将服务对象看作有个性有感情的人，而不仅是疾病的载体，其照顾目标不仅是要寻找有病的器官，更重要的是维护服务对象的整体健康。为了更好地收集资料，为参与体检的人群建立一套完整的健康档案，周市人民医院专门投入 20 余万元，开发和完善了体检信息系统，并对体检人员基本资料进行录入，建立电子健康档案。汇总体检结果后组织资深医务人员进行健康咨询和相关健康知识讲座并由所辖社区卫生服务站进行常态跟踪管理。2010 年末，周市镇召开了“周市镇中老年人群健康状况发布会”，会议公布了周市镇居民体检的总体报告，用一系列数据分析，显示周市百姓的健康生活状态，将体检人群分为健康、亚健康、疾病三大类型。会议还邀请了东南大学公共卫生学院、东南大学社区卫生研究所的健康专家张开金教授进行了“健康投资与健康管理”的专题讲座。这次别开生面的发布会，一方面普及了健康知识，为公众敲响了健康警钟，另一方面也为今后一段时间，更好更深入地开展居民健康管理工作奠定了基础。

须指出的是，周市镇开展的“温情工程”并非仅限于免费体检这一项内容，它实际上由免费体检、人身意外险和托养服务三部分组成。除了对周市镇 45 岁以上居民和残疾人全部进行免费体检外，同时还为周市镇居民赠送人身团体意外伤害保险。2010 年，周市镇与太平洋人寿保险昆山支公司签订协议，政府出资为全镇 50 398名户籍居民每人购买了一份 20 元的意外伤害险，投入 100 多万元。居民发生意外伤残、死亡，最高可获得 6 万元补偿和 500 元丧葬费补贴。

从近年来昆山公共卫生体系的建设总体情况来看，昆山完善的全民医保较好地解决了市民因病致贫的难题。但是因突出性事故而致贫的问题仍然存在并成为阻碍城乡居民保持全面小康生活的绊脚石。为此，周市镇在全市率先进行探索，通过与保险公司的合作，试图从根本上解决这一难题，将百姓装进“民生保险箱”。

意外事故的发生，除给家庭带来伤痛外，就是各种费用支出的增加和家庭收入的减少。为减轻受害者与其家庭的痛苦和负担，周市镇以“暖心工程”的形式对此予以积极回应，将增强居民家庭保障能力作为重要内容，于 2010 年初与太平洋人寿保险昆山支公司签订协议，为全镇所有户籍居民购买一份意外伤害险。居民意外伤残、死亡，最高可获得 6 万元补偿，超过百万元的支出全部由政府买单。

对于永平小区居民黄媛珍而言，这一惠民措施，是实实在在的暖心工程。2010 年 5 月 24 日，周市镇劳动保障所负责人和太平洋人寿保险昆山支公司的工作人员来到该镇永平小区居民黄媛珍家中，给她送去3万元保险理赔款。让黄媛珍感动和意外的是，这笔理赔款源于镇政府年初为其儿子购买的一份人生意外伤害险，事前她并不知道。

据了解，截至2010年底，太平洋人寿保险昆山支公司与周市镇政府签订意外伤害险购买协议以来，已受理理赔案件85件，结案70多件，理赔金额15万元左右。

作为一项暖心工程，这项为周市镇居民赠送人身团体意外伤害保险的惠民政策，基于其现实的风险分担功能，在一定程度上减轻和缓解了居民因意外伤害带来的损失，增强城乡居民家庭保障能力，给城乡居民家庭功能恢复形成有力地支持作用。在谈及这份意外伤害险时，周市镇东明村三组居民陆卫华的母亲很是感激。2010年5月初，陆卫华在开车时速度过快不幸发生车祸身亡。"家里的顶梁柱塌了，主要经济来源断了，我们都不知道怎么办才好。"陆卫华的母亲说道，好在有村里为儿子购买的保险，保险公司所支持的一笔赔偿金至少在经济负担上，家里少了一份担忧，多了一份宽慰。这对于遭不幸变故的家庭而言，可谓雪中送炭。

除了对45岁以上户籍居民和残疾人全部进行免费体检、赠送人身团体意外伤害保险等惠民政策外，周市镇还积极完善托养服务所、社区康复站等建设，进一步构建无助无力人员的临时救助和关爱体系。其中托养服务工作顺利开展，全镇共有托养服务所、社区康复站14个，康复专业指导人员28名。托养服务中心现有托养人员8人，其中全日制5人，日间照料3人，开展居家服务49人；社区康复站也按照昆山市统一部署，加大了建设力度，组织康复协调员、技术员参加市残联开展的各类培训。

在现有工作基础上，周市镇计划持续并扩展现有温情工程的内涵与外延，在接下来的两到三年期间，除继续开展45岁以上的居民免费体检外，周市镇还计划开展以下几个方面的惠民工程：

（1）"健康讲座"进万家

利用世界卫生日等卫生主题日，开展健康知识讲座和进街道、村、社区开展义诊、咨询活动，提高自我保健意识。

（2）"关爱妇幼"促健康

开展母婴阳光工程，推行覆盖婚前—孕前—产前—产时—产后—儿童成长全过程的妇幼保健全程服务模式；在每年"三八妇女节"对全镇育龄妇女进行妇科病普查普治，建立档案，跟踪管理。六一儿童节，开展幼儿、学生体检，提高母婴保健质量。

（3）"善爱助残"送温暖

以全国助残日为载体，建立周市康复俱乐部，开展康复指导，提供假肢和矫形器的安装使用，为有康复需求的残疾人提供经常性的康复服务和提供相互交流、共同进步的场所。

(4) “牵手夕阳”享晚年

以“九九重阳节”为主题，关爱老人生活，以老年护理为重点，为全镇身患疾病，生活不能自理的 60 周岁以上居民提供志愿牵手家庭护理指导服务。

(5) “心灵港湾”助和谐

以关注心理健康为主题，开展心理讲座和咨询服务，探索健康服务新模式，提高居民的健康意识和健康水平。做居民健康的“守门人”。

第三章 全覆盖的社会救助网络体系

一 职工特殊困难救助

2010年8月20日，天气十分炎热。可是，星光树脂制品（昆山）有限公司员工周小华的心情却比天气还要"炽热"。这天一大早，周市镇工会和星光树脂制品（昆山）有限公司工会负责人就急匆匆地赶到她家，送上5 000元救济金。据介绍，周小华是该镇出台《周市镇职工特殊困难救济办法》后第一个拿到救济金的员工。拿着这笔滚烫的救济金，周小华的眼睛湿润了，感激地说："有了周市的关爱，我看到了无限的希望。"

周市镇目前有近万家企业，员工数目众多。在这个庞大的群体中，难免会有人因各种各样变故而导致生活或工作困难。"以前针对困难群体，我们主要根据企业上报的困难群体名单，有选择性地在节日期间进行集中慰问。这种方式的弊病就在于，对不同困难群体的扶持标准一样，而且很多困难群众在这种非常态化扶持方式下不一定得到关爱。"周市镇工会负责人介绍说。

为了实现对困难群体的全覆盖，让他们在困境中有所依，在艰难中不失希望，周市镇于2010年7月开始试行《周市镇职工特殊困难救济办法》。根据该办法，周市镇范围内与企业建立劳动关系的在职职工，因特殊原因造成生活困难，经企业行政、社会保险部门、基层工会救济后，仍然难以维持最低生活保障的，周市镇将酌情给予一次性救济。在符合国家相关法律、法规、政策的基础上，有下列情形之一并影响家庭收入、造成家庭生活困难的，可提出救济申请：职工本人意外死亡、因病死亡、工伤死亡的；职工本人患重大疾病的（癌症、白血病、尿毒症、血友病、系统性红斑狼疮、器官移植后抗排异药物治疗、再生障碍性贫血）；在昆山区域范围内遇有不可抗拒的自然灾害等。

据周市镇工会负责人介绍，周市镇政府委托镇工会负责职工特殊困难救济工作，履行实施、核查、审批、管理职责。特困职工救济金由周市镇财政先期拨款50万元，救助资金不足20万元时，由镇工会向政府申请补足，镇财政部门开设专门科目，专款专用，一次性救济金上限是1万元。《救济办法》推出近一个月来，在企业中产生了较大反响，已有多家企业员工向相关部门提出了申请，并享受到了一次性救济。

“采用新的办法对困难职工进行扶持，克服原有的弊病，让扶持困难职工的做法实现了制度化、常态化。这是我们在新的形势下，对发展民生事业的一种新尝试。”周市镇工会负责人介绍说。

在从全面小康社会迈向现代化征程中，区镇在继续推进经济发展方式转型的同时，如何进一步推进社会事业的转型？这是先发达地区在“十二五”规划中不可回避的重大课题。

周市镇2009年推出的“善爱之家”工程，就是通过出台多项实实在在举措，在全镇范围内形成覆盖农村、社区、企业，包含康复、体检、心理咨询、团体人身意外险、大病救助、临时救济、产业工人关怀等20项内容的服务体系和服务机构，进一步推进民生保障和公共服务的全覆盖、均等化、优质化。

周市镇党委书记史红亮说：“‘善爱之家’不是口号、不是作秀，而是要通过实实在在的举措，实现社会事业首先从民生领域转型，从而提高每一个生活在周市这片热土上的人民的归属感、满意度、幸福度；更是以爱为圆心，以服务为半径，画出幸福同心圆。”向困难群体倾斜扶持实现制度化常态化。

二　慈善事业与慈善超市：救助体系社会化的实现方式

“乐善好施、扶贫帮困”是中华民族的传统美德，互相帮助、患难扶持是社会倡导的时代新风。长期以来，政府在社会救助方面承担了最为主要的责任。应该说，从社会救助的历史发展脉络与国外经验看，政府的主体责任是毋庸置疑的。但问题的另一面是，政府自身的资源有限及对居民需求回应的滞后性，决定了单凭政府一方面承担社会救助的职能显然并非良策。社会救助着重在“社会性”，其主体也应该是多元的。除国家作为责任主体外，市场组织、非政府组织等各种服务机构等各类体制外主体，也应当吸纳到社会救助体系中来，这既可以弥补政府职能之不足，同时也能够很好地回应居民的多元性需求。

如果说以政府为主体的救助形式是一种制度性救助，则以非政府资源和民间力量为主体的救助应该是一种非制度性救助。实践表明，制度性救助方式主要表现为城乡最低生活保障制度和其他各类专项救助制度，这些救助项目构成了现有社会救助的主要内容。但是，仅仅依靠制度性救助还远远不够，新型社会救助体系在以政府为主体的制度性救助的基础上，需要进一步发挥非制度性救助的重要作用。非制度性救助方式并非经过相关法律、法规或者社会政策确立，而是由民间和社会团体组织的各种社会救助活动组成，是一种社会资源的调动、社会支持网络构建的过程，是社会救助社会化的重要实现方式。在周市镇，整合民间资源的慈善事业近年来正呈现较好的发展势头。

由民政牵头的周市镇慈善分会成立已届 10 余，在社会各界的大力支持下，弘扬慈善理念，广泛筹募资金，每年开展扶贫帮困、爱心助学、医疗救助和特困户建房等一系列爱心救助活动，将一份份关爱送进千万个家庭，温暖了众多困难群众的心，为构建和谐社会发挥了积极作用。近年来，周市镇慈善分会更加注重突出品牌项目，包装推介出阳光助学、助医、救孤、济困和救灾等多个慈善救助项目，方便各党政机关干部、社会团体和商界成功人士有选择性地开展慈善救助服务。同时，为保障慈善行动管理工作的有效运作，周市镇采取措施，大力完善机构建设，进一步健全组织，完善慈善财务管理、监督机制及慈善救助管理办法，并注重吸纳社会知名人士为慈善理事会成员，扩大慈善的影响力和感召力。实践证明，各类慈善活动在对诸如助学、助医、恤老、育孤等贫弱救助方面，发挥了实质性的作用。以 2010 年为例，该年周市镇慈善分会通过多种渠道筹集资金，用于对贫困的援助。是年事业性支出共计 110 余万元，其中用于助学的支出 30 万元，援助贫困户建房的支出 28 万元，大病救助近 15 万元，灾害救助支出 10 万元，援助敬老院及老年公寓达 25 万元。具体支出明细见表 1－5。

表 1－5 2010 年周市镇慈善分会支出表 （单位：万元）

支出合计	支出明细					
	爱心助学	贫困户建房	大病救助	救灾救济	敬老院（老年公寓）补助	其他资助项目
118	30	28	15	10	25	10

大力发展慈善事业，是政府应尽的责任，也是全社会的共同责任。必须动员全社会参与慈善事业，在全社会形成浓烈氛围，使慈善事业真正成为一项暖人心、得人心、聚人心的高尚事业。周市镇慈善分会在大力推动慈善事业的同时，也十分注重社会资源的连接，积极动员企业参与慈善救助活动。近年来，周市镇涌现出很多积极献身于慈善救助事业的企业家事例。

俗话说，“儿女回报三分爱，父母高兴笑颜开。富人都献三分爱，人间少有穷苦人。”昆山多威体育用品有限公司总经理唐明生是一位道义与社会责任承担者。他坚信，“今天靠改革开放致富的人，都要懂得感恩，都要拿出三分来回报社会。同样，我们要七分做人，三分做事，企业才能长盛。”多年来他一直关注慈善公益事业，发挥自身社会资源，积极参与到助残、扶残的公益活动中来。从2003年开始，他平均每年拿出企业利润的三分之一，超过100万元回报社会。为了解决残疾人就业问题，他让有工作能力的残疾人来他厂里工作，和他们签订合同，残疾职工100%参加了养老保险、医疗保险、失业保险、工伤保险等社会保险。多年来，唐明生一直把残疾职工的冷暖安危挂在心上，始终把实施“送温暖工程”和“五走访”作为本公司扶残助残的一项重要工作来抓。“五走访”即残疾职工家庭有困难要走访、职工生病要走访、逢年过节要走访、残疾职工子女考上学校要走访、结婚生育要走访。每年，公司都要组织残疾职工做身体健康检查，对个别困难、丧偶、灾难残疾职工，公司及时组织人员进行探访慰问，把温暖送到残疾职工心坎上，得到全体职工的好评。由于残疾人身体上的原因，导致他们心理和生理上的负担都比常人沉重。针对残疾人心理普遍比较自闭的情况，公司在生活上结合残疾职工的不同特点，用不同的方式与残疾职工进行沟通和交流，教育他们树立“自尊、自信、自强和自立”的精神；针对残疾人身体上的不便，在工作分配方面，公司始终坚持以人为本，根据残疾职工自身的状况和能力给予劳动技能简单、劳动强度小的特殊安排和照顾。2004年至今，每年给全镇90岁以上老人每人500元，给90岁以下、80岁以上老人每人约160元，以及敬老院、五保户人员，五年共计105万元。

坐落于周市镇的昆山茂顺密封件工业有限公司于2011年春节来周市镇敬老院开展慰问，为他们送上了4只特大电饭锅，1台冰柜，4台洗衣机，1台三菱空调，共计10 200元。还有昆山广成建材有限公司为敬老院捐衣被等物品折合人民币1万元。

慈善超市是整合现有社会救助资源的另一种较好形式。慈善超市这一服务平台，是通过全社会通过近几年的慈善募捐献爱心，而派生出来的一种新的慈善救助服务方式，它朝着贴近于社会弱势群体的便捷服务，通过爱心超市的服务形式，让最困难、最需要得到帮助的居民群众能够享受到政府给予的看得见、摸得着的一份关怀。自2008年以来，周市镇在昆山市的统一部署下，开始建立并运营慈善超市。就其属性而言，慈善超市实为社会组织，经民政局批准，设有专用账户，超市的经营采用市场化运作，由社会爱心人士承包参与非经营性的有偿服务，管理超市，承包方需根据所规定的性管理要求补充超市物资。非经营性管理系指：承包方服务过程中，承包方以非盈利为目的开展经营活动，时刻把慈善爱心放在首位，把爱心传递给每一位消费者，达到有销售就有爱心存在，取之于民，用之于民的经营理念。慈善超市服务对象分定期援助、临时救济和应急援助三种类型，服务的内容包括实物提供和经济援助。

2008 年周市镇建立了两家慈善超市，通过市场化运营，向低收入家庭及其他困难群体提供了必要的援助。如表表 1－6。

表 1－6 2008 年度周市慈善超市资助情况统计表

序 号	接受资助公益金(单位：元)	资助项目	资助人数(单位：人)
1	32 000	米、油券	30
2		大 米	50
3		九孔被	50
4		金龙鱼油	50
5		运动鞋	50
合 计			230

为更好地保障民生，服务和方便困难群众，发挥慈善超市在构建和谐社会中的积极作用，2009 年被列为周市镇"慈善超市建设年"，政府及民政职能部门加大了政策支持力度，以"政府搭台、依托社区、百姓受益"的新型扶贫帮困形式，对社区低保、残疾人、下岗失业、困难职工等困难家庭进行了帮助。

各超市都设有专人负责慈善超市的日常管理事宜，并有专门的工作台账，针对购货情况作详细记录，困难家庭经村(社区)认定后，可以凭慈善超市发放的"爱心卡"，免费领取慈善超市相应价值的生活必需品，全年共发放慈善物资价值 2 万余元，惠及人员共计 600 多人。对于行动不便的救助对象，超市还免费送货上门，提供最优质的服务。超市还定期检查物资的数量及质量，确保发放的物品优质，做到发放有序，并接受群众的监督，为做好一方的扶贫帮困工作作出应有的贡献。

2010 年以来，慈善超市得到了长足发展。这些慈善超市为辖区内的困难群众提供了物资上的救助，较好地回应了社区困难人员的生活需求，详见表 1－7。

表 1－7 周市镇慈善超市 2010 年运作情况统计表

序 号	慈善超市名称	发放爱心卡(张)	救助资金(元)	惠及人数(人)
1	新镇慈善超市	100	10 000	276
2	捷强超市	20	2 000	56
3	捷强超市	50	5 000	147
4	捷强超市	50	5 000	133

三 低保与临时性救助

所谓"收入型贫困"，就是用一条最低收入线作为甄别困难人群的标准，低于这条线就可以享受最低生活保障待遇，这是目前社会救助的普遍做法。作为收入性贫困的反贫困策略，最低生活保障制度无疑是目前面向低收入家庭最为主要的回应方式。从理论上来说，获取最低生活保障或社会救助是公民的一项基本权利。在现代社会中，尤其是在经济、社会转型的变革时期，从总体看，造成贫困的原因中社会因素大于个人因素。所以，对于国家和社会来说，社会救助是其不容推卸的社会责任。

在当今世界上，社会救助制度通常被视为纯粹的政府行为，是一种完全由政府运作的最基本的再分配或转移支付制度。这种责任或义务通常用最低生活保障立法的方式加以确认，并且透明度极高地公之于众；对于每一个公民来说，社会救助是他们应享的受法律保护的基本权利。根据维持最起码的生活需求的标准设立一条最低生活保障线，每一个公民，当其收入水平低于最低生活保障线而生活困难时，都有权利得到国家和社会按照明文公布的法定程序和标准提供的现金和实物救助。在我国，这项制度被称为"最低生活保障制度"。

早在2001年，昆山市即已制定了《昆山市农村居民最低生活保障制度实施办法》，2003年，又出台了《昆山市城镇居民最低生活保障制度实施办法》，城乡分别执行不同的最低生活保障制度。至2009年，在快速城市化的现实背景下，昆山市将城乡分割的低保制度实行城乡统筹，实施了城乡一体的居民最低生活保障制度，周市镇的城乡低保工作即是嵌入在这一制度框架之内。凡是户籍在周市镇的城乡居民，因家庭收入困难符合救助条件的，均可申请最低生活保障的救助。最低生活保障的资金，实现市、镇两级财政负责制。

近年来，周市镇城乡低保工作稳步开展。2008年城乡低保标准全面突破，城镇和农村提高到月人均350元。当年共保障低保对象170户，发放低保金及各类生活补贴70余万元。其中，城镇低保对象17户39人，农村低保对象153户392人。2009年进一步加大最低生活保障制度政策的推进力度。按照城乡一体化要求，重新梳理了村、居工作条线。2009年周市共有低保户200户，享受低保人数512人。其中，城镇低保24户，60人；农村低保176户，452人；当年共发放低保金1 140 312元，确保低保对象的生产生活得到了有效保障。同时，将7种大病、重残人员家庭收入标准低于低保标准2倍以下的调查摸底工作，经调查核实，有93人符合条件，享受低保边缘救助，共发放救助金216 985

元。2010年，周市镇共有低保户213户，558人。其中，城镇25户65人，农村188户493人，共发放低保金129.1万元。另有112人享受低保边缘救助。其中，城镇15人，农村97人，发放补助金277 674元。低保及低保边缘经费由市、镇两级承担。经调查核实，共有126人符合重残补助条件，共发放补助金469 992元。

除了制度性的低保这一道保障网络之外，周市镇还准确把握居民的突发性变故，并对其临时性需求予以及时回应。如2008年临时救助困难群众1 023人，发放救助资金23万元，慰问走访各类对象1 717户，发放慰问金80万元，发放90岁以上高龄老人生活补助费131人，12.69万元。2009年进一步加强临时困难救助工作，保障困难群众的基本生活。全年临时困难补助1 342人次，发放补助金29万元，确保因受天灾人祸的困难群众得到及时救助。

2010年，周市镇根据实际情况，对享受低保需长期服药的；未列入低保，因患突发性重病，家庭因病致困的；低保边缘家庭、重度残疾家庭，经街道、村委会核实的困难户，经分管领导批准，给予发放临时救助金。全年共发放临时救助金32万余元。

此外，在昆山市统一部署下，周市镇还积极开展了针对特别困难家庭子女求学的爱心助学活动。从调研资料来看，在周市镇存在着一类特殊群体，他们经济十分困难，多数家庭的收入不但处于最低生活线之下，而且家庭多遭变故，或者残疾家庭，或者重大疾病、慢性病家庭，或者单亲家庭，笔者曾随机地调阅过一些低保困难家庭的数据，生活着实艰难：

新镇社区朱××：本人残疾，女儿因病无法工作，丈夫丧失部分劳动力，孙子在腰娄小学读书，家庭生活困难，靠领取最低生活保障金维持生活。

新镇村12组郭××：儿子患精神残疾，需长期服药，已与妻子离异。农保收入是家庭生活的重要来源，家庭生活困难，靠领取最低生活保障金维持生活。

朱家湾村23组顾××：本人身体情况较差，妻子残疾，无劳动能力，大女儿在2003年12月发生车祸死亡，之后领养儿子顾小×，现在杨家桥幼儿园读书，家庭生活困难，靠领取最低生活保障金维持生活。

东方村23组薄××：孙女在城北电视大学读书，本人、妻子和女儿均为残疾人，无工作，家庭生活困难，靠领取最低生活保障金维持生活。

珠泾村朱××：本人残疾，在易通汽车修配厂工作，因身体特殊原因，请假较多，工资收入较低，妻子病故将近20年，女儿在昆山市一中读书，家庭生活困难，靠领取最低生活保障金维持生活。

一方面是低收入，同时又多伴有残疾、疾病等不幸变故，两相交织在一起，使得这些家庭不可避免陷入困境之中，对于这些家庭中正在求学的子女而言，其所面临的困难更是可想而知。为切实解决贫困学生家庭的实际困难，周市镇近年来开始有针对性地开展爱心助学活动。爱心助学活动的对象主要包括具有周市镇户籍，属于低保或低保边缘家庭、特困职工家庭或者家庭收入低于低保标准2倍以下家庭的在读和2009年新录取的大中专学生、幼儿园学生。

对于低保、低保边缘、特困职工家庭的本科生、大专生每人补助5 000元；家庭收入低于低保标准2倍以下的本科生、大专生，每人补助2 500元；对于低保、低保边缘、特困职工家庭的幼儿园学生，每人补助1 000元；家庭收入低于低保标准2倍以下的幼儿园学生每人补助500元。所需助学资金由市慈善总会、区镇慈善分会按2∶8比例负担。2008年度，周市镇开展爱心助学活动资助贫困学生99人，资助资金151 500元；2009年继续深入开展爱心助学活动，通过深入调查摸底，全镇符合助学对象的低保、低保边缘及低收入对象的61名学生得到了爱心助学金，发放爱心助学款21万元。2010年，为切实做好爱心助学工作，让更多品学兼优的贫困学子充分感受到党和政府的关爱。周市镇联合星光树脂、镇商会、工会等企事业单位开展低保、低保边缘、重残家庭学生的爱心助学结对扶贫工作，并积极争取上级、社会结对助学。2010年，周市镇共有232名贫困学生得到社会各界资助，受助金额达50.63万元。

四 医疗救助：支出型贫困的回应策略

什么样的人群才算是贫困人口，可以享受低保待遇？用一条最低收入线作为甄别困难人群的标准，是社会救助的通常做法。这种以收入为基准的贫困习惯上被称为“收入型贫困”。作为一般意义上的社会救助，这种“穷人筛选法”自有可行之处，但局限与不足也是显而易见的，即忽略了对处于贫困边缘的群体遭遇不测后生活状况的关注与支持。

在现实生活中，一些家庭因为重大疾病、子女就学、突发事件等原因造成家庭支出过大。与“收入型贫困”家庭相比，这类家庭虽然人均收入高于最低生活保障线，但其支出远远超出家庭收入的承受能力，实际生活水平可能还不及吃低保的家庭，这些“支出型贫困”家庭往往成为社会救助难以顾及的夹心层。这种贫困类型一般将其称为“支出型贫困”。

“支出型贫困”是指家庭遭遇突发事件，或家庭成员出现重大疾病等，导致家庭财力支出远远超出承受能力而造成的绝对生活贫困，用通俗比喻就是吃了药后没钱吃饭。由于这些家庭人均收入略高于当地最低生活保障线，无法享受低保，实际处于社会救助的“夹心层”，一旦遇到不测，往往比低保户更困难。

一个无可争辩的事实是，家庭的困难程度不仅由收入决定，也受到家庭支出的影响。对于各项社会认可的必要支出，必须纳入困难程度评估范围，以刚性支出减收入的结果作为衡量家庭困难程度的标准，比以往只从收入的角度进行评估的方式更全面。因此，对困难家庭的救助覆盖范围应逐步扩大到这些支出型贫困家庭。

基于这一考虑，周市镇对“收入型贫困”与“支出型贫困”的救助统筹考量，双管齐下，以更加人性化的工作理念，除一般性低保家庭的救助外，对辖区内因疾病等原因而致使家庭贫困的对象予以了有力的援助和支持，有效地缓解了这一群体的生活之忧。

为进一步加大全镇因大病造成困难人群的医疗救助力度，扩大救助范围，确保困难人群得到必要的医疗救助服务，促进社会和谐稳定，周市镇于 2010 年实施了大病困难人群医疗救助。这里的医疗救助，主要是指参加了本市城镇职工基本医疗保险或居民基本医疗保险的大病困难人群，医疗费用虽经各类医疗保障报销和社会救济帮困后，其医疗负担仍然较重，由镇财政予以适当救助的一种补充医疗保障救助制度。

这一救助体系主要面向周市镇户籍居民，家庭成员月人均收入 2 000 元以下的对象，因患癌症、白血病、尿毒症、器官移植后抗排异药物治疗、再生障碍性贫血、系统性红斑狼疮、血友病及优抚对象等本人医疗保险支付范围内的医疗费自负部分一万元以上的大病患者。

根据周市镇的规定，凡符合医疗救助条件的人员，均可向户籍所在地社区居委会或村民委员会提出书面申请，填写《周市镇大病困难人群医疗救助申请表》，如实提供大病的医疗诊断证明、定点医疗机构出具的医疗费支出凭证及报销后自负部分的证明材料、接受各类社会救济帮困的情况证明材料。

各街道社区居委会或村民委员会收到医疗救助对象的申请及必备的证明材料后进行初审并公示，公示无异议后，报镇民政办。大病困难人群医疗救助每年审批一次，即次年 1 月由所在居民委员会或村民委员会将有关材料报镇民政办。镇民政办根据复核汇总情况提出用款申请报分管镇长审批，经审批后由财政分局拨付镇民政办，由街道社区居委会或村民委员会登记造册负责发放。具体救助标准如表 1-8 所示。

表 1-8 医疗救助对象救助标准

年度个人自负医疗费用份额	社会医疗救助标准
1 万元至 3 万元的(不含 3 万元)	救助标准为 0.5 万元
3 万元至 5 万元的(不含 5 万元)	救助标准为 1 万元
5 万元至 10 万元的(不含 10 万元)	救助标准为 2 万元
10 万元以上	救助标准为 4 万元

2011 年春节前夕，镇医疗救助职能机构会同相关部门向因患癌症、尿毒症、白血病等 7 大类病种的 98 户困难家庭上门发放 5 000～20 000 元不等的大病医疗救助金共计 66.5 万元，同时鼓励他们保持乐观的心情，积极治疗争取早日康复，并送上新年的祝福。通过这种更具针对性的医疗救助，有力地保障了周市困难家庭得到必要的医疗救助服务，并能够在一定程度上使之免于陷于进一步的持续贫困之中。

五 城乡最弱势群体的救助："三无"对象的供养

农村五保与城镇"三无"对象（即无劳动能力，无生活来源，无法定赡养、抚养、扶养义务人，或者其法定赡养、抚养、扶养义务人无赡养、抚养、扶养能力的老年、残疾或未满 16 周岁的居民），是当前城乡困难群体当中，最困难、最需要帮助的对象。

在周市镇，五保供养历来为管理部门所重视。近年来，随着周市经济的快速发展，对五保供养的标准也逐年提升。以 2008 年为例，该年在院五保对象全年供养标准 7 000 元以上，散居五保对象全年标准也不低于 6 000 元。所有经费均由周市镇、村二级组织统筹。

在院五保对象的供养经费由所在村每年每人交敬老院 2 000 元，其余由镇政府实行差额补助。在院五保供养对象保证每月 100 元的零用钱。

散居五保对象的供养经费，资金渠道由村委会从供养对象的养老金、土地补偿金中列支，不足部分由政府、村委会托敬老院在年终实行差额补足。

五保对象医疗费由敬老院和村分别负担。其中，在院五保对象医疗费，由敬老院负担，在院五保对象住院的护理费，由所在村负担，散居五保对象的医疗费、护理费均由所在村负担。五保对象丧葬费亦是由敬老院和村分别负担。其中，在院五保对象的丧葬费用，由敬老院和所在村共同办理，丧葬费由所在村负担。散居五保对象的丧事，由所在村负责办理，并报敬老院备案。

近年来，周市镇五保供养工作取得很大进步。截至 2008 年底，全镇共有五保对象 37 人，水平分别超过、达到低保标准。敬老院建设得到加强。2009 年，周市镇有五保老人 37 人。其中，集中供养 34 人，散居老人 3 人；另有寄养老人 17 人。敬老院工作严格按照市民政局工作要求，确保服务到位，安全无事故，特别是年内在创建市文明行业、星级敬老院的创建中，做了大量工作。从硬件设施改造，更换了卫生间的所有设施，投入资金 10 多万元，规范了工作制度。2010 年全镇有五保老人 33 人。其中，集中供养 31 人，散居老人 2 人。

另有寄养老人17人。敬老院工作严格按照市民政局工作要求，确保服务到位，安全无事故。

2010年，周市镇进一步加大了对城乡三无对象供养的工作力度，重要规范三无对象的供养标准及管理。自2010年起，凡符合“三无”供养条件周市镇居民，应全部落实供养政策。对无劳动能力、无法定赡养、抚养、扶养义务人，或者其法定赡养、抚养、扶养义务人无赡养、抚养、扶养能力的，但有居民养老金、征地保养金等政府保障性或转移性收入，且低于当年居民最低生活保障标准140%的，可以认定为“三无”对象，享受供养。三无对象供养由本人向户籍所在地村、居委员会提出申请，经村、居委员会民主评议，对符合“三无”条件的，在本村、居范围内公示；无重大异议的，报镇人民政府民政办审批后报市民政局备案并颁发《农村五保供养证》或《城镇“三无”供养证》。“三无”对象供养的形式根据本人意愿可选择集中供养或分散供养。在敬老院集中供养的“三无”对象，签订集中供养协议，明确相关责任和义务；分散供养的“三无”对象，纳入敬老院管理，由镇人民政府、受委托的抚养人和“三无”对象签订分散供养协议，约定各自的权利和义务，落实服务责任制和帮扶措施。镇敬老院、各村、居委员会按照相关规定，对周市镇符合“三无”条件的居民，及时确定为“三无”供养对象，落实有关供养待遇；“三无”对象死亡或已不具备“三无”条件的，及时组织调查核实，停止其供养待遇，加强动态管理，基本做到“应保尽保”。

“三无”对象供养标准按照居民最低生活保障标准140%全额计算，有养老金、保养金等部分收入的“三无”对象，其供养标准按照低保标准140%差额计算。供养标准随最低生活保障标准调整而调整。“三无”对象供养经费由市、镇两级财政各负担50%，各类节日慰问金不列入供养经费，接受社会各界的专项捐赠款物用于改善老人的生活水平。

集中供养对象的丧葬费由敬老院负担，丧葬事宜由敬老院和所属村、居委员会共同办理；分散供养对象的丧葬费由所属村、居委员会负担，丧葬事宜由所属村、居委员会办理，并报镇敬老院备案。敬老院集中供养对象的大额医疗费、丧葬费由周市镇政府按实追加预算。

周市镇每年安排用于包括五保供养、低保户、低保边缘户、重度残疾救助、临时救助、爱心助学等方面的经费达500万元，最低生活保障、医疗救助完全实现城乡一体化，在社会救助领域，率先实现了公共服务城乡均等化。

综上所述，经过近年来的实践探索，周市镇已初步形成一个包括城乡低保救助、低保边缘家庭救助、城乡五保与三无对象供养、爱心助学、大病医疗救助、重残家庭救助、困难职工救助等在内的综合帮困救助体系，基本覆盖了作为镇域层面的周市镇各类困难群体，形成一个彼此衔接、无缝隙覆盖的社会救助网络体系，详见图1-2。

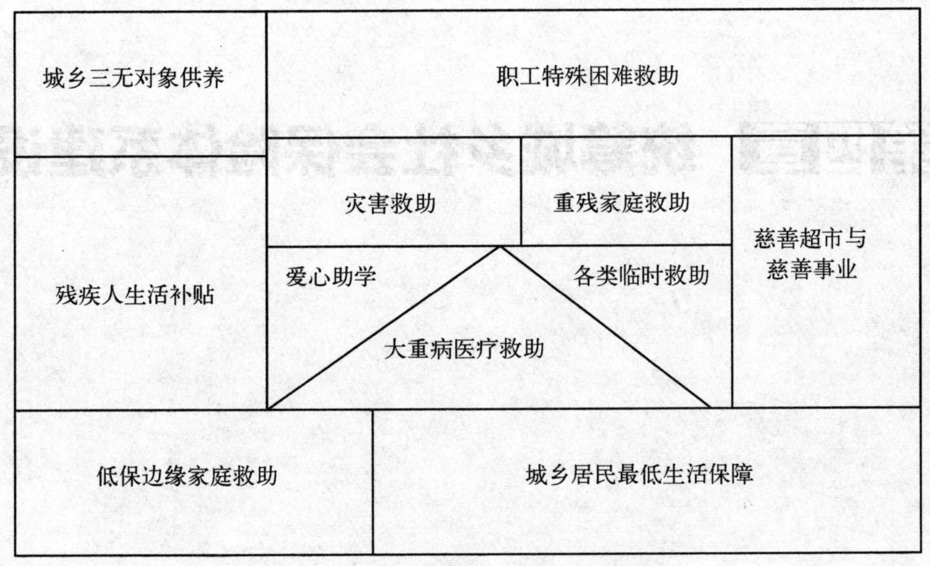

图 1－2　周市镇社会救助体系结构图

第四章 统筹城乡社会保险体系建设

一 农保、居保与城保：镇域层面社会保险制度的基本框架

就现行体制而言，镇一级的社会保险体系建设，总体上是在省市政策框架内进行。从周市镇整个面上情况来看，社会保险体系相当完善，基本实现镇域层面全覆盖，初步形成一个包括农保、居保和城保在内的能够覆盖周市镇不同人群的社会保险网络。

这一社会保险网络的第一层次社会保险是城保，包括城镇企业职工基本养老保险等在内的五大基本险种。2007年以后，周市镇执行昆山新调整的城保政策。当年昆山城保制度实行整合，将所有劳动者（包括与企业建立了劳动关系的劳动者和个体工商户、各类灵活从业人员）都纳入其框架之内，使得目前城保的外延已发生较大的变化，它不仅包括传统意义上的企业职工，同时涵盖了城乡所有企业、民办非企业单位及与之形成劳动关系的所有人员以及个体工商户及其雇工和灵活就业人员，都是城保所覆盖的参保对象。

周市镇社会保险的第二模块是农保，即针对全镇未参加企业职工养老保险的农村居民而设立的农村基本养老保险。早在2002年底，昆山市率先在包括周市在内的四个镇试行农村基本养老保险，在四镇试行的基础上，很快在全市范围内全面推行农保制度，这是让城乡各类劳动者均能充分享受改革开放和经济发展的成果、从制度上实现老有所养的一项重要举措。农村基本养老保险坚持从农村实际出发，以保障农村劳动者年老时基本生活为目的，实行“城乡有别、相互衔接、逐步一

体”的保障制度。凡具有周市户籍，未进入机关事业、企业单位工作的且年满20周岁起至男性满60周岁、女性满55周岁的农民以及农村个体工商户业主及其从业人员均应依法参加农村基本养老保险。农保资金由国家、集体、个人共同负担的原则。农保养老金由基础养老金和个人账户养老金两部分组成。参保人员到达规定领取养老金年龄时，由用人单位或参保人员到经办机构办理养老手续，按月领取养老金。2010年，全镇农保参保人数1 649人，缴纳养老保险费186万余元，其中，个人缴纳101万，镇财政补贴86万。自2003年以来，镇财政仅对新农保投入已超过2 500万元。见表1－9。

表1－9 农保养老金参保情况表

年 份	农保缴费(镇财政)	
	参 保 人 数	金 额
2003年	10 469	3 273 781.87
2004年	13 270	4 406 956.43
2005年	12 763	4 547 436.25
2006年	10 031	3 904 295.48
2007年	8 352	3 604 033.79
2008年	5 420	2 509 835.25
2009年	3 979	1 948 308.77
2010年	1 646	856 638.75
合 计	65 930	25 051 286.59

与农保相关、但又是独立保险体系的，是被征地人员生活保障。随着近年来城市化进程的日益加速，周市镇大量农村土地被征用，由此造成附着于土地的农民成为一个非城非乡的悬置人群。如何解决这一群体的社会保障问题，自然是公共决策部门不能回避的现实问题。2004年，周市镇按照昆山市的统一安排，开展了对被征用土地农民基本生活的保障工作，通过建立被征地农民征地保障养老专项基金，在被征地农民达到规定年龄后按月发放征地保障养老金，以保障年老后的基本生活。当时的做法是，2004年以后征地的征地保障养老专项基金，按照安置补助费每人20 000元、征地比例和被征地人数确定，由镇劳动保障部门在征地补偿安置方案批准或发文之日起3个月内缴纳到市被征地农民征地保障养老专项基金；对于2003年底之前征地的征地保障养老专项基金，按照安置补助费每人20 000元、2003年底的全部征地比例和被征地人数确定，由镇劳动保障部门缴纳到市被征地农民征地保障养老专项基金。被征地农民到达男满60周岁、女满55周岁的保障养老年龄时，按月领取征地保障养老金。个人账户储存额为20 000元的征地保障养老金发放标准为120元/月，不足或高于20 000元的，按同比例计发。被征地农民参加农村基本养老

保险的，到达男满60周岁、女满55周岁的养老年龄时，除按规定享受农村基本养老保险待遇外，同时按月享受按上述标准计发的征地保障养老金。

2010年，市、镇两级征地发放养老金共计128人，养老金金额9万余元。同时征土折算由2009年转移折算686人到2010年增加到726人，2010年比2009年增加40人，增加5.83%。征地保障养老金定期发放3 386人，金额为283.18万元。征地保障养老金一次性发放168人，金额为216.48万元。

在医疗保险方面，除了城保体系能够覆盖城镇企业就业的所有职工的城镇职工医疗保险制度外，周市镇其他城乡居民也有了一个能够分散医疗负担的医疗保险，即居民医疗保险。从2004年起，昆山通过公共财政投入，创新性地实施了农村居民基本医疗保险制度改革。这一制度以其全覆盖、共负担、有倾斜、有突破、网络化等特点，吸引着广大农村居民积极参保，2007年当年全镇应参加居民医疗保险人数为26 700人，实际参保人数26 590人，参保险率达99.5%。

随着经济和社会的快速发展，昆山市于2007年起正式实施覆盖城乡所有居民的基本医疗保险制度，该项医疗保险制度的参保费用由政府和居民个人共同承担，以政府补助为主，个人缴纳为辅，居民在医疗服务中发生的医疗费用可获得程度不同的统筹基金支付。城乡居民医疗保险制度与城镇职工基本医疗保险制度一起，构成了惠及全体居民的社会医疗保障体系，在全国率先实现了“全民医保”。这是进一步健全和完善社会医疗保障体系，实现人人享有基本医疗保障的目标的一项重要民生举措。2010年，周市镇居民医保应参保人数19 127人，实际参保人数19 056人，完成总指标99.65%，基金征缴率达100%，共计征缴基金374.5万元。2010年累计全镇结报76 629人次，金额为1 026.9万元，其中门诊报销73 738人次，共计191.9万元，住院报销2 304人次，共计682万元，转外报销587人次，共计153万元。上述数字足以体现这一制度对于周市城乡居民在医疗服务和费用分担方面所发挥的作用。镇财政每年均给予居民参加医疗保险以实质性的支持，2009年，镇财政投入295万元，2010年镇财政配套239.3万元，2011年，周市镇财政支持居民医保的额度为260万元。

由此不难发现，在周市镇，无论是从业人员，还是非从业人员，无论是城镇职工，还是农村居民，或者是土地被征用了的非城非乡的征地人员，所有人群都有适宜其参加的社会保险。一张能覆盖周市镇全体居民的社会保险网络体系已然形成。

二 “农保转城保”：社会保险城乡统筹之路

社会保障城乡统筹，既是落实中央关于建立覆盖城乡各类居民社会保障体系建设的重要内容，也是践行城乡公共服务均等化的重要课题。近年来周市镇大力推进社会保险城乡一体化建设，其中一项十分重要的内容是农保并轨进城保的工作。

过去在周市镇，只有全失地农民以及进入企业当成为企业职工的农民，才可参加城保。2003 年 4 月，昆山在全省率先全面推行农村基本养老保险制度，在实施中突出三个重点：其一，所有男满 60 周岁、女满 55 周岁(2008 年起女性调整为 50 周岁)的老年农民，不需要交纳一分钱即可领取基础养老金。其二，缴费有补贴，即市、镇两级财政分别补贴 30%，农民承担 40%。其三，广覆盖，将不在企事业单位工作的 20 周岁以上本市户籍的所有农民全部纳入参保范围，城镇未参加和享受城保养老金的居民也纳入享受农保基础养老金范围。

2004 年，为提升保障水平，昆山又举全省之先，推出农保转城保政策。规定无论是新征用地还是以前征用土地，都按省补偿标准全失地农民人均 2 万元，建立征地保障养老个人账户，由劳动保障部门统一管理，用于失地农民年老时的保障。同时，对未到城保法定退休年龄的失地农民，只要本人同意，其征地保障养老个人账户，可按城保的缴费基数和缴费比例转移折算成相应的城保缴费年限和个人账户，转为城保。

为提高农民生活水平，推进城乡社会保障一体化发展，2005 年，又突破原有身份的限制，将城镇灵活就业人员政策向农村延伸，规定凡从事农业种菜、养鱼等种养业的农民，也可作为一种职业，领取《再就业优惠证》，再凭证到就业管理处办理档案托管，以灵活就业人员身份参加城保。同时，还出台了多项配套政策方便农民。如每个愿意将农保转为城保的农民，可享受政府每人每年总计 1 000 元的定额社会保险费补贴等。

其中，原享受农村养老保险市、镇二级补贴的，实行差额补贴。针对从事农业的农民大都居住相对偏僻，收入集中在秋、冬两季等特点，将过去城保缴费由税务部门托收，扩大到各镇银行也可代收；缴费时间上也由每月一次，扩大到一年两季等。这一政策的延伸，使许多在家种地养殖的农民，参加城保也变得更方便了。2006 周市镇全年完成 2 464 名失地农民“农保”转“社保”工作。

农保转城保有什么好处？据了解，2008 年本地农村基本养老保险缴费基数为城镇企业职工的 50%，即年人均 1 500 元，其中，个人承担 40%即 600 元，国家和集体各补贴 30%即 450 元。至退休可享受每月退休金为 70 周岁以上 220 元，以下 190 元[①]。借助于这一政策，由农保按灵活就业转为城保后，其缴费基数最低为年人均 10 860 元，其中个人缴纳 2 172 元，原享受的农保国家、集体补贴不变，实则比

① 2009 年退休待遇标准为 70 周岁以上为 280 元每月，70 周岁以下为 250 元每月；2010 年上述待遇标准分别调整为 340 元 /月、310 元 /月。

原来年多交 1 572 元，至退休时，可享受城保待遇。如该年退休，月退休金为月均 600 元。据测算，按目前的新农保缴费，退休后按现在标准每月大约能领到退休金 160 元左右，如果按城保退休，每月领取的养老金大约在 660 元左右。因此，农保并轨转入城保的收益是显而易见的。当年给父亲办理农保转城保手续的周市镇老王，正是在公交车上获悉，像自己父亲这个年龄的老人，如果转为城保，每月可多 400 元收入后作出的决定。

为推动这项统筹城乡社会保险体制建设，市、镇各级政府采取了多种手段引导和鼓励农民参加城镇企业养老保险，对原参加农保的农民，按照 2004 年制定的《农村和城镇基本养老保险关系转移接续办法》，并轨时两年农村保险折算成一年城镇保险。全失地人员征地补偿(2 万元)抵 10 年缴费年限。部分失地的按实际征地数折算。以上折算完后再补缴满 15 年。按规定换算、转移后纳入城保体系，农保参保人员参加城保后，其基本养老保险关系转移接续采取“折算”的办法，由农保经办机构负责将其农保各年的缴费金额，统一按所对应的历年城保缴费基数下限，以及单位和个人的合计缴费比例换算为城保的缴费年限。职工换算年限和个人账户与本人参加城保的缴费年限和个人账户合并计算，职工到达法定退休年龄时，缴费年限不足城保按月领取养老金条件的，允许其补缴其换算的城保年限与原农保缴费年限之差的养老保险费后，享受城保待遇。另外，在实施城乡一体化发展中，还实行了鼓励农户将集体土地承包经营权、宅基地及住房置换成社会保障的办法，对置换社会保障的农村居民，在劳动年龄段内的，通过采取免费培训、就业岗位补贴、社保补贴等扶持政策，引导和鼓励其就业创业，纳入城镇社会保障体系。

为进一步推进社会保险城乡一体化，2009 年，根据昆山市统一部署，周市镇在全镇范围内突击开展被征地农民、纯农保转移折算进城保工作，建立了周市镇劳动与社会保障所一把手所长负责制，分管所长集体负责，所内人员加班加点工作的分工负责制的突击工作组，集中时间，集中力量，组织工作人员进村入户，广泛征求居民的转移折算意愿。截至 2010 年，周市镇实现农保并轨城保 4 785 人。

近两年来，随着这一政策的实施，一批批由农保转为城保的农民逐步进入退休年龄开始享受城保待遇，进而进一步影响着越来越多的农民加速农保转城保步伐。到 2012 年，苏州市所有劳动年龄段的农保参保人员将全部进城保。

另外，为保障城保人员因故中断缴费的应有权益，周市镇允许这些到退休时缴费年限不足 15 年城保参保人员一次性补缴至 15 年(含失地、农保折算后及从未参保人员)。截至目前，享受这些补缴政策并补缴社会保险费的参保人数达 1 281 人。

城乡统筹不仅在于养老保险，同时对居民医保也实行城乡一体化推进。根据周市镇的规定，男性至退休年龄至少缴满 25 年，补缴 2.5 万左右，女性至少 20 年，补缴 1.9 万左右。(男 60 周岁，女 50 周岁)；对 2007 年开始缴的居民医疗保险 1 年折算成 3 个月的城镇医保缴费期限；并轨时补缴的老人 2010 年 1 月 1 日始可以享受门诊及住院治疗。并轨时放弃过后准备补缴的，可以补缴，只是医保卡内的金额用完后要等6个月后才可以享受门诊及住院治疗。截至2010年底，共实现居民医保并轨城镇医保2 606人。

三 对特殊人员参保的政策性支持

从理论上来说，参加社会保险是每一位公民自身的责任和义务。但对于一些低收入人群、残疾人群等特殊群体，尽管在风险结构上与其他社会成员并无差别，但在参保能力上却存在不同程度的困难，因此，政府以适当形式对这些特殊群体以参保支持，无疑是承担最后托底责任的最好体现。从周市镇这几年的实践来看，其对辖区内一些特殊群体如就业困难人员、重残人员的参保分别给予了较好的政策支持。

（一）就业困难人员实施社会保险补贴

为支持就业困难人员参加社会保险，周市镇在昆山市统一安排下，于2009年开展了对就业困难人员实施社会保险补贴的工作。这里所谓就业困难人员，大体分为以下几种类型：

第一类情况是对当年新招用就业困难人员，与其签订1年以上期限劳动合同并为其缴纳社会保险费的各类用人单位，按实际招用人数，在相应期限内按市劳动和社会保障局公布的社会保险费最低缴费基数的单位缴纳部分给予用人单位全额补贴。

补贴对象主要是用人单位新招用的就业困难人员必须在本次录用前一年内在本单位、集团、关联企业无就业经历，录用后在本单位连续就业满6个月。

补贴标准以当年度市劳动和社会保障局公布的社会保险费最低缴费基数，按养老、医疗、失业、生育保险的单位缴费比例以及工伤保险0.5%的比例计算。

对用人单位新招用就业困难人员的社会保险补贴按照“先缴后补”的办法，经市劳动和社会保障局、市财政局审核后，由市劳动就业管理处具体负责拨付。欠缴、补缴或中断的社会保险缴费月份，不享受社会保险补贴。

第二类情况是，对经认定的本市城镇户籍女35周岁、男45周岁以上的原国有企业、集体企业（含小集体企业）人员以及全失地农民实现灵活就业的，给予灵活就业人员社会保险补贴。

补贴标准，按市劳动和社会保障局公布的当年灵活就业人员参加基本养老保险的月缴费基数最低标准和参加职工医疗保险的月缴费基数计算所缴社会保险费的50%给予补贴。其中，享受农村养老保险市镇两级财政补贴的全失地农民实行差额补贴。灵活就业人员社会保险补贴从申请批准之日起按月计算，实行“先缴后补、年末返回”的办法。

（二）对无业重度残疾人社会保险补贴

为进一步推进社会保险城乡覆盖面，切实保障残疾人的合法权益，周市镇对辖区内无业重度残疾人开展社会保险补贴工作。享受昆山市无业重度残疾人社会保险补贴的对象，是指具有本市户籍，年满 18 周岁、未达到国家和省规定的退休年龄，未在用人单位就业，持有残联核发的《残疾人证》，且登记为 1～2 级肢体残疾、智力残疾、精神残疾、视力残疾的残疾人。

已享受再就业优惠证（国有集体下岗无业职工）社保补贴、且不属于低保和低保边缘的人员，因其已享受了 50%的社保补贴，故不再重复享受补贴；已享受再就业优惠证（国有集体下岗无业职工）社保补贴的、且属于低保和低保边缘的人员，先享受 50%的社保补贴，然后再享受补贴，所享受的全部补贴总额应不超过所缴社会保险费的 75%；已享受社保补贴（享受 900 元或 1 000 元的一般社保补贴）的其他人员，且不属于低保和低保边缘的，先享受一般社保补贴后，再享受补贴，所享受的全部补贴总额应不超过所缴社会保险费的 50%；已享受社保补贴（享受 900 元或 1 000 元的一般社保补贴）的其他人员，且属于低保和低保边缘的，先享受一般社保补贴后，再享受补贴，所享受的全部补贴总额应不超过所缴社会保险费的 75%。

（三）企业职工基本养老保险参保人员后延缴费

本项制度主要针对外地迁入本镇户籍人员，在到达法定退休年龄时，累计缴费年限不满 15 年的，可以申请后延，本着自愿办理后延缴费，等缴费满 15 年再办理退休手续。根据原江苏省劳动和社会保障厅《关于贯彻〈江苏省企业职工基本养老保险规定〉若干问题的处理意见》和《国务院办公厅关于转发城镇企业职工基本养老保险关系转移接续暂行办法的通知》等规定，周市镇开始对 2010 年 1 月 1 日以后本地户籍企业职工基本养老保险参保人员到达退休年龄开展了后延缴费工作。

这一政策的申请对象，主要面向具有周市镇户籍，达到法定退休年龄时，累计缴费年限不满 15 年的本市企业职工基本养老保险正常参保缴费人员；或者具有本市户籍，达到法定退休年龄时，未曾在本地参保，但根据有关规定退休待遇领取地应转入昆山，累计缴费年限不满 15 年的企业职工基本养老保险参保人员。

凡符合申请后延缴费的参保人员，达到法定退休年龄时，由本人向社会保险经办机构提出书面申请，经审核确认后，通过档案托管机构继续缴纳社会保险费。

后延缴费至应达到的累计缴费年限 15 年（含视同缴费年限，其中实际缴费年限满 5 年）后，由本人向档案托管机构提出办理按月享受企业职工基本养老保险待遇手续的书面申请。档案托管机构凭市社会保险经办机构审核的后延缴费申请，为其参保人员办理企业职工基本养老保险待遇审批手续。参保人员企业职工基本养老保险待遇从批准次月起享受。

符合条件的参保人员在申请后延缴费时，发现参保期间缴费有中断的，允许其先补缴中断期间的缴费，仍不足 15 年的，再后延缴费。

农保与征地个人账户折算。参保人员有本市农村基本养老保险个人账户及被征地农民征地保养个人账户的，转移折算为企业职工基本养老保险缴费年限后，至法定退休年龄仍不满 15 年的，可申请后延缴费，后延期间新增加的征地保险个人账户可继续折算为企业职工基本养老保险缴费年限，后延缴费时间作同步调整。

医疗保险参保人员在后延缴费期间，不参加城镇职工基本医疗保险的，可按规定参加居民基本医疗保险并享受相应待遇。后延缴费期间，不得办理一次补足最低缴费年限参加城镇职工基本医疗保险手续，须在企业职工基本养老保险退休待遇审批之后，再按规定办理农保养老待遇。后延缴费人员在参照灵活就业人员继续参保缴费期间，不享受农村基本养老保险待遇。

（四）适当延长大龄失业人员享受失业保险金期限

为进一步加强就业再就业工作，积极扶持就业困难人员，周市镇于 2010 年 7 月起，开展了适当延长大龄失业人员享受失业保险金期限的工作。根据周市镇的做法，对于那些距法定退休年龄不足两年、按规定参加失业保险，在本市累计缴纳失业保险费满十年及十年以上，并且无法实现再就业的本地户籍人员，在失业保险金领取期满当月起，可以申请延长享受失业保险金。

在待遇享受上，符合条件的失业人员延长享受失业保险金期限截至本人法定退休日期；失业人员在延长享受失业保险金期间，按当地同期失业保险金最低享受标准发放，并同时按规定享受其他失业保险待遇。

凡符合延长享受失业保险金条件的失业人员，从失业保险金领取期满的当月起，到市失业保险经办机构办理延长享受失业保险金申请手续；经市失业保险经办机构审核确认符合延长享受失业保险金条件的失业人员，应按规定及时办理申领手续。延长享受的失业保险金于每月 28 日前办理审核手续，次月起计算发放。

四 工作站、协管员与服务网络：社会保障平台建设

组织建设是经办能力提升的一个重要先决条件。因此，构建一个运作有效、结构合理的社会保障管理平台，无疑是扎实推进城乡一体化社会保险的重要组织基

础。为加快构建城乡一体、市镇联动的劳动保障公共服务体系，健全市、区镇（街道）、社区（村）三级劳动保障工作网络，提高劳动保障服务能力和水平，周市镇在上级政府的统一安排下，大力加强社会保障管理平台建设。这一平台的关键在于村、居劳动保障工作站。

劳动保障工作站作为劳动和社会保障所村级的延伸，是劳动保障系统的最基层的细胞。劳动保障工作站工作的效率、成果、形象，从某种程度上决定了劳动所的效率、成果、形象。

为了使劳动保障工作延伸到各村、社区，除街道工作站由市就管处直接管理外，镇政府专门发文，在 15 个村和 2 个村改社区全部建立村社会保障工作站，统一挂牌 XX 社区（村）劳动保障工作站，并任命村主任为工作站站长，配备一名专职的劳动保障协理员（个别人数比较少的村仍为兼职），签订劳动合同，协理员的工资由村负责（约 25 000 元 /年）。从而为明确责任，落实任务提供了组织保证，改变了过去布置工作时，有的协理员说“没有空”、“来不及”之类推脱之辞的情况。

建立了劳动保障工作站后，针对村里办公设备参差不齐，工作效率低的问题，以及市局“村村通”三级网络的要求，镇劳动保障部门首先要求由村里落实 15 平方米以上的专用办公场所，同时，镇政府专门拨款用于各村劳动保障工作站购买硬件设备。做到“五个一”，即一台专用电脑、一台打印机、一部电话机（传真）、一个资料柜、一个宣传栏。并要求电脑专用，不得上外网，以保证日常工作的顺利开展。最后针对三级平台的维护问题，镇劳动保障部门与电脑公司签订维护合同，由电脑公司定期对电脑及周边设施进行定期的保养、维护，保证三级网络平台的通畅。基层劳动保障工作站实行窗口式服务，电脑、网络、通讯等硬件设备到位，并配有劳动保障政策宣传栏；建立各项规章制度、办事程序、工作职责和服务范围。

对统一挂牌的劳动保障工作站按季进行工作目标任务考核，考核经费标准为社区劳动保障工作站每年 13 000 元、村劳动保障工作站每年 8 000 元，各季度考核经费占比分别为一季度 20%、二季度 20%、三季度 20%、四季度 40%，经费依据考核情况，每半年拨付一次。

对于劳动保障工作站协理员按规定参加业务培训，每次组织的业务能力测试成绩合格，协理员持证上岗；劳动保障宣传栏宣传内容及时更新；计算机、网络设备运行正常；实行计算机管理，做到纸质台账与电脑系统登记保持一致；台账制作完整、分类清晰，形式多样（包括纸质、影像、照片等）。

在做好各项工作的同时，劳动保障工作站还承担了政策宣传的职责，积极宣传国家省、市及地方劳动保障法律、法规、政策等；积极开展业务咨询活动，建立咨询台账，并形成定期的分析制度，将群众反映的热点、难点问题等形成书面材料并进行上报；有针对性地开展创业、就业及退管等劳动保障宣传活动。

根据昆山市的统一要求，劳动保障工作站的工作目标包括：辖区人口基础信息采集率在98%以上；辖区内有劳动能力和就业愿望的劳动力就业率达97%以上；辖区内有劳动能力和就业愿望的农村劳动力转移就业率达80%以上；辖区内登记失业人员就业率达90%以上，登记就业困难人员就业率达90%以上，新成长劳动力（包括应届高校毕业生）就业率达95%以上，就业困难家庭年内一人就业率达100%，"零就业"家庭月内动态清零；辖区内符合劳动保障政策扶持人员，待遇享受率达100%以上；登记失业人员再就业培训（创业培训）率达80%以上；培育创业典型1人以上，树立再就业援助典型1人以上；辖区内退休人员基本信息采集率达98%以上；辖区内企业退休人员社会化管理率达100%，退休人员社区管理率不低于98%；年度退休人员待遇资格认证率100%；完成社会保障等其他劳动保障工作任务。

作为最基层的劳动就业服务部门，劳动保障工作站还承担了大量的就业服务工作，包括动态维护劳动年龄内人口信息，及时掌握辖区内劳动力就业、失业动态变化情况；开展失业登记、灵活就业登记工作，实行计算机管理；建立新成长劳动力（含应届高校毕业生）单项调查、登记、服务管理制度，发放《高校毕业生创业就业跟踪卡》，确保登记失业的高校毕业生发卡率达100%、服务率达100%；采集就业岗位等信息。有针对性地发布岗位信息、青年见习岗位信息及职业技能培训信息，并开展求职登记、岗位推荐、见习报名、培训报名等工作；开展就业困难人员认定初审、申报工作，对认定的就业困难对象开展"131"就业援助服务，发放"131"就业服务跟踪卡，掌握就业困难人员动态变化，并做好就业困难人员灵活就业社保险费补贴的申报工作；大力开发社区（村）公益性岗位，重点安置经认定的就业困难人员；定期走访失业人员及就业困难对象及新成长劳动力（含应届高校毕业生），对登记失业人员每三个月至少走访一次，就业困难人员和新成长劳动力（含应届高校毕业生）至少每月走访一次；组织推荐失业人员参加就业再就业技能培训和创业培训。

组织并开展创业服务也是基层劳动保障工作站的另一项重要职责，主要工作在于摸清辖区内人员的创业意向，做好创业引导工作，有针对性地推荐参加免费创业培训；扶持失业人员、就业困难人员创业。对有创业意向的失业人员及就业困难人员有针对性地宣传创业扶持政策，并开展开业指导和后续服务等一条龙服务；及时发布创业孵化基地、青年创业实训基地和项目推介信息；协助做好小额担保贷款的宣传、推荐、初审工作；跟踪服务自主创业人员的经营状况及还款情况。

此外，劳动保障工作站还承担了退管服务的任务，包括掌握辖区内退休人员基本情况，建立健全退休人员基本信息数据库，通过信息系统对退休人员基本信息、健康状况进行动态管理；按照规章制度，及时掌握退休人员生存情况、做好走访慰问、信访接待、特困帮扶、开展活动等各项工作，并将开展情况及时录入信息系统；及时办理退休人员死亡申报、丧葬抚恤费申领、供属待遇审批等社会保险业务，准确发放退休人员死亡后有关社保待遇；对新进本社区退休人员及时走访，并发放联系卡及有关宣传资料;成立退休人员自管组织,引导和动员退休人员开展自我管理和互助服务;严格按照财务规定申领和使用社会化管理服务经费,及时申领、发放与退休人员有关的各项费用,做到专款专用。

积极创造条件,配合社区党支部组织退休人员中的党员开展党建活动,加强企业退休人员的思想政治工作;组织退休人员开展文体娱乐、社会公益活动,丰富退休人员精神文化生活;积极参加市退管中心组织的各项活动。

2009 年以来,周市镇在全镇 15 个村,2 个村改居,3 个老社区、13 个新社区建立了共 33 个社会保障工作站,并配备了 20 名专职协管员,13 名兼职协管员,并逐步建立相关管理制度。2010 年市劳动保障局在周市镇举行了工作站设备的发放仪式,在全市范围内第一个实现了从软件到硬件的全配置,这将对全镇百姓的社会保障事务进行全面服务。

组织建设的基础是队伍建设。周市镇十分注重基层工作站的村级协管员队伍建设。为了对劳动保障工作站实施长效管理,周市镇劳动保障部门通常以市局工作为目标,以劳动保障所工作的要求,制定了三项制度来规范劳动保障工作站的日常工作运行和协管员工作的管理。

日常工作制度,以上级政府下发工作任务和所制定的工作任务,村级协管员必须做好和配合好,不打折扣地完成任务,并且做好老百姓的稳定工作,努力履行职责处理各项业务和事务,做好就业、培训、公共网络和保险征缴等。

例会工作制度,从 2009 年 1 月份开始每月 10 日作为各村协管员例会工作制度,在镇劳动保障所召开会议,会议内容包括:一是认真组织学习有关劳动方面政策的学习和业务辅导;二是总结一个月以来的工作进展情况;三是布置下个月工作内容;四是每季分片活动一次,主要是日常工作和业务的交流。这样做目的在于上通下达,保持联系,一是感情得到联络,二是工作上情况进行联络,确保了工作的正常运行和顺利开展。

督查和考核制度,首先根据所里各条线的年度目标,制定《周市镇劳动和社会保障工作站考核标准》,并且在年终参照考核结果对协理员进行奖励,平均每人为 2 000 元左右。考核时由各条线负责人组成考核小组,分上、下半年两次对工作站及协理员进行分别考核,汇总计算。在年终时,以上、下半年考分占 40%、60%的比例进行加权平均,得出年度考核总分。所得的分数从高到低分成一、二、三等奖,所得的奖金也从高到低不等。使得平时工作与其奖金挂钩,调动了工作积极性。其次是将工作站的年度考核分纳入镇政府对村一把手书记考核的一部分,占村整体工作年度考核分的 6%,这样不但提高了劳动保障工作站在村里的地位,也提高了村书记对劳动保障工作站工作重要性的认识,使劳动保障工作站的工作开展更加得力,保证了劳动与社会保障各项工作的顺利开展,有效地解决了群众的社会保障需求。

第五章 社会福利与社会服务

一 “善行天下，爱铸周市”：基于民生为本的社会福利与社会服务行动框架

发展是为了什么？当很多地方还把目光停留在对 GDP 的片面追求之时，周市镇已经开始思考这样一个治理的元问题了。诚如古典经济学家西斯蒙第所言，创造财富是人类社会发展的当然基础，但它并不是人类活动的目的。从这个意义上而言，近年来周市镇对发展思路的调整，个中不无对这一经典判断的实践演绎之义。从周市镇这几年的动作来看，不难发现一个很明显的调整，那就是开始把发展的视线更聚焦于“人”的发展，对人的尊重、关爱与发展，从来没有像现在这样被周市镇公共部门所重视。这一调整的行动逻辑，实际上源于周市镇近年来倾心打造的一项综合性民生工程——“善爱之家”。

昆山周市镇 2010 年全面推出“善爱之家”工程，通过出台多项实实在在的举措，在全镇范围内形成覆盖农村、社区、企业，包含心理咨询、团体人身意外险、大病救助、临时救济、托养服务、康复服务等二十多项内容的服务网络，进一步推进民生保障和公共服务的全覆盖、均等化和优质化，构筑周市的“善爱之家”，推进政府服务职能的转型，取得了良好的社会效益，成为最佳宜居城市、温馨城市的一张名片。

“善爱之家”源于苏州市 2008 年底下发的《关于加快发展残疾人托养服务、开展“善爱之家”达标创建活动的意见》，《意见》要求从 2009 年起，苏州市计划出实招打造“善爱之家”，提升残疾人托养服务，在全市范围内开展“善爱之家”达标创建活动，通过全日制（寄宿制）托养服务、日间（日托型）托养服务、庇护性就业托养服务、

居家托养服务四种形式服务残疾人。

周市镇党委和政府认为，“善爱之家”不应仅仅局限于服务残疾人，社会上还有更多的人群特别是弱势群体，比如妇女、儿童、企业职工、困难居民、流浪乞讨人员等，他们同样需要包括政府和社会各界伸出援助之手，去关爱他们，奉献自己的爱心，“善爱之家”应是一项系统的民生工程，是政府实现基本公共服务均等化的重要平台。

“善爱之家”的核心思想是，尊重人、依靠人、关爱人、纯洁人、发展人，打造和谐周市。“善爱之家”工程的实施，主要面向三大类人群：一是全体本地户籍居民；二是特殊弱势人群，包括残疾人、困难家庭、流浪乞讨人员、妇女和儿童；三是企业在职职工。

“善爱之家”的第一个模块是面向全体居民开展关爱行动，是实现基本公共服务均等化的重要体现，主要包括为户籍居民赠送人身团体意外伤害保险，对户籍45岁以上农村居民和残疾人全部进行免费体检，实施白内障手术补助。

周市镇基本公共服务向全体居民覆盖，将百姓装进“民生保险箱”。为减轻受害者及其家庭的痛苦和负担，周市镇将增强居民家庭保障能力作为重要内容，于2010年初与太平洋人寿保险昆山支公司签订协议，为全镇50 398名户籍居民每人购买一份意外伤害险，居民意外伤残、死亡，最高可获得6万元补偿，超过百万元的支出全部由政府买单。截至目前，太平洋人寿保险昆山支公司与周市镇政府签订意外伤害险购买协议以来，已受理理赔案件85件，结案70多件，理赔金额15万元左右。周市镇还对本镇45岁以上农村户籍居民和残疾人全部进行免费体检，并建立个人健康档案，分配到每个社区卫生服务站，进行系统的干预性预防。现已为全镇14个村、1个街道的11 528人进行了免费体检，并为9 798人提出进一步检查治疗建议近3 500条。

“善爱之家”的另一重要模块是面向特殊弱势人群如残障人士、困难家庭、流浪乞讨人员、妇女、儿童人群群体，对这些最需要政府和社会伸出援助之手，得到善爱的人群予以关爱、保护和支持，这是“善爱工程”的重要组成部分。

其中，关爱残疾人行动包括残疾人托养服务（包括托养服务所和社区康复站等建设）、重度残疾人生活补助和社保补贴、假肢和矫形器安装补助、贫困精神病人免费服药和住院，以及残疾儿童高中阶段学费减免等制度性支持。

近年来，周市镇积极完善托养服务所、社区康复站等建设，进一步构建无助无力人员的临时救助和关爱体系。现在，全镇共有托养服务所、社区康复站14个，康复专业指导人员28名。

关爱困难家庭是这一模块中另一个专项行动。困难家庭主要包括享受最低生活保障以及处在最低生活保障线边缘的家庭，周市镇政府对这些家庭主要实施了基本生活救助和专项生活救助（专项救助主要包括医疗救助、住房救助、教育救助、法律救助等)。

妇女是社会中的弱势人群,妇女在就业、维权、健康、生活贫困等方面面临着许多困难,周市镇在善爱之家中专门安排了对妇女的关爱与服务内容,主要包括关爱女性健康行动、巾帼扶贫工程、巾帼就业援助行动以及女性维权行动等支持。

“善爱之家”同时开展了关爱儿童行动。儿童是祖国的未来,但也是容易受到伤害的一类人群,面临着家庭、就学、贫穷等多方面的困境,周市镇通过采取爱心助学工程、家庭教育工程以及零到六岁儿童救助计划等几项措施来保护儿童,促进他们健康成长。

最后,“善爱之家”的行动框架内还有对流浪乞讨人员予以必要救助的工作内容。针对生活无着的流浪乞讨人员救助,是一种临时性的社会救助,周市镇社会救助站采取多项措施保证流浪乞讨人员的基本生活有保障。

“善爱之家”的第三大模块是面向企业职工所开展的一系列行动。随着市场的强势竞争,不断将压力转嫁给企业员工的形势愈加趋紧,关爱员工,促进企业健康发展势在必行。为倡导企业尊重劳动、尊重知识,提高员工忠诚度、满意度与归属感,为应对新一轮竞争储备充足的信心和健康的心理准备,周市镇实施关爱企业员工的积极策略,并与广大企业及员工共处一地,共树新风,共保安宁,共创和谐,共铸“善爱之家”,主要包括成立“关爱职工”工作室、针对特殊困难职工的救助计划和规范职工与企业争议的相应制度性支持体系。

在“善爱之家”推进过程中,周市镇始终把广大企业员工的诉求放在重要位置,其中2010年7月成立的“关爱职工”工作室就是促进企业成长和员工安全、健康的重要举措之一。其具体工作职责在于接受职工诉求、疏导职工心理、开展法律援助、调处各类争议;帮助职工爱岗敬业、岗位成才、愉快生活,为职工提供全方位、全过程的服务。

无疑,在今天这样一个全面开展社会建设的新形势下,周市镇通过善爱之家的公共行动,无疑具有十分重要的时代意义。

首先,“善爱之家”是一项重要的民生工程。民生工程是政府坚持以人为本,贯彻落实科学发展观,切实保障公民基本权利,提高生活水平,重点关心弱势群体,采取的一系列积极政策举措。“善爱之家”工程就是周市镇党委和政府为民办实事、办好事的民心工程和德政工程,是立党为公、执政为民的现代版“为人民服务”的具体体现。

其次,“善爱之家”是落实科学发展观的重要举措。“善爱之家”工程的实施,能够统筹城乡发展、统筹经济社会发展,坚持以人为本,做到了发展为了人民、发展依靠人民、发展成果由人民共享,避免了重经济增长、轻社会发展的弊端,实现了社会与经济的协调发展。

再次,“善爱之家”是构建和谐社会的重要保障。社会主义和谐社会要求公平正义、诚信友爱、安定有序，就是要协调各方利益、全社会互帮互助、人民群众安居乐业。“善爱之家”工程的实施，有效地化解了弱势群体的不满情绪，形成了全社会关爱困难人群的氛围，实现了人民群众的基本生活保障，构建了和谐社区、和谐城区。

此外，“善爱之家”在是对基本公共服务均等化的践行。基本公共服务是指建立在一定社会共识基础上，根据一国经济社会发展阶段和总体水平，为维持本国经济社会的稳定、基本的社会正义和凝聚力，保护个人最基本的生存权和发展权，为实现人的全面发展所需要的基本社会条件。“善爱之家”工程的实施，有效地保障了周市镇人民的基本生存权，满足了他们基本尊严和基本能力，满足了其基本健康的需求，做到了基本公共服务的全覆盖和均等化、优质化，实现了社会的公平和正义。

无疑，从社会建设与经济建设的相互作用来看，“善爱之家”也是为经济发展保驾护航的重要举措。经济发展离不开社会的发展，经济保持持续增长的后劲是扩大内需，即要提高居民消费能力。“善爱之家”工程的实施，能够有效地为周市镇居民和企业员工提供各种生活保障，从而消除他们的后顾之忧，进而提高他们的消费能力，刺激了消费需求，这将为周市打造商贸之城、促进服务业发展、推进产业升级换代、建设现代化的北部新城，具有重要的战略意义。

近年来，周市镇以善爱之家为行动框架，在民生保障、福利输出以及公共服务方面立足实效谋划和践行活动载体，取得实实在在的成果。

一方面，周市镇坚持在更优服务中送温暖，不断完善社会公共保障体系有成效。对本镇 45 岁以上农村户籍居民和残疾人全部进行免费体检，并建立个人健康档案，分配到每个社区卫生服务站，进行系统的干预性预防。现已为全镇 14 个村 1 个街道 11 528 人提供免费服务，为 9 798 人提供进一步检查治疗建议近 3 500 条。为农村户籍居民赠送人身团体意外伤害保险，在一定程度上减轻和缓解了农村居民因意外伤害带来的损失，增强农村家庭保障能力。太平洋人寿保险昆山支公司与周市镇政府签订意外伤害险购买协议以来，已受理理赔案件 92 件，结案 92 件，理赔金额 25.8 万左右。完善托养服务所、社区康复站等建设，积极实行“回访”机制，进一步构建无助无力人员的临时救助和关爱体系。当前，全镇共有托养服务所、社区康复站 14 个，康复专业指导人员 28 名，已为 232 名肢体残疾人建立康复训练档案。

另一方面，正如前文所述，周市镇着力创新产业工人关怀机制，在和谐乐章中聚合力有成效。在广泛召开座谈会，倾听员工诉求愿望的基础上，出台《周市镇职工特殊困难救济办法(试行)》，成立周市镇产业工人服务办公室，开展首届企业文化欢乐百日行系列活动，举办产业工人工装展示、“三分王”投篮赛、“激情大舞台，大家一起来”周周唱活动、企业刊物评比等十项活动。特困职工救济金由周市镇财政先期拨款 50 万元，救助资金不足 20 万元时，由镇工会向政府申请补足，镇财政部门开设专门科目，专款专用，一次性救济金最高可达 1 万元。

同时，针对一些特殊困难群体，周市镇积极实施大病医疗救助工程，帮扶特困暖人心。及时推出《周市镇困难人群大病医疗救助实施办法》，明确凡参加昆山市城镇职工基本医疗保险或居民基本医疗保险的困难家庭人员，在得到《昆山市社会医疗救助办法》规定的补偿后，个人所承担的医疗费用仍较大的，由镇财政再给予适当的医疗救助。新出台的"办法"作为补充医疗保障救助制度，在镇原有救助机制的基础上，参照昆山市社会医疗救助办法，加以补充和完善，具有鲜明的特色。一是针对性强。集中政府部分财力，实施年度补充医疗保障救助制度，以大病医疗救助的形式，救助这一特殊人群；二是覆盖率高。家庭成员月人均收入 2 000 元以下，因患癌症、白血病、尿毒症、再生障碍性贫血、系统性红斑狼疮及优抚对象等，医疗费用经各类医疗保障报销和社会救济帮困后，仍负担较重，由镇财政按规定适当补助；三是受益面广。2010 年周市镇拓宽医疗救助范围，扩大了受益面，需要医疗救助的人员预计将超过 600 人，全年支付医疗救助金将在 300 万元左右。

"十二五"期间是我国全面推进社会建设的关键时期。周市镇庄严承诺，在接下来的三年建设期间，以善爱之家为实践张本，着力提升周市人民的幸福感，着力提升周市人民的安全感，着力提升周市的社会文明度。

着力提升周市人民的幸福感。一要确保中小学生优质的学习。新建、改造一批教学用房，完善教育技术设备，确保全镇中小学全部达到《江苏省中小学教育技术装备标准》一类要求。推进各阶段教育，三年内，幼儿入园率、小学和初中入学率均达 100%，提升教师队伍素质，促进教育均衡优质发展。二要帮助特殊人群幸福地生活。严格落实全市各项社会救助政策。着力完善本镇社会救助体系，适当放宽大病救助范围，大病医药费救助比例每年提高 10%；残疾人的生活补助三年内提高至 150 元 /月；有意愿工作且有劳动能力的残疾人就业率达 90%；老复员军人医疗救助报销比例提高至 80%，完善养老服务体系，大力发展养老服务业。三要倡导新周市人快乐地工作。提高新周市人入会率，三年内新组建外企工会 21 家、私企工会 12 家，工会组建率达 75%，职工入会率达 95%，集体合同和工资协商专项合同签订率达 95%。提高新周市人的职业技能水平，满足他们的基本诉求，加大对特殊困难职工的关爱力度，提升新周市人的归属感。四要推进动迁居民舒适地居住。三年内，完成不少于 90 万平方米动迁房的建设，实施高层动迁房建设，做优动迁小区的质量与品味，推进配套公共建筑的建设。同时，着力提升小区物业管理水平，确保动迁居民的生活质量。

着力提升周市人民的安全感。一要使全镇人民健康有保障。增设、调整社区卫生服务中心各 1 个，增设社区卫生服务站 5 个，完善健康服务圈，创建二级医院。

同时，以“健康直通车，关爱你我他”为主题，开展系列健康关爱活动。二要使全镇人民生活有保障。扩大社会保障覆盖面，农保参保人员减少90%，转交社保；医保参保率达99%以上，征缴率达100%；计划至2012年，养老保险全面实现农转社，参保基数每年增加约10%，养老金发放率达100%；同时，向居民赠送团体意外保险。三要使全镇人民工作有保障。强化技能人才培养，拓宽就业创业渠道，完成困难群体安置500人次，高级工培训300人次，初、中级工培训600人次，岗位培训9 000人次，创业培训180人次。四要使全镇人民安全有保障。积极开展“法治周市”创建活动，增设2 500个法治文化楼道、75个法治休闲一角，法制宣传活动覆盖率达到100%，举办各类矛盾纠纷调处实务培训15场，法律援助覆盖率达100%。通过开展“五强化，三排查”活动，立足抓好平安创建工作，打造“平安周市”，为群众创造和谐稳定的环境。

着力提升周市的社会文明度。一要打造一个善爱百姓的机关。整合各部门资源，通过出台系统性的惠民举措，将“善爱之家”工程的受益面推向包括居民、职工、新周市人、妇幼、残疾人士在内的全体新老周市人，完善工作机制，细化工作项目，增强服务意识，提高服务效能，健全评价体系，努力打造一个善爱百姓的机关。二要营造一种善爱他人的氛围。广泛宣传各项惠民政策，提高各项惠民政策的知晓率，实施各类善爱行动，选树先进典型，引导更多的企业、市民主动参与善爱行动，塑造具有周市特色的善爱文化，营造关注弱势群体、关爱他人的良好氛围。三要搭建一个善爱他人的平台。健全志愿者服务网络，村、社区志愿者服务点覆盖率达100%。整合社会优势资源，把每个社会成员的关心和努力凝聚起来，拓宽服务领域，共同促进人们自觉践行文明礼仪、维护公共秩序、改善城乡环境、从事人道主义援助等。同时通过“被服务”，培育人们“也去服务”的理念，润滑人际关系，促进社会良性运转。

“善行天下，爱铸周市”，以其超前的战略眼光和全局视野，周市镇初步形成了一个基于民生为本的社会福利与社会服务行动框架。

二 助残与康复：残疾人康复服务

1976年，世界卫生组织提出一种新的、有效的、经济的康复途经，即社区康复(community-based rehabilitation，简称CBR)。它顺应了全球残障人士的康复需求，近年来在发展中国家得到了迅速发展。这项康复工作主要利用基层社区资源，因地制宜地开展社区和家庭的康复，主要提供残障人士康复服务，开展残疾预防工作，同时也提供教育、社会、职业康复，此举因其康复方便、快捷，而且价廉，并有利于他们回归家庭和社会，成为普及康复服务的基础和主要形式。

周市镇近年来进一步加大了残疾人的康复工作。周市镇成立了以分管镇长为组长、相关职能部门负责人组成的残疾人康复工作领导小组，发挥好组织协调及管理职能，负责本辖区内康复计划的拟定和实施。由镇残联会同各相关部门做好康复服务工作，加强对康复工作人员的培训，指导本地区康复工作的开展，为残疾人提供咨询服务。以专业机构为骨干、社区服务为基础、家庭为依托，充分发挥医疗卫生机构、社区服务机构、学校、幼儿园、福利企业、残疾人活动场所等现有机构、设施、人员的作用，建立多形式、多层次的康复服务机构，实现资源共享。

与此同时，周市镇成立了社区卫生服务中心康复室，康复室在社区康复领导小组领导下，在昆山市残疾人社区康复技术指导中心指导下，重点开展医疗康复工作，参与制定本辖区残疾人社区康复计划，培训社区医生和社区康复协调员，提高他们的康复知识和康复技术水平，全面负责本辖区残疾人的预防、筛查、治疗、康复等工作，建立健全各类表卡和台账资料，举办康复知识讲座，普及康复知识，引导本辖区残疾人参加各种社会活动，提高他们的参与意识和参与能力，动员全社会包括残疾人亲属在内的各方面都来关心，支持残疾人事业。

近两年来，周市镇高度重视残疾人社区康复创建工作，从关注民生、构建和谐社会、建设全面小康社会的高度，把创建工作作为一项民心工程、民生工程、德政工程来抓，确保创建工作取得实效，基本实现"领导重视，组织协调，经费保障，宣传发动，人员培训，康复服务"六个到位。

随着社区建设工作的逐步发展，周市镇确立了"没有残疾人的小康，就没有周市镇的全面小康"的理念，把残疾人社区康复工作当作全镇社区建设的重要内容，纳入社会发展规划、社区建设规划。

为落实残疾人社区康复工作的硬件建设，周市镇积极争取社区用房，扎实推进社区硬件建设，将社区服务设施建设纳入城市规划和土地利用规划。镇政府与残疾人康复职能部门与基层单位通过多渠道、多种形式落实了社区办公、服务和康复活动用房。目前，全镇已建立 14 个社区康复站，其中，街道社区卫生服务室用房由房产商无偿提供，确保了硬件设施的到位，使残疾人康复站同步规划、同步建设、同步使用、同步管理。

同时，周市镇确保残疾人康复器材到位。康复训练器械和康复辅助器具的配备落实实行市、镇两级各承担 50%，增加新的康复器具由镇财政负担。

此外，康复工作本身需要专业支持，因此，确保医技力量的到位是确保康复工作能够有效运作的前提。周市镇把好医院医技人员的入口关，在医院引进技术人员的基础上确保按比例引进康复技术员，以满足周市镇 1 000 多名残疾人的康复训练、服务、治疗。目前，周市镇的社区残疾人康复室已引进 7 名康复治疗师。平时注重全镇社区的定期培训指导，同时依托位于周市镇的昆山市康复医院康复医技力量，经常结合临床经验进行研讨，为全镇的残疾人做好服务训练工作。

为做好康复训练的配套工作，周市镇近年来出台了一系列优惠政策。2009 年对全镇持证残疾人每人每月发放生活补助金 50 元，全年发放 60 余万元。残疾人临时救济 15 万元左右。该年政府投入 70 多万元新建了镇托养服务中心，添置了 20 余万元的康复器材设备。

社区康复工作是一项涉及多方面、多条线的综合性工程，它需要镇域层面各相关部门的通力协作，以形成强有力的工作合力。为实现部门的联动效应，周市镇充分整合资源，与卫生部门实行资源共享，建立健全了镇、村(社区)残疾人康复服务网络。全镇建立了 14 个康复站所，达到了有场所、有康复医师、有康复训练器材、有资料台账、有医疗档案的要求。

同时，周市镇充分利用昆山市康复医院坐落周市的优势，与康复医院共同制订培训计划，建立了培训考核制度。先后举办了 6 期工作业务培训，邀请专家医师进行业务辅导、现场参观，参训人员对康复人员进行现场指导，对各种资料填写实行现场模拟填写，对出现的问题进行反复讲解，使培训收到较好的效果。

基层村、社区残疾人康复是康复工作的重中之重。推进社区康复工作，建设的关键在基层，周市镇采取了一系列措施，使残疾人康复工作在村、社区落到实处。

首先，完善社区残疾人康复组织。周市镇各村、社区均建立了残疾人康复工作领导小组，领导小组由村、社区主任(残协主席)兼任组长，成员由村、社区康复员、残疾人专职委员、妇联主任、共青团书记等同志组成。专职委员兼任康复协调员。村、社区的领导小组成员名单、领导小组工作职责、领导小组会议制度、康复员职责、康复站等项目上墙公示。

其次，明确康复工作对象。周市镇在各村、社区组成由残疾人康复工作领导小组成员、助残志愿者工作站成员参加的筛查工作队，按照省残联统一的《残疾人康复需求调查表》的要求，对辖区内的残疾人进行调查登记。康复员、残疾人专职委员负责将有康复需求的残疾人分类建立康复档案。然后按照岗位责任制，康复员负责对有康复医疗、康复训练需求的残疾人进行评估，制订训练计划、进行助残志愿人员业务技术培训、办理转介服务手续、完善康复档案等事务；志愿助残者工作站则根据志愿者的特长结合残疾人的状况进行配对帮扶，开展康复助残活动，这两个指标是考核村、社区康复工作对象是否落实的依据。

再次，落实康复场所。为方便残疾人，让他们得到就近就便的康复训练服务，村、社区卫生服务站内，设立不少于60 平方米的残疾人康复站。康复站每天免费对残疾人开放，康复员除指导他们开展训练外，对来站训练的残疾人做好训练记录，适时评估训练效果。康复训练室有牌子、有制度、有责任人。周市镇白塘社区残疾人史祖元，因车祸右半身瘫痪，行动不便，经过白塘社区康复治疗师郑洁的定期训练，现在生活可以自理。另一康复对象李生才突然严重中风，导致语言功能障碍，身体行走不便，情况相当严重，以至于市医院的医生都认为治愈的可能性很小。后来李生才住了一小段时间医院，家属要求转院到周市人民医院康复，医院康复治疗师为其量身制定了一套个性化的康复计划，经过 2 个多月的康复训练后，居然奇迹般的逐渐康复了。之后他就根据康复训练的方案，就近到社区定期康复，目前恢复情况相当良好，已能帮助家庭做一些力所能及的家务。类似这样的案例不止上述几个，在周市镇已有为数不少的受益者，进而使周市镇的居民对康复的认知度与认同度也越来越高。

同时，为丰富残疾人的生活，增强他们融入社会的信心，周市镇定期开展残疾人活动，两年举办一次残疾人运动会，所需经费均由政府财政负担。2010 年 4 月 27 日，周市镇举办了第二届老年人暨残疾人运动会，有 45 名残疾人参加了飞镖、象棋、掰手腕、桌球、乒乓球比赛。同时，周市镇每年还举办一期残疾人自主创业演讲会，召开一次残疾人工作表彰大会，并由镇政府确保必要的奖励金和活动经费。通过各项活动，丰富了残疾人的业余生活，提高了基层为残疾人服务的积极性，增强了残疾人融入社会的信心。

为对残疾人的需求有一个较为准确的把握，周市镇于 2010 年对社区内残疾人康复现状和康复需求，按残疾的种类进行调查，逐户摸排，了解康复需求。对全镇 2 548 名残疾人开展了康复需求调查，并详细介绍康复医疗、功能训练、心理支持、用品用具和转介服务等康复服务情况。根据调查结果确定相应的康复服务措施，掌握实情，建立康复档案。根据摸排统计的情况，为部分残疾人建立康复服务档案，并为每个肢体残疾康复服务对象建立一份康复训练档案和家庭训练档案。在此基础上，还建立了社区疑似残疾人报告制度，做到早发现、早干预、早康复。

此外，针对残疾种类的差异，周市镇也提供了相应的社区康复服务。如为社区中患偏瘫、截瘫、小儿麻痹症、骨关节疾病等肢体功能障碍者制订训练计划，指导他们在社区、家庭开展运动功能、生活自理能力、社会适应能力等方面的康复训练，并定期进行康复评估，调整训练计划。提供精神卫生和心理咨询服务。早期发现疑似精神病患者，动员亲属及时送精神疾病专科医院诊断治疗；对康复期的患者实行监护随访，要求监护人督促病人按时按需服药。通过心理咨询服务帮助各类残疾人树立康复信心、正确面对自身残疾，残疾人亲友要理解和关心残疾人。启动白内障患者复明工程，通过摸底调查，对有需求的 52 名患者进行了认真筛查、核实，先后为 45 名白内障手术患者进行补助 4.9 万余元，使他们重见光明。为低视力患者，提供辅助器具供应服务；为后天致盲残疾人提供盲人定向行走等康复服务项目。结合社区儿童保健服务，对新发现的疑似聋儿，及时转介到有关医疗机构进行诊断治疗，对治疗后无法恢复的聋儿，应及时转介到专业机构进行助听器验配和听力语言康复训练。

为积极做好残疾人康复服务工作，周市镇各社区卫生服务中心医生及社区康复协调员制定了详细的服务计划，开展定期上门服务工作，坚持每月两次上门服务，填写康复服务档案。

由周市镇卫生机构牵头，积极为残疾人做好免费健康体检工作，2010 年组织全镇 2 548 名残疾人参加健康体检并建立了健康档案，为残疾人提供健康导向，给社区康复提供了有力支持。在"全国助残日"期间组织开展了宣传、慰问、咨询义诊、启动贫困残疾人危房改造工程(2010 年，周市镇结合民政办安居工程，镇残联对残疾家庭进行了调查摸底，有 5 户残疾人家庭列入住房翻建和维修，即每户给予补助，翻建 5 000 元一间，修复 2 000 元一间)、康复医疗便民服务、残疾人趣味群众体育活动、残疾人免费体检等系列活动，营造助残氛围，争取全社会关心帮助残疾人。安装无障碍设施，各村、社区调查摸底需安装无障碍设施的残疾人家庭，并在市残联的组织安排下，统一免费为周市镇残疾人家庭安装无障碍设施。

建立救助体系，加大保障力度，制定并完善贫困残疾人康复治疗和医疗救助政策，采取财政预算分级负担、民政部门生活救济、医疗机构减免费用等措施，解决贫困残疾人康复治疗问题。包括：为特困白内障患者减免手术费，为贫困肢残人免费装配普及型假肢和矫形器，为肢体残疾人的功能训练和聋儿语训给予适当补贴，对低保精神病人实行免费给药，为贫困残疾人配发基本、必需的特殊用品、辅助用具等。

同时，残疾人康复工作是一项需要全社会共同参与、共同支持的事业，因此，开展宣传教育，加大宣传力度，对于共建助残的良好社会氛围无疑具有重要的意义。2010 年，周市镇围绕残疾人"人人享有康复服务"目标，宣传残疾人康复事业。通过各种形式、途径，宣传残疾人康复知识和康复工作典型、成果，广泛争取社会的支持和参与。积极与卫生、计生等部门沟通协作，探索总结早预防、早筛查、早转介、早治疗、早康复的工作机制。主动开展宣传和咨询服务，对残疾人及其亲属、社会工作者进行培训，传授康复知识，提高残疾人自我康复意识。

客观上说，经过近几年来的努力，周市镇残疾人康复事业取得了长足发展，广大残疾人对残疾工作给予了肯定。2010 年周市镇曾对该镇残疾人开展了一次残疾人工作满意度调查。调查对象 400 名，约占已办理残疾人证的各类残疾人的 1/3。该次调查以残疾人的生活、环境、需求、服务以及残疾人工作者发挥的作用为主要内容。调查结果见表 1－10。

表 1-10 2010 年周市镇残疾人满意度调查统计表

<table>
<tr><td rowspan="3">调查残疾人人数</td><td rowspan="3">401</td><td rowspan="3">男</td><td rowspan="3">231</td><td rowspan="3">女</td><td rowspan="3">170</td><td colspan="5">残疾人家庭人口总数</td></tr>
<tr><td>1人</td><td>2人</td><td>3人</td><td>4人</td><td>多人</td></tr>
<tr><td>353</td><td>42</td><td>6</td><td></td><td></td></tr>
<tr><td rowspan="2">残疾类别</td><td>肢残</td><td>213</td><td>视力</td><td>44</td><td>听力</td><td>16</td><td>言语</td><td>2</td></tr>
<tr><td>智力</td><td>47</td><td>精神</td><td>37</td><td>多重</td><td>25</td><td>亲友</td><td>17</td></tr>
<tr><td colspan="2">享受最低生活保障的人数(人)</td><td colspan="2">71</td><td colspan="2">不享受的人数</td><td colspan="2">340</td></tr>
<tr><td rowspan="2">认为近几年残疾人生活水平有：</td><td>很大提高</td><td>139</td><td>较大提高</td><td>177</td></tr>
<tr><td>有所提高</td><td>82</td><td>没有提高</td><td>3</td></tr>
<tr><td rowspan="2">认为残疾人平等参与社会生活的环境有：</td><td>很大改善</td><td>134</td><td>较大改善</td><td>212</td></tr>
<tr><td>有所改善</td><td>51</td><td>没有改善</td><td>4</td></tr>
<tr><td rowspan="2">认为各方面为残疾人服务得：</td><td>很 好</td><td>160</td><td>较 好</td><td>206</td></tr>
<tr><td>一 般</td><td>34</td><td>不 好</td><td>1</td></tr>
<tr><td rowspan="2">对创建全国残疾人工作示范城市取得的成绩：</td><td>非常满意</td><td>129</td><td>满意</td><td>231</td></tr>
<tr><td>基本满意</td><td>40</td><td>不满意</td><td>1</td></tr>
<tr><td>认为各级残联组织和残疾人工作者发挥的作用：</td><td>很大</td><td>159</td><td>较大</td><td>234</td><td>不大</td><td>8</td></tr>
<tr><td rowspan="4">认为当前为残疾人重点解决的问题应是：</td><td>医疗</td><td>217</td><td>康复</td><td>178</td><td>上学</td><td>19</td><td>培训</td><td>35</td><td>就业</td><td>107</td></tr>
<tr><td>生产扶助</td><td>20</td><td>生活保障</td><td>174</td><td>改善生活</td><td>182</td></tr>
<tr><td>维护权益</td><td>63</td><td>参与环境</td><td>15</td><td>婚介服务</td><td>7</td></tr>
<tr><td>家政服务</td><td>19</td><td>文化娱乐</td><td>24</td><td>其 他</td><td>10</td></tr>
</table>

上述数据不争地说明，近年来周市镇残疾人工作获得了广大残障人士的高度肯定，对于残疾人生活质量、助残工作与服务以及残疾人社会融入与参与等方面，都表现出较高的满意度。这一方面反映了残疾人本身对全社会助残工作的理解与肯定，同时也是下一步公共部门提升助残和康复工作的重要基础。

三 为老服务的实践探索

周市镇目前户籍人口 5 万人，其中 60 岁以上老年人截至 2010 年底为 7 128 人，老年人比例超过了户籍人口的 14%。老龄化程度较为严重。为此，近年来，根据昆山市加快发展养老服务事业的意见相关精神，周市镇围绕开展为老服务工作，形成了“政策上关注老人、生活上关心老人、行动上关爱老人”的工作理念和实践框架。

周市镇为老服务坚持服务方式多样化原则，以居家养老为主、机构养老为辅，大力发展家政照料、医疗保健、护理康复、精神慰藉等多种服务项目，实行有偿、低偿、志愿服务，满足不同层次老年人的服务需求，养老服务组织实现城乡一体化网络，建有养老服务中心，村、居均建有养老服务站，基本建成以居家养老为主体、社区服务为依托、机构养老为辅助，覆盖全体老年人的养老服务保障体系。

（一）居家养老

随着老年人口的不断增多，各地开始对养老福利模式进行积极的探索，居家养老服务应运而生。居家养老服务，是指以家庭为核心、以社区为依托、以专业化服务为依靠，为居住在家的老年人提供以解决日常生活困难为主要内容的社会化服务。

作为周市镇为老服务方式的重要内容之一，居家养老一直为管理部门所重视。为积极应对人口老龄化产生的养老需求，形成机构养老和居家养老相结合的服务网络，周市镇专门成立了以分管镇长为主要领导的居家养老服务领导小组，各村、居相应成立了居家养老服务站，与市民政局一起，形成市民政局、镇民政部门、居村委三级居家养老服务网络。其中村居委明确专人负责。主要职责是接受居家养老服务申请；对申请人家庭情况进行核实上报；协调居家养老服务人员与服务对象关系对服务对象进行定期回访。

对于周市镇60周岁以上的老年人，生活不能自理或部分不能自理的困难老人，每人每月享受服务补贴200元（每天一小时）；对于伤残优抚对象、省级以上劳动模范和经济较困难的归侨等特殊贡献老人，每人每月享受服务补贴200元（每天一小时）；对于身边无子女、经济较困难的80周岁以上老人，按上述标准给予30%的服务补贴。

居家养老的服务项目原则上包括生活照料（如卫生清洁、衣物洗涤、代购物品、做饭等）、康复照料（如康复护理、陪同就医等）、精神慰藉（如谈心陪读、心理疏导、咨询等）、法律服务（如法律咨询、法律援助等）几个方面。

本着因地制宜的原则，居家养老服务可根据实际情况采用多种服务形式。可以引进有资质的家政服务公司，也可以借助养老机构的力量，还可以利用邻居或志愿者与需服务老人结对服务。

截至2010年底，周市镇有17名符合居家服务条件的老人，服务人员按照要求为这些居家老人提供日托照料、家政照料、康复护理、精神慰藉、医疗保健等养老服务，服务时间有每月15小时、30小时和45小时，每季度发放服务费用9 300元，让这些老人充分享受到经济发展成果和政府的温暖。

(二)机构养老

机构养老,是相对于居家养老而言的另一种为老服务形式,它通过将生活不便的老人集中置于如敬老院等养老机构,进行专业的护理与生活照料,实行集中供养的养老方式。在周市,机构养老主要是通过敬老院来实现。

目前周市敬老院共有工作人员 11 人,临时工 3 人,在院老人 51 人,其中五保老人 36 人,集中供养老人 33 人,五保散居 3 人,社会寄养 15 人。2010 年周市镇将供养老人分为三大块,一块五保、另一块寄养,新增残联、善爱之家在册为 16 人,分为寄托和居家护养两种。

近年来,周市镇不断加大对机构养老工作的日常管理力度,监管重点聚焦于饮食卫生、清洁卫生、用水用电安全和痴呆老人的自身安全等几个方面,确保老人需求能及时得到回应。

根据市民政局的伙食标准的规定,周市镇机构养老基本做到足额到位,购菜做到新鲜、无毒、无变质,天天有验收,有记录,严防食物中毒。清洁卫生工作,有标准要求,有检查考核,有奖罚制度,定岗定位责任到人。安全防范,对用水、用电经常检查,有隐患及时维修整改,消防设施完好。上半年对消火栓、灭火器、消防应急指示灯,全面检修,确保消防安全。对老人经常性教育因知因会,正确使用太阳能热水器和电源插座开关,安全使用蚊香等知识,确保安全,对痴呆老人实施专人监护。服务要到位,对老弱病残老人做到送饭、送水、洗衣、洗澡,护理到位,责任到人。对有病老人做到及时早治保健康。如市北村五保老人朱永生,72 岁,因患腹腔动脉血管病,周市镇敬老院领导十分重视,及时安排其三次去上海华山医院救治,在 6 月 8 日实施手中成功切除动脉血管瘤,耗支医药费 13 万余元,现已康复出院。每年周市镇敬老院均与周市医院合作,为老人进行两次全面免费体检,以保障老人的健康,做到病情及早发现、及早治疗。

同时,为丰富在机构养老的老人生活,周市镇敬老院经常性开展各种文体娱乐活动。2010 年,周市镇敬老院按标准按期足额发放老人生活零用钱,保证每月每人 100 元。菜金也逐年得到提高,2009 年为 210 元每人每月,2010 年提高到 300 元;对老人的床上用品,衣、鞋、衫、裤,生活日用品等定期定时发放。定期走访院外五保户,关心他们的生活和身体,送钱物上门。据核算,周市镇机构养老的老人全年生活水平达 7 000 元左右,五保散居老人按照相关规定,享受补粮金、养老金、安置费,保证他们的生活水平年均不低于 6 000 元。

鉴于机构本身资源的有限性,对院外的资源整合就显得更为迫切。周市镇敬老院通过多种渠道,积极联系社会各方资源,以丰富对机构养老的支持体系。2010 年,先后有昆山市政府和周市镇政府、台协分会送来春节慰问金 2.5 万余元,台协昆山总会、自来水厂、益群农产品公司送来礼物和水果 6 000 余元。同时由平庄村阿婆腰鼓队、斜塘村舞龙、龙船队、白塘、新镇、周市社区夕阳红文艺队来院慰问演出;昆山市义工队分别和台协慈济总会先后多次来周市镇敬老院为老人理发、剪指甲、过生日、文娱、联欢会形式来院慰问,深受老人的欢迎。

为保证敬老院养老工作的顺利有效开展,确保老人生活保障落实,周市镇每年把敬老院的经费列入政府部门的预算,实行镇、村二级负担的原则,即村负责每个老人每年每人 2 000 元,包括老人生病护理费及丧葬费,院内工作人员报酬、老人生病医药费及其他公用费用在内的全部经费均由镇政府负担,2010 年全年共计支出经费 70 余万元。

周市镇敬老院五保老人住房宽敞明亮,通风向阳,人均居住面积在 20 平方米以上;伙食标准人均每天 10 元;零用钱从 2005 年 30 元提高到现在每月 100 元,每月 10 日发放;老人所需的衣被鞋袜,按季发放,日用品按月发放,水果食品按节日发放,捐赠钱物及时发放,并有发放记录明细账,全年老年人均总费用在 7 000 元左右;对分散的五保户,建立包户组,包户率达 100%,每月走访五保户,了解他的生活情况,帮助他们解决实际困难,全年生活水平不低于 6 000 元,由村负责实施;组织开展健康有趣的老人文体活动,对有活动能力的老人做健康体操和健身器活动;卫生保洁、护理服务,在定岗定位定责任的基础上,建立领导包干区,职工岗位责任区,检查考核到人。对老弱病残老人,做到送饭送水、洗衣、洗澡、护理到位,做到细心、耐心、奉献爱心、换来老人的欢心、子女亲属的放心;保证健康保健工作的落实,所在供养老人均建有健康档案,每年周市镇人民医院医生来院健康检查二次,院内医务室备有常用药品,小病能在院内得到及时治疗,遇有患重病老人,及时送医院就诊,完全实现老有所养、病有所医。

(三) 老年护理中心

2010 年 10 月 18 日上午,家住玉山镇的裘老先生在家人的陪同下来到昆山市首个专业老年人医疗机构——周市老年护理中心,看着整洁明亮的病房、专业的护理人员,裘老先生高兴地笑了:“接下来我就在这里养病了!”2010 年 10 月,昆山市周市老年护理中心正式启用,标志着昆山市老年人有了专业的医疗养病机构。昆山市副市长韩卫称其是昆山养老护理的新模式、新标杆。

周市镇老年护理中心是集老年医疗、老年康复、老年生活、临终关怀为一体的专业性护理中心,拥有适合老年人日常医疗护理服务的生活设施和医疗康复设备,目前开设专用床位近 50 张。周市镇历来注重卫生事业的发展,周市人民医院的异地搬迁,昆山市康复医院、昆山市职业健康体检中心的落户,为周市卫生事业的发展拓展了空间,也为周市百姓看病就医提供了方便。

随着年龄的增长,老年人机体功能下降、疾病增多,患急慢性病的几率增加。而老龄化社会的到来,更是给社会、家庭、医疗保健带来巨大压力,也对老年护理事业提出新挑战。市委、市政府以及相关部门为保障老年人老有所养、老有所医,从市福利彩票公益金中拿出500万元在周市人民医院率先开展老年护理试点工作，成立昆山市首家老年护理中心，为昆山市需要全程护理的老年人提供生活照料、医疗、护理、康复、心理和营养治疗于一体的综合服务。

周市老年护理中心目前开设专用床位50张，主要是对本市户籍生活不能自理的、有经济条件的60周岁以上老年人实行一条龙全护理服务。为了满足老年人的不同需要，中心还设有双人间、三人间、特需病房，病房内设有卫浴间、数字电视、中央空调以及高质量的床头设备，包括中心供氧、中心吸引、呼叫对讲等，并拥有心脏除颤仪、心电监护仪等先进的医疗设备，自动洗浴床等一批无障碍生活设施以及开展康复治疗所需的康复设备，为老年人护理提供保障。护理中心成立的当天上午，就有5名老人办理了入住手续，还有几名老人有入住意向。

前文中的裘老先生作为护理中心的第一批老年人，对护理中心的条件、设施以及护理人员的态度都十分满意。他的子女告诉记者，老人患糖尿病多年，3年多前又得了帕金森综合征，生活不能自理，并需要长期注射胰岛素。他们都要工作，没时间照顾他，老人行动又不便，这么多年来一直得不到专业的治疗和照顾。前几天，老人从收音机里听到昆山建了老年护理中心，赶紧叫他们前来打听，来现场查看后也非常满意，就在第一时间住了进来。

据了解，老年护理中心实行无家属陪伴模式，由素质良好的护工为身患疾病、生活不能自理的老人提供亲人般照顾和护理；同时，由医生、护士、康复治疗师和护理员组成的优质服务团队，为老年人提供专业化的医疗护理康复技术服务，在解除病痛的同时给予家人般的关怀。

（四）老年服务

为丰富老年人的文化生活，增进老年人身体健康，周市镇开展了形式多样的为老服务。如妇联、民政、卫生机构等，均结合各自部门特点，有针对性地为老年人开展了一系列服务性活动。

为确保老年人能够享受安详幸福的晚年生活，周市镇妇联围绕“保民生，促和谐”，从解决动拆迁过程中老年人的居住权问题着手，将关爱老年人，促进家庭和睦、社会和谐落到实处。镇妇联走村串户，并分别在永共村、中乐社区、白塘社区等单位召开了“老年人居住权问题”专题座谈会，深入基层了解情况；同时做好典型的宣传工作，以正面宣传为主，宣传一批孝敬老人、关爱老人、切实保障老年人享受居住权和动拆迁政策的家庭，在社会上形成良好的氛围；同时，针对老年人居住权得不到保障的家庭，镇妇联联合司法、民政、关工委等有关部门，开展面对面地宣传教育工作，切实改善老年人居住环境；此外，推进和谐家庭创建活动。结合文明家庭、“孝儿女”家庭、绿色家庭、和谐家庭等特色家庭评比活动，大力宣扬中华民族敬老爱老的传统美德，弘扬家庭美德，促进年轻一代自主自觉地关爱老年人。

民政部门全面落实老龄工作，进一步加强对高龄老人的关注。经统计，周市镇90周岁以上老人106人，政府每月补助生活费100元，全年共补助12.7万余元。同时，镇民政办还为60、70周岁以上老年人办理江苏省、昆山市老年人优待证，截至目前，江苏省老年人优待证共办理7 995人，其中60周岁以上4 661人，70周岁以上3 334人。昆山市老年人优待证共办理2 699人，其中60周岁以上813人，70周岁以上1 886人。

卫生部门开展了一系列卫生服务性活动。如周市镇民政办、老龄委联合周市人民医院、周市镇预防保健所、周市镇陆杨社区卫生服务中心开展了“夕阳红健康牵手行”活动。周市人民医院、周市镇预防保健所、周市镇陆杨社区卫生服务中心每位医务人员牵手一户老年人家庭开展上门健康保健咨询服务。并有组织、有计划的深入企业、农村、社区等，举办各类针对老年人多发病、常见病的知识讲座和义诊，为广大老年人提供医疗保健服务。活动期间，周市镇民政办对全镇低保户及残疾人员提供多项帮困优惠服务。如在周市医院、陆杨社区卫生服务中心住院期间将提供多项免费和减费服务；由民政办、老龄委牵头，定期组织开展心理咨询培训活动，为老年人提供心理疏导服务。期间，周市镇老龄委组织开展各项健身活动，如举办老年门球、桌球等邀请赛，引导老年人建立文明健康的生活方式。通过上述活动，有效地丰富了老人的文化生活，提升了自我健康意识，较好地增进了老年人晚年生活的质量。

（五）老年人日间照料中心

为进一步加强养老服务事业，推进多样化养老服务工作，周市镇成立了老年人日间照料中心，为老年人开展日间照料服务，中心设立在白塘社区新浦花园，占地100平方米，除去中心用房外，设施投入近20余万元。所有年满75周岁以上的（无传染性疾病、精神病史或老年痴呆）本籍需照料的老年人，本人提出申请，可享受日间照料服务。

开展日间照料服务的项目主要为本籍需照料的老年人提供中、晚两餐服务。供餐点设在白塘社区内，享受日间照料服务的老年人可在规定时间内进行用餐及休息。对行动不便的老年人由工作人员直接送餐上门。伙食标准：暂定两菜一汤（一荤、一素、一汤）。

享受日间照料的老年人每人每天支付伙食费5元（按月收取），低保对象减半支付。其余由市、镇补贴。享受日间照料的老年人认为吃得不满意可自行退出。实行财务公开。每月初由镇民政办、镇老龄委进行一次审计，发现问题及时纠正。工作人员的工资由市、镇协商解决，社区负责发放。老年人日间照料中心推出以后，受一些日常生活不便的家庭及老人欢迎，据称该中心尚未正式启动，已有15位老人前来预约报名。

四 志愿者服务体系建设的实践探索

志愿者是城市文明的标志，是构建和谐社会的一支重要力量。为充分整合社会服务的各方资源，广泛动员社会各方参与到社会服务中来，周市镇在昆山市的统一框架内，构建了自身的志愿者服务体系。近年来，各类志愿者服务组织和广大志愿者高举“奉献、友爱、互助、进步”的旗帜，紧密结合党委政府的中心工作，立足周市镇经济社会发展要求和人民群众生产生活的基本需求，坚持活动开展与机制建设并举的方针，在服务大局、服务社会、服务人民，提升社区文明程度方面作出了积极的贡献，取得了良好的社会效应。

两年来，周市镇按照“事业化发展、社会化服务、市场化运作、项目化管理”的发展模式，充分整合服务资源，不断拓展延伸志愿服务领域，基本涵盖了包括医疗卫生、助残帮困、社区矫正等诸多方面的关爱工作。

（一）社区矫正安置帮教工作志愿服务

为帮助社区矫正对象重新回归社会，周市镇组建了社区矫正安置帮教工作志愿者队伍，广大志愿者按照“尽己所能、不计报酬、帮助他人、服务社会”的原则，在周市镇司法所的指导下，协助开展安置帮教工作。

周市镇社区矫正安置帮教工作志愿服务的内容包括，由周市镇司法所安排，参加安置帮教小组，结对帮扶、开展对社区矫正对象及刑释解矫人员的日常帮教工作，主要做好调查摸底、走访工作及思想教育工作，预防重新违法犯罪；协调解决刑释解教人员在生产、生活中出现的问题和困难，引导其顺利融入家庭和社会；关注服刑人员的子女教育、老人赡养等问题，及时沟通相关信息，协助解决其家庭生活的困难；协助司法所完善过渡性安置帮教基地建设，为推荐、解决就业、自主创业提供服务与帮助；参与法律宣传、法律服务、人民调解、心理咨询、文化教育、法制教育、道德教育等多种教育活动；

在具体志愿工作中，广大志愿者工作者主动关心帮教对象思想、关怀帮教对象生活、关照帮教对象工作、关爱帮教对象家庭、关注帮教对象心声。根据周市镇社区矫正本身的特点，社区矫正安置帮教工作志愿服务的形式也呈现多样化特点，有“一帮一”、“多帮一”结队帮教；有接受法律咨询、提供政策解答；还有通过传授技术、技能，提供就业岗位等形式来实现对帮教对象的支持。

（二）残疾人志愿服务

近年来，周市镇进一步加强了残疾人志愿者助残队伍，引导和促进全社会关注和参与残疾人工作。一方面，周市镇将基层志愿者队伍建设纳入周市镇残疾人工作目标，建立志愿者助残登记册及活动记录册。同时，不断加强助残志愿者培训，举办了手语、盲人定向行走、预防残疾知识等培训班，使志愿者了解掌握残疾人的法律、法规、政策、措施。此外，相关部门经常性组织志愿者积极参与残疾人工作和相关项目、活动，开展残疾人法律援助、就业培训、无障碍环境建设等等。活跃基层残疾人工作，引导和健全社会关注和参与残疾人工作。

（三）周市人民医院志愿者服务队

于 2010 年 5 月成立的周市人民医院志愿者服务队，是一支活跃在医疗卫生战线上的健康护卫者。这支由周市人民医院医务工作者为主体的志愿服务队活动内容相当广泛，包括院内志愿医疗服务、社区卫生服务中心（站）志愿医疗服务、主体性活动志愿医疗服务、大型活动保障志愿医疗服务、突发事件医疗救治志愿医疗服务、特殊对象志愿医疗等各类志愿服务，秉承“奉献、友爱、互助、进步”的志愿精神，立志于推动志愿医疗服务深入发展，构建和谐医患关系。

1. 院内志愿医疗服务

组织院内志愿者为门急诊、住院患者提供志愿医疗服务。志愿者利用休息时间，为急诊患者提供包括导医、导诊、排队、咨询、解释、护送、取药、陪同检查、取送检查检验报告单、费用查询、健康教育、投诉等服务；为住院患者提供一般生活护理、沟通交流、陪同检查、咨询、费用查询、健康教育、阅读报纸杂志、投诉、出院后回访及预约诊疗等服务。

2. 区卫生服务中心（站）志愿医疗服务

志愿者利用休息时间和节假日到社区卫生服务中心（站）为居民提供诊疗、健康教育、咨询、预约诊疗、陪同检查等服务。深入农村，走村串户，对居民特别是 45 周岁以上居民开展以培养健康生活方式为主要内容的宣传、教育、咨询等志愿服务活动。

3. 主题性活动志愿医疗服务

组织医疗服务志愿者分类参加“三下乡”、高血压病日、爱眼日、爱耳日等一系列主题性活动，为居民提供健康教育、咨询、宣传、诊疗等志愿服务。每年重点组织好“12・5”（国际志愿者日）“志愿服务活动”。以主题活动为抓手，在医院内外开展有针对性、有特色的志愿医疗服务活动。全面认真做好周市镇“温情工程”，推进全镇 45 周岁以上居民和全镇残疾人健康体检和健康建档跟踪服务工作。

4. 大型活动保障志愿医疗服务

组织医疗服务志愿者到周市镇的重大活动、重要会议和大型赛事现场，提供秩序维护、健康保健咨询、现场医疗救援等志愿服务。

5. 突发事件医疗救治志愿医疗服务

组织医疗服务志愿者参加突发公共事件应急医疗救援服务。组织医疗服务志愿者参加重大传染病疫情预防控制和医疗救治志愿服务。

6. 特殊对象志愿医疗服务

组织医疗服务志愿者深入残疾人家庭，开展康复辅导志愿服务。组织医疗服务志愿者农村居民家庭，对慢性病患者、长期卧床病人及其家属进行生活照料和康复辅导志愿服务活动；开展送温暖、献爱心志愿服务活动。

（四）挖掘社会优势资源，健全志愿服务网络：进一步加强志愿服务的趋向

在接下来的一个时期内，周市镇将继续加强志愿者队伍建设。在村、社区"善爱之家"工作站中均设立志愿者服务点，摸排辖区内的社会优势资源，选拔一批具有一定才能的志愿者，完善志愿者注册登记、培训、考核、表彰等制度，健全志愿者服务组织网络。2011 年，计划完成 25 个村、社区 12355 志愿者服务点的建设与重组，壮大各志愿者队伍，优化志愿者类型结构，拓展延伸志愿服务领域。

结合周市实际情况，创新志愿者服务形式，逐步建立较为完善的无偿与低偿相结合的志愿服务体系，蓬勃开展以"服务社会　关爱他人"为主题的志愿服务活动。坚持项目化运作，做到服务项目、服务地点、服务人员、服务时间、服务对象"五固定"。坚持做到"三结合"，即经常性服务与应急性服务相结合，普遍性服务与专业性服务相结合，定点集中服务与上门个体服务相结合。

坚持多元化发展策略，着力打造志愿者服务品牌，注重发挥志愿者的专业特长，广泛开展志愿者专业性服务。医疗志愿者队伍有计划地为社区特殊对象提供义诊服务，文明交通志愿者深化"文明交通值勤"活动，法律援助志愿者开展好法律宣传、咨询、援助帮教等活动，"小区特色"志愿者结合小区的特点开展特色服务等，组建"周墅新风"志愿者，服务于全镇性各类公益性活动。

规范志愿者服务机制，进一步推进志愿服务的机制化建设，出台《周市镇"善爱之家"志愿者行动实施意见》，完善志愿服务公开招募、系统培训、有效管理、计时考核、评比表彰等相关机制。努力探索新形势下志愿者行动社会化运作，利用志愿服务的影响力，依托各类志愿服务的品牌项目争取社会力量的帮助。完善志愿服务考核激励机制，将志愿者服务先进集体、先进个人纳入单位、个人年终考核的加分项目。同时，设立志愿者关爱基金，用于援助服务满一定时限且遇到特殊困难的志愿者。

第六章 民生与社会保障建设面临的挑战及相应对策

一 民生与社会保障建设面临的挑战

（一）现行保障政策就业导向的正激励效应相对不足

近年来，周市镇劳动保障职能部门千方百计为有求职需要的劳动者提供就业机会，特别是对于那些低收入群体和零就业家庭等，设法提供一些公益性岗位，但仍有一些有劳动能力的居民总是以工作不体面，或者收入较低、离家较远等原因而表示兴趣不大，一些人对就业的期望值过高，对工作挑挑拣拣，就业周期短，稳定性差。还有一些人对最低生活保障依赖性强，宁愿吃低保也不愿就业。一些正在获得政府低保救助等家庭在理性的计算之后，认为获得这些就业感觉前后收入变化不大，就业还会失去获得政府在衣、食、住、医和教育等方面帮助的资格，不划算，所以宁愿坐吃低保或依赖拆迁补偿，也不愿走出家门就业。特别是，低保人群呈现低龄化趋向，一些青年人宁愿在家“啃老”或终日沉湎于游戏，也不愿走出家门寻找就业机会。这一现象的存在，一方面反映了失业或无业者自身观念还有待提升，另一方面也说明，当前的就业援助政策还不能完全激发有劳动能力的居民再就业的积极性。目前，对于社保救助的依据主要还是需求定位，这种定位有诱导受助者增显需求的倾向，无助于消除他们摆脱获得救助的福利依赖动机。

（二）社会救助制度框架面临体制性矛盾的挑战

应该说，从现行制度框架来看，周市镇社会救助体系比较完善，基本涵盖了各类贫困人群，对于保障和改善民生、构建和谐周市，发挥了重要作用。但从发展型社会政策的视角来看，目前社会救助的总体架构还存在某些体制性缺陷，在一定程度上制约了社会救助政策整体效能的发挥。

一方面，救助主体呈现“非多元化”特征。从周市镇社会救助制度架构来看，政府承担了社会救助的最主要职能。应该说，从社会救助的历史发展脉络与国外经验看，政府的主体责任是毋庸置疑的。但问题的另一面是，政府自身的资源有限及对居民需求回应的滞后性，决定了单凭政府一方面承担社会救助的职能显然并非良策。社会救助着重在“社会性”，其主体也应该是多元的。除国家作为责任主体外，市场组织、非政府组织、各种服务机构等各类体制外主体，也应当吸纳到社会救助体系中来，这既可以弥补政府职能的不足，同时也能够很好地回应居民的多元性需求。

另一方面，从现有互动模式来看，目前社会救助形式仍限于“被动性”地位。尽管周市镇各类社会救助制度的实施，在很大程度上缓解了弱势群体的基本生活压力，但在救助形式上，这些救助内容均是一种单向性的“他助”过程，是单纯的“给予”或“接受”。从救助指向上看，城乡低保以及各类专项救助等往往表现为“单向性”特征，即政府以社会救助主体的身份，给被救助者以物质(含货币)救助，被救助者只要符合救助条件，就可以领取或补足到规定数额的救助金。从救助效果上看，这是一种被动、消极式的“输血型救助”，被救助者往往缺乏主动摆脱困境的内在动力和相应的自我激励效应。

此外，现有社会救助在内容上仍不免存在单一物质性的缺陷。社会救助的主要形式大多是货币补偿，或者物质给予。此类救助形式根据一定的规定和标准加以实施，对于达到社会救助标准的贫困者来说，经过一定的评估程序，在一般情况下可以得到最低生活保障金的救助。但是，低保金到底能起到多大作用，特别是贫困者所面临的其他非物质性困难，如心理障碍、社会资本缺失、社会排斥等带来的困难以及困惑等等，以物质给予为基本形式的现行社会救助制度则无能为力，难以从根本上解决问题。

二　回应挑战：民生与社会保障进一步发展与探索的方向

(一) 整合资源、部门联动与积极的就业政策

就业乃民生之本。诚如吉登斯所言，社会包容性，在本质上意味着公民资格，意味着一个社会的所有成员不仅在形式上、而且在其生活的现实中所拥有的民事权利、政治权利以及相应的义务。它还意味着机会以及在公共空间中的参与。在

一个工作对于维持自尊和生活水准而言处于至关重要地位的社会中，获得就业的可能性就是“机会”的一项重要含义。因此，推进积极的就业政策，是改善民生、提升居民幸福指数的关键着力之处。在市场经济社会中，就业虽由市场决定，但政府必须承担促进就业和治理失业的主要责任，这已在社会各方面达成共识。下一阶段，周市镇尤须在以下几个方面加大推进力度。

第一，整合行政资源，依赖部门优势，发挥条线联动功能，可以建立就业联席会议制度，充分调动现有的行政资源，依赖部门优势，发挥条线联动功能，整体推进劳动力的就业工作。有效整合周市镇劳动就业的资源，切实保障劳动力充分就业。通过采取各种有效措施增加就业岗位，提高就业质量，建立和完善市场经济条件下促进就业的长效机制，鼓励劳动者通过非全日制就业、自主创业、自由职业、劳务派遣等灵活多样的形式实现就业。在拓宽本地企业用工、公益性项目、发展非正规劳动组织、劳务输出的同时，整合周市镇公益性岗位资源，确保失业人员、失地农民，尤其是大龄困难人员就业。加大推介力度，积极鼓励、引导新落户实业型企业吸纳周市镇劳动力，使周市镇企业使用周市镇劳动力达到一定比例。

第二，加大就业援助力度，建立动态的就业信息管理系统。帮助困难群体就业、实现充分就业为目标，进一步落实新一轮积极就业政策，坚持“以创业带动就业”的治理思路，健全创业服务体系；建立就业援助长效机制，着力援助有劳动能力、有就业愿望的就业困难人员就业，动态消除“零就业家庭”；加强信息网络建设，加大对全镇劳动力资源和用工企业的录入工作，以实现对周市范围内劳动力资源和企业用工需求信息的有效把握。

第三，推行积极的毕业生就业工作。继续把高校毕业生就业摆在就业工作的首位，建立创业培训、创业服务、创业指导、创业基地、创业政策等综合协同机制，在优先和重点发展的产业或行业引领一批高校毕业生成功创业；开展高校毕业生就业服务系列活动，在条件许可的情况下，可以逐步探索苏州范围内毕业生在校期间和离校后就业跟踪服务机制，强化就业见习与职业资格培训，强化困难毕业生就业援助；推动相关领域制度改革，逐步建立促进高校毕业生就业的长效机制；开展高校毕业生就业大调研，进一步摸清工作重点和难点，有针对性地研究制定政策措施。

第四，着力改变劳动者的福利依赖观念，在就业支持上实行需求定位与行为定位相结合的方式。这一方面需要通过宣传、教育的引导作用，同时也需要在制度上建立正向的就业导向激励效应。城市贫困群体要摆脱贫困，最终还是要依靠就业。根本上来说，最为丰富的资源就是他们的劳动力。因此，在实施救助时，应注意将社保救助与就业扶持相结合，在保障困难对象基本生活的同时，使就业政策与社会保障救助政策协调起来。

正如前文所述，目前，对于社保救助的依据主要还是需求定位，即从收入上来判定某一对象是否具备获得救助资格。这种定位有诱导受助者增显需求的倾向，无助于消除他们摆脱获得救助的福利依赖动机。无疑，为了降低社保政策中的负激励效应，在社会保障救助中使权利与义务均衡是有必要的。因此，要加强保障政策的就业激励效应，应把需求定位与行为定位相结合。所谓救助的行为定位，即判断获助者有无获助资格，取决于获助者的行为是否符合规定条件，如失业者必须证明自己在努力寻找工作，才能获得相应保障政策的支持。这种行为定位，强调对受助者的就业导向。

第五，进一步加强对就业困难人员的就业援助。不断健全就业援助制度，推进就业援助工作精细化、长效化，重点针对零就业家庭、长期失业人员、残疾人、低保对象、破产企业失业职工和就业困难的高校毕业生，积极开展就业援助；组织开展创建充分就业示范社区。

（二）建立基于发展型社会政策的新型社会救助制度框架

以前期工作为基础，改善社会救助工作的理念与实践方式，探索新型社会救助的行动框架，以发展型社会政策为理念，推进周市地区社会救助从补救型救助向发展型救助转变，从单纯物质救助向多元化救助转变，构建新型社会救助的制度体系。

传统的救济多数系消极意义上的事后补救性措施，不能从根本上解决被救助者的贫困状况。造成贫困的原因具有多方面因素，解决贫困的手段和措施也具有多种方式，因此，应着力改变社会救助的基本理念，从消极、单一的补救型社会救助到积极、多元的发展型社会救助转变，切实把社会救助看做是发展型福利的有机组成部分，提高社会救助水平，把社会救助和人的发展及社会发展结合起来。这从根本上来说是建立起一套旨在提高人们的生活质量和满足人类发展需要的福利制度，而不是仅仅解决社会问题。

传统社会救助的内容和救助方式往往以单一的现金和实物为主，其基本理念或目标是维持困难人群的基本生存。随着转型时期社会问题和社会矛盾的日益凸显，仅仅靠单纯的物质救助，并不能从根本上解决贫困问题，更不能改变被救助者自身的能力，因而，必须改变基本救助理念和基本目标，把单纯的物质救助发展成为多元化救助，如社会资本救助、能力救助、权利救助等新的救助类型，以期在保证被救助者基本生活的同时，注重“人的发展”，变“输血”为“造血”。

探索新型社会救助体系的救助方式，首要的是探索制度性救助方式与非制度性救助方式的结合。制度性救助方式主要表现为城乡最低生活保障制度和其他各类专项救助制度，这些救助项目构成了现有社会救助的主要内容。但是，仅仅依靠制度性救助还远远不够，新型社会救助体系在以政府为主体的制度性救助的基础上，需要进一步发挥非制度性救助的重要作用。非制度性救助方式并非经过相关法律、法规或者社会政策确立，而是由民间和社会团体组织的各种社会救助活动组成，是一种社会资源的调动、社会支持网络构建的过程，是社会救助体系中不可或缺的重要组成部分。

同时，构建新型社会救助体系，应体现物质救助方式与非物质救助方式相结合。现行社会救助体系中，绝大多数属于物质性救助，而能力救助、社会资本救助等非物质救助形式还没有被广泛采用。物质救助虽然是十分重要与基本的救助方式，但从根本上来看，受助人员的能力提升与“人的发展”是摆脱困境、实现真正意义上的社会融合的关键之途。因此，应当在物质救助的同时，针对能力贫困、社会资源贫困、社会权利贫困等现象，进一步提供心理援助、技能提升、权益维护、支持网络构建等非物质性救助方式。同时，在救助实践中应注重“他助”与“自助”的结合。“他助”是传统社会福利框架下的救助方式，包括现有社会救助体系框架中的绝大多数内容。但是，“他助”方式往往只注重对贫困者的物质救助，而忽视了贫困者的能力救助和培育，受助者只是一个被动的接收者。在下一阶段乃至“十二五”期间，周市镇在社会救助体系的完善过程当中，应当倡导一种积极救助的理念与行动方式，在“他助”的基础上，加大“自助”力度，以能力建设为主要内涵，克服传统“他助”方式消极被动的缺陷，把对贫困者生存的保障看作一个起点，在此基础上，促进被救助者的能力建设，提升其能力，使其依靠自己的力量回应所面临的问题。

第二篇 传统城郊型社区向现代都市型社区转变的实践探索与模式创新

前言

昆山地处长江三角洲，是江苏省的“东大门”，东邻国际大都市上海，西依历史文化名城苏州，区域面积 927.7 平方公里，其中陆地面积 641.1 平方公里，水域面积 286.6 平方公里，是江南典型的“鱼米之乡”；常住人口超过 120 万。1989 年撤县设市，现辖 10 个镇和 1 个国家级昆山经济技术开发区。昆山自秦代置娄县至今已有 2 200 多年的历史，历史悠久，文化底蕴深厚。在这里，曾诞生了著名思想家、教育家顾炎武，孕育了“百戏之祖”、“人类口述和非物质遗产代表作”昆曲，还完好保存着有“中国第一水乡”美誉的千年古镇周庄。昆山素有江南“鱼米之乡”美称，盛产驰名中外的阳澄湖大闸蟹。改革开放以来，昆山率先改革、率先开放、率先发展，以自费开发为起点，走出了一条以改革开放为时代特征，以“创业创新创优”精神为强大动力，以全面小康为显著标志，以人民幸福为不懈追求的率先发展、科学发展、和谐发展的“昆山之路”，率先达到江苏全面小康社会水平，走在江苏“两个率先”的前列，综合实力位居全国百强县（市）首位，成为我国 18 个改革开放典型地区之一。

周市镇位于昆山北部，地处昆山、太仓、常熟三市交界，由原周市、新镇、陆杨三镇合并而成，是昆山中心城区的重要组成部分和北部城市副中心，与昆山经济技术开发区仅一河之隔。区域面积 81.56 平方公里，辖新镇、陆杨 2 个办事处，18 个社区和 15 个行政村。周市区位优异，交通便捷，产业发达，是昆山北部装备重镇和正在崛起的商贸新城，400 多家外资企业、1 000 多家民营企业在这片生机盎然、商机无限的热土上蓬勃发展，做大做强。近年来，周市镇更是认真贯彻科学发展观，坚定信心，创新思路，多措并举，真抓实干，着重推进“三个优化”（优化经济结构、优化城镇环境、优化队伍素质），各项事业均取得了长足的进步。近年来先后被评为“国家卫生镇”、“全国环境优美乡镇”、“江苏省文明镇”、“江苏省体育强镇”等。解读周市的发展历程，可以概括为：抓住了乡镇工业、外向型经济和城市化三次发展机遇，形成了先进制造、现代服务和房地产三大产业为主导的产业体系。随着周市镇工业化、城市化的快速发展，周市镇逐渐实现从传统城郊型的农村社区，向现代都市型社区大幅度跨越，一个崭新的昆山北部新城正在崛起。

一 快速工业化、城市化：从乡到城转变的大背景

工业化是现代化的核心内容，是传统农业社会向现代工业社会转变的过程。在这一过程中，工业发展绝不是孤立进行的，而总是与农业现代化和服务业发展相辅相成的，总是以贸易的发展、市场范围的扩大和产权交易制度的完善等为依托的。现在中国还提出新型工业化的概念。所谓新型工业化，就是坚持以信息化带动工业化，以工业化促进信息化，就是科技含量高、经济效益好、资源消耗低、环境污染少、人力资源优势得到充分发挥的工业化道路。与传统的工业化相比，新型工业化有三个突出的特点：第一，以信息化带动的、能够实现跨越式发展的工业化。以科技进步和创新为动力，注重科技进步和劳动者素质的提高，在激烈的市场竞争中以质优价廉的商品争取更大的市场份额。第二，能够增强可持续发展能力的工业化。要强调生态建设和环境保护，强调处理好经济发展与人口、资源、环境之间的关系，降低资源消耗，减少环境污染，提供强大的技术支撑，从而大大增强中国的可持续发展能力和经济后劲。第三，能够充分发挥人力资源优势的工业化。

城市化也有的学者称之为城镇化、都市化，是由农业为主的传统乡村社会向以工业和服务业为主的现代城市社会逐渐转变的历史过程，具体包括人口职业的转变、产业结构的转变、土地及地域空间的变化。城市化的本质体现在四个方面：第一，城市化是城市人口比重不断提高的过程。城市化首先表现为大批乡村人口进入城市，城市人口在总人口中的比重逐步提高。第二，城市化是产业结构转变的过程。随着城市化的推进，使得原来从事传统低效的第一产业的劳动力转向从事现代高效的第二、第三产业，产业结构逐步升级转换，国家创造财富的能力不断提高。第三，城市化是居民收入水平不断提高的过程。城市是高消费群体聚集所在。城市化使得大批低收入居民群体转变为高收入居民群体，因此城市化过程又是一个市场不断扩张、对投资者吸引力不断增强的过程，也是越来越多的国民在发展中享受到实惠的过程，是一国中产阶级形成并占主体的过程。第四，城市化是一个城市文明不断发展并向农村渗透和传播的过程。城市化的过程也是农村和农民的生产方式和生活方式文明程度不断提高、不断现代化的过程，也就是城乡一体化的过程。第五，城市化过程是人的整体素质不断提高的过程。由于大部分的国民从事先进的产业活动，有着较高的生活质量，因此，人们的生活方式、价值观将会发生重

大变化，社会将建立根本区别于农业社会的城市社会新秩序。人们按照既定的游戏规则自由地进行更丰富多彩的社会活动。自律、自尊、自强成为社会风尚。这是现代文明的灵魂，是城市的真正魅力之所在。

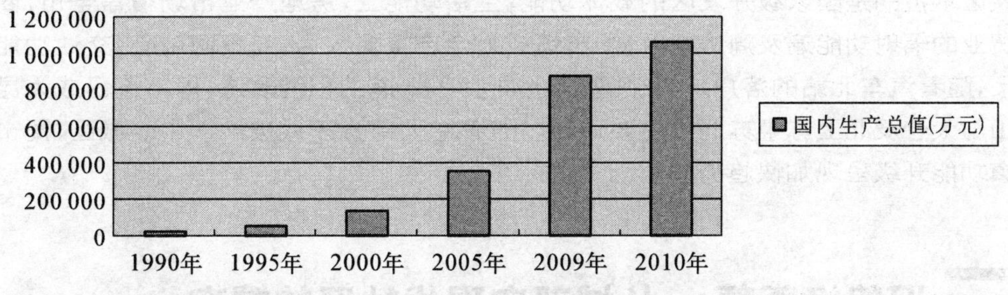

图 2-1　周市镇 1990～2010 年国内生产总值①

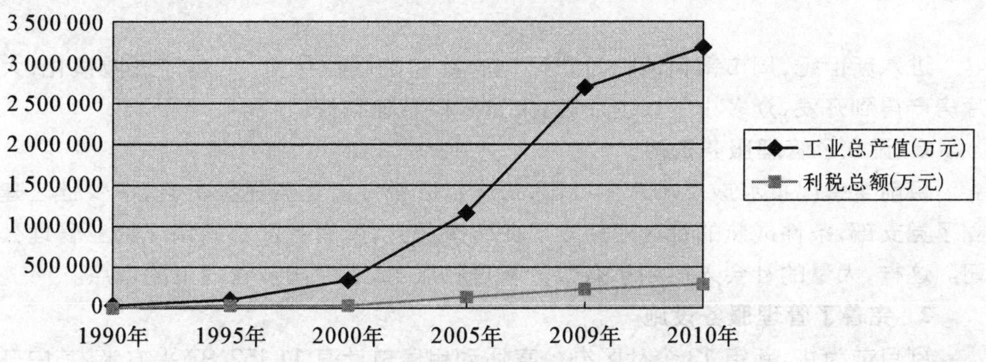

图 2-2　周市镇 1990～2010 年工业总产值和利税总额②

2010 年，周市镇完成地区生产总值 100 亿元，全口径财政收入 27 亿元，其中一般预算收入 11.7 亿元，全社会固定资产投资达 33 亿元，分别是 2005 年的 2.8、3.2、2.96、1.73 倍。发展方式得到转变。2010 年，服务业占国内生产总值的比重达到 31%，高新技术企业增加至 20 家，研发中心 13 家，高新技术产品产值占规模以上工业产值比重达 51.3%，R&D 投入占 GDP 比重提高到 2.5%③，基本达到了发达国家水平。企业结构趋于优化，其中规模企业产值占工业总产值的比重达高达 77%～95%；民营企业产值占工业总产值的比重比 2005 年提高 10 个百分点。产业特色日渐凸显，初步形成了先进装备制造业、现代服务业和高端房地产业三大主导特色产业。

① 参见 1990～2010 年《周市镇统计年鉴》。
② 参见 1990～2010 年《周市镇统计年鉴》。
③ 参见 1990～2010 年《周市镇统计年鉴》。

周市镇利用紧靠城区的优越区位，不断加强与中心城区对接的力度，使周市镇的城市功能得到了不断提升。生产功能上，先进装备制造业基地跻身昆山特色产业基地，并被批准为省级装备制造基地，在全市发挥引领作用，光电产业园周市拓展区承担的是国家级开发区的载体功能；生活功能上，房地产业市场覆盖全市，商贸业的辐射功能遍及周边地区，周市镇成为全市重要人居、商贸副中心；交通功能上，随着汽车北站的落户，以及几条南北向交通干道的相继改造，周市镇已成为昆山与太仓及北上苏中苏北的主要通道。随着绝大部分区域被纳入中心城区，周市镇功能升级呈现加快趋势。

二 旧貌换新颜：从城郊向现代社区的嬗变

进入新世纪，周市镇借助临近市区这一独特的区位优势，迅速推进城镇化，大片房产得到开发，众多小区拔地而起，大量人口急速集聚。

1. 设立了管理服务机构

目前全镇已批准成立十八个社区，每个社区都成立了居民委员会，不少社区建立了党支部，条件成熟的社区还成立了业主委员会，所有社区都聘请了物业管理公司。这样，大量的社会人得到了有效的管理和服务，避免出现管理上的盲点。

2. 完善了管理服务设施

到目前为止，新镇 13 个社区办公室活动用房总计有 11 152.93 平方米，其中开发商提供 8 852.93 平方米。80%以上的社区办公用房超过市里的标准，设施设备一应俱全，硬件设施达到一流水平，创造了良好的服务和活动环境。

3. 组建了管理服务队伍

社区工作者队伍基本建立并得到一定的培训。社区建设的目标、任务、内容基本明确。基本胜任本职工作，各项工作能正常有序开展。

4. 形成了管理服务制度

结合几年来的工作实际，初步摸索并形成了一套社区管理、督查、考核、服务的工作机制和考评制度。这些已建立的管理服务制度包括社区居民自治章程、居民代表会议制度、居民委员会职责、居委会工作制度（定期报告制度、居务公开制度、服务承诺制度、考核评议制度）、社区居民议事会制度、社区居民听证会制度、“五位一体”综治办工作制度、社区矫正制度（包括社区矫正公示制度、社区矫正工作制度、社区矫正工作方针、社区矫正工作原则、社区矫正工作纪律、社区矫正工作职责、社区矫正对象的权利和义务）、人民调解委员会工作制度、人民调解委员会职责、社会保障工作委员会工作制度、社会保障工作委员会职责、社区民警工作职责、外来人口专职协管员职责、保安联防队员工作职责、文教卫生工作委员会工作制度、文教卫生工作委员会职责、治安保卫工作委员会工作制度、治安保卫工作委员会职责等。

5. 提高了管理服务水平

在硬件建设的同时，各社区在软件服务上下了不少工夫，想了不少办法。一方面抓常规工作，另一方面创特色品牌工作也在全面推进之中。居民委员会指导监督能力有所提高，协调能力有所增强，化解矛盾水平有所提升。

6. 社区创建成绩喜人

各社区争创市级以上绿色社区、民主法制示范社区、文明社区、文明和谐示范社区，并取得良好的成果。有些社区创建获得了省级乃至国家级荣誉。

第一章 从乡到城转变的城市化发展战略

一 "八个一体化"：推进城乡一体化发展

近年来，周市镇牢固确立城乡统筹和片区发展的理念，以城市化引领新农村建设，着力推进城乡发展"八个一体化"，努力使改革发展成果更多地普惠于民。一以"发展规划一体化"为突破口打破二元地域分割，引导城乡空间有序融合。二以"产业布局一体化"为统领打破二元分工体系，促进城乡产业联动发展。三以"基础设施一体化"为保障打破二元建设体制，助推城乡生产生活同质。四以"资源配置一体化"为切入点打破二元分配格局，推动城乡要素优化组合。五以"公共服务一体化"为目标打破二元供给体制，追求城乡公共服务均等。六以"就业社保一体化"为重点打破二元福利鸿沟，力促城乡社会保障并轨。七以"生态建设一体化"为支持打破二元环保机制，注重城乡环境共同改善。八以"社会管理一体化"为着力点打破二元管理机制，努力维护城乡和谐稳定。

周市镇城乡经济实力日益增强，为推进城乡一体化发展综合配套改革奠定了坚实的经济基础。城乡居民收入差距缩小，"三大合作"全面发展，农民收入渠道多样，共同富裕格局形成。城乡基础设施基本对接，公路村村通，区域集中供水工程全面完成，农村自来水普及率达 100%，城乡协同发展条件已经具备。城乡劳动和社保制度不断健全，生产要素流通渠道畅通。城乡社会事业共同进步，农保转城保工作进展顺利，农村基层卫生服务网络基本形成，农村卫生、体育、文化设施配套不断完善，城市优质的教育、卫生资源逐步有序向农村辐射和延伸，农村社区服务中心普遍建立。城乡经济体制改革深入推进，发展活力显著增强。

在推进城乡一体化进程中，周市镇坚持以人为本，不断创新思路，从农民利益出发，建设社会主义新农村，实现城乡统筹发展。

1. 深化改革，促进城乡政策措施一体化

加快建立和完善以城带乡、以乡促城、城乡互动的机制，具体做好三方面工作：一是制定切合实际的农村科学发展规划，做到因时、因地、因事制宜，统筹兼顾。二是加快动拆迁进度，切实加强力度完成拆迁任务。三是加快新型社区建设力度，促进新型社区的可持续发展和全面进步。四是加快农村基础设施建设力度，切实改善农民的生活质量。

2. 加强宣传，提高群众素质和思想认识

引导群众树立起"讲文明，改陋习，树新风，塑形象"的思想，倡导科学文明的生活方式。一方面，创新管理体制，加大扶持力度，大力发展农村教育事业。另一方面，加强科普和法制教育，进一步推进农村法治建设。

3. 拓宽渠道，推进农民收入持续增长

一是继续推进"三大合作"改革；目前，周市镇已成立富民合作社 9 家、土地股份合作社 14 家、社区股份合作社 11 家，为广大农民群众的持续增收提供了有力保障。二是推进农村土地承包经营权流转制度，在稳定和完善农村基本经营制度的基础上，创新农村土地经营方式，加快现代农业发展。三是推进农民职业技能培训，提高农民科技致富的能力。有针对性地开展实用技能培训，使广大农民群众拥有一技之长。四是推进农村产业结构调整，建设现代化农业。重点建设东方村高效农业示范区，积极发展观光休闲农业。

二　农民向市民的转变路径分析

1. 推行"三集中三置换"的资源配置机制

"三集中三置换"是解决当前经济发展较快地区土地资源紧缺瓶颈的主要"法宝"，也是推动城乡资源要素双向流动，优势互补，实现多方共赢的重要手段。所谓"三集中"，是指引导工业企业向园区集中、农村居民向新型社区集中、农业用地向适度规模经营集中。而"三置换"，是指将农村宅基地置换成城镇商品住房、土地承包经营权置换成土地股份合作社股权和城镇社会保障、分散农业经营置换成规模化经营。为推动"三集中三置换"工作的开展，周市镇投入大量资金，集中建造高标准的动迁小区，动迁安置农户；对土地流转的农户还实施每年亩均 400 元的财政补助，补助金额超过 8 000 万元。同时，通过财政补贴，实现了"土地换保障"，农保与城保无门槛对接，加快被征地农民和灵活就业人员进社保步伐。

"三集中三置换"拓展了产业发展的空间，有利于产业结构转型升级。通过"三集中三置换"，每年可为周市腾出土地用于二、三产业开发。同时，通过工业向园区集中，加快工业由"散"变"聚"，依据各区镇资源优势和产业基础，建设互为分工、各有所长的特色产业园区，加速了产业集聚，产生了"集聚效应"，不断延伸产业链，推动工业经济由"外延式扩张"向"内涵式发展"转变，产业层次由低转高发展。

"三集中三置换"实现了集体土地的规模化经营，有利于加快农业现代化进程。通过土地规模化集中，加快农业由"低"变"高"。分散的村庄和农田被有机地联系起来，便于大规模开展高效农业、生态农业园区建设，有利于实现农业机械化和科技化，大大提高了农业亩均效益。通过"三集中三置换"改革的逐步推进，解决了农业作物按区域布局、基地化生产的基本条件。集体土地的规模流转，使农业生产发展方式的转变成为可能，为最终实现农业现代化目标奠定了坚实的基础。

2. 构建富民强村的长效机制

周市镇积极推行以富民合作社、社区股份合作社和土地股份合作社"三大合作"改革为主体的新型农村集体经济发展模式。通过对村组集体经济组织开展产权制度改革，将农村集体资产折股量化给农民(社员)组建社区股份合作社，建设标准厂房、办公楼、打工楼等载体，发展"出租经济"，既壮大了集体经济，又富裕了农民；将农户承包经营的土地统一流转，集中组建成土地股份合作社，然后由合作社开展适度规模经营，实行民主管理和按股分红，保障了农民土地承包经营权的产出；通过组织自愿农民，组建农产品生产经营和农村服务方面的专业性合作社，以及组建投资于房屋出租、物流服务业等方面的富民合作社等多种形式，有效增加农民的资本性收入。

"三集中三置换"完成了农村集体资产向资本转化，有利于集体资产保值增值。一直以来，农村集体经济是我国多元化经济的重要补充，是实现农村区域内共同富裕，解决农民集体福祉的重要经济来源。因此，在推进城乡一体化过程中，必须高度重视村级集体经济，壮大和发展新型村级集体经济，充分发挥村级组织作为农村集体土地所有者和管理者、社区公共物品、农民集体福利的提供者，以及国家基层政权管理延伸和补充的作用。实施"三集中三置换"改革以来，对村集体资产的补偿被置换成能产生盈利的载体资源，并且直接折合成社区合作社的股份。资产转化成资本，即是"授人以渔"，集体资产在经营载体的运作过程中得到了壮大和发展。

"三集中三置换"增加了农民创收的渠道，有利于农民向市民身份转变。实行"三置换"、"三集中"后，农民变成股民，脱离了土地的束缚，获得了更多的创收机会，收入不再单纯依靠农业，还包括投资性收入、财产性收入和工资报酬收入。农民人均纯收入中工资报酬收入将近2/3，农民走上了"人人有技能、个个有工作、家家有物业"的多元化致富之路。从2006以来，农民人均纯收入每年以16.56%速度增长，高于城镇居民人均可支配收入13.21%增幅3.35个百分点，城镇居民与农村居民人均收入之比也由2006年的2.02∶1下降至2009年的1.76∶1。农村居民收入的提高，以及社会保障制度的全覆盖，促使城乡居民产生同质化消费，食品支出占生活消费支出比重(恩格尔系数)农村居民为33.6%，城镇居民为35%；城市与农村居民家庭平均每百户拥有家电数量相近。城乡一体化改革，逐步使农民在劳动报酬、子女就学、公共卫生、社会保障等方面与城镇居民享有同等待遇，实现了农民向市民身份的华丽转身。

3. 实施公共产品、服务供给体制一体化

周市镇按照城乡基本公共服务均等化和"六大服务功能"一体化的要求，从群众实际需要出发，坚持公共服务的设施建设与产品供给并重，建设覆盖城乡、惠及全民的公共服务体系。基础设施方面，构建了覆盖城乡区域的大交通框架。实现公交线路"村村通"，提供城乡同质的公交服务。统一城乡供水，实现城乡饮用水同一水质。推进城乡环保设施一体化工程，实现城乡污水、垃圾统一安全处理。加快推进农村公共服务中心建设，使更多农村居民享受到城市化公共服务。教育方面，打破城乡教育分割，初步形成与片区规划相适应的教育布局。医疗卫生方面，形成城区医疗、乡镇医疗、社区医疗有机结合的医疗服务体系。体育方面，全面抓好城乡社区体育设施"三个一"工程(一片篮球场、一个健身点、一个活动室)建设，推动城乡体育事业协调发展。文化方面，实施"五个一"(一个多功能文体活动中心、一个文化广场、一个图书馆、一个标准文化站、一个电影放映队)达标工程。

城乡公共产品服务均等化，有利于打破二元体制桎梏。长期以来，受制于二元化的投资管理体制，城市的公共基础设施及服务由政府提供，建设资金来自财政拨款，得到强有力的制度保证实施；而农村的公共基础设施，则主要靠农村和农民自行解决，各级财政对农村投入相对较少，因此城市与农村的基础设施、公共服务水平相差很大。实施城乡一体化综合改革，统一了农村公共产品以及基本公共服务的供给主体，市镇两级财政不断加大投入力度，优化调整城乡财政分配关系，为农村人口提供更多的教育、卫生、文化、社保等公共服务，最大限度地缩小城乡差距，促进社会公平。财政决算数据表明，自2005年至2009年4年间，通过转移支付，基本公共服务支出保障能力趋于均衡，市镇两级财政用于乡镇义务教育、公共卫生、社会保障、公共文化、公共安全等方面的基本公共服务支出，从人均966元增长至3 081元，4年内增长了3倍多。

4. 实行就业、社保制度城乡初步并轨

建立比较完善的城乡统筹机制和"市、镇、村"三级公共服务就业网络，充分吸纳农村剩余劳动力，重点安置"4050"人员和失业农民。定期举办劳动力就业专场活动，及时发布用工信息，为城乡居民提供同等的就业机会，并享受同等的就业优惠政策。实施多方面的保障政策，建立健全以低保、基本养老、基本医疗、征地补偿、拆迁补偿为主体的农村“五道保障”，促成城乡居民“老有所养、病有所医”待遇公平。实现农村低保全覆盖，城乡最低保障标准统一调整为410元/月。自2003年起实施的农村基本养老保险制度，缴费基数按照城镇基数的50%确定，缴费比例与企业职工一致，同时保障了全镇老年农民(女满55周岁、男满60周岁)可以“无门槛”入保，还为农村基本养老保险与城镇企业职工养老保险接轨预留了通道。出台了土地换保障政策，鼓励被征地农民和灵活就业人员进入城镇社保。2004年起率先突破农村合作医疗框架，实施农村基本医疗保险制度，农民与城镇职工一样“刷卡”看病，参保率达99%以上，2007年，建立城乡统筹的居民基本医疗保险制度，实现城乡居民基本医疗保险全覆盖，大病医疗统筹实行与城镇职工并轨。

三 可持续、人性化、生态化：北部新城崛起之路

近年来，随着长三角地区经济的持续强劲发展，特别是国际大都市上海的核心引领作用，昆山市的城市化进程明显加快，昆山正面临产业结构提升、制造业与生产性服务业联动发展及商务开发的新一轮发展机遇和挑战。当前随着昆山主城区、东部副中心的发展，昆山市区空间外拓、功能外移趋势逐渐明显，中心城人口也逐步向外疏解。作为昆山市北部副中心的周市镇，由于与昆山主城区紧密相接，相应地承接了上述功能的外溢，与此同时周市镇自身的北部副中心建设、二三产业的发展也在同步推进中。在上述发展背景下，周市镇在昆山市整个空间架构上已经从“北片区”逐步向“昆山辅城”的角色转变。

1. 空间发展走向集聚

周市镇不断深化、细化全镇总体规划方案，修编完善339省道以北控制性规划及北部片区规划，完成镇地形图三次修改和调整，完成北部新城概念性城市设计，完成昆山商贸城发展策划、前期规划和城市设计。“散转聚”的力度持续增大。收回了沿长江路、宋家港路、黄浦江路的1000多亩重要位置土地，339省道以南所有“退二进三”快速推进。全力规划建设了先进装备制造基地、昆山商贸城、北部城市副中心三大特色载体，鼓励企业进园区，初步形成了基地化的发展态势。引导农民居住集中化，参照商业开发楼盘标准，新建了金浦花园等7个动迁小区。基础设施框架基本奠定。围绕“融入市区、优化载体、打造精品”的工作重点，完成了城北大道、汽车客运北站、长江北路拓宽及快速化改造、青阳北路改建等一系列市级重点工程，强化了与中心城区的联系；以主要载体为重点，稳步推进内部支路体系、供排水和电力通讯及燃气等管网设施建设和改造工程，全部完成农村电网升级改造；加大道路绿化、亮化建设力度，不断加强农村危桥翻建、改造工作，城乡面貌发生巨大

变化，局部地区展示出现代化城市的景观风貌。

2. 生态建设持续加强

逐步形成了较合理的生态功能分区，将中心镇区和工业区逐步打造成了生态建设区；利用绿地、河网等自然山水特色，建设形成了较完善的生态过渡区。绿色创建活动蓬勃开展，创建了东方村省级生态村、春晖社区省级绿色社区和裕元实验学校省级绿色学校等。全力推进农村"六清六建"和"三清一绿"工程，扎实控制农业污染源，推进畜禽无害化养殖，推行"以奖代拨"完善河道管理机制和重点污染河道水环境综合整治，进一步强化对建筑、市政、拆迁和渣土运输的环境管理，环境质量得到明显改善。先后被授予"国家卫生镇"、"全国环境优美乡镇"、"江苏省文明镇"等荣誉称号。

3. 社区公共服务体系日益健全

周市镇公共服务中心建设扎实推进，教育、文化、体育、医疗卫生等投入逐年增加，教育资源配置进一步优化，由学有所教向学有优教转变，卫生基础设施建设进一步完善，周市人民医院正式投入使用，市康复医院和残疾人康复中心成功挂牌，三级医疗卫生服务体系基本形成。"平安周市"建设成效显著，社会治安群众满意率持续提高。

4. 北部新城宏伟蓝图初步形成

《昆山市周市镇总体规划》针对周市镇的发展确立的战略方针为：充分发挥区位交通优势，积极形成以外向型加工工业和房地产为主体的产业特色，同时积极应对昆山市中心城区向北发展的空间态势，在产业结构、土地开发和空间形态上与昆山市区协调一致，并留有充分的发展空间。总体规划将周市全镇分为南、北两个不同规模的综合区。南片为原新镇区组团，以大型综合公建设施、外向型加工工业、多样化房地产开发为主；北片为原周市镇老镇区组团，以行政办公、居住生活和"大型实地景观公园"为主。南片新镇区的主导职能是"全镇的经济、文化和居住综合区"，北片老镇区的主导职能是"全镇的行政、文化和居住综合区"。南片新镇区远期规划人口为 8.0 万～8.5 万人左右，北片老镇区为 4.0 万～4.5 万人左右。两处合计为 12.0 万～13.0 万人左右。规划将形成"四区六轴一带多点"的空间规划格局，一座现代化的昆山北部新城正在崛起(详见图 2－3)。①

"四区"：即规划形成商业金融服务区、商住区、综合居住区、高尚住宅区。

(1) 商业金融区

339 省道复线南侧用地形成商业金融区，主要有大型宾馆、汽车销售市场、对外服务基地、物流配套、商业商办等片区级公共设施。

(2) 商住区

基于旧城改造及退二进三的产业策略，在 339 省道两侧规划大型商住用地，作

① 见上海市城市规划设计研究院《昆山市周市镇 339 省道以南地区控制性详细规划》，2010 年 4 月。

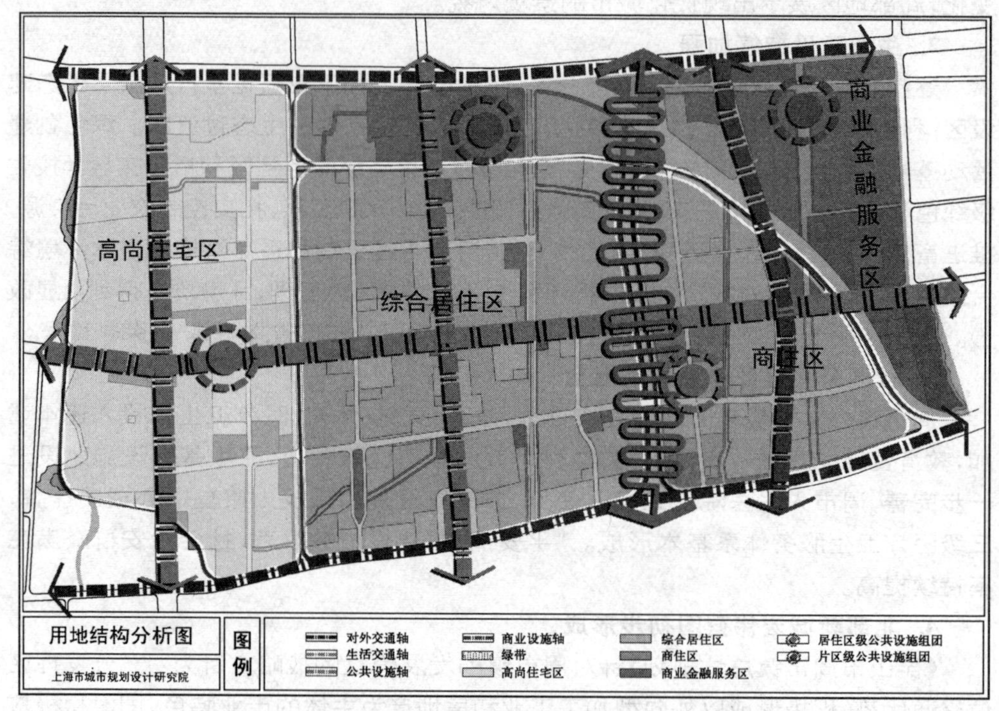

图 2-3 周市镇 339 省道以南部分地区控制性详细规划图

为商业金融服务区的配套服务区。

(3) 综合居住区

昆太路北侧、白塔路东为旧城改造及"退二进三"用地,主要面向本地人群、务工人员、昆山其他镇区部分居民的居住需求。

(4) 高尚住宅区

沿长江北路两侧用地为已建高尚居住区,保留为主,主要面向昆山主城区部分居民及本地居民的居住需求。

"六轴":即由"三纵三横"构成的公共服务网络及对外交通网络。

三纵——生活交通轴、公共服务设施轴、商业设施轴

a) 沿长江北路形成南接昆山主城区北连周市镇中心的生活交通轴;

b) 沿青阳北路形成满足东西两侧住宅组团内居民日常生活需求的公共设施轴线;

c) 沿黄浦江路形成两侧有大型商业设施及商住用地构成的商业设施轴。

三横——生活交通轴、对外交通轴(两条)

a) 沿萧林东路形成连接玉山镇的东西向生活交通轴;

b) 339 省道对外交通轴;

c）昆太路对外交通轴。

“一带”：沿金鸡河及两岸绿化带建设优美而绵延的绿带。

“多点”：规划范围内主要形成两大居住区级公共设施组团、两大片区级商业金融组团。除四大组团外，根据服务对象及居住人口的分布在各住宅小区内部或重要生活性道路两侧多点布置其他补充性社区级公共服务设施。

第二章 制度转型：现代社区管理的模式创新

一 “早、实、新”：社区管理理念之转变

社区建设是民生工作的一个重要落脚点，在某种意义上也是一项新工作，极富有挑战性，来不得半点马虎与懈怠。周市镇新镇办事处针对快速城市化进程中社区管理出现的困境，实现了社区管理理念的转变，主要包括如下几个方面：

一是从“早”字上做谋划。部署得早，未雨绸缪。新社区建设没有先例可循，需要勤思考、早打算，如小区业委会换届工作要早介入，把好关选好人，把那些愿意为小区办好事的人选入，从而早做落实，抢占先机。

二是从“实”字上抓成效。扎实开展基础工作，如小区人员居住情况、群众诉求等要了如指掌；善于培植和发挥各类志愿者队伍作用，支撑社区服务；党支部善于驾驭居委会、业委会和物业公司这“三驾马车”，共同服务好社区。每个社区根据自身特点，因地制宜地开展各种活动，实实在在创出自己的特色和品牌。

三是从“新”字上找方法。社区建设需要积极探索，人有我无的，要学习他人的新经验，结合实际，为我所用。不断创新自己的工作办法，大胆实践，例如小区业主自我管理的意识强烈，但业委会成立条件还不成熟，可因势利导建立物业管理指导小组、业主理事小组等，引导业主学会自主管理，为今后组建一个健康的业委会打好基础。①

① 见昆山市周市镇新镇办事处《社区建设》，2011 年第 2 期。

案例：

以创新谋服务　以探索求进步

——宝城业主理事小组开创社区管理新模式

位于长江北路与339省道交汇处的宝城名邸小区隶属新镇办事处毛厍社区管辖范围内。小区建成于2005年11月，占地面积23 000 m^2，现有住户400户，其中空户18户，出租户127户。于2010年成立的宝城业主理事小组是毛厍社区管理模式的一大创新，它是在成立业主委员会条件不成熟之际诞生的一个代理业委会对物业进行监督对业主进行维权的民间组织，这一小组的成立解决了小区长期存在的突出矛盾，大大地改善了居民的居住环境。

1. 宝城业主理事小组成立的背景

(1) 成立前的物业管理缺失

在小区建立的初期，开发商为了促销，与物业公司协商制定了比较低水平的物业管理费标准：多层住宅每平方米0.5元，小高层每平方米1.00元。这就使得物业公司处于亏本状态，然而五年以来物业费标准低的思想观念在业主心里已经根深蒂固，如果物业公司想要在此基础上提高物业费标准难度系数比较大。

物业的亏本导致了对小区的维修养护等服务无法正常开展。小区内有接近四分之一的房屋有渗漏水等质量问题，业主百般反映仍得不到解决；8辆大卡车晚间停泊在小区，公共管网受损、清晨车辆预热的噪声扰民严重，对此物业公司也未能进行有效的管理。正是上述种种原因，导致了小区业主对物业公司的强烈不满，越来越多的业主拒绝缴纳物业费，物业费的收缴率仅占40.5%，物业陷入了恶性循环。

眼看小区的状况日益恶化，而物业又无力对小区公共设备设施进行维护保养，小区的消防、智能化系统、单元门、广播等系统设备设施严重瘫痪，后因小区围墙倒塌使小区内出现了安全问题。小区业主为了维护利益，要求成立业主委员会的诉求日益高涨。物业公司不堪忍受亏本与业主抵触的双重压力于3月18日向房产公司发出了请求在6月30日撤离物业小区服务的函。

(2) 成立的条件

5月26日，毛厍社区由于组织人事的变动，所面临着的小区稳定问题十分棘手，急需解决的问题浮在当即，社区对小区管理的抓手在哪里呢？在这样的小区又不能成立业委会，所说的条件尚未成熟，考虑到诸多的问题，不能草率地组织实施成立业委会。对此，社区组织召开了由房产公司、业主代表座谈会，开展了深入的调研，在调研中发现小区中热心参与自治管理的业主较多，为了小区的平稳过渡，孕育了小区管理模式的转变构想，成立宝城名邸业主理事小组，理事小组组长有社区主任兼任，理事小组副组长负责小区常务自治工作，理事小组执行业主理事大会的决议，履行部分自治职能，实行社区监管。此构想社区向办事处做了专题的汇报并得到了批示，在办事处领导的关系指导下，经过45天的精心筹备，通过业主理事大会选举产生了由5名业主组成了宝城名邸业主理事小组。

2. 理事小组理事案例分析

理事小组成立后，在社区的直接指导下，各项工作有效推进：(1) 前期物业撤出后，组织了新老物业的小区物业移交；(2) 通过了小区业主理事大的决议，提高了物业服务费标准，制定了《理事大会的议事规则》、《业主规约》等小区管理规定；(3) 签署了规范的《物业服务合同》；(4) 修复了小区围墙；(5) 更新改造了智能化、广播系统；(6) 维修和保养了单元门；(7) 更换了高层二次供水系统机组；(8) 修复了三分之一的房屋渗水质量问题；(9) 通过"圆桌会议"解决了长达五年的卡车在小区停泊扰民问题；(10) 业主长达五年不缴纳物业管理费与少交物业管理费所形成的思想理念逐步得到改变。

3. 理事小组的成立对社区管理的启示

理事小组成立后，社区有了管理的抓手，小区进入了后期的管理，业主们都会提到小区自治的问题，而从目前业委会成立的小区综合反映表明，往往会出现业委会主导，社区失去管控的机制，业主的真正利益受到不同程度的损害。作为理事小区的成立，是在社区居委会的掌控之下充分发扬民主的基础上开展小区自治，在很大的程度上实现了"三驾马车"朝着同一方向行驶的良好局面。

案例：

澳宇花园业主理事小组成立纪实①

澳宇花园占地面积100亩，建筑面积10万平方米，共有住户670户，居住人口1 655人，房屋类型为别墅、复式、多层、高层、商铺。

2010年底，澳宇花园部分业主要求成立业主委员会，考虑到该小区成立业主委员会条件还不是太成熟，但又需要一个组织引导居民学会自我管理、自我服务的机构，能够反映居民诉求、倾听民意、加强沟通，同时也为小区今后成立业主委员会做好前期准备工作。

社区把这个工作设想向办事处作了专题汇报，办事处认为，为更有序地推进小区各项事务的发展，提高居民自我管理的能力，建议成立澳宇花园业主理事小组，并明确理事小组的工作职责，即召集物业公司、房产公司、业主代表协商解决小区物业管理等出现的问题。

居委会首先牵头成立筹备小组，并在居民中征求意见，根据意见反馈情况在各楼道张贴公告，邀请热心业主参与理事小组，并规定了业主参加理事小组的条件，能带头遵守小区的居民公约、有一定的公益心、有一定的工作能力及政策水平、有必要的时间，首批有8位业主被选入理事小组。

① 见昆山市周市镇新镇办事处《社区建设》，2011年第2期。

4月16日上午，居委会召开了澳宇花园业主理事小组的成立会议。理事小组由居委会、物业公司、房产公司、业主代表共11名成员组成。理事小组设组长1名（由社区主任担任）、理事2名（分别由澳宇房产公司总经理、志远物业的项目经理担任），同时还选举产生理事小组常务副组长1名。

成立会议上，业主代表们积极发言，畅谈了小区的发展方向，同时也罗列出小区目前存在的卫生保洁等物业服务、设施设备维修维护、基础设施改扩建、健身休闲设施增添、设施设备安全隐患等问题。物业公司与房产公司负责人针对业主代表提出的问题现场作出了回答。物业公司负责人表示，将不断提升服务质量，尽最大努力服务好居民，对业主提出的问题将及时进行分析整改，但同时也希望获得业主及居委会的支持，共同做好小区的物业服务工作。房产公司负责人表示，自己也是小区业主，祖孙三代都住在澳宇花园，没有理由不把小区建设好，一定支持理事小组做好小区的建设工作。办事处领导强调了理事小组的工作职责，同时对小区的健康发展作了积极的引导，希望理事小组尽快进入角色，促使工作规范化、常态化开展。

澳宇花园理事小组的成立化解了房产公司、物业公司、业主在小区建设过程中的一些误会，避免了矛盾纠纷的发生。它成为居民与小区物业、房产公司和居委会之间的一座连心桥，不但是沟通的平台，还是凝聚大家建设和谐小区的合力体现。理事小组不但要监督指导好物业公司开展好服务工作，更要协调好业主与物业公司间的关系，协助社区居委会开展各项工作。理事小组在不断成熟的基础上将吸纳更多的业主参与，并提升社区党员在理事小组成员中的比例，让更多的居民参与小区的管理及公益服务，有效地形成"社区是我家，建设靠大家"的服务理念，共同打造一个和谐、温馨的幸福家园。

周市镇在社区管理理念的转变之下，进一步健全了社区考核细则，有力地促进了社区管理理念落实于实践，促进了社区各项工作服务的全面提升。（见表2－1）

表2－1 周市镇社区考核细则

项目	考核内容	分值	评分办法
社区工作制度（17）	居民会议制度：由社区居委会向居民或居民代表汇报工作，听取他们的意见和建议。	4	每半年召开一次，少一次扣2分。
	社区例会制度：交流沟通工作开展情况，检查各项工作进度，安排下一阶段工作。	3	每半月召开一次，每季度考核一次，少一次扣0.5分。
	社区协调议事会制度：社区协调议事会由社区、居民代表、物业公司、业主委员会、辖区单位等成员组成。社区协调议事委员会每季度召开一次工作例会，就社区内的公共事务进行协商议事。	3	每季度召开一次，少一次扣1分。
	值班制度：社区实行"双休日值班"，及时处理居民事务，更好地为居民群众服务。	2	每季度考核一次，季度中未能按规定进行"双休日值班"制度的，发现一次扣0.5分。

续 表

项目	考核内容	分值	评分办法
社区工作制度(17)	居务公开制度:社区岗位职责、任期目标、实事项目、服务指南、资金使用情况等居民关心的事项实行居务公开,使广大社区成员发表意见有场合,行使权力有平台。	3	未实行党务公开、居务公开扣1分;未实行民主评议、监督制度扣1分;社区各类规章制度不规范的扣1分。
	考核评议制度:社区为居民提供方便、优质的服务,居民满意率达80%以上。	2	社区居民每年对社区居委会进行民主测评,满意率低于80%的扣1分,低于60%扣2分。
社区服务制度(19分)	"八必访"制度:(1)新迁居民家庭必访;(2)对新下岗失业的居民必访;(3)对特困、残疾家庭必访;(4)空巢老人必访;(5)矫正帮教人员必访;(6)对育龄妇女生育、术后必访;(7)对居民发生矛盾纠纷必访;(8)对重病或病故家庭户必访。	8	社区对"八必访"户上门必访率达95%以上,每项未达标扣0.5分。
	入户走访制度:社区每年不少于一次对辖区内所有住户进行走访,及时了解和收集居民需求和困难、排查调处内部矛盾、征求对社区工作的意见。	2	每年入户走访低率达95%扣1分,低于80%扣2分。
	社区楼组长制度:社区每一幢居民楼设楼组长1人,每月召开一次工作例会会议。	4	社区楼组长不健全,不能发挥有效作用扣2分;每月召开楼组长工作例会,每季度少一次以上的,扣0.5分。
	社区志愿者队伍健全,并定期开展为民服务活动。	5	社区未组建各类志愿者队伍扣1分;志愿者队伍每季开展一次为民服务活动,少一次扣1分。
社区党建(8分)	社区党组织健全,党费足额收缴,管理规范,做好党建台账工作。	2	党组织不健全,党费缴纳不足扣1分;党建台账不规范扣1分。
	正常开展支部活动。(党建工作会议全年不少于6次,定期开展民主评议党员活动,按照周市镇党委布置开展主题教育活动等)。	3	全年支部活动不少于6次,少一次扣0.5分;未按党委政府要求开展支部活动每次扣1分。
	社区党支部要开展社区管理物业党建联建工作,把业主委员会、物业公司的党员纳入到社区党支部中,加强对业主委员会的政治领导。	1	未将物业、业主委员会的党员纳入社区党支部管理,扣1分。
	社区党员队伍教育管理:组织居民党员积极参加支部活动,加强对流动党员的有效管理,建立党员志愿者队伍,开展结队帮扶活动。	2	做好流动党员的动态登记工作,不能及时掌握流动党员信息扣0.5分;党员志愿者每季度活动一次,少一次扣0.5分。

续 表

<table>
<tr><th>项目</th><th>考核内容</th><th>分值</th><th>评分办法</th></tr>
<tr><td rowspan="4">社会保障(4分)</td><td>做好农村医疗保险收缴工作。</td><td>0.5</td><td></td></tr>
<tr><td>最低生活保障、双拥和优抚政策得到落实。</td><td>1</td><td>对社区内低保户、双拥和优抚对象信息掌握不及时扣1分。</td></tr>
<tr><td>开展社区帮扶工作,孤、老、残、弱能够得到志愿者服务,帮扶孤寡老人、残疾人、特困家庭工作面达到100%。</td><td>1</td><td>经常性开展帮扶工作,实际解决社区孤、老、残、弱家庭的困难,工作面未能达到100%扣1分。</td></tr>
<tr><td>做好下岗失业人员的再就业服务工作,企业退休人员的服务和管理到位。</td><td>0.5</td><td></td></tr>
<tr><td rowspan="6">综合治理(10分)</td><td>社区治保、调解、巡逻、帮教、消防、普法“六位一体”群防群治组织健全,发挥治安防护志愿者作用。</td><td>1</td><td>群防群治组织不健全扣0.5分,治安防护志愿者队伍发挥作用不明显扣0.5分。</td></tr>
<tr><td>深入开展普法教育,每季度出版一次法制宣传橱窗,每年至少开展2次以上法制宣传活动。</td><td>2</td><td>法制宣传橱窗每季度一次,少一次扣0.5分;全年法制宣传活动2次以上,少一次扣0.5分。</td></tr>
<tr><td>人民调解组织健全,矛盾纠纷排查调处措施落实,民间纠纷调处及时,调处率达95%。</td><td>2</td><td>未能深入排查,处理不当矛盾激化扣1分;矛盾调处率低于95%扣1分。</td></tr>
<tr><td>落实预防青少年犯罪和刑释解教人员的帮教、安置工作,每月定期上门走访,了解思想动态,掌握一手情况,并按时向镇司法所反馈信息。</td><td>1</td><td>上报信息不及时扣0.5分,未能每月定期走访帮教、安置人员扣0.5分。</td></tr>
<tr><td>做好社区内流动人口和暂住人口的管理工作,及时掌握信息。</td><td>1</td><td>流动人口有专兼职人员管理,流动人口登记率未达到90%扣1分。</td></tr>
<tr><td>无重大刑事案件,无重大治安案件,无重大责任事故,无重大群体性事件,无越级上访、群体上访闹事事件发生,无“黄赌毒”等社会丑恶现象,无“法轮功”人员聚集滋事事件,居民对社区治安满意率达到95%以上。</td><td>3</td><td>社区发生重大刑事案件或发生群体性上访事件的扣2分;有“黄赌毒”、“法轮功”滋事事件等扣0.5分;居民满意率达不到95%以上扣0.5分。</td></tr>
<tr><td rowspan="2">环境卫生(10分)</td><td>组织健全,成立社区护绿志愿者,每月社区与护绿志愿者对卫生环境进行检查并召开例会。</td><td>2</td><td>每月检查并召开例会,每季度三次,少一次扣0.5分。</td></tr>
<tr><td>加强环境和资源,人与自然方面的科普教育,全年不少于2次,提高居民环境意识,减少环境污染。</td><td>2</td><td>全年活动不得少于2次,少一次扣1分。</td></tr>
</table>

续 表

项目	考核内容	分值	评分办法
环境卫生(10分)	建立健全社区卫生保洁制度及公共环境卫生长效管理机制,社区环境优美。	3	社区环境脏、乱、差的扣1分;环卫设施不全的扣1分;居民对社区环境满意度低于80%的扣1分。
	车辆停放有序,无违章建筑,无油烟扰民、无乱设摊点,消防通道畅通。	3	社区内车辆停放不规范扣0.5分;违章搭建扣1分;乱设摊点扣0.5分;油烟扰民扣1分。
社区文化(10分)	文体特色队伍2支以上,坚持长年活动,每年组织各类文体活动6次以上。	4	群众文化队伍少于二支扣1分;全年文体活动少于6次的,少一次扣0.5分。
	发挥市民学校功能,开展各类知识讲座,引导居民健康文明生活,全年不少于6次。	3	全年少于6次,少一次扣0.5分。
	室内外文娱活动场地、室外健身场地管理有序;积极开展社区文化、楼道文化、家庭文化活动,台账齐全。	1	各类活动场所缺乏有效管理和维护扣0.5分,台账不完整规范扣0.5分。
	经常性的利用电子屏幕、宣传栏、楼道文化等宣传工作,对科普、卫生保健、文化生活、环境保护等内容进行宣传。	2	每季度更换一次,少一次扣0.5分。
计划生育(8分)	加强宣传员队伍建设	1	队伍不健全扣1分。
	计划生育率达100%,出生计准率100%,辖区户籍育龄妇女无大月份引产。	3	出现一例户籍人口计划外生育的扣2分;外来人口有一例出生通报的扣0.5分;有一例大月份引产扣0.5分。
	育龄妇女综合服务率达98%以上。	2	综合服务率每降1%,扣0.5分。
	来昆半年以上育龄妇女进机率90%以上,生育联系卡发放率达98%以上。	2	进机率降1%扣0.5分;生育联系卡发放率每降1%扣0.5分。
老龄工作(6分)	老龄工作小组、老年人协会、助老志愿者队伍建立健全,有为老服务网络、活动计划、活动记录。	2	未成立老年协会扣0.5分;为老服务网络不健全扣0.5分;全年老龄工作无活动计划扣0.5分,无活动记录扣0.5分。
	有老年学校有老年活动室(站),老年文体活动经常化老年文体活动有计划、有安排,落实到位。	2	老年文体活动每季度少于一次扣1分;社区无老年学校及老年活动室扣1分。

续 表

项目	考 核 内 容	分值	评 分 办 法
老龄工作(6分)	对社区"空巢"、贫困等特殊老年群体,根据不同需要落实帮扶措施,帮扶率达100%。切实落实老年优待政策,积极办理老年优待证。	1	对社区老年困难群体未开展帮扶措施扣0.5分;未落实老年优待政策扣0.5分。
	重视发展老年人的作用,支持老年人参与各种社会公益活动。	1	未建立老年人志愿者队伍扣0.5分;老年志愿者发挥作用不明显扣0.5分。
关工委(6分)	有健全的组织网络;有热心关心下一代工作的队伍;有必备的教育青少年的活动阵地和设施;有明确的工作目标、计划和活动制度。	2	无组织网络扣0.5分;无关心下一代辅导员队伍扣0.5分;无青少年活动阵地和设施扣0.5分;无工作计划和活动制度扣0.5分。
	开展主题教育活动,对青少年进行思想道德教育、法制教育和科技教育活动;组织青少年积极参与社区的各种创建活动和实践活动;在寒暑假中组织学生参加学习交流、公益、文体等活动,并有实效、成绩显著。	2	每年开展三次以上青少年主题教育活动,少一次扣0.5分;社区青少年未参加社区创建工作扣1分。
	能积极为青少年中的困难群体,开展"献爱心、送温暖"活动。做到无未成年人违法犯罪;无未成年人参加邪教组织和吸毒;对已"劳教"、"劳改"的青少年能组织"五老"积极开展帮教工作。	2	社区内有未成年人违法犯罪、参加邪教和吸毒情况的扣1分;对"劳教"、"劳改"的青少年未开展帮教工作扣0.5分;困难群体未得到有效帮扶扣0.5分。
推进"品牌"社区创建工作	社区根据自身特点,按照规范化、科学化、人文化社区发展方向,打造出特色化、个性化的社区品牌。	2	没有定位自己社区特色的此项不得分;定位不准确或是特色不鲜明的扣1分;特色活动开展不到位的扣1分。

二 "职能部门进社区":条块结合的新型社区管理

为全面提升社区管理水平,完善长效机制,推进体制创新,实现政府职能部门管理工作重心下移,周市镇实施了"职能部门进社区"条块结合的新型社区管理模式。

1. 指导思想

坚持以“三个代表”重要思想和党的十七大精神为指导，全面贯彻落实科学发展观，以“实施社区网络化管理、加大社区管理力度、扫除社区管理盲区”为主要内容，实现社区管理由被动管理向主动服务、由粗放管理向精细管理转变，使职能部门的管理融入社区、根植社区、服务社区，建设和谐周市。

2. 部门分工

成立职能部门进社区工作领导小组，由镇分管领导任组长，民政办、办事处负责人为副组长，各职能部门分管领导和办事处分管领导为主要成员，由民政办具体组织牵头实施。

进入社区职能部门工作人员的主要职责是支持社区的管理工作，协调解决社区管理中的突出问题。a) 周市派出所、新镇派出所：负责外来人口管理、社区治安管理、安全防范知识宣传等；b) 交巡警中队：负责小区外停车秩序管理、行车安全、交通法规知识宣传等；c) 城管中队：负责小区内乱设摊、车库开店、住人现象整治等；d) 工商分局：负责小区内外非法经营整治等；e) 环保办：负责油烟、噪声扰民问题等；f) 建管所：负责房屋质量投诉、违章搭建整治等；g) 司法所：负责协助社区提供法律援助、提供法律宣传等；h) 安监办：负责监督检查辖区内生产经营单位执行安全生产法律、法规的情况，宣传安全生产法律、法规和国家有关方针和政策；i) 创建办：负责督促社区做好环境卫生管理工作。

进入社区职能部门人员的工作标准为：a) 积极深入社区开展形式多样的法律法规宣传，让居民全面了解执法部门工作；b) 每周至少巡查社区一次，保证执法队员在社区内的工作时间；c) 加大对辖区内违法违章行为的执法力度；d) 切实解决居民反映的热点、难点问题；e) 接到群众反映或举报后尽快到达现场，将处理结果及时反馈给当事人；f) 加强沟通交流，共同维护社区环境。

3. 制度建设

(1) 例会制度

每月召开一次例会，由领导小组成员单位、社区主任参加，会议召集、安排由各社区轮转，就社区内存在的问题进行共议，提出解决问题的对策。

(2) 接待日制度

每月例会的上午为社区接待日。

(3) 电话访问、上门走访制度

居委会针对苗头性问题要及时上门做好工作。职能部门每月至少与居委会电话联系一次，每两月至少走访居委会一次，平时接居委会通知后，应于两天内至现场视情况采取解决办法。

(4) 日常巡查制度

居委会成员应分工明确，对辖区实行分区负责，每周巡查一次，发现问题要立即与相关职能部门联系，及时取得相关部门的支持，将问题解决在萌芽状态。

(5) 列席社区代表会议制度

在遇问题难解决时，邀请社会热心人士一起参加会议，让他们在最基层做好宣传工作。

(6) 联合执法制度

社区遇重大矛盾，需要各职能部门联合执法时，由办事处牵头，通知相关执法单位配合，由主管部门负责按政策规定执法整治。

(7) 督查与反馈制度

适时邀请镇督查办对职能部门进社区进行督查指导。职能部门进社区解决的每一项工作实行月通报制度，报镇分管领导、党政办、民政办、办事处，同时一并上报未解决的问题。

(8) 奖励通报制度

各社区居委会对职能部门已解决的问题以及新发生但未能解决的问题均要做好笔录，每月汇总之后，报镇分管领导、民政办、党政办及办事处。年终对成绩突出的单位报镇政府给予奖励。

4. 工作机制

(1) 以办事处为依托，实行管理重心下移

办事处成立管理工作领导小组，由派出所、交警、城管、工商、环保、建管、司法、安监等部门进社区，支持办事处和社区的日常管理工作，协调解决社区管理中存在的矛盾和问题；

(2) 各职能部门进社区的工作人员实行双重管理

人员相对固定，办事处根据社区反馈的情况，年底对进社区工作人员的工作表现和实绩作出公正合理的评价，并送派出单位。

案例：

职能部门走进嘉禾社区会诊难题①

为更好地加强社区管理，2011 年 4 月 2 日下午，嘉禾社区居委会召开了由各小区的物业经理、业委会主任、业主代表、镇相关职能部门等参加的联席会议。

会议就嘉禾社区居委会下辖小区目前存在的突出问题，以图文形式向各与会人员进行了展示，尤其是时代名苑的车库开店、大德世家的违章搭建、白领公寓环境问题及各小区普遍存在的油烟扰民等问题。派出所、城管及建管所等部门在会议上发言，对社区及时发现物管、民生等矛盾给予了肯定，并一起协商解决处理的办法，对社区管理服务中存在的困难给予了支持。

通过联席会议、职能部门进社区等活动，嘉禾社区加强对车库住人开店、油烟

① 见昆山市周市镇新镇办事处《社区建设》，2011 年第 2 期。

问题的联合整治，有效地遏制社区内的各种顽症，还居民一个安全洁净、和谐优美的居住环境。

三 “三位一体”：社区多元主体共同治理机制

社区安定是社会稳定的重要基础，有效化解各类矛盾，确保社区的安全和稳定，是创建和谐社区的前提条件。周市镇建立起“三位一体”的管理机制，通过社区、物业管理公司、业委会三方协作管理机制的建立，组合成“三位一体”的社区管理组织框架，形成小区齐抓共管的基础，在社区建设中起到了积极的作用。

1. 运行机制

社区居委会书记、主任到物业公司当兼职的监督员，到业主委员会担任列席代表。物业公司经理、业主委员主任参与到社区居委会的日常工作中。

建立专人负责制与联席会议制。在“三位一体”管理模式中，实行专人负责制，居委会派专人负责与业委会、物业管理公司的联系协作，加强工作的指导性与协调性；建立每季度一次的联席会议制度，由社区居委会、业委会和物业管理公司共同参加，共同研究解决小区实际存在的问题。另外，居委会通过参与业委会选举，对业委会成员有意识地培训，加强了各方的沟通、理解，保证了社区居委会、业委会、物业管理公司三方信息渠道的畅通，便于对业委会工作的指导，有利于各方协作机制的高效运行。

“三位一体”的管理机制一方面有利于工作上的协调；另一方面优势互补、资源共享，真正达到了共驻共建的目的。解决了在新型社区建设中“三足鼎立”、职责重叠，工作中出现问题相互推诿扯皮的局面。

2. 案例分析

三方同心协力，化解管理“顽疾”

金威社区位于长江北路198号，南至萧林路，北至睦和巷，东至长江路，总占地面积为0.26平方公里，建筑面积为31万平方米，绿化率达45%，户数2 439户，人口1万人。

近年来，金威社区以加强社区党建工作为核心，以群众满意为工作准则，以“三位一体”（社区在组织设置上实施社区居委会、物业公司、业主委员会负责人交叉任职的三位一体党建管理模式）为社区管理模式，以新型社区建设为突破口，以开展特色服务为重点，整合资源、加大投入、凝聚力量，不断推动社区服务设施和服务水平上档升位，和谐社区建设取得了显著成效。金威社区于2005年12月被评为江苏省“绿色社区”，2007年11月被评为苏州市“文明社区”，2008年12月被评为苏州市“民主法治示范社区”，2009 年 11 月被评为全国“综合减灾示范社区”。

在金威社区“三位一体”的管理模式过程中，依靠三位一体的团队，成功处理了几起社区疑难事件，妥善化解了物业管理公司与业主之间存在的矛盾。金威社区沿新浦路 8 家餐饮业，油烟扰民现象较为严重，通过“三位一体”的创新管理模式，与商铺业主、店主召开 5 次协调会，成功地让 7 家餐饮业关闭，有效控制了辖区内的油烟扰民现象。2009 年金威社区有多户因对物业公司管理不满不缴纳物业管理费，通过社区与业委会上门与业主做沟通，有效调节了业主与物业公司的矛盾。金威社区三户别墅违章搭建，社区、物业、业委会三方形成合力，有效遏制了乱搭建之风。金威社区停车难的问题，在社区、物业、业委会通过几次协调会后，形成先到先停的原则，解决了小区业主停车难而造成对物业不满的现象。在今后的工作中，金威社区将继续发挥“三位一体”服务管理模式的优势，统筹协调整合社区服务资源，共同满足社区居民服务需求，共同创建一个党组织凝聚力和战斗力强，社区组织健全，服务功能完善，社会秩序稳定，人际关系和谐，生活方式健康向上，居住环境舒适幽雅，社区管理规范有序，社区保障功能完善，生活服务方便快捷的和谐社区。

3. 模式经验

在实现三方统一思想，相互溶入形成紧密工作链条后，三方各自利益均已得到兼顾。这个链条能够运转，说明三方利益得到了保障，一旦三方中一方利益受损，这个链条就不会正常运转。所以，把对方利益视为自身利益并精心呵护，是实现“三位一体”运作模式的重中之重。通过对周市镇“三位一体”模式的运行加以分析，以下四个方面经验非常重要：

(1) 建立沟通制度

沟通是实现多方面合作的基础条件，要建立定期的沟通制度。对必须要整改的管理、服务问题，逐一罗列出来，由责任人确定整改日期，三方共同监督落实。其目的就是使一般性管理、服务工作问题在短期内得到修复，逐步消除管理、服务缺陷，增强业主的认同感；

(2) 建立评审制度

三方应定期进行工作评审。由业委会、居委会对物业公司的主要工作进行评审，日常管理、服务工作缺陷处应及时改进，管理、服务工作亮点要进行广泛宣传。物业公司需要业委会、居委会提供支持、协助的具体问题，通过评审制度也明确下来，实现三方民主议事、责权明确、齐抓共管；

(3) 增强“模式”的实力

“三位一体”模式工作深入开展，需要有自身的“实力”。这个“实力”的具体表现为：已经做出的管理、服务承诺，三方要共同努力做到位。三方中任何一方不回避困难和责任，相互间积极配合，物业公司要积极、主动承担其中的人力与财力投入。效率与质量也是体现“三位一体”模式中“实力”的一个方面。三方决定的事要在最短时间内保质、保量做好；重大事项、三方统一的事项，要尽快争得相关业主的认可并积极组织实施；

(4) 发挥"模式"的效益

兼顾三方利益的同时，也应非常注重社会效益。社会效益实现程度也直接关系到创建和谐社会的程度，发挥"模式"效益的工作重点，应放在提升社区文化活动及为业主排忧解难上。这两方面也正是业主最关心的热点问题。社区人才济济，物业公司、业委会、居委会为他们搭建好多种展示才华的平台，既丰富社区文化生活，又调动广大社会群体参与社区建设。发挥好"模式"效益，会产生良好的社会效益，而良好的社会效益实质上就是物业公司的效益。

四 无候选人直选：社区自治机制创新

1. 无候选人直选及其优势

村委会无候选人选举又称"一次直选"或"海选"，是指选民按照本村应选职位和职数，在不确定候选人的情况下，以无记名投票方式直接选举产生村委会主任、副主任和委员。试行村委会无候选人一次直选，是广大人民群众对农村基层民主选举模式的一种创新。

无候选人一次直选的优势有：

(1) 降低选举成本

按照以往的选举办法，产生一个村委会选民要投2次票。近年来，由于各地农村转移出去的劳动力较多，外出选民要两次回村参加选举比较困难。实行无候选人直选，选民只需投1次票即可完成选举工作，这样减少工作量，又降低选举成本。

(2) 减少组织干预

多年来，由于受传统观念的影响，少数乡镇干部往往根据自己的亲疏好恶内定候选人。有的乡镇政府为了能让"自己的人""当选"，甚至派干部到选民家做工作、施加压力。无候选人直选由于没有"调子"、不带"框子"，完全放开由选民自己选，从而可以减少乡镇对选举的操纵与干预，最大范围地保障选民的民主权利。

(3) 排除贿选干扰

当前在村委会选举中，采用送钱、送物等不正当竞争的现象时有发生。实行无候选人直选可以有效地抵制这种现象的产生，减少财物对选民的干扰，保证选民能更加真实地反映自己的投票意愿。

(4) 打造人才平台

在村组合并"一肩挑"的情况下，无候选人直选有利于优秀人才脱颖而出，能为更多的优秀青年农民打造施展抱负的平台，吸引他们主动投入到竞选村干部的队伍中来，进一步拓宽培养农村后备干部渠道，有利于发现人才，开阔选人用人视野。

(5) 扩大参选面

无候选人直选结果的不确定性，更好地体现了公平、公正、公开的原则，真正把选举权、投票权还给群众，调动了广大选民的选举积极性，参选率明显提高。

(6) 提高成功率

无候选人一次直选实行“下加”计票法，在计算票数时，按照就低不就高的原则向下加票计算。这种“下加”计票法能充分体现选民的意愿，而且选票相对集中，极大地提高了选举成功率，一般不会因选票不过半数而另行选举。

(7) 操作程序简便

按照以往的村委会选举办法，一般是先投票提名候选人，正式候选人产生后，在正式选举日的3日前张榜公布，然后再对候选人进行差额投票选举。实行无候选人直选，选民只需投1次票，即可根据得票数由多到少顺序当场确定当选人名单，无须提名候选人并张榜公布，这样既节省选举时间，简化工作程序，又易于操作。

2. 具体举措

一是加强领导，精心组织，确保选举工作合法有效。成立换届选举工作指导小组。由镇分管组织的党委副书记担任组长，组织委员、分管副镇长担任副组长，成员由纪检、宣传、派出所、民政、农经、财政、司法等部门的相关人员组成，并向每个村下派1～2名选举工作联络员，指导小组办公室设在民政办，负责选举日常工作。推选村民选举委员会。经推选成立的村民委员会要认真制定选举工作方案，确定和培训选举工作人员，进行选民登记，审查选民资格，宣传换届选举的意义和方法等一系列工作，为圆满完成换届选举工作夯实基础。加强业务培训。认真组织工作人员进行业务培训，做到“三个熟悉”，即熟悉法律法规，熟悉选举程序，熟悉基本情况，确保选举工作合法有效。

二是多措并举，加大宣传，切实提高群众的知晓度和参与度。推进“无候选人直接选举”工作必须做到宣传与教育引导群众相结合，积极争取社会广泛参与，才能实现群众意愿的高度统一。针对可能出现的村群众组织发动难、参与意识不浓、消极对待等问题，要多措并举，切实提高群众的知晓率和参与率。层层动员。通过多层次的动员大会、培训会、群众代表会议广泛宣传无候选人直接选举工作的重要性，使广大党员、干部群众都明白“无候选人直接选举”的意义、程序、方法、步骤和内容等，赢得群众的广泛支持和积极参与。有效利用宣传阵地。在换届选举工作中，要充分利用各村宣传栏、黑板报、公告栏等宣传阵地，积极开展形式多样的宣传活动，提高群众的知晓率。上门宣传。针对一部分群众行动不便的情况，各选举单位的村干部要主动上门宣传。通过多种形式的宣传发动，提高广大群众参与工作的热情。

三是依法选举，把握流程，扎实做好换届选举的基础工作。在换届选举过程中，要着重做好三项工作：调查摸底。要准确掌握辖区内人员的基本情况和思想动态，把握参选人员的能力、学识、作风等情况，保证选举工作顺利进行和参选人员的整体素质。制订方案。要专题研究、广泛征求意见，制定程序完备的选举工作方案，让整个流程具有很强的可操作性。认真制定《村委会换届工作实施方案》和《选举办法》，尽量把各种可能出现的情况在《选举办法》中作出明确规定，做到有法可依。登记审核。在换届选举中至关重要的就是要做好选民的登记核审工作，做到不错登、漏登、重复登，确保选民的选举权。

案例：

让村民当家做主　周市镇朱家湾村村委会换届“海选”①

2010年12月15日对于周市镇朱家湾村来说是一个特别重要的日子，全体村民聚集在村委会，现场选举自己信任的新一届当家人。下午一点半，天空飘着雪花，而选举现场却暖意融融，在庄严的国歌声中，朱家湾村“海选”第十届村民委员会拉开帷幕。海选中，上届村委会主任朱张勇首先代表上届村委会作工作报告，不少村民一边听着报告，一边频频点头表示赞许。在主持人宣布完选举流程和相关工作人员名单后，选举正式开始。在选举现场，现场没有交头接耳、互相商讨的场景，大多数村民很快就填好了自己心目中的候选人。约20分钟后，村民们鱼贯走到前台，把选票投进票箱。

在选民完成投票后，选举进入计票阶段，帐篷外的雪花在飞舞，但现场没有一个村民离开。特别是一个多小时的计票过程，全场一片寂静，数百双眼睛盯着小黑板，秩序井然地等待选举结果。两个小时后，结果出来了：上届村主任朱张勇和上届村委会3名委员不负众望，都以超过1 000票而留任，另外新增选了3名村委会委员。在欢快的乐曲声中，有关人员向当选人员颁发了证书。

在选举现场的市民政部门工作人员介绍说，直选村委会，可以有效避免候选人搞小动作，拉人情票或关系票。朱家湾村是昆山市推行村委会“无候选人直接选举”的第一个村，也是2010年村委会换届选举“一票直选”试点村。2010年全市将有79个行政村村委会换届选举，都将采取“一票直选”制。

案例：

“全国民主法治示范村”——市北村②

市北村是昆山市“无候选人直选”首推的试点村。2010年周市镇市北村被国

① 见刘毕亮《让村民当家作主　周市镇朱家湾村村委会换届“海选”》，《昆山日报》，2010年12月16日。

② 见昆山市民政局《昆山周市镇市北村荣膺“全国民生法治示范村”》，苏州市民政局网站，2010年6月1日。

家司法部、民政部表彰为“全国民主法治示范村”，成为昆山市首个获此殊荣的行政村。近年来，市北村在镇党委政府的领导和村委会的带领下，坚持走民主法治之路，严格按照民主选举、民主决策、民主管理、民主监督和村务、政务两公开的“四民主两公开”村民自治模式，因地制宜地建立了一系列民主法治制度，充分保障了村民的知情权、参与权、决策权和监督权，极大地激发了村民参与村级事务的热情。特别是在创建“全国民主法治示范村”过程中，市北村以保障村民权益为根本，民主管理落实到位，率先推行“公推直选”，落实听证决策。坚持“行之有规，处之有据”，提高了村务依法治理水平；推行民主公开新模式，实现了“阳光村务”。此外，市北村以营造依法治村氛围为抓手，构筑法制宣传阵地，开展“法律进农家，服务你我他”系列农村法制宣传教育活动，有力地提升了村民的法治意识。以“大调解”机制为保障，强化村人民调解委员会作用，推进大调解机制，将矛盾纠纷化解在萌芽状态。全村至今保持无重大治安、刑事案件发生，无影响社会稳定的群体性事件发生，无重大生产安全事故发生的纪录，农村社会和谐稳定。“全国民主法治示范村”评选表彰工作自 2004 年开始，旨在表彰一批村级组织健全有力、法制教育扎实有效、民主制度规范完备、经济社会和谐发展的农村“民主法治示范村”先进典型，推动农村基层民主法制建设深入持久开展。

“无候选人直接选举”是充分体现基层民主政治建设进程不断加快、基层群众民主与参与意识有效提升、基层组织凝聚力与战斗力进一步强化的重要举措。因此“无候选人直接选举”具有重要意义。一是有利于选优配强村委会班子，提升工作实力和服务能力。“无候选人直接选举”为有志、有德、有才、有能的优秀人士提供了展示平台，公开了参选者从报名到参选的各个环节，让群众参与、知情和监督，让实力在竞争中实现，让竞争在阳光下运行，把选人用人权放在阳光下操作，优化班子结构，夯实基层组织基础。同时，通过“无候选人直接选举”确立“有为才有位，有位须有为”的正确导向，转变村干部工作作风和服务理念，增强村委会带头人的进取心、危机感、责任感。二是有利于基层群众民主权利的有效行使，畅通了民意渠道。“无候选人直接选举”畅通了民意表达渠道，把群众满意和拥护的能力强、作风正、文化高、进取心强的有志之士选到基层领导岗位，尊重和保障了群众的主体地位；同时，使群众的知情权、参与权、选举权、被选举权、监督权得到了切实维护，有效提升群众参与意识、民主意识。

第三章 社区服务的理念转变与体系构建

一 变被动为主动：社区服务工作的思维转变

一个国家经济与社会发展的根本目的，在于提高全体国民的基本素质、生活水平和生活质量。作为地域社会共同体的社区，其发展的根本目的在于，改善居民的生活环境、生活方式，提高居民的生活质量与社会生活的价值。① 因此，以人为本的社区服务应是社区建设、管理和发展的中心任务或基础性工作。周市镇在社区服务过程中，经历了一个变被动为主动的服务工作思维转变，进而提高了服务效率，满足了居民群众的服务需求，居民的满意度大大提升。周市镇在完成城乡公共服务全覆盖的基础上，紧紧围绕率先基本实现现代化总目标，以城乡一体化发展为总命题，着力推进社会管理从被动管理向主动服务转变，从政务服务向公益服务、便民服务转变，构建覆盖全民的“民心网、服务网”，让老百姓需要的帮助和服务触手可及、顺心满意。

1. 便民服务中心：变群众跑为干部跑

周市镇便民服务中心于 2005 年 10 月建立并正式运行，是周市镇人民政府派出机构，行使镇政府管辖范围内授权的管理职能。服务中心隶属周市镇党委、政府的领导，业务上接受昆山市行政服务中心和相关职能部门的指导。便民服务中心合理配备了管理人员、窗口工作人员和全程代理人员，确保中心零障碍、低成本、高效率运转。中心运行以来，极大地方便了广大群众办事，赢得了群众的一致好评。

---

① 见徐永祥《社区发展论》，华东理工大学出版社 2000 年版，第 166 页。

便民服务中心以“一窗受理、内部运作、上下联动、全程服务”为宗旨，变群众跑为干部跑，变多次办为一次办，有效解决了以前群众办事存在的“门难进、脸难看、事难办”的现象，密切了党群、干群关系，群众称赞这是政府为老百姓办的又一件实事。设立镇级便民服务中心，相关职能部门集中办公，减少了办事环节，形成了整体合力，有效地提高了办事效率，优化了投资环境。

中心宗旨：依法行政、优质服务、规范高效、方便群众。

中心承诺：按承诺日办结、不断提高服务水平，当好政府“形象大使”。

中心目标：争当效率效能建设的表率部门，争创政府依法行政的模范岗位。

中心服务事项实行“五公开、五制办理、五件管理”运行机制。“五公开”即公开服务内容、申报材料、办事程序、承诺时限、收费标准；“五制办理”即一般事项直接办理制、特殊事项承诺办理制、重大事项联合办理制、咨询事项明确答复制、镇级事项全程代理制；“五件管理”即按即办件、承诺件、联办件、补办件、退回件等五种形式管理。

中心服务大厅和休息区总面积约为 600 平方米，拥有 30 个标准窗口、办事区、休息区、议事室以及配套的主任室、监控机房、接待室、会议室等。中心配备智能化网络系统、LED 显示屏、触摸屏，能实现办公自动化和远程联动。同时，中心还设有服务热线(电子邮箱)、意见箱、投诉电话，接受社会监督和群众评议。

目前，中心有 16 个部门(单位)入驻、30 名窗口工作人员(内含全程代理员 5 名)，1 名管理人员，146 项行政审批及咨询服务项目等配套服务在中心集中办理。

中心紧紧围绕服务主线，突出发展主题，着力在“提高效率、务实便民”上下工夫。

一是加强窗口考核，提高监管力度。在严格执行《周市镇便民服务中心单位和工作人员考核办法》的基础上，实行日考勤制度。

二是调整进驻窗口，强化资源整合。中心在运转过程中，根据实际情况对进驻窗口、受理事项、人员统筹等方面进行相关调整。

三是健全监督机制，提高工作效率。完善意见箱、征求意见卡，公开工作人员名单，在服务过程中引入监督手段，切实提高效率。

四是强化人员素质，狠抓队伍管理。经常性组织工作人员进行学习和岗位业务培训，开展“八要八不要”和“六严禁”学习，开展“如何当好政府形象大使”的专题讨论活动。

五是创新服务手段，提高服务质量。全面执行明白纸、一次性告知制度，切实做到“四个一”：咨询一纸写清、表格一次发清、材料一次收清、内容一次审清，着力建设一流公共服务平台。

六是开展创建活动，提升服务效能。通过开展各类创建活动，全面提升工作人员的业务素质和服务技能，促进中心效率效能建设。

2007年，中心成功创建“昆山市文明示范窗口”；2008年，中心成功创建“昆山市青年文明号”、“昆山市巾帼示范岗”，房产窗口成功创建苏州市房管系统“十佳优质服务窗口”；2009年，中心又被评为昆山市首届“星级文明示范窗口”。2010年，中心领导在“苏州市行政服务中心创先争优报告会上作事迹交流”，并获得“昆山市行政服务中心创先争优先进典型”。

案例：

中心热线情牵千里

2007年6月8日，根据镇里安排，我正式担任镇便民服务中心副主任，负责全面工作。从机关到基层、从业务到管理，我以尽可能快的速度顺利完成角色转换。至今，到便民服务中心工作已有3年多时间。我先向大家介绍一下我们周市镇便民服务中心的基本概况。中心于2005年10月建立并正式运行，总面积约为600多平方米，配备智能化网络系统，实现办公自动化和远程联动。中心坚持以“依法行政、优质服务、规范高效、方便群众”为服务宗旨，以“争当效率效能建设的表率部门，争创政府依法行政的模范岗位”为工作目标，努力争取项目进驻，增强服务功能。截至目前，中心拥有16个入驻部门(单位)、30个标准窗口，开展各类服务事项142项。

随着我们服务事项的增加、服务功能的拓展，在工作中我们还常常会接到其他部门转来的群众热线，或者是群众直接打来的求助电话，请求我们帮助他们解决遇到的一些困难。为此，我们专门设立了便民服务热线。三年来，我们共受理各类电话、邮件6 500多件。

那是3月的一天，我办公室的电话骤然响起。

“您好！请问有什么可以为您服务?”

“您好！我是泰兴市的一位老退役军人，我想通过你们，帮我寻找五十多年前，与我一起参加抗美援朝战争的女战友，当年我身受重伤，是担任卫生员的她给了我悉心的照顾和生活的勇气。这么多年，我一直很想念她，很想在有生之年再见一见她。她是你们昆山周市人，名字叫张晓颖，今年差不多是78岁左右。”

听着电话里老人焦急的声音，我立刻想到去派出所户籍室，通过公安专线查找这个名字。搜索之后屏幕上果然出现了“张晓颖”，同名同姓一共有两个人，我的心跳有点加快，赶紧查看他们的具体信息，一个1966年出生，一个1978年出生，从年龄上就可以确定不是这位泰兴老人要找的战友。

带着失望，回到办公室，我拨通电话回复了这位泰兴老人。

可是，第二天，那个熟悉的电话号码又响起：同志，您好！我想能不能再请你们帮我查证一下，我能确信她确实是昆山周市人……听着电话那端充满期待的话语，我再一次陷入了深思。

突发奇想的一个灵感闪现在我的脑海，既然是服役军人，我可以通过人武部来查找一下那个年代的征兵资料，况且女兵比较少，应该可以查得到。联系妥当，我立马来到政府档案室查找。功夫不负有心人，在已经泛黄的资料库里，终于找到了“张晓颖”这个名字，周市乡市北村人。我又赶紧拨通市北村委的电话，村里的干部说：从来没有听说有这个人……刚刚看到一点希望，此刻又是一片渺茫。怎么办？想着电话那头泰兴老人的期望，我下定决心，不管有多困难，一定要顺着这条线索找下去。

我想：可以试着通过跟“张晓颖”差不多年龄的人来打听一下消息。抱着一丝希望，我又开始行动了。在村干部的陪同下，我逐一走访那个年代的老干部、老党员，当我走到第 6 个老同志家里，终于听到了我想要的消息。原来，确有“张晓颖”这个人，只是，她退伍回来没多久就嫁到福建去，早就离开了昆山。当时，我心里真的比中了彩票还要开心激动。

又经几番周折，最后通过一个亲戚，终于找到了早已在福建的“张晓颖”。事后，这位泰兴老军人十分感动，他在电话里说：我已经联系上我的老战友了，谢谢你们！真的想不到，周市镇便民服务中心，还能为我这位泰兴人提供这么好的服务，我以志愿军老兵的名义向你们敬礼！一周之后，这位有心的老军人寄来一面锦旗，上面写着：中心热线情牵千里！

2010 年 6 月份，有一位台胞在我的邮箱留言，想通过我们中心寻找失散十多年的大陆亲人，当我们把他亲人的联系方式回复给他时，他由衷地说：其实一开始，我只是抱着试试看的态度发了个邮件给您，真的想不到，千里之外一个乡镇便民服务中心的工作人员，却能够把这个事情这样地放在心上，我向你们表示感谢和致敬！你们是最可爱的人！

这样的便民热线求助还有很多，这样的事例同样还有很多很多。从朝阳到黄昏，从酷夏到严冬，我们每一位工作人员，就是这样时时刻刻把百姓的需求放在心上，尽职尽责。每当看到来便民中心办事群众的满意笑容，每当听到一句句纯朴却鼓励的话语，每当读到一封封信任与感激的邮件，这个时候，我和我的同事们是最开心最幸福的。

三年来，中心先后获得“昆山市巾帼文明示范岗”、“昆山市青年文明号”、“昆山市首届星级文明示范窗口”等荣誉称号；中心房产窗口被评为：苏州市房管系统“十佳优质服务窗口”。作为中心的一员，我感到无比骄傲；作为中心的负责人，我又感到压力重重。三年多时间，我没有请过一天的公休假，直到今年 4 月份胰腺炎发作时，才被迫放下工作，住院接受治疗，但刚好一点我就迫不及待地上班了。因为我热爱中心，我心在中心。今后我更会一如既往地做好中心工作，当好人民群众心中的服务员。

——周市镇便民服务中心主任王芳

2. “八必访”与入户走访制度

周市镇建立“八必访”制度：a）新迁居民家庭必访；b）对新下岗失业的居民必

访;c) 对特困、残疾家庭必访;d) 空巢老人必访;e) 矫正帮教人员必访;f) 对育龄妇女生育、术后必访;g) 对居民发生矛盾纠纷必访;h) 对重病或病故家庭户必访。

同时还建立入户走访制度:社区每年不少于一次对辖区内所有住户进行走访,及时了解和收集居民需求和困难、排查调处内部矛盾、征求对社区工作的意见。

通过建立社区工作人员"八必访"制度和入户走访制度,周市镇社区工作真正由被动变主动,切实体现了社区服务理念的根本转变,落实了以人为本的社区服务的根本宗旨。

3. 计生工作:寓管理于服务

周市镇针对流动人口本身和家庭的迫切需求,创新人口管理理念,变被动管理为主动服务,为流动人口提供六大需求服务。

就业需求服务。政府和计生部门在流动人口中开展技能培训、素质教育,为流动人口提供用工信息和创业帮扶等服务。

生存需求服务。协助流动人口办理房屋租购、子女入学、意外伤害保险,并协助其参与社区公益活动。

身份需求服务。协助流动人口办理户口,为其提供城市管理教育,落实流动人口和常住人口的统一管理和服务。

生殖需求服务。主动为流动人口办理生育证明、开展优生监测、开展节育服务,重点落实出生缺陷干预工程,提供免费咨询和定时随访服务。

家庭需求服务。定期开展家庭访视,落实困难救助服务,重点开展大病救助、生活救助、生产救助和上门提供搬运维修、儿童关爱和老人关爱服务等系列服务活动。

维权需求服务。为流动人口提供就业保障、生存保障和平等保障,重点保障劳有所岗、劳有所酬,落实优惠政策,保障机会均等和民主参与。

二 人人共享的社区公共服务体系之构建

周市镇积极构建城乡公共社区服务体系,强化行政服务、便民服务、文化体育服务、医疗保健服务、社会安全服务、党建服务等六大服务功能,从人民群众最关心、最直接、最现实的问题入手,设置户籍登记、领取结婚证等行政和便民服务窗口;增加文化体育活动室,丰富居民业余文化生活;设立医务室,为社区居民提供医疗保健服务,实现小病不出社区目标;建立党员活动室,为社区党员提供学习、交流场所,增强党的凝聚力。在充分发挥公益性事业单位提供公共服务重要作用的同时,支持社会组织参与公共服务和社会管理,按需设置各类公益性、中介性和经营性服务项目，形成公共服务供给的社会和市场参与机制。

1. 社区服务中心：打造15分钟公共服务圈

“早上到这里来跳跳舞健健身，下午来这儿打牌或下下棋；隔三岔五还可以听医学专家给我们上健康课……”说起离家只有200多米远的金威社区服务中心，家住江南明珠苑的王阿姨赞不绝口。设有居民学校、健身房等设施的金威社区服务中心正是周市镇社区公共服务中心建设的一个缩影。

周市镇从2003年起，就启动了城乡社区公共服务体系建设和提升工程。按照缺什么补什么和资源共享的原则，高起点、高标准规划，通过“规划布点落实一批、加层扩建改造一批、房屋开发商提供一批、社区共建解决一批”等途径，加快推进城乡公共服务均等化，把公共服务送到老百姓家门口。以周市镇新镇办事处为例，到目前为止，新镇13个社区办公室活动用房总计有11 152.93平方米，其中开发商提供8 852.93平方米。80%以上的社区办公用房超过市里的标准，设施设备一应俱全，硬件设施达到一流水平，创造了良好的服务和活动环境。社区公共服务中心设有老年活动室、图书室(电子阅览室)、健身房、老年学校、警务室、信访接待室等场所，设施一流，为辖区居民提供方便、快捷、优质、高效的服务。如今，在周市镇无论居住在农村社区还是城市社区的老百姓，出门15分钟，就能获得各类公共服务，形成15分钟社区公共服务圈，详见表2-2。

表2-2　周市镇新镇办事处各社区服务中心设施情况

社区服务中心名称	中心设施
新镇社区	为丰富居民的业余文化活动，周市镇政府把建设新镇社区居民活动中心列为2008年实事工程，投资300余万元，建成了1 200平方米的居民活动中心，健全了文化设施。健身房内配置了电动跑步器、动感单车、豪华单人站，乒乓桌球室内有4只乒乓台、1只桌球台，棋牌室内设施齐全，为丰富青少年的活动内容，电子阅览室内有12台电脑，图书室内有图书1 000余册，开设了书画创作室，为书画爱好者提供了活动平台，少儿“七彩”画室在5月21日开始授课，影视厅内功能齐全，投影机、功放音箱等设施全套配置，排练厅更是为舞蹈爱好者提供了活动健身阵地，通过大镜子能欣赏自己的舞姿，文化广场在晚上更是热闹非凡，健身舞爱好者听着动听的音乐翩翩起舞，室外健身器材的投入使居民的体质得到增强，篮球爱好者能在球场上相互切磋球艺。
金威社区	社区内公共设施齐全：有网球场、篮球场、游泳池、图书室、乒乓室、舞蹈室、儿童乐园、棋牌室、多功能厅、室内外健身器材。
睦和社区	1. 影视室(书场)：100平方米，放映资料有碟片50套，相关设施情况有投影仪1套、电视机1台、桌椅30套。 2. 排练厅(多功能厅)：110平方米，有镜子、功架等。 3. 图书室：50平方米，20份报纸、电脑6台、图书1 000册、杂志20种。 4. 共享工程服务点“4个一”：有放映室、电脑、投影仪、宽带，桌椅30套。 5. 老年活动室及相关设施情况：相关制度、桌椅4套、麻将牌、象棋、扑克牌。 6. 室外设施：20平方米文化画廊，1 200平方米文化广场。

续 表

社区服务中心名称	中 心 设 施
阳光社区	社区现有室外文化广场 1 500 多平方米，室外宣传画廊 25 多平方米。室内活动室分 6 个区域：一楼设有影视室、二楼乒乓室、图书室、舞蹈排练室、老年活动室、党员之家。为社区居民营造了良好的健身学习环境。 1. 影视室面积 50 平方米，内有投影仪、功放、VCD 及各类 CD 等。 2. 图书阅览室面积 20 平方米，有各类图书 1 000 多册，各类杂志 20 多种，报刊 10 多种。 3. 舞蹈厅面积 100 平方米，内有电视机、镜子及功架。 4. 乒乓室面积 60 平方米，内有乒乓桌 2 张。 5. 老年活动室面积 40 平方米，内有麻将桌、象棋、扑克。
桂冠社区	社区现有室外文化广场 1 000 多平方米，室外宣传画廊 50 多平方米。室内活动室分 5 个区域：二楼设有影视室、乒乓室、图书室及多功能室，底楼设有舞蹈厅、老年棋牌室、有供居民健身休闲的健身广场等娱乐设施。为社区居民营造了良好的健身学习环境。 1. 影视室面积 24 平方米，内有电视机、各类 CD 带等。 2. 图书阅览室面积 24 平方米，有各类图书 1 000 多册，各类杂志 20 多种，报刊 10 多种。 3. 舞蹈厅面积 56 平方米，内有镜子及搁脚。 4. 乒乓室面积 24 平方米，内有乒乓桌 1 张。 5. 老年活动室面积 28 平方米，内有麻将、象棋、围棋、扑克。
康泾湾社区	1. 图书室及电子阅览室：30 平方米的社区图书室，有文史、医药、建筑、哲学、经济、文化、教育、儿童读物等各类图书一千五百余册，报纸杂志 20 余种，居民可在周一至周五 8 点 30 分至 16 点 30 分，双休日 8 点 30 分至 11 点 30 分前来借阅图书。在图书室内，社区还为居民配备了六台电脑和 6 套桌椅，方便居民查阅资料。 2. 桌球室：125 平方米的桌球室共设 5 台台球桌，供社区居民活动。 3. 乒乓室：100 平方米的乒乓室共设 4 台乒乓桌，供居民娱乐活动。 4. 排练厅：50 平方米的排练厅中备有电子琴一台、落地镜、功架，供居民排练舞蹈、各种表演。 5. 影视室(资源共享厅)：100 平方米的影视室，又被用作资源共享厅，内设电脑、DVD、投影仪、音响、电视机麦克风等设备，平时多用来举办活动以及开会。 6. 党员活动室：25 平方米的党员活动室，主要用于开展支部党员会议。 7. 老年活动室：70 平方米的老年活动室，内设棋牌桌椅共 6 套，供社区老年人休闲。
毛库社区	社区人居环境优美、配套设施齐全，总建筑面积 30 万平方米，绿化率达 95%。社区现有室外文化广场 1 000 多平方米，室外宣传画廊 40 多平方米。室内活动室分 5 个区域：设有影视多功能室、舞蹈室、电子阅览室、图书室、老年棋牌活动室等，配有居民健身休闲的健身广场等娱乐设施，为社区居民营造了良好的健身学习环境。 社区室内文化设施具体如下： 1. 影视室面积 67 平方米，内有电视机、DVD 及各类碟片等。 2. 图书阅览室面积 31 平方米，有各类图书 1 000 多册，各类杂志 20 多种，报刊 10 多种。 3. 电子阅览室面积 31 平方米，配有电脑 6 台。 4. 舞蹈厅面积 45 平方米，内有镜子、功架及茶水桌等。 5. 健身室面积 60 平方米，内有台球桌 1 张、健身器材 3 套。 6. 老年棋牌活动室面积 25 平方米，内有棋牌桌椅 4 套，并配有象棋、围棋、扑克等。 社区组建了多支文艺队伍，不仅给居民提供了丰富多彩的文化生活，同时提升了社区的文化品位。

续 表

社区服务中心名称	中 心 设 施
春晖社区	春晖社区居委会秉承"关注民生、关爱家庭"的工作理念，对社区内妇联、计划生育、人民调解、综合治理、社会保障、环境卫生、社区文体等方面广泛开展社区便民服务，社区人居环境优美、设施配套齐全；社区拥有便民服务中心、电子图书室、社区网站、居民活动中心、舞蹈厅、多媒体教育中心、休闲健身活动广场等，并成立了社区志愿者服务机构，形成了社区活动居民广泛参与、社区公益事业共驻共建的工作机制，为居民营造了良好的学习生活环境，促进社区和谐发展。
嘉禾社区	社区自 2008 年正式成立以来，时代茗苑小区交房 305 平方米，嘉禾花园小区交活动用房 300 平方米。时代茗苑小区的 300 平方米现用于社区工作人员办公用房、会议室、多功能厅等。嘉禾花园的 300 平方米房现主要是居民的活动用房，有老人活动室、乒乓球室、电脑室、健身室、舞蹈室、阅览室等活动场所。
天伦社区	社区现有室外文化广场 2 000 多平方米，室外宣传画廊 60 多平方米。室内活动室设有多功能厅、乒乓室、电子阅览室、图书室、舞蹈厅、健身室、老年棋牌室、有供居民健身休闲的健身广场等娱乐设施。为社区居民营造了良好的健身学习环境。 1. 多功能室 100 平方米，内有投影仪、笔记本、音响等。 2. 电子阅览室和图书阅览室面积 25 平方米，有电脑 6 套、各类图书 1 000 多册，各类杂志 20 多种，报刊 10 多种。 3. 舞蹈厅面积 60 平方米，内有电视机、DVD、镜子及搁脚。 4. 乒乓室面积 100 平方米，内有乒乓桌 3 张。 5. 老年活动室面积 28 平方米，内有麻将、象棋、围棋、扑克。 6. 健身室面积 25 平方米，内有跑步机、单车等健身器材。
花都社区	社区有室外篮球场、羽毛球场及网球场、宣传画廊；室内：多媒体室、舞蹈厅、乒乓室、健身室、桌球室、电子阅览室、图书室。

2. 构建人人共享的社区卫生服务

社区卫生服务融"预防、医疗、保健、康复、健康教育、计划生育指导"六位功能于一体，是公共卫生和基本医疗服务体系的基础，是实现 WHO(世界卫生组织)提出的"人人享有初级卫生保健"目标的基本途径。社区卫生服务以基层医疗卫生机构为主体、全科医师为骨干，以家庭为单位、社区为范围，以妇女、儿童、老年人、慢性病人、残疾人等为重点，具有面广、便捷、价廉、有效、亲近等特点和优点。社区卫生机构是医疗服务的重要组成部分，是居民健康的重要保障。发展社区服务有助于不断提高人群的健康意识和水平，降低患重病、大病的风险，引导合理医疗消费模式和理念的形成。

周市镇社区卫生服务工作紧紧围绕昆山市、周市镇卫生工作目标，以政府为主导和行政推动为基础，坚持以人为本，通过完善政策保障，不断拓展外延、深化内涵，社区卫生服务工作取得了全面发展。首先，已初步建立起了稳定长效的投入保障机制，社区卫生的公共卫生服务经费、人员经费得到基本落实，社区卫生服务机构用房政策得到了明确；其次，深化社区卫生服务体系建设，初步建成了以周市人民医院为龙头，社区卫生服务中心为枢纽，社区卫生服务站为基础，民营医疗机构为补充的社区卫生服务体系。至 2009 年年底，周市镇现有陆杨、新镇 2 个社区卫生服务中心，东方、新镇、市北、朱家湾、中乐、杨庄、斜塘、鑫茂、春晖、永共、小泾、新卫等 12 个社区卫生服务站。社区卫生服务中心有医务人员 72 人，社区卫生服务站有医务人员 51 人。社区卫生服务中心的服务主要包括：开展社区卫生服务调查、进行社区诊断；开展健康教育，提高居民的自我保健意识和能力；做好传染病的预防和控制，对慢性病人进行检测和规范化管理；提供妇女、儿童和老年人等重点人群的保健服务；提供适宜的计划生育技术和咨询服务；开展常见病、多发病和诊断明确的慢性病的诊疗，配合做好院前急救工作；开展适宜的肢体康复训练、技术指导和治疗。

（1）完善政策，加大投入力度

昆山市政府于 2008 年 5 月 16 日印发了《关于进一步完善社区卫生服务体系的实施意见》（昆政办发[2008]58 号），明确了用 2～3 年时间，通过不断优化卫生资源配置，进一步调整发展模式，完善政策机制，健全服务网络，拓展服务功能，提升队伍素质，加快构建设置合理、环境一流、技术先进、功能全面、管理规范的城乡社区卫生服务体系，最大限度地满足市民日益增长的医疗卫生服务要求的目标。昆山市卫生局于 2008 年 8 月印发了《昆山市社区卫生服务机构规划建设（2008～2010）指导手册》。同时，不断加大财政投入，一系列的政策支持和财政投入，为周市镇社区卫生服务工作快速、良性地发展提供了强力保障。

（2）积极开展创建工作，夯实服务基础

2008 年周市镇的新镇社区卫生服务中心成功创建为苏州市示范社区卫生服务中心、市北社区卫生服务站成功创建为苏州市示范社区卫生服务站，斜塘、朱家湾两家社区卫生服务站完成昆山市示范站的创建任务。2009 年春晖社区卫生服务将完成苏州市示范站的创建，鑫茂社区卫生服务站将完成昆山市示范站的创建，陆杨中心因河道拓宽，延期至 2010 年创建苏州市示范社区卫生服务中心。社区卫生服务全面实施中心与站一体化管理模式，其中陆杨中心辖鑫茂、斜塘、永共、小泾、市北 5 个站。新镇中心辖杨庄、朱家湾、东方、新镇、中乐、新卫、春晖 7 个站。

（3）创新服务机制，拓宽服务内涵

一是建立社区全科团队服务模式。新镇中心试点建立社区全科团队服务模式，在试点成功的基础上全面推行，确保家庭健康服务协议签约率达到 50%以上，进一步完善社区卫生服务功能，深化服务内涵，充分发挥社区卫生综合服务、主动服务和连续服务的优势，切实提高社区卫生服务水平。

二是推行健康检查上门巡回制和医疗巡回长效机制。改变原有农民上医院体检模式，每年一次的老年人免费健康检查实行进村上门巡回制，对辖区参检农民以村为单位进行健康检查全覆盖，同时开展好医疗巡诊、出诊服务。通过机制创新、服务模式转变，提升了医疗卫生服务形象，社区卫生服务工作得到了辖区居民群众的肯定。

(4) 更新服务理念，提升服务能力

一是提高人员服务能力。对社区卫生服务机构各类卫技人员实施岗位培训，通过请进来、送出去等多种方式，在提升专业技能水平的同时，也更新了服务理念。加快对全科医生、社区护士、预防保健人员、乡村医生的培训。

二是提高机构服务能力。通过请专家坐诊、开展业务讲座、卫技人员实践培训等工作，进一步促进社区卫生服务中心整体服务水平的提高。

三 “民声 110”：居民社区服务需求之心声

市民吴先生来电：周市镇陆杨三星路上一个化粪池有污物溢出，影响行人通行，希望相关部门关注。

周市镇答复：接反映情况后，我镇陆杨社区工作人员至现场查看。经查，由于附近居民将生活垃圾直接倒入下水道，造成化粪池管道堵塞，污物外溢。针对这一情况，社区工作人员联系了镇环卫所，镇环卫所已安排人员先抽去化粪池污物，再疏通下水管道。现该处污物已消除，行人可正常通行。

一市民来电：周市镇新纬路中乐村门口道路两边经常有很多大型卡车违章停靠，影响其他车辆通行且容易引起交通堵塞，希望有人来管一管。

周市镇答复：接反映情况后，我周市交巡警中队立即组织人员对上述路段进行实地勘查。经查，违停车辆的车主大多是港龙市场的经营户，暂住在中乐打工楼里，为图方便将卡车违规停靠在小区门口。针对这一情况，经我中队与周市镇政府及周市镇交巡警大队联系，计划在新纬路两侧设立货运机动车禁止通行标志，禁止大型车辆在此通行，从根本上杜绝违章停车现象。同时，中队会加大对违法停车的处理力度，严管重罚，加大宣传力度，提高所有机驾人员和广大群众的交通意识，共创和谐路面环境。

昆山市“民声 110”城市服务中心于 2005 年 12 月 30 日成立，与百姓生活密切相关的 17 个部门入驻中心，为市民提供几十项服务。“民声 110”城市服务中心的服务宗旨是：情系百姓、为民解忧。周市镇各社区主任非常重视“民声 110”，及时处理了居民群众反映的各种问题，积极主动为居民群众服务，实现了由管理到服务的转变，架起居民群众与政府各职能部门的桥梁。

“民声 110”开办后，取得了实实在在的成效。密切了党群关系，架起了一座党委、政府与群众沟通的“桥梁”。“民声 110”拉近了党委、政府和人民群众之间的距离，树立了党和政府的威信，形成公开的、全方位的、立体式的社会监督。倾听民声民意，构建了一个“共建和谐”的宽广平台。“民声 110”让群众充分反映问题、表达意愿，为群众排忧解难，起到了理顺公众情绪、缓和社会矛盾的作用。转变政府职能，提升了机关工作效能和服务群众的水平。整合监督资源，建立了一种新的效能建设监督服务机制。“民声 110”把社会监督的广泛性、新闻监督的公开性、职能部门监督的权威性有机结合，拓宽了民主监督的渠道，强化了监督力度，保证了监督效果，实现了监督的“三个转变”。一是由被动接受监督向主动寻求监督转变；二是由单一主体监督向复合主体监督转变；三是由重程序监督向重结果监督转变。市纪委、监察局巡访员在巡视了“民声 110”工作后，作出了“百姓知音，和谐桥梁”的评价。“民声 110”把各部门、各单位的权力转变为为社会、为人民服务的责任和义务，推动了政府的职能由“管理”向“服务”转变，进一步优化经济社会发展的环境。“民声 110”规定的必须在 5 个工作日内反馈办理结果的要求，以及“黄牌警告”制度的设立，促使各部门、各单位必须着力改进和提高行政管理活动的行为、能力、运转状态，以及工作的效率、效果、效益等，从而全面提升其机关效能。

“民声 110”反映的多数为与群众日常生活相关的琐事、烦事，事情有时很小，但都涉及群众的切身利益。“民声 110”的奖惩措施，着实解决了一些机关及其工作人员存在的服务意识差，作风不踏实，工作效率低，群众满意度差等问题，增强了为民服务意识，改进了机关工作作风。如，群众多次反映周市镇几条道路部分路灯不亮的问题，引起了周市镇党委、政府的重视，在对这些问题逐一解决后，又对全镇路灯进行调查排摸，制定详细改造计划并列入镇政府重点实事工程。

第四章 社区参与、社区文化与居民素质的提升

一 社区参与：体系、机制与目标诉求

社区发展有赖于政府和非政府组织的介入，更有赖于居民的社区参与。社区参与既是政府及非政府组织介入社区发展的过程、方式和手段，更是指居民参加社区发展计划、项目等各类公共事务与公益活动的行为及其过程，体现了居民对社区发展之责任的分担和对社区发展之成果的分享。社区参与的目标取向是社区发展和人的发展。社区居民通过广泛参与，促进社区的积极变革和演化，推动社区发展与社会的全面进步。而社会发展的核心在于人的发展，人的全面发展是社会发展的终极目标。以人为本的发展观决定了社区发展不仅要满足居民在生活安全等方面的需要，还要满足居民在精神、文化和自我价值实现等方面的需求。① 周市镇通过建立党员、团员、公务员、学生等进社区制度规定，实行志愿者注册制度，搭建12355志愿服务平台，使社会化的社区参与逐步走向规范化和制度化。

1. 12355志愿服务平台

昆山市12355青少年综合服务平台，是基于全国信息产业部核配"12355"青少年服务和维权工作公益服务专线，以青少年综合事务为拓展，提供法律援助、心理疏导、社区矫正、青苗助学、困难帮扶、希望工程、应急救助、志愿者招募、志愿服务、成长指导、就业辅导、创业引导、团务工作等内容的服务，兼具公益性、网络化、社会化的一套

① 见徐永祥《社区发展论》，华东理工大学出版社2000年版，第226～228页。

综合服务体系。昆山团市委着力打造青少年综合服务平台的“一二三五五”功能体系，即“一条服务热线”，12355 热线；“二家指导单位”，团市委、市志愿者协会；“三个服务品牌”，青少年“阳光”品牌，志愿者“服务零距离”品牌、青年“筑英台”品牌；“五大服务工程”，青少年维权、青少年助学帮困、青年志愿者、青年就业创业、青少年理想信念教育；“五类服务载体”，青少年维权岗、青年文明号、流动团员服务中心、志愿者服务点、青少年舆情信息中心。昆山市 12355 青少年综合服务平台还建立了以共青团组织体系为轴心，以市政法委、市综治委、市文明办、市关工委、市未保办、市预防办、市少工委、公检法司等单位和部门的专业化团队和资源为联系成员单位，以志愿者组织为依托，以相关规章制度、青少年教育发展基金为保障的协调管理机制。

周市镇各社区充分利用 12355 志愿服务平台，在各个社区组织了大量的志愿者队伍，构建了社区志愿者活动组织服务网络。面对社区人员紧缺难以扩展、完善服务领域的难题，我们在居民中组建了多支志愿者队伍：治安巡逻志愿者队伍、绿色环保志愿者队伍、邻里互助志愿者队伍、社区文体志愿者队伍、计生志愿者队伍、卫生监督志愿者队伍和社区教育志愿者队伍。这些队伍在社区便民、利民及各项创建中发挥了很好的骨干作用，同时也增强了社区居民自我服务的意识。经过近几年的运作，在维护青少年合法权益、助力青少年健康成长、动员青少年参与社会建设和管理等方面取得了良好的成效，开创了“人人能当志愿者、天天有志愿服务、处处有志愿氛围、时时有志愿保障”的新局面。

案例：

天伦社区积极培育社区志愿者队伍　加快推进和谐社区建设

随着城市化进程的不断推进，社区工作的覆盖面越来越广泛，社区服务的内容也越来越丰富，同时居民对社区工作的要求也越来越高，社区想要开展更多便民服务，面临着人员的严重紧缺。在这个居民需求与社区人员配备不成比例的背景下，必须让更多的热心居民参与到社区建设中来，一方面能增强居民自我管理、自我监督、自我服务的意识，另一方面也能有效地促进社区工作和谐有序的开展。

为使社区志愿者服务活动走向经常化、规范化、长期化，天伦社区通过多种途径不断壮大社区志愿者队伍和规范志愿者服务。充分利用社区的各种会议、市民学校、橱窗宣传栏等渠道宣传志愿服务精神，普及志愿服务知识，让社区内的居民逐步形成“有时间做志愿者，有能力奉献社会”的良好氛围，发挥志愿者生活在社区，与居民关系紧密的优势，服务社区，奉献社区，带动更多的居民参与社区志愿服务，不断提高社会公众对志愿服务的认知程度，引导和动员居民积极加入志愿者队伍，形成浓厚的志愿者服务氛围。

天伦社区通过对志愿者和服务对象进行深入调查后，根据志愿服务的内在需求，引导志愿者发挥自身特长，成立了护绿、治安防护、矛盾调解、文体、计生等志愿者队伍,以此扩大服务的覆盖面与受益面,带动社区志愿者服务的全面展开。

(1) 护绿志愿者队伍:每月与社区居委会一同对小区内外环境进行检查,发现问题及时召开每月卫生工作例会,及时解决环境卫生问题。

(2) 治安防护志愿者队伍:每天在小区内义务巡逻,发现可疑现象及时与派出所、社区、物业公司联系,加强小区安全防范。

(3) 矛盾调解志愿者队伍:排查小区内矛盾纠纷,做到及时发现,及时解决。2010年君临天下物业公司向社区反映,1号楼1单元共计10余户业主集体不缴纳物业管理费,通过社区了解情况后,发现根源在于1#201业主周红敏老人怀疑开发商在房屋公摊面积上有问题而拒绝缴纳,通过社区向建管所专业人员的核算,老人一家也消除了疑惑,答应分二期来缴纳物业管理费,并自愿做社区的矛盾调解志愿者,帮助社区一起做其他业主的工作,化解了业主与物业公司的矛盾。

(4) 文体志愿者队伍:每年暑期,天伦社区的美术老师为社区青少年免费进行绘画班培训;社区乒乓球教练王玉坤为青少年义务培训,平时有时间也义务为小区爱好乒乓球居民进行培训,并义务担任社区"谐和"乒乓球俱乐部教练工作;社区内十余位热爱太极拳、健身舞的老年人每天早上在广场上教居民打太极拳,晚上教居民跳健身舞,形成了一个健康向上、文明和谐的良好氛围。

(5) 计生志愿者队伍:每两个月上门为育龄妇女进行服务,发放计生工具、宣传资料,并帮助社区做入户登记工作。

(6) 开展"小小志愿者"活动。利用寒暑假期间,天伦社区组织社区内的中小学生参加一些公益性的活动。如发放建设文明和谐社区的宣传资料、参与爱绿护绿活动等。

通过开展志愿者服务,天伦社区一方面解决了社区人员紧缺难以拓展社区服务领域的困惑;另一方面也调动了居民参与社区公共事务的积极性,充实了自身的日常生活,也为社区作出了贡献,促进整个社区的和谐稳定。

2. 党员进社区制度

为适应城市化发展的需要,使在职党员积极参与社区建设、服务社区群众,并接受社区的监督管理,周市镇实行了对在职党员向社区报到制度。在职党员要主动接受居住地社区党组织的管理、监督,完成分配的任务,并在居住地社区发挥先锋模范作用。在职党员应结合自身的特长,积极参加居住地社区党组织开展的各项活动,主动为社区建设管理出谋划策、贡献力量,始终牢记"全心全意为人民服务"的根本宗旨,始终保持共产党员的先进性,始终维护党员的良好形象。每位党员在社区要按照"七个带头"、"六个一"的要求,充分发挥党员的先锋模范作用。"七个带头",即:带头宣传党的政策,带头倡导社会公德,带头参与社区建设,带头帮扶困难群众,带头协调邻里纠纷,带头维护社会稳定,带头创建社区文明。"六个一",即:当好一名联络员,在职党员应注意倾听居民群众的意见,并将有关情况及时向社区和有关部门反映,成为社区与居民、社区与政府沟通的桥梁和纽带；做好一个表率，要树立党员的文明形象，讲文明话，办文明事，做文明人，以一个人带动全家人，以一户带动一幢楼，推进社区的精神文明建设；参加一支服务队，要结合自己的特长，选择 1 个以上社区特色服务项目，并服务从社区党组织的编组、管理，每年参加 2 次以上志愿服务；帮好一家困难户，在社区党组织的统一领导下，在职党员可组成多个帮扶小组，每个帮扶小组与 1 家困难户结对，积极开展形式多样、富有实效的帮扶活动；提出一条好建议，在职党员应主动深入基层，加强调查研究，努力为加快社区建设发展出主意、想办法，每年向社区提出 1 项以上有价值的意见建议；办好一件社区事，根据需要和可能，在社区服务、社区文化、社区卫生、社区治安、社区环境等方面，为本社区做一件力所能及的好事、实事。党组织将通过有关渠道掌握在职党员在社区的表现，并认真查看《在职党员社区服务手册》，将其作为晋级提拔、民主评议党员、窗口和个人评先及年度考核评优的重要依据。对自我要求不严、不服务社区管理、不参与社区建设的在职党员一票否决，取消评优资格。

3. 市民“六个一”活动

为倡导科学、文明、健康的生活方式，推进文明城市创建，促进健康城市建设，夯实“和谐昆山”基础，周市镇引导广大市民积极参加每年一次健康体检、每半年一次公益活动、每季一次知识讲座、每月一次社区文体活动、每周一次卫生大扫除、每天一次健康锻炼。家庭创建，开展各类特色活动，努力形成社区建设特色品牌。通过市民“六个一”活动的开展，有力地引导了市民参与社区活动，提升了城市文明程度和市民综合素质，促进了人的全面发展。

4. 社区共建：唱响大合唱

众人拾柴火焰高。周市镇各社区积极整合各类资源，形成共建体系，深入开展文明共建活动，形成共驻、共建、共享社区资源的良好局面。共建的大合唱唱响后，机关单位纷纷与社区携手，企业、学校积极与社区挂钩。共建使社区得到了更多的关注和帮助，共建拓开了社区建设的一片新天地。

二 社区文化发展与居民素质的提升

文化是一个城市的灵魂，社区文化对于繁荣城市文化、满足居民日益增长的文化需求，打造居民精神家园、构建和谐社区，具有十分重要的意义。社区文化建设有效地促进了人的全面发展，增强了抵制腐朽思想文化和生活方式侵蚀的免疫力，促进了社区全面建设，提升了社区的建设品位。一般来说，社区文化建设好、精神文明程度高的社区，社区就稳定安全，凝聚力就强，邻里就和谐。社区文化与居民文化素质的提高密切相关，相辅相成。

为加快“文化昆山”建设，周市镇积极实施村级标准化文化设施建设工程，基本建成村、社区标准化文化设施，实现城乡基层公共文化服务功能全覆盖，积极为城乡居民建设精神家园。一个影视放映室、一个图书阅览室和棋牌活动室、一个活动排练厅、一个文化宣传画廊、一个文化信息资源共享工程服务点，这“五个一”设定了周市镇村、社区基层文化设施达标的门槛。

周市镇充分认识文化阵地建设的重要性和紧迫性，把加快全镇文化阵地的建设摆上重要位置，纳入全镇国民经济和社会发展总体规划。按昆山市委提出的“五个一”文化设施工程和新型社区“三个一”体育设施建设的要求，高标准建设完善镇、街道、社区(村)三级文体活动场所和设施，逐步形成覆盖全镇的文体服务体系。新镇和陆杨办事处坚持把文化建设作为一面旗帜，创新文化宣传教育居民群众的方式，用发生在老百姓身边的真人真事宣传公民道德规范。开展各类文体活动，打造文化服务品牌，如举办一年一度的“新镇办事处文化艺术节”，组建“谐和”乒乓俱乐部。带动各社区广泛开展各类文体活动，在居民之间扩大了影响力和号召力。如睦和社区的“使睦和更和睦”邻里情系列活动，通过活动的开展，让邻里之间的关系更亲密，社区更和谐，让邻里们走得更近，处得更融洽，营造了和谐氛围，有力地助推了社区的精神文明建设。新镇办事处成立了周市镇第一家校外教育基地，寒暑假中对学生开展了思想道德、法律法规、礼仪习惯等教育活动。开展了书法、乐器、舞蹈、写作、跆拳道及其他才艺方面的培训，还组织青少年到敬老院进行慰问演出，使青少年离校不离教，并被市文明办和市关工委评为昆山市校外教育工作优秀辅导站。

1. 积极筹建周市镇文化活动中心

文化活动中心精心选址，按照相关标准，占地面积不少于 20 亩，建筑面积达 7 000～10 000 平方米，设有综合性影剧院(具备接纳国家级文艺团体演出的舞台、灯光、音响等设施)、多功能厅、图书馆、综合体育馆(内设篮球、乒乓、羽毛球等活动场所和游泳馆、健身场所等)、室外广场等五大部分，外设文化宣传画廊、雕塑、绿化、停车场等配套设施。

2. 着力完善街道文体活动场所设施

注重街道一级的硬件建设，面积不小于 1 200 平方米，尤其突出新镇街道 339 省道以南城市拓展区的文体设施建设，以实现与城区文化服务功能的“无缝对接”。加强陆杨街道文体活动中心的经营管理，建立健全制度体制，强化完善服务功能。同时发挥学校文体设施作用，在不影响教学秩序的前提下，对外开放校园设施，最大限度发挥资源使用率。

3. 大力推进社区(村)活动场所设施建设

在全镇社区(村)分批建成 200 平方米以上的文体活动室和活动场地(包括门球、篮球、羽毛球、乒乓球等)，并配备相应的活动器材。添置至少一套流动舞台表演设施，包括移动舞台及灯光音响设备，以提高广场表演的效果，确保较大型文艺活动的举办。

4. 推动街道社区(村)文体团队建设

新镇、陆杨街道至少建有一支文艺队伍和一支体育队伍；社区(村)至少建立一支文艺队伍或一支体育队伍(包括一支舞狮队)。同时加强了对街道、社区(村)文体团队的培训辅导，提高文体团队的业务水平。

5. 积极开展文体活动

每季度至少举办一次较大型的文体活动。每星期至少举办一次说书、评弹等小型公演活动，并最终发展到文艺书场节目天天有，居民听书不花钱的目标。镇属各文体团队每月至少举行一次表演或竞赛活动。街道、社区(村)的文体团队除了积极参与镇文体站组织的文体活动外，必须为本区群众开展经常性的文艺表演或体育比赛，并且不定期地与兄弟单位开展交流。由镇宣传办牵头每年组织2至3次"三下乡"系列活动，由集中性文化下乡推动"文化常下乡"。组织举办"周市镇第一届阅读节"，倡导读书新风，享受健康生活，使全民读书活动成为构建和谐社会的重要内容。

案例：

天伦社区创建社区特色文化　助推和谐社区建设

随着城市化进程的加快，人们的生存、生活空间逐渐向社区转移，社区环境和氛围对居民发挥着潜移默化的影响。良好的社区风尚、共同的生活愿望、高尚的道德情操和丰富的文化生活，是构建和谐社区的基本内容。天伦社区结合自身特点，提出"创建社区特色文化，打造宜居和谐家园"的工作目标，以良好的精神状态、扎实的工作作风，在推动社区居民自治、促进社区和谐、服务居民群众，引领社区居民参与社区家庭文化、邻里文化、互助文化、传统文化、青少年暑期文化、绿色文化等方面建设，不断促进社区和谐发展。

(1) 开展和谐家庭评比，打造家庭道德文化

"家和万事兴"，家庭是社会的细胞，和谐家庭是和谐社会的基础。天伦社区以建设和谐家庭为重点，创新活动载体，扎实开展各类特色家庭创建活动。2010年1月，社区在君临天下小区内开展"和谐家庭"的评比活动，制定了"和谐家庭"的评比标准和方法，在小区大门口设置投票箱，由小区内全体居民共同评选出他们心目中的"和谐家庭"，共产生8户"和谐家庭"，进行表彰。通过"和谐家庭"的评比活动，促进了家庭和谐、邻里和谐、文化和谐，社区内尊老爱幼、男女平等、夫妻和睦、邻里团结的家庭美德得到了升华，有效引导了广大家庭弘扬传统美德，倡导了社会良好风气。

(2) 创新形式开展文明活动，打造社区邻里文化

邻里文化是新时期和谐社区建设的需要，积极组织广大居民参与文明活动，促

进邻里相互沟通。一是天伦社区按照“贴近实际、贴近生活、贴近群众”的要求和“活动有序、群众自愿、参与广泛”的原则，通过挖掘文体骨干、培育文体团队、组织文体活动等，形成有自己特点的文化队伍和活动项目。组建了君临天下足球队、乒乓球俱乐部、中老人舞蹈队、腰鼓队等，其中中老年腰鼓队在周市镇中老人体育运动会团队比赛中获得了优秀组织奖。这些由小区居民自己参与的文化体育特色团队的建立，有效地调动了社区居民参与社区建设，丰富社区居民精神文化需求。二是为了丰富社区群众的文化生活，社区积极开展形式多样、内容丰富的群众性文艺活动。以社区广场文艺活动为载体，开展了“文明之场走进天伦社区”大型广型文艺、红歌卡拉OK、书法绘画展、社区居民运动会、露天电影、社区文化宣传队交流演出、居民大联欢、乒乓球季度排位赛、家庭长跑赛等形式多样、内容丰富的文体活动，进一步融洽邻里亲情，唱响邻里文化凯歌，潜移默化中促进了社区的和谐发展。

(3) 开展志愿者服务活动，打造社区互助文化

完善社区服务网络，组建了护绿、治安防护、矛盾调解、文体、计生等多支志愿者服务队，每季组织开展一次义务为民服务活动，发挥志愿者队伍，为小区居民提供服务。社区充分利用资源，让退休“五老”人员为社区内青少年进行法制、道德等方面的理论教育服务；主动为困难家庭开展扶贫帮困服务；防火防盗，为社区百姓营造一个温馨和谐的生活氛围，开展治安巡防服务；组织培育腰鼓队、太极拳、功夫扇、乒乓球俱乐部等特色团队，开展文体服务；免费放映法制电影、法制宣传，开展文明道德宣讲服务；主动深入居民，排查小区矛盾纠纷，开展矛盾调解服务；上门为育龄妇女发放计生工具、宣传资料、为新生儿家庭开展知情选择服务并帮助社区做入户登记工作，开展计生服务。

(4) 开展“敬老爱老”活动，弘扬民族传统文化

为弘扬“爱老敬老”的中华民族传统美德，结合社区实际，一是开展了送温暖活动。对有困难的老人进行帮扶和慰问，为困难老人排忧解难；二是开展了送欢乐活动。邀请社区内热爱文艺活动的老年人，以自编自弹自唱自跳的形式，为小区内老年人进行演出，丰富老年生活；三是开展送健康活动。每年社区都为老人年邀请专家进行健康知识讲座和免费义诊活动，参加的老年人多达200位，为老年人的健康保驾护航。

(5) 开展青少年系列活动，打造社区暑期文化

为丰富社区学生的暑假生活，社区每年都举办暑假夏令营活动，带领学生到户外感受绿色生活、组织参观科博馆以及教育基地、乒乓球培训班、法制讲座、环保讲座、观看爱国教育影片、敬老院慰问、演讲比赛、知识竞赛等。社区还开展“小手拉大手”活动，带领学生们在社区内捡白色垃圾，倡导学生们回家后与家长一起爱护绿化、保护环境，从我做起。通过各类社区教育，拓展了孩子们的眼界，开阔他们的视野，让孩子们知道，除了要有聪明的头脑，我们更应该要有一颗善良、热爱生活的

美好心灵。

(6) 集中精力开展环境建设，打造社区绿色文化

“绿色文化”倡导健康的生活方式，引导人们建立一种可持续发展的社会消费文化。一是向小区内居民推进小区垃圾减量分类。利用社区宣传栏、黑板报、电子屏幕、环保宣传栏等形式向居民进行宣传，提高居民绿色环保理念。二是加强社区环境建设。社区加强对物业督导，做好日常保洁、绿地养护、花木修剪等常规工作；发动老党员及志愿者，每月开展一次卫生清洁日活动，并严格监控小商小贩、小广告等人群进入小区。三是以职能部门进社区为契机，充分利用职能部门的政策、宣传、信息和执法权在社区内开展违章搭建、车库开店、油烟扰民、城镇管理等多个项目的联合执法整治，确实解决好居民关注的、危害居民利益的矛盾纠纷化解在萌芽状态，努力开创社区建设的新局面。

第五章 都市型社区的安全保障与环境建设

一 “四方会议”：社区综合治理机制

综合治理工作是社区建设和管理中的一项重要工作，周市镇各社区牢记“属地管理”原则，狠抓各项措施的落实，主要从以下三个方面开展工作，创造了一个良好的社区治安环境。

1. 从观念上重视社区综治工作

当前，我国社会发展进入快速转型时期，各类社会矛盾日益凸显，社区是维护小区稳定的“第一道防线”，流动人口的服务与管理、小区治安、民事纠纷调解、法制宣传、创建、预防青少年犯罪、刑释解教人员的帮教安置等工作开展得是否有力，很大程度上影响着居民的生产生活。做好社会治安综合治理工作，是建立和保持良好的社会治安秩序、维持社会稳定的重要手段和途径。这就要求周市镇所有社区工作人员牢固树立“一切工作皆综治”的理念，积极主动地做好各项事务。

2. 采取措施做实基础工作

做好工作贵在打好基础，所以社区工作人员全力以赴夯实综治基础工作，促进小区和谐稳定。

(1) 以群防群治为基础，大力提高治安防控力度，提升居民安全感

社区结合自身特点，充分调动群众参与社会治安防范，维护社会治安秩序的积极性，发挥治安巡逻、楼组长、志愿巡逻宣教队等群众性治安联防力量的作用，增加巡防排查密度，延伸巡防覆盖面，建立一张“横到边，纵到底”的社区综治维稳网络，

让治安防范工作成效深入人心，居民安全感逐步上升。做好流动人口和出租房屋管理工作。建立定期走访制度，对流动人口和出租房屋进行建档管理，做到数量清、情况明。

(2) 以矛盾化解为重点，及时消除隐患，增强社区和谐度

社区工作人员经常深入居民家中，开展摸底调查工作，化解各类信访问题和不稳定因素，及时就地解决好群众的合理诉求，按照“预防为主，教育疏导，依法处理，防止各类矛盾激化”的原则，利用社区 QQ 群、矛盾调解志愿者等力量，在居民身边创建调解平台，合力受理、处理各种邻里矛盾纠纷，不断发展和完善多种形式的人民调解组织，对社区重点人员实行分类管理、重点预防。对一些重大的带倾向性的矛盾，采取主动介入，积极化解，做到发现得早、化解得了、控制得住、处置得好。

(3) 以法制宣传为载体，引导居民自治，提升居民文明素养

一加强有针对性的法制宣传教育，根据群众需要，将群众生产、生活、维权等方面迫切需要了解和学习的法律、法规，以知识讲座、宣传栏、电子屏幕、发放资料等形式开展宣传，增强居民群众守法意识和明辨是非的能力，从源头上减少矛盾纠纷及群体性事件发生因素；二以社区协调议事会、居民代表大会、居务公开等载体，扩大居民参与社区各项重要事务的知情权、参与权、监督权，消除居民疑惑，提高居民对社区的认识度和认同感，充分调动社区居民参与社区事务管理、建设和谐社区的积极性。

3. “四方会议”创新社区综治机制

“四方会议”是指小区物业、房产开发商、业主委员会、街道、社区四方围绕着社区物业管理出现的各种问题，而共同召开的社区协调会议。物业服务与管理的好坏，直接关系到小区的平安与稳定。因此，一方面要加大对物业公司的指导与监督，对其服务制度、收费项目和标准、服务质量进行监督，每月对小区内外环境进行现场检查，形成例会制度，发现问题及时整改。另一方面要关心支持物业公司，帮助他们解决、处理工作中的困难。同时，要积极引导居民自我管理，建立物业管理指导小组等平台，畅通四方信息渠道，促进居民自治和各项事务的完善，有效化解由“物业”引发的各种矛盾。通过社区“四方会议”的召开，居委会把综治工作作为日常工作的重点来抓，不断加强与各方的沟通、协调，进一步夯实基础，努力形成小区齐抓共管的良好氛围，从而建立一个“管理有序、服务完善、环境优美、治安良好、人际关系和谐”的现代化社区。

案例：

天伦社区召开“四方会议”

2009 年 3 月 25 日下午，由天伦社区牵头，小区物业、房产开发商、业主委员会、街道、社区参加的“四方”会议在天伦社区会议室召开。“四方”会议的主题是如何加强小区管理，建设和谐社区，并规定每季度召开一次。天伦社区第一季度的“四

方”会议是围绕2009年天伦社区申报创建“江苏省绿色社区”展开讨论，重点突出在小区停车秩序、安全防范、沿街店面管理等相关问题的讨论，并通过此次会议提出了相应的改善措施。最后由物业、房产等相关责任方与社区签订了创建“江苏省绿色社区”的共建承诺书。

二、社区环境“长治久洁”管理的长效机制

周市镇以创建国家卫生镇为抓手，以开展环境综合整治为重点，提高了人民群众的健康意识和卫生行为，动员和组织全社会力量大力开展群众性爱国卫生运动，实现了又好又快发展营造良好的人居和投资环境。

1. 以创建国家卫生镇为抓手，全面提升环境卫生水平

周市镇提高了环境综合整治力度，健全了环境卫生长效管理制度。重点做好了硬件设施建设，城中村(城郊结合部)的改造和整治、动迁小区规范化管理、废品回收点整治、农贸市场整治、五小行业整治等重点区域和重点行业的整治。

(1) 完善基础设施

周市镇从群众最关切的民生出发，逐步实施了对道路、下水道、老小区、公厕等公共设施的建造和改造，见缝插绿，通过硬化、绿化、亮化来提高全镇的环境卫生面貌。

(2) 城中村(城郊结合部)管理

城中村、城郊结合部是卫生管理的难点区域，各村、社区加大对该区域的整治力度。一是按照人口密集的特点，配足了卫生基础设施，配强了保洁人员，提高了保洁员的工作责任心和工作成效；二是加大对该区域的监管力度，有效控制了乱设摊、乱堆放、收废品等现象发生；三是加强了对该区域群众的宣传教育，促使广大群众养成文明有序的卫生习惯。

(3) 动迁小区规范化管理

镇政府下大力气，加大了对全镇动迁小区规范化管理，目前17个动迁小区采取属地单位自行管理和委托物管两种形式，已开始步入规范化管理的轨道。创建办逐步细化动迁小区管理制度，加大督查力度，实行镇、村二级考核，即属地单位每月组织一次检查，镇创建办每月组织一次检查，通过定期不定期的明察暗访，提高动迁小区的管理水平。

(4) 农贸市场监管

农贸市场的卫生管理是镇区卫生管理的重中之重，工商、城管、卫生等部门借创建国家卫生镇的东风，加大对农贸市场的督查力度。督促农贸市场不断完善硬

件设施，规范日常管理，改善经营秩序，清理外设摊位，整顿无证摊点，给群众创造一个秩序井然、卫生整洁的购物环境。

(5)“五小”行业管理

卫生、工商、公安等部门按照国家卫生镇标准，对“五小”行业进行全面清理，对符合条件或整改后达标的，给予办证；不符合条件或整改后仍不达标的，坚决予以取缔，严禁店外店、占道经营的现象发生。

(6) 废品回收点整治

近年来，镇党委、政府对收废品行业的整治力度不断加强，取得了一定的成效。但由于属地单位的长效管理措施薄弱，使得废品回收点屡禁不止，这是部分地区脏、乱、差和社会治安混乱的源头之一。因此，政府加大了对废品回收点的专项整治。由创建办拟定废品回收点整治方案，要求先由各属地单位自行整治，整治一阶段后，镇创建办对整治情况进行检查验收，逐步达到了规范废品行业的效果。

2. 以健康教育、除害防病和农村改厕为重点，提高全民环境卫生意识

健康教育是提高全民素质和增进群众身心健康最有效的方法，因此，周市镇通过发放卫生资料，张贴宣传画报，开展卫生讲座等形式，抓住“爱国卫生月”、卫生日、文化三下乡等重大活动，大力开展全民健康教育活动。把开展“爱国卫生月”活动作为推动“创建”工作的重要内容，组织和动员全社会力量，共同治理脏、乱、差和卫生死角等。同时，开展好春秋两季灭鼠和除“四害”工作，加大对四害危害性的宣传，不断增强全民的卫生意识。另外，不断加大农村改厕力度，对原来档次低、破损的化粪池进行改造，并结合新农村建设，合理配备公厕，以此来不断深化农村改厕工作，提高全民的生活环境。

3. 以长效管理和督查考核为途径，巩固和推进创建成果

周市镇对照卫生镇、村的标准，在注重硬件建设的基础上，不断创新工作方法，通过健全保洁队伍，强化长效管理，加大考核力度，真正使环境面貌得到改观，让群众得到实惠。

(1) 健全长效管理机制

周市镇健全了保洁员队伍，不断提升环境卫生长效管理水平。镇各单位按照国家卫生镇标准，选好配强了保洁人员，明确任务，落实责任，健全分管领导、巡视员、保洁员的三级管理体系，通过一级抓一级，使长效管理真正抓出成效。同时，加大环境整治力度，对一些历史的卫生死角、脏乱差严重的区域，特别是主干道沿线要开展彻底的整治，在全覆盖上下苦功、做文章。健全社区门前“三包”环境卫生责任制、完成长效管理工作机制和网络，重点抓好“五个落实”，即落实工作计划、落实专业队伍、落实工作责任、落实考核办法、落实维修养护经费。各项卫生管理走上制度化、经常化、法制化、规范化的轨道。

(2) 加大明察暗访力度

周市镇加大检查考核力度，坚持每季度一次明察，不定期暗访。进一步健全了农村卫生考评体系，加大动迁小区管理、废品回收点整治、卫生长效管理等在考核中的权重。同时，创新检查考核形式，通过随机抓阄、对口检查的方式，利用检查、考评、抄告、通报等手段，强化了村干部的环境卫生意识，提高农村卫生管理水平，提升环境卫生质量。

(3) 确保重点区域达标

目视范围做到："七无"，即无乱设摊，无乱搭建，无乱张贴、乱涂写、乱刻画，无乱堆放，无暴露垃圾、渣土，无违章户外广告设施，无破损遮阳篷、店招店牌；绿化清洁：有专人养护保洁、无各种暴露垃圾，无大面积积水，无植损；道路保洁：做到"四清一通"，即路面清、沟底清、人行道清、墙脚清、沟眼通；交通集散地：配备废物箱，落实专人保洁，确保环境整洁。

第六章 案例研讨：“一居一品”的社区品牌创建实践

周市镇在加强硬件建设的同时也在不断提升软件水平，“创特色、树品牌”工作全面启动。每一个社区都提出了自己的特色品牌，即所谓“一居一品”。春晖社区的特色是“以人为本，家居文化”，嘉禾社区的“牵手俱乐部”受到年轻人的好评，康泾湾社区“四位一体工作室”，阳光社区的“老年人康乐园”，桂冠社区的“书画苑”，睦和社区的“社区邻里情活动”，金威社区的“圆桌对话”和“托老所”，天伦社区的“外籍人士直通车”、毛厍社区的“业主理事小组”等特色活动正在创建之中，花都社区尝试成立一个“外籍人士志愿者”组织。“一居一品”的社区品牌创建实践，大大丰富了社区工作的内涵，营造了安乐祥和的社区氛围，培育了居民的参与意识，有力地塑造了社区精神共同体与生活共同体。

一 金威社区：圆桌会议

近年来，金威社区在周市镇党委政府的领导下，在新镇办事处的指导和关心下，在全体工作人员的共同努力下，在各部门和社区居民的配合与支持下，取得了良好的成绩。社区现已获得了国家级绿色社区、江苏省绿色社区、苏州市绿色社区、苏州市文明社区、昆山市文明示范社区、昆山市文明社区、昆山市民主法治示范社区、昆山市六个一先进单位等荣誉称号。

2008 年，金威社区争创“国家级绿色社区”，在创建的过程中，首先征集了社区居民对社区环境问题的意见，结果社区居民投诉最多的是关于江南明珠苑 23 号、

25 号楼餐饮商铺油烟、噪声扰民问题。本着创建为民的原则，金威社区将整治解决油烟、噪声扰民问题作为创建国家绿色社区的一个重点内容来抓。以此推动小区的环境建设，提高小区的环境质量。金威社区借助"圆桌对话"这一平台，解决了居民反响强烈的热点难点问题。

圆桌对话会议就是围绕一个主题，由责任方、利益相关方，双方坐下来通过平等协商解决问题的一个机制，在政府相关部门的组织参与下，双方各自陈述自己的诉求，并依据法律法规和合乎情理的原则，寻找解决问题的结合点和平衡点。这种方法避免了矛盾的激化，有助于问题的平衡解决，有助于和谐社会的建设。

首先，在 2008 年 2 月 28 日，金威社区组织召开了第一次社区环境圆桌对话会议，出席会议的有：昆山市环保局、周市镇人民政府、新镇办事处、工商分局、环保办、城管中队、司法办、卫生防疫站、小区业委会、博威物业有限公司、江南明珠苑业主代表、餐饮商铺代表、社区绿色环保志愿者代表等相关人员 50 多位。另外，国家环保部宣教中心、省环保厅宣教中心、苏州市环保局以及其他兄弟县市环境办的有关领导观摩了此次会议。昆山电视台、昆山日报等新闻媒体同时报道了此次会议。

会上，金威社区汇报了关于江南明珠苑第 23 号、25 号楼餐饮商铺油烟、噪声扰民问题的由来及影响。涉及的餐饮商铺属无证无照经营户，由于商铺的油烟、噪声、排放都未达标，致使在经营过程中污染了小区环境，影响了小区居民的日常生活和身心健康，广大居民要求整治。双方代表各自发表了观点，会议在公开、公正、平等、和谐氛围中进行，通过三个多小时的沟通和协调，最后达成共识，并签订了协议，主要条款如下：(1) 执法部门以工商牵头，根据有关条款，切实解决第 23 号、25 号楼无证无照餐饮商铺油烟、噪声扰民问题。(2) 由新镇办事处牵头，联合政府相关部门，提出整治措施，要求餐饮商铺转业或关闭，并对相关问题进行协调。(3) 截至 2008 年 3 月 20 日，经营户未自行取缔即由职能部门组织联合执法强行取缔。(4) 承诺双方对协议完成情况将于金威社区召开第二次社区环境圆桌对话会议上进行通报。

在其后的执行过程中，餐饮商铺经营者碰到了许多问题：如转行的资金问题，搬迁的地址问题，关闭重找经营项目问题等，都提到了限期时间的仓促问题。金威社区根据经营者反映的情况，本着以人为本、构建和谐社区的原则，在 2008 年 4 月 29 日召开了第二次社区环境圆桌对话会议。参加此次会议的除了上述有关部门的领导及代表以外，国家环保部领导、江苏省环保厅的领导再次观摩了圆桌对话会议。会上金威社区通报了餐饮商铺在整治过程中碰到的实际问题。通过协商讨论，大部分代表都表示了谅解，特别是居民代表也表达了他们的豁达和谅解，表示还可以放宽一点时间，尽量减少经营者的不必要损失。会后双方达成了共识，并签订了协议及餐饮商铺经营户在限期时间内自行关闭或转行的承诺书，承诺期限为 2008 年 6 月 30 日。在这段时间内，新镇办事处、金威社区、小区业主委员会做了大量的协调工作，结果，第23号、25号餐饮商铺全部在6月30日自行关闭或转行。社区环境圆桌对话会议是一个建立在政府、相关单位、居民三方之间交流对话机制，是居民维护自身权益，表达诉求，平稳解决社会公共问题的有益尝试，它不同于政府的听证会，它是政府给公众搭建一个交流信息平台，其在很大程度上能够保证公众的知情权，从而有效促进了信息公开。对话机制搭建起到了政府和社区公众间沟通、信任和监督的平台，公众在这个平台上，可以向政府表明自己的想法和建议，促进政府部门对此给予应有的考虑，从而减少决策的失误，有助于提高决策的质量。

金威社区运用圆桌对话会议解决了小区物业管理费收缴、车辆停放、小区居民养狗等一系列热点、难点问题。目前，社区环境圆桌对话会议已得到了推广，新镇办事处辖区的其他社区如睦和社区、毛库社区等同样用对话会议的形式解决了很多社区问题。

金威社区将"圆桌对话会议"与社区议事会制度机制结合起来，对社区出现的各类问题进行及时解决、处理，并按阶段进行自评和总结，完善创新调解方法，建立持续有效的改进机制，使得社区的各项工作向着更深入，更高层面，更具操作性、实效性的方向发展，构建了和谐新社区。

二 毛库社区：业主理事小组

毛库社区位于长江北路与339省道交汇处，东起白塘中心河；西至汉浦塘；南靠339省道；北至横长泾路。由宝城名邸、东辉缘、圣雅园、青春驿站、沛绿园组成；社区占地面积0.8平方公里，居住总人口为9 720人，新昆山人占人口总数的85%；辖区共有26个企业。目前东辉缘、沛绿园小区已成立业委会，宝城名邸小区成立了"业主理事小组"，其余的两个小区都未成立业委会。

近年来，随着周市镇城市化进程的加快、政府社会职能的转换、城市社会管理重心的下移，社区建设工作的重要性越来越突出，随之社区管理工作正在日益趋向复杂性。社区管理工作得到了党委、政府十分高度的重视，毛库社区建设工作在基础设施建设、日常管理和服务功能完善等方面取得明显快速提升。一是硬件建设卓有成效。二是管理工作日趋规范。社区干部的年龄和知识结构明显改善，整体素质有了明显提高。建立健全社区居民自治章程、社区代表会议制度、居民听证会制度、居务公开制度、接待和访问居民制度、居民教育制度、公章保管使用制度、档案管理制度等。三是服务功能不断完善。服务领域不断拓展，服务内容不断完善，政府公共服务、志愿者服务和无偿服务体系不断加强。社区的职能地位在不断地提升，以服务居民为重点，为社区居民提供了便利直接的服务，尽管社区建设取得不少成绩。但社区在对小区管理上仍存在一些困难和问题，主要表现在：一是缺乏参与热情。对于房产公司开发的楼盘而言，居住人群都来自全国各地，人员的结构十分复杂，特别是在小区中占了相当比例的流动租户，素质层面差距很大，作为社区主体的居民群众社区意识淡薄，对社区缺乏归属感；二是开发商遗留问题多，前期物业工作不到位。开发商交房之后遗留了很多问题，主要有两个方面，一个是业主的物业部分，一个就是公共物业部分，由于开发商在房屋质量监管工作上的不到位，许多社区的公共物业部分尤其是屋顶漏水与地下管道堵塞等问题比较突出，尽管开发商签订了前期物业公司，但由于缺乏有效的业主监督和管理环节，往往前期物业的服务难以真正满足社区业主的需求，不仅无法解决开发商遗留问题，同时又为下任物业公司的管理工作留下了“尾巴”，加之目前物业服务企业管理的不规范，很容易造成物业小区管理工作的恶性循环；三是因前期物业服务管理中缺乏有效的管理监督机制，致使小区配置的公共物业得不到有效维护保养，物业小区的消防、智能化系统、单元门、广播等系统设备设施严重瘫痪；四是物业公司以收费率低为由，降低服务标准，因此居民投诉相对增多；五是小区业主为了维护利益，要求成立业主委员会的诉愿日益高涨，隔三差五到居委会来“做客”，迫切要求成立业委会。

社区是城市基层管理的平台，是承接党和政府相关职能、反映居民诉求、化解社会矛盾、促进社会和谐的重要载体。要解决上述的问题，实现社区对小区管理的抓手在哪里呢？实践证明，在这样的小区又不能成立业委会，所说的条件尚未成熟，考虑到诸多的问题，不能草率地组织实施成立业委会。为了小区的平稳过渡，对其进行切实有效的管理，社区组织召开了多种形式的座谈会，在深入调研中发现小区中热心参与自治管理的业主较多，孕育产生了小区管理模式创新的构想——业主理事大会，由业主理事大会按规选举产生业主理事小组，社区主任任组长，小组设常务副组长，理事小组执行业主理事大会的决议，履行部分业主大会的工作职能，这样既可以有效开展小区自治管理工作又能解决人们常说的社区对业委会缺乏管理抓手的问题。经过宝城名邸的实践基础上，推进了青春驿站、圣雅园小区理事小组的相继成立，在很大的程度上真正实现了社区“三驾马车”朝着同一方向行驶的良好局面。

三 春晖社区：以人为本，家居文化

昆山市创意江湖杯第一届家居摄影文化节于 2009 年 4 月 25 日至 26 日在昆山市周市镇春晖社区自由都市小区举行，文化节期间设第一届社区家居摄影文化节开幕式、春晖社区居委会挂牌仪式、春晖社区网启动仪式、社区家居摄影展、第一届社区家居摄影文化节闭幕式等五项主体活动。春晖社区主办的2009昆山市创意江湖杯第一届家居摄影文化节得到了各级政府、新镇办事处领导的关心以及昆山市农业技术推广中心、昆山创意江湖企业管理有限公司、昆山广播电视台电视中心新闻二部、昆山市建屋置业发展有限公司、昆山市中楠房产开发有些公司、苏州工业园区建屋物业管理有限公司协办单位的密切配合和大力支持。在主办单位的倡议下,文化节还发起了万人签字活动。此次文化节活动的举办是创建绿色文明社区,建设和谐文化家庭,提升社区服务水平,打造社区品牌的重要创新工作举措,也是社区又一次关注民生、关爱家庭服务的具体体现。春晖社区通过举办文化节活动的载体,提升了居民参与社区建设的意识,从而构建和谐美好的家园。文化节围绕"关注民生、关爱家庭"的服务宗旨,取得了圆满成功,是一次求真、务实、凝聚智慧、创新的文化节。春晖社区家居摄影文化节的尝试对周市镇新型社区的建设思路产生了积极影响,对推进社区的工作,发挥了积极的促进作用。

四 睦和社区:社区邻里情活动

伴随新型房产小区的不断产生,居民的居住环境变美了,但生活方式也悄悄地发生了变化,周围的邻居由原来一起居住几十年的熟人变成了现在来自不同省份甚至有来自国外的陌生人,也许同处一幢楼,却擦肩而过,相遇不相识,相识不相知,生活中的尴尬与无奈一直伴随着社区居民,居委会工作人员看在眼里,急在心里。和谐社区的建设一直是睦和社区工作的永恒主题,在工作中始终坚持以服务促发展,以活动促和谐,通过举办各类便民服务,各类邻里情活动来为社区居民打造一个温馨和谐的社区大家庭。

1. 同台互动献才艺,邻里深情款款浓

为了加大宣传力度营造和谐社区的良好氛围,睦和社区利用各种节日在社区中发放各种邻里和谐相处的宣传材料,同时通过社区板报、画廊、楼道公示栏进行社会道德素质的宣传,利用社区图书室及电子阅览室组建了社区读书读报小组,开通了社区居民学习在线,经常性地开展各类知识讲座,使居民不出家门也能得到潜移默化的教育。通过学习,居民的整体素质得到了提高,通过开展邻里情活动为居民群众搭建了一个相互联络感情、进行心灵沟通的平台,大家可以因此拉近彼此距离,增进了解,达到相识、相知、相助、相和。社区根据不同居民的文化需求,举办了雅俗共赏的系列邻里情活动,有正月十五猜灯谜活动,居民游园活动,小区开发商、物业、业委会、居民一起参加的迎新春联谊会、端午包粽子活动、金乡邻厨艺比赛、社区居民旧物置换，有境外居民和境内居民一起参加的“睦和杯”插花比赛、“六一”亲子活动、重阳送糕活动、书画展、家庭卡拉OK比赛以及组织居民开展节日送温暖活动。通过活动的开展，让邻里之间的关系更亲密，社区更和谐，让邻里们走得更近，处得更融洽，营造了和谐氛围，有力地助推了社区的精神文明建设。

2. 便民服务连邻心，邻里和谐一家亲

“小章，给我看看这个电风扇还能不能修好?”，“王医生，我的血压正常不？我要注意些什么？你给说说。”睦和社区的便民服务几年来开展得深入人心，社区有一技之长的志愿者们忙得不亦乐乎。维修小家电、测量血压、免费理发、冬季保健咨询、消防安全宣传等让居民们受益匪浅，在接受服务的同时，加深了相互的理解，增进了相互间的友情。社区对在邻里情互助活动中涌现出来的先进个人，先进事迹进行宣传，在社区中起到了抛砖引玉的作用，如今加入社区志愿者行列的居民在不断地增加，“我为人人，人人为我”的良好氛围在社区中已逐渐形成。在这一系列的活动中，居民们相互沟通，相互学习，不仅增长了见识，提高了居民的团队精神，增进了感情，而且在互帮互助、共同进步的过程中体验到了社区大家庭的快乐。

3. 单位居民齐努力，共建和睦大家庭

社区的和谐稳定是推进各项工作的有力保证，睦和社区在精神文明建设中除了做好各类便民服务与开展各类邻里情活动外，还注重协调好社区内单位(开发商、业委会、物业)与居民之间的关系，社区在定期召开四方(居委会、物业、业委会、开发商)会议的同时，定期举办一些小区单位与居民的联欢活动以及邀请社区居民一起参加的研究社区发展的联席会议，当好社区单位和居民的老娘舅，通过活动的深入，丰富了和谐社区的内涵，激发了健康向上的精神风貌，增强了社区居委会组织的凝聚力，使社区精神面貌进一步改善，社区和谐得到充分体现。

五 天伦社区：外籍人士直通车

天伦社区居委会位于青阳路与长江路交汇处，东至横泾路；南至新浦路；西至长江路；北至金浦路。辖区有君临天下、巴比伦、第E特区组成，社区占地面积0.58平方公里，总建筑面积50万平方米，绿化率43%左右，总户数3 856户，目前已入住1 800余户，社区共有206户外籍人员，已入住131户，如何让这些外籍人员更好地融入社区生活，为此，天伦社区筹划了“外籍人员直通车”这一创新的社区服务活动。

开通天伦社区外籍人员QQ群，发动社区内的外籍人员自愿加入社区QQ群，了解社区动态，更好地让外籍人员融入社区生活中来，并为外籍人员提供以下项目内容：(1) 通过召开境外人士联谊会介绍社区服务项目、听取境外人士对社区服务的建议和意见；(2) 开通外籍人员 QQ 群，及时回答境外人员提出的相关问题。如：为居住在社区里的外国人请中文辅导教师问题、签证办理、家政服务等；(3) 为了让境外人员了解社区建设和发展情况，在 QQ 群内放置介绍社区的幻灯片；(4) 在 QQ 群内放置关于出入境管理的相关法律法规及办理的程序等相关资料；(5) 为居住在社区里的外籍人员提供聚会活动免费场地；(6) 建立例会制度，定期研究境外人员的管理与服务问题；(7) 社区和物业公司保安、派出所放"温馨提示"，普及外管知识，落实境外人员的管理。

"外籍人员直通车"让外籍人员更快地融入了社区、感受到社区大家庭的温暖。同时他们也会为了共同生活的社区添砖加瓦，例如 2009 年融汇豪庭一外籍人士为了美化小区环境和优化水资源，捐资 6 000 多元购置了金鱼，在小区池塘内放养，为"小区是我家、建设靠大家"注入一个新的开始。

第七章 社区建设的进一步推进

尽管周市镇在从传统城郊型向现代都市型社区转变过程中，取得了很大的成就，但由于其正处于快速城市化转型过程，社区结构日趋复杂，社区工作还有不少尚待改进之处。在社区管理中，周市镇仍然存在队伍素质偏低、社区经费不足、管理服务缺位、物管矛盾突出、法律法规缺失等方面的问题。具体来说，在居民委员会层面存在的主要问题有：居委会角色定位不明确，政府干预居委会工作较多；居委会工作人员数量少，人员素质亟待提高；社区管理法律法规不完善，增加了居委会管理难度。在业主委员会层面存在的主要问题有：关于业主委员会的规章制度不健全，业主委员会权责不明确；业委会成员的产生条件缺少人性化思考，难以实现真正自治；业主个体差异性大，业委会管理难度大；业主委员会的工作缺乏长效的动力机制。在物业公司层面存在的主要问题有：开发商遗留问题多，前期物业工作不到位；物业费收缴率低，影响物业管理水平的提高；物业管理法律体系不完善，物业产权界定不明晰。笔者建议周市镇可从以下几个方面进一步推进社区建设，以便取得更高的成就。

一 社区“1+3”模式的探索

鉴于目前社区社会组织日益增多，各组织之间面临着关系协调与整合问题，建议周市镇实施“1＋3”模式，“1”是指社区党组织(党总支或党支部)，“3”是指居民委员会、业主委员会和物业公司三个组织。社区党组织(党总支或党支部)是一个社区的领导核心，其他三个组织应服从社区党组织的领导。

（一）党支部：社区管理的核心

鉴于目前党组织在社区中的核心领导作用还没有完全发挥的情况，建议在每个社区都成立党总支（或党支部）。党总支可下设党支部，党支部可下设在职党员联络站、退休党员联络站、流动党员联络站，各联络站站长由党员志愿者担任。通过社区党支部的各项活动，充分发挥党员在社区中的先锋模范带头作用，引导社区居民树立正确的政治方向，引领社区文明风尚，紧紧团结在社区党支部和居民委员会的中心，配合办事处、镇、市政府开展各项工作，提高社区居民的素质，培养公益心和共同体意识，营造安定团结的社区氛围。

（二）居委会、业委会和物业的职能定位

1. 居委会

居民委员会在实际工作中是半自治半行政的组织，一方面需要承接街道、镇、市政府下派的各项行政性任务，同时又是群众性的自治组织，起着承上启下的政府与社区居民之间的桥梁作用，在社区管理中的作用和地位非常特殊和重要。居民委员会既要对下负责又要对上负责，其角色是非常敏感的，因此，居民委员会在处理政府、居民、业主、业主委员会、物业公司、开发商之间的关系时，工作上要讲究方式方法，既不能越权，也不能缺位，既要完成政府下派的各项任务，又要满足业主、居民的利益要求，充分尊重业主管理委员会，并做好对业主管理委员会日常运作的指导、监督工作。

2. 业委会

业主委员会是以建筑物及其公共设施附属设备为主的业主自治管理组织，其主要任务和职责范围是代表业主与物业公司签订物业服务合同并监督合同的执行。业主委员会对发挥业主自治意识、实现自治管理起着重要的作用，但在一些重大事项上，必须服从社区党组织的领导，认真听取居民委员会的指导意见，并规范自身的内部制度，防止个别业主或业委会委员利用这个组织拉帮结派，制造社区混乱，乃至获取个人私利、违法乱纪。

3. 物业

物业公司是依据物业服务合同对社区全体业主和居民进行物业服务与管理的企业组织，其特点是营利性、服务性。物业公司必须按照合同来对业主开展服务，在营利的同时，要讲究企业的社会责任，接受业主管理委员会、居民委员会的日常监督。

（三）“1+3”模式的内部关系

社区党支部是社区各类组织和各项工作的领导核心，居委会在社区党支部的领导下，发挥居民自治的主体作用，依法履行自治职能。社区党支部要保证党的路线、方针、政策和上级党组织的指示在居委会得到贯彻落实；要通过合法的工作程序，把党组织的主张和意图变为群众组织的自治行为；要通过党的组织系统，协调好居委会、业委会、物

业公司等社区组织的关系；要放手支持和保障居委会依法履行职责；要通过思想宣传发动工作，动员社区组织和居民群众积极参与社区建设工作(详见图2－4)。

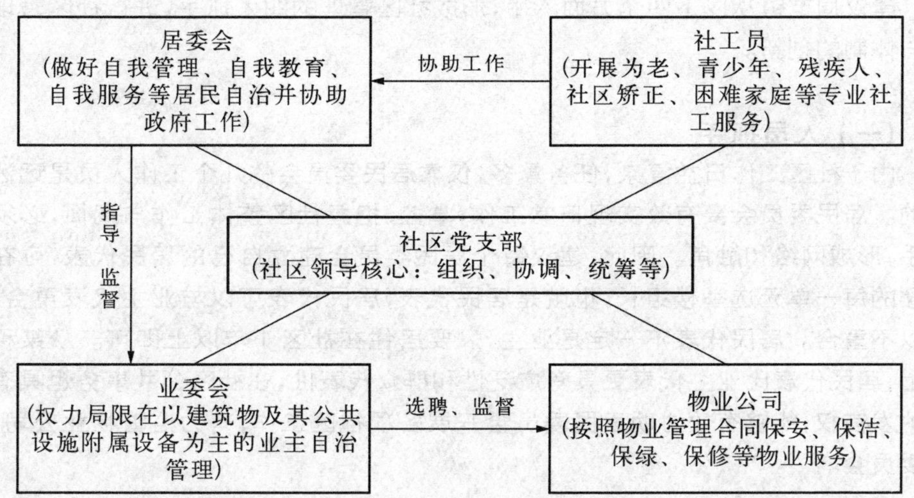

图2－4　社区各组织之间相互关系图

社工员是指由政府和社会出资购买其服务、由街道社工站统一进行人事管理并下派到社区协助居委会开展为老、青少年、残疾人、社区矫正、困难家庭等服务的专业社工，切实为居委会减轻负担，居委会对专业社会工作人员有选聘权、监督权和评议考核权。

居委会代表本居民区全体居民的共同利益，是居民自治的主体，业委会是以物权为基础产生的对物业实施自我管理的组织，其权限在与物业相关的范围之内，在社区党支部的领导和居委会的指导监督下行使自治职能。居委会按照有关规定，建立业主大会指导工作小组和物业管理协调会议制度，负责牵头做好业主大会和业主委员会的组建、换届改选；加强对业委会的指导和监督，并贯穿于业委会筹备、产生、换届、变更、注销和日常运作中；做好调解物业管理矛盾和纠纷的工作，关心支持本居民区物业管理，维护社区居民合法权益。社区党支部要把居委会、业委会、物业公司的负责人纳入到社区党支部班子队伍中，以便于领导社区、做好组织、协调、统筹等工作，促进社区和谐。

二　社区管理的切入点分析

鉴于“农村村落”向“城市社区”的城市化过程，“单位制”向“社区制”的转型，政府行政管理在城市社区中所留下的“真空”地带，急需城市社区管理体制的创新，形成社区管理的抓手，有效实现城市基层社会的治理，实现社区秩序的和谐稳定局面。建议周市镇从以下四个方面入手，形成社区管理的四大抓手，进行社区管理模式与体制的创新。

(一) 人员抓手

由于社区工作日益复杂，任务繁多，仅靠居民委员会的几个工作人员是远远不够的。居民委员会要有效实现日常工作，掌控、把握社区整体工作与局面，必须有帮手，形成网络和触角。因此，建议每个居民委员会建立自己的居民代表，可在一幢楼的每一单元选举楼组长，也就是居民代表，居民代表可以与业主代表重合，也可以不重合。居民代表不一定是业主，只要居住在社区 1 年以上即可。从某种意义上，居民代表比业主代表更具有广泛性和群众代表性，在社区公共事务也具有更大的发言权，能够有效协助居民委员会开展各项社区工作，有力监督物业公司、业主委员会。

(二) 活动抓手

广大居民、业主是分散的，是“原子化”的个人，居民委员会如何凝聚人心？关键是从开展各项社区活动入手。通过开展各种各样、丰富多彩的社区活动，例如社区体育节文化节、各种类型的比赛活动、纳凉晚会，就能够营造和谐活泼的社区氛围，在活动中居民形成社区共同体意识，形成社区归属感，形成对居民委员会的高度认同，形成对居民委员会工作的大力支持。

(三) 组织抓手

要实现社区居民从“单位人”到“社会人”，再到“组织人”的转变，必须组建党组织和各类社会组织。首先是组建社区党组织，在每个社区成立党支部，在党支部下面再组建“在职党员联络站”、“退休党员联络站”、“流动党员联络站”，把居住在社区内的党员联络在一起，形成社区有效、有序管理的中坚力量和先锋标兵作用；其次是组建各类志愿者组织，例如“老年志愿者组织”、“青少年志愿者组织”、“志愿者巡逻队”等，充分发动群众，共同管理社区；再次，组建“社区居民监督小组”，有效监督物业公司和业主管理委员会的日常运作；最后，组建各类群众性文体性组织，组织居民群众自娱自乐。在上类组织的构建与日常管理中，居民委员会都要起着引领的作用。

(四) 制度抓手

社区管理工作的中心，还是靠制度的完善与机制的创新，形成长效治理模式。

针对当前周市镇社区存在的业主委员会的“无政府主义”、物业公司运行的不规范行为，只能从根源上、从制度上去约束其违规行为。建立制订《周市镇实现社区有序管理的实施办法》、《周市镇、街道办对业主管理委员会进行指导与监督的实施细则》，在不违背《物权法》、《苏州市住宅区物业管理条例》的前提下，在实施办法或实施细则中，明确街道办、居民委员会对业主委员会、物业公司进行有效指导和监督的具体办法。比如，在街道办、居民委员会筹建首届业主委员会时，就应该明确业主委员会的财务制度、用章制度、换届制度、监督制度、联席会议制度等，把指导与监督工作落到实处。

三 居委会建设的对策建议

居民委员会是社区建设的中坚力量，塑造一支强有力的社区骨干队伍，社区的和谐与发展等于成功了一半。因此，在当前基层社会管理任务日趋繁重、基层社区维稳工作日益复杂的局面下，政府必须不仅在硬件设施上更要从软件建设上，加大社区建设的投入力度。

（一）居委会属地化

鉴于目前周市镇各社区居民委员会工作人员均是政府指派的，缺少民意基础，由于工作人员特别是居民委员会主任都不在本社区内居住，导致下班时间居民群众遇到事情不方便联系居委会。因此，建议社区党支部书记可以由镇党委和办事处来任命，但居民委员会则要由本社区居民选出，并保证有50%要坐班工作，居委会正副主任必须保证有一人要坐班，这样不仅有利于居民民主自治建设，也便于居民和居委会保持紧密工作联系，便于沟通和工作开展。

（二）选举与培训

规范居委会民主选举制度和程序，除居民会议外，任何组织和个人不得指定、委派或撤换居委会成员。由于居委会的部分委员为不坐班的，所以社区必须配备社工或社区干事来协助居委会开展工作。昆山为经济发达地区，是优秀人才会聚的地方，而周市镇新镇街道的社区多是新开发的商品房小区，且多为中高档的社区，社区业主和居民的素质普遍比较高，只有居民委员会工作人员的素质高，才能有效地和广大业主和居民沟通、对话和管理。建议新进入社区工作的社工或社区干事人要严格选拔，聘任责任心强、热爱社区工作、沟通协调能力强的优秀大学生进入社区工作。

(三) 资金投入

由于居民委员会要落实政府下派的各项行政性任务,发动组织社区居民,开展各种各样的社区活动,关照弱势群体,以现有的社区工作经费显然是不够的。以上海为例,3 000 人左右的社区,每年街道划拨给居民委员的社区活动经费有 8 万元,人均活动经费有 26.7 元。建议政府适当增加社区工作活动经费,可以按照人口比例、人口结构等要素来分配资金。

(四) 规范与考核

借鉴上海社区管理经验,明确居民委员会工作职责,健全各项工作制度。建议周市镇各社区成立精神文明委员会、人民调解委员会、治安防范委员会、计划生育委员会、环境卫生委员会、志愿服务委员会,建立居委会居务公开制度,定期召开听证会、评议会、协调会,健全各项管理制度。

(五) 楼组长和五大员建设

居委会下设若干居民小组,居民小组以便于联系为原则划分,一般以 10 至 50 户为小组,由本小组居民推选组长 1 名、副组长 1 名,任期同居委会,可以连选连任。居民小组在居委会领导下开展自治活动,是居委会联系群众的桥梁和纽带。

各居民小组建立宣传员、调解员、卫生员、安全员、社保员“五大员”队伍,由社区党员、居民代表、居民中的积极分子和社区志愿者等组成,由各居民小组长决定产生,协助居委会和居民小组长做好自治工作。“五大员”不设任期,可根据实际情况,适时进行人员的调整和补充(详见图 2-5)。

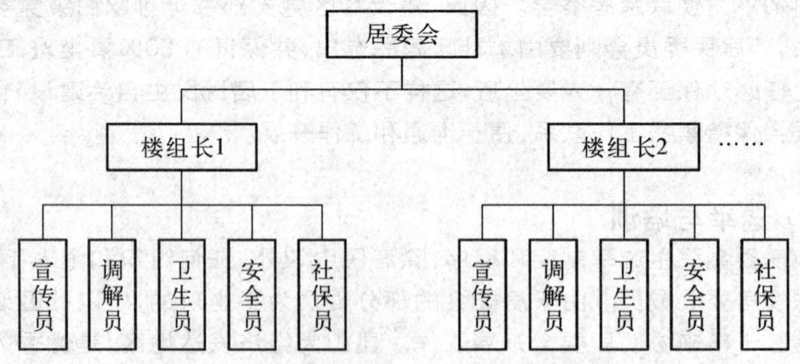

图 2-5 楼组长、五大员示意图

(六) 文化团队与服务设施

在调研中,笔者发现体育健身设施利用率较高,但图书室和电脑还没有投入使用。现有的体育设施,如乒乓球台少,不能满足居民需求。场地小,设施不足,人多排队情况经常发生。因此，各个社区的居民文化活动中心需要建立健全各项规章制度，尽快全面投入使用，培育各种文化团队，在丰富广大居民精神生活的同时，以文化教育凝聚人心、提高居民素质，增强居民委员会、街道政府的号召力和向心力，为构建和谐社区打下坚实的群众基础。

四 业委会管理的改进措施

业主自治管理是社区管理的重要组成部分，对业主委员会应有一个客观的评价、正确的认识。一个好的业主委员会特别是业主委员会主任，对于塑造整个社区的和谐关系，协助社区主任做好各项工作，减轻居民委员会的重负，有效监督物业公司的规范操作，具有举足轻重的地位和作用。同样，如果业主委员会中一些委员或主任委员动机不良、能力不够、威信不高，会对整个社区的和谐稳定起着很大的破坏作用。因此，街道、居民委员会对业主委员会的态度应该是，既不能放任不管，也不能忽视业主委员会的功能和作用，而是把指导、监督业主委员会的工作落到实处，使其在正确的轨道上发展。业主自治管理不是无政府主义，必须在街道政府、居民委员会的指导、监督下展开自治活动，在法律法规范围内、严格按照相关程序进行自治管理。根据近几年来业主自治管理运行中出现的问题，按照《物权法》、《物业管理条例》的相关精神，结合周市镇实际情况，特制订以下几点具体指导、监督实施意见：

在镇、街道、居民委员会的指导、监督下，在条件成熟的社区成立业主委员会。每年评选、表彰先进社区工作者（包括成绩优秀、工作突出的业主委员会主任、业主委员、业主代表、业主、居民、物业公司从业人员、居民委员会工作人员和其他人士等），街道把促进辖区内业主（代表）大会、业主委员会的正常运行纳入社区居民委员会工作考核体系。

（一）业委会的成立

首次业主大会会议筹备组由业主代表、建设单位代表、街道办事处、乡镇人民政府代表和居民委员会代表组成。筹备组成员人数应为单数，其中业主代表人数不低于筹备组总人数的一半，筹备组组长由街道办事处、乡镇人民政府代表担任。筹备组中业主代表的产生，由街道办事处、乡镇人民政府或者居民委员会组织业主推荐。

首届业主委员会主任的选拔过程中，街道、居民委员会一定要把工作做到位，把好关，把德才兼备、政治觉悟高的社区领袖选拔到业主委员会中，要力保业委会主任或副主任必须有一人是中共党员。

(二) 换届

业主委员会任期届满前 3 个月,应当组织召开业主大会会议,进行换届选举,并报告物业所在地的区、县房地产行政主管部门和街道办事处。

业主委员会在规定时间内不组织换届选举的,物业所在地的乡镇人民政府、街道办事处应当责令其限期组织换届选举;逾期仍不组织的,可以由物业所在地的居民委员会在乡镇人民政府、街道办事处的指导和监督下,组织换届选举工作。

因客观原因未能选举产生业主委员会或者业主委员会人数不足总数的二分之一的,新一届业主委员会产生之前,可以由物业所在地的居民委员会在街道办事处、乡镇人民政府的指导和监督下,代行业主委员会的职责。

业主委员会应当自任期届满之日起 10 日内,将其保管的档案资料、印章及其他属于业主大会所有的财物移交新一届业主委员会。

(三) 业委会的规范与制度

1. 委员资格

业主委员会委员应当是本物业服务管理区域内的业主,并符合下列条件:具有完全民事行为能力,且遵纪守法;女委员年龄不宜超过 60 周岁,男委员年龄不宜超过 65 周岁,业主委员会的委员不能代理;模范履行业主义务,不欠交物业管理服务费、专项维修基(资)金等;热心公益事业,责任心强,具有社会公信力;具有必要的工作时间和一定组织能力;未在本物业服务管理区域的物业服务企业及其下属企业内任职。

业主委员会委员有下列情况之一的,由业主委员会三分之一以上委员或者持有 20%以上投票权数的业主提议,业主大会或者业主委员会根据业主大会的授权,可以决定是否终止其委员资格:以书面方面提出辞职请求的;不履行委员职责的;利用委员资格谋取私利的;拒不履行业主义务的;侵害他人合法权益的;因其他原因不宜担任业主委员会委员的。

业主委员会委员资格终止的,应当自终止之日起 3 日内将其保管的档案资料、印章及其他属于全体业主所有的财物移交业主委员会。

业主委员会任期内,委员出现空缺时,应当及时补足。业主委员会委员候补办法由业主大会决定或者业主大会议事规则中规定。业主委员会委员人数不足总数的二分之一时,应当召开业主大会临时会议,重新选举业主委员会。

2. 会议制度

业主委员会会议每季度至少召开 1 次。经业主委员会主任提议或者三分之一以上业主委员会委员提议，可以召开临时会议。业主委员会会议应有过半数的委员出席，作出的决定必须经全体委员半数以上同意。业主委员会委员不能委托代理人参加会议。业主委员会应当于会议召开7日前，在物业管理区域内公告业主委员会会议的内容和议程，听取业主的意见和建议。业主委员会会议应当制作书面记录并存档，业主委员会会议作出的决定，应当有参会委员的签字确认，并自作出决定之日起3日内在物业管理区域内公告。

按照业主大会议事规则的规定或者三分之一以上委员提议，应当召开业主委员会会议的，业主委员会主任、副主任无正当理由不召集业主委员会会议的，物业所在地的区、县房地产行政主管部门或街道办事处、乡镇人民政府可以指定业主委员会其他委员召集业主委员会会议。

业主委员会未按业主大会议事规则的规定组织召开业主大会定期会议，或者发生应当召开业主大会临时会议的情况，业主委员会不履行组织召开会议职责的，物业所在地的区、县房地产行政主管部门或者街道办事处、乡镇人民政府可以责令业主委员会限期召开；逾期仍不召开的，可以由物业所在地的居民委员会在街道办事处、乡镇人民政府的指导和监督下组织召开。

当业主委员会处于瘫痪状态不能履行其正常职责时，街道办事处、镇人民政府可以临时指派社区居委会暂行替代业主委员会的工作，行使业主委员会的职责；并告示全体业主，撤销该业主委员会，收回印章。

3. 印章制度

业主委员会办理备案手续后，可持备案证明向公安机关申请刻制业主大会印章和业主委员会印章，印章应刻制该届业主大会、业主委员会的有效日期。

业主委员会应当建立印章管理规定，并指定专人保管印章。使用业主大会印章，应当根据业主大会议事规则的规定或者业主大会会议的决定；使用业主委员会印章，应当根据业主委员会会议的决定。盖章要先写申请，然后要经业主委员会主任、副主任签字，每次用章都要有文件记录、复印存档。

违反业主大会会议议事规则或者未经业主大会会议和业主委员会会议的决定，擅自使用业主大会印章、业主委员会印章的，物业所在地的街道办事处、乡镇人民政府应当责令限期改正，并通告全体业主；造成经济损失或者不良影响的，应当依法追究责任人的法律责任。

4. 财务制度

业主（代表）大会和业主委员会活动经费收支账目按照业主（代表）大会议事规则的约定，定期按月或按季在物业服务区域内公布，接受业主的监督。

（四）监督机制

召开业主委员会会议，应当告知相关的居民委员会，并听取居民委员会的建议。在物业管理区域内，业主大会、业主委员会应当积极配合居民委员会依法履行自治管理职责，支持居民委员会开展工作，并接受其指导和监督。

在社区成立业主自治监督委员会或监督小组，监督委员会或监督小组成员由街道办事处、居民委员会、业主代表组成，其负责人由街道办事处任命。业主自治监督委员会或监督小组主要负责对业主(代表)大会、业主委员会的运作规范、工作流程、财务管理进行监督指导。

五 物业管理的改革路径

物业公司在社区物业管理与服务中起着主要的作用，与广大业主和居民的日常生活息息相关，因此对于物业公司服务规范的指导和监督必不可少。街道、居民委员会应指导业主委员会与物业公司鉴定规范的合同。物业管理服务应保持适当的稳定，业主管理委员会不可频繁更换物业公司，否则可能造成物业交接等方面的困难，甚至造成物业服务的瘫痪。物业公司的服务可实行包干制或者酬金制(佣金制)。物业管理服务的收费可以实行一定程度的创新，比如可根据业主交费意愿，实行"物业服务套餐制"，业主的交费多少、物业公司的收费情况与物业服务的成本、质量和效益挂起钩来，从而减少物业公司与业主、业主委员会围绕服务品质、内容、项目等方面的物业纠纷和矛盾。

借鉴分级审批方法，增强房屋维修基金启用程序的弹性。周市镇社区一个普遍问题就是随着房龄的增加，房屋需要维修，但是维修基金启动程序繁琐，几乎没有一个社区能够动用该笔款项，如何有效地利用维修基金是一个很重要的问题。要解决这个问题，更多的可能需要从政策层面给予支持，上海的社区管理中对于维修基金的使用也可以借鉴。笔者对上海康健街道长虹坊社区做了调研，该社区的业委会主任连任5届，深得广大业主的信任，他们在《业主公约》中对房屋维修基金的使用作了如下的调整：对于房屋老旧确实需要动用维修基金的，使用数额在2万元以下的有业委会自行审批；使用数额在2万～5万元的，需要1/2的业主签字同意；使用数额在5万元以上的，则按照《物业管理条例》规定，需要2/3的业主签字同意方可使用，此外还特别规定，如果业主在同一个小区内购买2套房子的，以及开发商有若干套未出售房屋的，都只能按1票计。上海社区的做法在一定程度上增加了房屋维修基金使用的弹性，对于小数额的基金使用，业委会能够及时有效地支配使用，以保障基础维修工作及时地进行。

物业管理联席会议由街道办事处负责召集，由市、镇房地产行政主管部门、公安派出所、居民委员会、业主委员会和物业服务企业等方面的代表参加，共同协调解决物业管理中遇到的问题，以达到社区自治与共治的协调统一。

昆山周市镇正处于经济社会发展转型的关键时期，快速城市化进程中给政府的社区管理带来的机遇与挑战同在。周市镇的各级领导、周市镇的人民向来都具有不惧艰难、锐意改革的创新精神，相信在不久的将来，周市镇不仅经济上仍然处于全国的领先行列，而且在社会建设上、社区管理、社区和谐建设中，会成为全国的典范，继续引领经济社会发展的潮流！

第三篇
公信政府建设实践探索

前言

政府作为一个为社会成员提供普遍服务的组织，其公信力程度通过政府履行其职责的一切行为反映出来。作为最基层的乡镇政府，一方面由于政府职能转变不够彻底，行政管理体制尚待完善，依法行政的目标还远未实现；另一方面直接面对社会转型时期出现的大量矛盾和冲突，需要乡镇政府加以化解和调处，因此在建设公信政府过程中，不仅责任重大而且任务艰巨。近年来，周市镇在推进公信政府建设方面做出了很大努力，不仅以公共利益最大化为追求目标，牢牢树立以民为本、执政为民的政府理念，而且通过制度建设和体制创新努力打造服务型政府、法治型政府，有序推进政务公开和村务公开。

一 快速城市化背景下的乡镇政府

城市化是一个由农村生活方式转化为城市生活方式的过程。从根本上说，城市化的目的是为了提高人民的生活水平，改善人们的生活质量，促进人的技能和素质的提高，提高社会的整体发展水平，使人与人、人与自然的关系达到和谐。

20 世纪 80 年代前，我国的城市化进程比较缓慢，这是因为整体社会经济发展水平比较落后，城市难以吸收较多的农村人口，为此国家不得不采取严格的户籍管理制度，其结果不仅形成了城乡分离的二元社会结构，而且使得我国的城市化落后于经济发展水平。改革开放以来，我国的社会经济发展取得了举世瞩目的成就，加之渐进松动的户籍制度，使我国的城市化水平得到明显提高。

随着城市化的不断推进，乡镇政府的职能发生了相应转变。周市镇地处苏南经济发达地区，一方面经济发展水平较高，并保持了较快的增长速度，另一方面社会建设和管理中的矛盾逐渐凸显出来——转型时期各种社会矛盾不断增加，利益冲突加剧，而且随着大量外来人口的流入，周市镇在公共服务、治安管理都等方面面临着挑战。为此镇政府的工作重点不再是单纯以经济建设为中心，而是在发展经济的同时，逐步加大社会管理和建设的力度，相应的，镇政府职能进行了一定的调整，主要围绕 4 个方面：a) 发展经济。科学制定经济发展规划，引导产业结构调整，培育和壮大龙头产业，同时抓好农村基础设施建设，推动农村经济合作组织的发展，促进农业新技术的推广等；b) 维护社会稳定。贯彻执行党的各项方针政策，化解各种矛盾纠纷，维护社会秩序的稳定；c) 提供公共服务。普及义务教育，做好计划生育管理和服务工作，积极发展卫生事业，建立健全农村社会保障制度；d) 完善基层民主。加强镇党委、政府和村党支部、村委会班子建设，加强依法行政，推进村民自治和社区自治等。

二 外来人口不断增加与政府管理的压力

加快城市化进程是我国社会发展的必然，按照全面建设小康社会的指标，到 2020 年我国城市化水平要达到 56%，这意味着每年要有 1 300 万农民进入城镇。对于流入地政府而言，随着外来人口的大量流入，必须强化在外来人口问题上的社会管理职能，在制度设计、政策安排等方面切实保障外来人口的合法权益。

改革开放后周市镇经济增长迅速，吸引了大量外来人口，目前外来人口数量已经大大超过本地常住居民的数量。外来人口的增加一方面为周市镇的社会经济发展作出了相当的贡献，另一方面也对城镇的社会管理提出了挑战。外来人口的管理和服务涉及综治办、派出所、劳保所、计生办、司法所、民政办等诸多政府职能部门，镇政府不仅需要加强对外来人口的计生、治安等方面的管理，而且需要统筹兼顾本地居民与外来人口的公共服务。显然，周市镇外来人口的不断增加导致了政府管理和服务的压力，这主要体现在三个方面：

一是外来人口的日常管理。主要包括外来人口的基本信息登记、证件的发放等工作。周市镇外来人口数量大、来源广，因此及时掌握外来人口的性别、年龄、文化程度、婚姻家庭、职业以及流动状况等情况，核查身份证、暂住证和就业证等证件的持有状况，是一项十分繁重的工作。2010 年，周市镇对外来人口信息采集工作方式进行了改革，使用“暂住信息采集仪”不仅使工作效率得到了明显的提升，信息数据的准确率大大提高，而且大量的信息录入、照片拍摄收集、《暂住证》制证等繁琐过程得到了简化。

二是外来人口的专项管理。主要包括外来人口的计生管理和治安管理等方面。对外来育龄妇女，需检查其本人户口所在地乡镇或街道办事处出具的《流动人口计划生育证明》。对证件不齐的外来人员要因势利导劝说其到有关行政管理部门补办，并及时向这些部门反映。治安管理是周市镇外来人口管理的另一重点，镇派出所、外管办等部门一方面加强房屋出租管理，另一方面动员社区群众及企事业单位的力量，组建以治安联防队或夜间巡逻队等为形式的群众治安防范组织，维持社区公共秩序。然而由于外来人口来源分散、流动性强，违法甚至犯罪现象相对突出，这使得外来人口治安管理的压力很大。

三是外来人口的社区服务。主要包括教育、就业、保障等方面。周市镇政府不仅为外来人口提供包括文化知识、法律常识、家政学及其他专门知识在内的培训和学习机会，提高他们的科学文化素质，而且努力为外来人口子女教育提供平等的入学条件，较好地保障了其受教育权利。在就业方面，镇政府职能部门利用有效资源，为外来人员提供职业介绍，做好连接外来人口和用工单位的桥梁，同时根据相关政府，切实保障外来人口的合法权益。然而，由于外来人口数量众多，镇政府要使有限的资源为外来人口提供满意的服务，显然有着相当的压力。

三　"法制化、民主化"：公信政府建设的目标诉求

近年来，中国政府一直致力于推进依法行政。1997 年，中国共产党第十五次全国代表大会提出"建设社会主义法治国家"的目标，这对于行政机关来说就是要依法行政。2004 年，国务院发布了《全面推进依法行政实施纲要》，提出依法行政基本要求和"建设法治政府"的要求，用 10 年时间建成法治政府。与此同时，当前政府民主决策的步伐也大大推进，科学民主决策成为各级政府的共识，并且逐渐完善重大问题集体决策制度、专家咨询制度、社会公示和听证制度、决策责任制度，依法保障公民的知情权、参与权、表达权、监督权。

周市镇坚持把推进依法行政作为政府工作的一件大事来抓，着力在领导上强化，在机制上优化，在力度上硬化：

一是坚持强化领导，完善领导抓依法行政工作的责任机制。根据昆山市有关文件指导精神，确定目标任务，认真分解落实，细化任务，责任到人。坚持一把手负总责，分管领导具体抓，定期召开会议，分析情况，研究落实依法行政的各项具体工作。

二是有机协调，优化推进依法行政的工作机制。着力构建政府统一领导，镇政府各部门各司其职的工作机制。对涉及全局性的工作，在认真调查研究的基础上，

商讨对策措施，明确相关部门任务，并注重工作的统筹、协调与配合，力求做到各负其责、各司其职、协同动作、形成合力。

三是把握关键，硬化依法行政的推进机制。结合开展提升效率效能工作，把推进全过程督查、工作问责制、责任追究制作为推进依法行政的重要措施，对涉及依法行政的重大事项，按照项目化管理、序时化推进、合法化实施的要求，开展全过程跟踪督查，确保工作推进到位。机制的完善、领导的强化、合力的形成，为推进依法行政，加快法治政府建设奠定了坚实的基础。

在推进决策的科学民主化方面，周市镇的目标十分明确：对事关全镇经济、社会、民生发展的重大事项，坚持做到科学决策、民主决策、依法决策，注重把好“三关”，即把好“程序关”，决策前注重调查研究，以召开论证会的形式，倾听专家的意见，力求使决策事项体现科学的要求。如在城镇规划修编工作中，周市镇政府邀请专家学者，进行研讨会商，并根据专家的意见，对建设方案、规划文本进行修改完善；把好“民意关”，积极推进重大事项听证制度，尊重民意，体现民志，符合民愿，在重大工程项目实施、拆迁安置、疑难问题解决等涉及经济社会发展和民生方面的重大事项，都及时召开听证会，广泛征求基层干部群众的意见，使项目的实施赢得基层干部群众的广泛认同与积极支持；把好“法律关”，力求使政府的每一项决策、每出台一项政策、每作出一项行政行为都符合法律规定，有效避免行政诉讼行为的发生。对政府制定的文件，事先都履行必要的审核、签发、备案程序，同时对不规范的文件进行清理和废止。

第一章 以人为本、执政为民的管理服务理念

周市镇近年来把以人为本、执政为民作为一切工作的指导思想。在工作中,镇领导不断强调以人为本、执政为民作为社会建设与管理的核心理念,并以此作为推进周市镇社会经济发展的重要思想基础。为此,镇党委和政府极为重视思想建设,并将以人为本、执政为民的管理服务理念落实到具体工作中。

一 公共利益最大化:政府的核心目标

民众的"幸福"来自公共利益最大化,实现公共利益最大化让民众过得更加幸福这是周市镇政府的工作目标。那么如何实现公共利益最大化?如何让民众感知幸福呢?

今年"两会"期间,世界媒体关注的建设"幸福中国"问题,认为"让人民更幸福"将成为中国政府未来工作的主题,中国政府提出评判官员执政能力的标准是"让人民幸福",这意味着,民生而不是经济增速已成为考核中国官员的重要标准。"两会"期间,"幸福指数"几乎跃居两会热词之首,温家宝总理将幸福解读为让人们生活得舒心、安心、放心,对未来有信心,中国各级政府满溢幸福热度,此后各地的口号更是层出不穷,如"让人民生活得更幸福"、"幸福地区"、"幸福城市"、"幸福社区"等,实现公共利益最大化,让人民生活得更幸福成了政府的施政导向。这些提法体现了社会的进步,政府应当在社会管理过程中实现公共利益最大化,让人民群众在住房、医疗、就业、教育、养老等民生方面切实感到国家政策方面带来的幸福。

周市镇立足当前，展望未来，从理念和实际行动来贯彻国家的指导方针。近年来，镇政府更加全面、系统地谋划民生问题，实现公共利益最大化，让人民群众共享社会经济的发展成果。为此，镇党委、政府进一步落实民生政策，推进民生项目，加大民生资金投入，健全社会保障体系，促进各项社会事业蓬勃发展，不断提高人民群众的归属感、满意度、幸福度。

一是提升教育发展水平，促进教育优质均衡。继续加强教育基础设施建设，2011年完成永平中心校新建、永平幼儿园装修、周市中心校教学楼重建及裕元实验学校食堂扩建工程，启动新镇中学新建和新镇幼儿园改造工程。提升教育发展水平，推进0～3岁婴幼儿早期教育，3～6岁幼儿入园率达99.5%；高标准巩固义务教育，小学和初中入学率、巩固率均保持100%；不断提升社区教育水平。加强全镇中小学的“创优创特”工作，扶持1～2所中小学校成为区域内有一定知名度和影响力的特色学校。促进教育均衡发展，扶持民办教育，落实市政府关于民办学校的各项优惠政策，加大对民办学校师资力量的支持力度，组织公办学校与民工子弟学校开展校际结对帮扶，关爱外来务工子女，使外来务工子女入学逐步享受“市民待遇”。

二是加强医疗体系建设，优化医疗卫生服务。在加强卫生服务体系建设方面，2011年调整社区卫生服务站1个，增设1个。完善15分钟健康服务圈，为居民提供医疗、预防、保健、康复等“六位一体”服务。在完善医疗卫生服务功能方面，不断提升医疗康复技术水平，2011年申报创建昆山市重点专科1个，镇级重点专科2个。不断加快老年护理科建设，发挥专科专病特色，不断满足居民的医疗服务需求。开展了健康关爱六项活动：“健康体检”惠百姓，继续开展45岁以上居民免费健康体检，完善全镇居民的健康档案；“健康讲座”进万家，进村、进社区开展健康知识讲座和义诊、咨询活动；“关爱妇幼”促健康，开展母婴阳光工程，推行妇幼保健全程服务模式；“善爱助残”送温暖，建立肢体康复俱乐部，为残疾人提供经常性的康复服务和相互交流的场所；“牵手夕阳”享晚年，为生活不能自理的60周岁以上居民提供志愿牵手家庭护理指导服务；“心灵港湾”助和谐，探索健康服务新模式。

三是健全社会保障体系，提升百姓幸福指数。健全社会保险制度，适当增加农保转社保的财政支出，2011年参保基数由1 050元增加到1 369元。加强了对医疗机构和零售药店的定点管理，完善医疗保险监督、控制管理机制。继续向户籍居民赠送每人20元的人身团体意外伤害保险。建立和不断完善失业保险制度，适当延长失业保险金的申领时限，确保失业救济金金额充足。完善工伤保险管理工作，加大工伤保险基金征缴力度，加大工伤保险统筹基金的投入。规范生育保险政策，加大生育费用的社会统筹力度，为晚婚晚育人群提供更多的保障与优惠政策。拓宽就业创业渠道，帮助困难群体就业，落实“131”工程，消灭零就业家庭。鼓励创业，广开就业门路，完善就业机制，开展就业和再就业援助活动。做好周市籍大学生就业工作，确保户籍人口稳岗率100%。改善创业投资环境，加大对农民创业的资金与政策支持力度，2011年小额贷款发放额度增加至1 035万元。建立新农村建设创业基金，培育创业型新农民。加强技能人才培养。加大资金投入，逐步形成政府、企业、社会等多渠道的技能培训经费投入机制。实施"名师带徒"工程、"大比武"工程、"高技能人才振兴"工程。大力推行职业资格证书制度，构建多层次的技能人才激励机制。

四是加大创新整合力度，完善社会救助机制。在严格执行上级政府各项社会救助政策的同时，逐步健全周市镇社会救助帮扶体系。加快城乡一体灾害救助体系建设，新创建一个综合减灾示范社区。救助范围在昆山市明确规定的患7种大病的困难人群的基础上，逐步放宽到未列入7种大病但个人医药花费较大的患病人员，按比例实行救助，救助比例每年提高10%。残疾人生活补助从50元/月提高至100元/月。主动协调福利企业，确保录用周市户籍有意愿工作且有劳动能力的残疾人就业率达80%，并确保工资待遇按照规定执行。深入开展爱心助学工作，由民政办扎口管理，建立统一的爱心助学数据库。进一步完善养老服务体系，构建居家、社区、机构"三位一体"的基本养老服务体系。2011年，建造一栋老年寄养楼，推进养老服务工作由补缺型向适度普惠型转变。大力发展慈善事业，加大慈善救助与其他社会保障制度的衔接力度。健全优抚保障服务体系，完善优抚医疗保障制度，2011年，对老复员军人个人医药费自负部分的报销比例由50%提高至60%。开展双拥创建活动，做好群众性的双拥工作，巩固发展军政军民团结。

五是彰显人文关怀，打造新周市人快乐家园。提高新周市人工会入会率，2011年计划新组建外企工会7家，私企工会4家，工会组建率达70%以上，职工入会率达90%以上，集体合同和工资协商专项合同签订率达90%。提升产业工人技能水平，依托即将兴建的产业工人活动场所，建立职工技能培训、技能竞赛和技术等级鉴定一体化的职工技能培训基地，开展公益性培训，提升产业工人的职业技能。关注产业工人诉求，依托"关爱职工"工作室，整合各部门优势力量，畅通联系职工的渠道，反映职工意愿和呼声，着力解决职工在工作上、学习上、生活上碰到的难题。保障产业工人基本生活。在《周市镇职工特殊困难救济办法》基础上，尝试推出《关于进一步关爱特殊困难职工的实施意见》，适当降低特殊困难职工"准入"门槛，拓宽特殊困难职工的救助渠道，增强困难职工家庭的自救能力。营造关爱新周市人的良好氛围，设立"新周市人节"，在节日前后启动关爱新周市人的系列活动，搭建新周市人展示才华的舞台，丰富文化生活，积极传递镇党委政府对新周市人的关爱。

六是引导群众依法维权，确保社会治安稳定。深化法制宣传工作，2011年，对新老周市人法制宣传活动覆盖率达到70%以上。创新法制宣传载体，打造全方位的宣传教育阵地。在中乐社区西侧建成镇法治主题公园；在春晖路建成"法制宣传一条街”；增设 1 000 个法治文化楼道；增设 20 个法治休闲一角。完善法律服务体系建设，全面加强村（社区）、行业、企业等各类调委会建设，加大对调解员的培训力度，2011 年，计划举办各类矛盾纠纷调处实务培训 5 场 300 人次，争创苏州市规范化法律援助站，增设法律援助站 2 家以上，实现向弱势群体提供法律援助 200 件 500 人次以上。加强各类人群管理，强化流动人口信息社会采集工作，加强出租户管理和流动人口集宿地管理，继续加大对高危人群中长期失控人员的排查，开展“爱心帮教活动”，强化安置帮教工作。夯实辖区治安稳定工作，加强村（社区）“五位一体”建设，发挥自然村落村长、居民楼楼长的治安防范桥梁纽带作用，加强“红袖标工程”建设，完善群防群治体系。加大技防网络投入，增设“全球电子眼”监控系统、路面监控探头，加密路口治安监控点，完善家庭小技防与户村接警系统。严厉打击违法犯罪，全面压降辖区内治安、刑事发案率，继续全面开展“三小车”整治，加大力度打击取缔黑网吧、黑诊所、黑中介等，全面落实校园安保工作，维护学校安全稳定。

七是推进新型社区建设，提高居民生活质量。全面提升动迁小区品位，启动一批高层动迁房建设，2011 年计划建设 26.1 万平方米的高层动迁房，做实、做优小区整体质量，优化设计小区市政配套、绿化景观等设施。加速推进小区配套工程，加大动迁小区的社区用房、物业用房和幼儿园等配套公共建筑的建设，2011 年，计划完成永平花园、永平二村和黄浦花园三个小区公共建筑的建设。着力提高小区工程质量，通过公开招标优选施工企业，动迁房工程所用原材料、构配件等检测均由昆山资质最高的市检测中心进行，并聘请具备相应资质的监理单位，全程进行质量监理。有效提升小区管理水平，通过公开招投标，选聘具有相应资质的物业管理公司，对动迁小区实施规范化管理。加强动迁小区管理工作的考核，每季度拨付小区卫生长效管理经费，年终进行最后汇总和星级评定，形成物业管理公司优胜劣汰机制。加强物业管理人员的针对性培训，逐步规范动迁小区物业管理费的收取，向市场化管理迈进。

2010 年 10 月 11 日，昆山市“民声 110”城市服务中心接到来电，称周市镇学士街东侧有条河，原先经过整治，周边的环境有所改善，但最近附近有一家名叫“稳得福”的食品加工厂和一家熟食店均将污水直接排入小河，导致小河河水发臭，河面飘满了死鱼，希望相关政府部门能够进行处理。周市镇政府接到“民声 110”城市服务中心交办信息后，立即安排专人负责调查处理，10 月 12 日即上报处理结果：“市民反映情况属实，稳得福企业清洁废水直接排入该河道，且该河道为死河浜，因此该河道的水发臭发黑。周市环保办已责令该企业停止废水外排，立即进行整改，确保不影响周边环境。”

八是挖掘社会优势资源，健全志愿服务网络。加强志愿者队伍建设，在各个村、社区“善爱之家”工作站中均设立志愿者服务点，2011 年，计划完成 25 个村、社区12355志愿者服务点的建设与重组，壮大各志愿者队伍，拓展延伸志愿服务领域。创新志愿者服务形式，逐步建立较为完善的无偿与低偿相结合的志愿服务体系，蓬勃开展以“服务社会、关爱他人”为主题的志愿服务活动。坚持项目化运作，做到“五固定”和“三结合”。打造志愿者服务品牌，医疗志愿者、文明交通志愿者、法律援助志愿者、“小区特色”志愿者等队伍要广泛开展志愿者专业性服务，组建“青阳新风”志愿者队伍。规范志愿者服务机制，出台《周市镇“善爱之家”志愿者行动实施意见》，完善志愿服务公开招募、系统培训、有效管理、计时考核、评比表彰等相关机制，设立志愿者关爱基金，用于援助服务满一定时限且遇到特殊困难的志愿者，努力探索新形势下志愿者行动社会化运作模式。

发展的目的是为了增进人民福祉，要切实把惠及群众的实事办好、好事办实，通过实实在在的举措，让群众得到更多实惠，共享发展成果，实现社会事业首先从民生领域转型，努力建设更加和谐、善爱的新周市。

二 “四个弄懂四个坚持”：执政为民理念的具体化

在执政为民理念的指引下，周市镇积极探索如何将执政为民理念具体化，使它更好地服务于实践。在此基础上，周市镇将“四个弄懂四个坚持”作为执政为民的实践标准：

（一）弄懂以人为本是什么，坚持以人为本的理念永不变

周市镇在社会建设与管理的实践中坚持以人为本的理念先行，结合社会经济发展状况，牢牢树立以人为本的管理理念，并在具体的管理中很好地体现出来。

第一，社会管理的社会途径要以人为本。周市越来越重视提供公共服务的过程，公共服务的过程必须坚持公众满意的原则，将公共服务的焦点放在获得服务的结果而不是遵循程序上。在实践中问政于民、问需于民、问计于民，把政策、主张的评判权交给人民群众，仔细倾听“草根声音”，看群众需要什么，期待什么；把执政过程中遇到的挑战、困难甚至危险，实事求是地告诉群众，虚心向群众求教，请群众献计献策，汇聚群众智慧，共谋科学发展。

第二，社会管理的政治途径要以人为本。就是在行政管理活动中突出人的价值，扩大公民的政治参与，保证人民群众进行民主决策、民主管理和民主监督。促进公民对政府管理的了解，加强公民的主人翁意识和社会责任感，缩短民众与政府之间的距离。在周市开展重大事项听证制度、民主直选、民主直评等活动中，体现了管理活动的以人为本。公众的参与反过来又在一定程度上保证和加强了政府执

政的合法性。

第三，社会管理的法律途径要以人为本。政府的管理活动不仅要置于宪法框架之下，同时要致力于用法律途径建立权力制约机制，以使民众免遭不合法的行政行为的侵害，以确保行政活动公平，并保证公民受到伤害时，有救济的途径。在周市形成了合力的监督机制和问责机制，以及各种权利救济机制，有效地保障了公民的合法权益，在一定程度上也制约了政府的权力。

（二）弄懂执政基础是什么，坚持执政基础不动摇

周市镇政府在执政过程一直牢记权力来源于人民，政府是在行使人民的权力，因此人民群众的信任和支持是政府执政的最重要基础。

第一，逐步完善行政行为监督机制。首先加强对依法行政与公正司法的监督，镇人大、政协组织每年至少开展2次以上的法治建设视察、检查工作，根据检查报告及时反馈疏漏，并指导更正；其次是有效开展人大议案、提案的办理工作，切实加强人大议案、提案的办理效率，确保议案、提案办复率100%，综合满意率98%以上。

第二，加强各单位法治建设领导与管理，夯实依法行政工作。首先是规范开展依法行政工作，建立并完善依法行政工作领导小组，指导和统筹各项依法行政工作；确保依法行政工作有计划、有措施、有检查、有考核、有总结；及时上报年度依法行政工作计划和总结；按照每年的依法行政工作计划，有序组织和配合开展各项依法行政活动，确保各职能部门依法行政工作台账资料齐全、内容规范。其次是组织开展领导干部学法培训活动。进一步推进领导班子集体学法制度的实施，年度专题法制学习不少于40课时；落实公务员和行政人员学法计划，每年集体学法活动参加不得少于2次；加强行政执法证件管理，执法人员按规定执证上岗、亮证执法。最后是深化行政执法责任制，全面推行行政指导工作。建立并执行行政执法责任制及相关配套制度，开展法律风险排查；制定并实施行政指导工作计划方案，确定行政指导项目；按照年度申报计划，完成年度法治实事项目。

第三，严格并强化行政审批、审查工作。一是提高行政审批效率，规范行政收费行为，便民服务中心按照规范化标准建设正常运作；落实收费就低制度，执行减免行政收费程序性规定；执行非税收统一征收管理；二是对规范性文件的合法性进行审核，落实规范性文件合法性审核，确保备案率、及时率、合法率均达100%，定期组织文件清理，并及时上报年度发文目录。

第四，抓好社会维稳工作，确保法治建设安定环境。建立健全信访工作制度和矛盾纠纷排查机制，妥善处理各类争议纠纷，拓宽群众合法诉求途径，深化民情、民意表达，加大对行政作为不当或行政不作为的检举揭发。一是信访工作责任落实到具体岗位、具体人员，落实领导干部接访；二是定期开展社会矛盾纠纷排查，排查

表及时报送上级领导部门，对重大矛盾纠纷特事特报；三是镇矛盾纠纷调委会对街道、村（社区）等矛盾纠纷调委会加强监督指导，提升矛盾纠纷调处水平；四是及时办结市长信箱人民来信或民声“110”交办案件，答复内容合法得当；五是对群众举报投诉或新闻媒体曝光的执法问题及时依法处理。

第五，切实落实行政复议及应诉制度，强化复议和应诉工作，落实行政负责人出庭应诉制度。一是不得发生行政行为经诉讼败诉或者行政复议被撤销、变更、确认违法、责令履行的情况；二是落实行政负责人出庭应诉制度，出庭率不低于95%；三是行政复议答复、行政诉讼答辩及时；四是对《司法建议书》、《行政复议意见书》等提出的问题应及时纠正并反馈。

（三）弄懂执政为民是什么，坚持执政为民的理念不偏离

执政为民，就必须始终坚持尊重社会发展规律与尊重人民历史主体地位的统一，坚持为崇高理想奋斗与为广大人民群众谋利益的统一，坚持完成党的各项任务与实现人民利益的统一，在任何时候、任何情况下都努力地把最广大人民的根本利益实现好、维护好、发展好。周市镇政府将执政为民的理念具体落实在行动之中。

第一，变命令为引导。更多地用教育的方法去化解纠纷，用引导的方式去疏通矛盾，用典型启发的措施去指导群众正确对待利益冲突，用法律的途径规范解决问题的程序，从而引导人民群众正确处理当前利益和长远利益、集体利益和个人利益的关系。

第二，变管理为服务。弱化管理职能，强化服务意识，始终深怀爱民之心，恪守为民之责，善谋富民之策，积极主动为群众提供全方位的服务。通过便民、利民的服务，改善党群、干群关系，努力做到在服务中为民分忧，在服务中为民解难。

第三，变被动为主动。倾注更多精力，想更多办法，解决更多实际问题，变被动地应付为主动研究和解决。镇领导主动地深入基层，倾听群众呼声，及时把握群众思想动态，从而增强群众工作的针对性和创造性。

第四，变“堵”为“疏”。处于社会转型时期的周市镇，各种社会矛盾大量出现，利益冲突不断。镇政府对群众的来信来访，坚持用疏导的办法来治理，让群众话有处说，事有处办。镇信访办对群众反映的问题及时归口办理，各职能部门在规定时间内给予答复。

第五，变个别部门为主为各部门齐抓共管。群众工作涉及各单位、各部门、各行业领域，必须形成全社会共同关注、各部门齐抓共管的局面。各职能部门把群众工作成效作为衡量干部能力、素质的重要方面。

（四）弄懂勤政为民是什么，坚持关注民生、改善民生不懈怠

周市镇在社会管理与建设中，始终将百姓放在第一位，以民生需求为导向，加

大投入力度，全面推出“善爱之家”工程，不断出台并完善普惠型民生政策，健全公共服务体系，扩大覆盖面，使广大人民群众特别是困难人群共享经济发展的成果。

近年来，周市镇的社会保险体系逐步健全，养老保险、医疗保险的水平有较大幅度的增长，外来人口的参保率不断提高。社会救助体系日趋完善，不仅向低保户发放低保金、向低保边缘人群发放补助金、向重疾人士发放补助金，而且向未列入低保，但因病致困的困难家庭发放临时救助金，并向 90 周岁以上的高龄老人发放生活补助费。同时随着生活水平的提高，老百姓对医疗服务的要求越来越高，为此，周市镇合理调整和改扩建了社区卫生服务站，在全镇范围内建立居民健康档案，推动公共卫生服务由治病为重点转向预防为主。

在城镇建设方面，周市镇不断加大投入力度，通过建设城镇绿地、水网改造、危桥改造、新建垃圾中转站等措施，不断完善城镇公共实施。在注重城镇“硬件”建设的同时，周市镇更加重视“软环境”建设，努力提升“软实力”：一是广泛开展群众性文化活动，举办迎新春健身长跑、阅读节、老年人运动会等活动，丰富居民们的精神生活；二是推动全民教育，通过举办“周市镇 2010 年全民终身学习周”，提高了居民的学习热情。并且努力解决外来人口子女上学难问题，以解除新周市人的后顾之忧；三是加强对职工的人文关怀，举办周市镇企业文化欢乐百日行系列活动，促进企业形成良好的文化氛围。

第二章 公平与效率：服务型政府的基点

政府公信力是政府影响力和号召力的象征，它来自人民长期形成的一种基于客观事实的主观意念，关系到社会的稳定发展和经济、政治体制等改革的推进。政府公信力形成中最重要的并且直接关系到人民切身利益就是政府提供的公共产品和公共服务，如果公共产品和公共服务无法满足人民群众的需求和期望，那么人民群众会对政府产生失望或不满，进而可能导致对政府的不信任。

乡镇政府是国家设在最基层级的行政组织，这一层级政府的设置不仅关系到人民民主专政和国家行政体系根基的牢固，也是党和政府联系民众的桥梁和纽带，还是国家各项工作的落脚点。可以说，乡镇政府的公信力是国家政府所有公信力累积和组成的最主要部分。近几年，公众的关注角度有了改变，关注视线逐渐开始从经济建设向社会建设、政治建设和政府建设倾斜，同时在遭遇全球金融危机的今天更加关注政府所采取的经济社会措施，关注其所提供的公共服务。温家宝总理在2007年十届全国人大五次会议上强调要"全面提高行政效能，增强政府执行力和公信力"，其主要工作即加强社会管理和公共服务，增强基本公共服务能力，着力解决人民群众反映强烈的问题。社会公众对政府公共服务的判断，成为衡量政府公信力是否得以提高的重要标准。

周市镇在打造公信力政府上注重"服务质量、水平双提升"，以打造一个新时代的服务型政府。对于政府来说，其价值观主要体现在如何认识和对待公民与政府的关系。服务型政府是在公民本位、社会本位的理念指导下，在整个社会民主秩序框架下，通过法定程序，按照公民意志组建起来的以公民服务为宗旨并承担着服务责任的政府。①

---

① 见刘熙瑞《服务型政府——经济全球化背景下中国政府改革的目标选择》，《中国行政管理》2002年第7期，第5页。

一 优质高效的公共服务：改善民生的保证

改善民生一方面体现在加快基本建设，满足人民群众的生产生活需求，另一方面体现在加强社会管理，提供优质高效的公共服务。社会管理加强了，民生工作就会事半功倍。在加强社会管理和创新方面，中央提出“最大限度激发社会活力、最大限度增加和谐因素、最大限度减少不和谐因素”的总要求。因此政府在公共服务方面应当根据民众的需求提供及时、高效、优质的服务，通过创新服务机制，不断提高服务质量。政府应当树立正确的政绩观，即以人民群众为根本，一切为了人民，一切依靠人民，为群众排忧解难，想群众所想，急群众所需，把民生工作放在政绩这个平台上。

2010 年，周市镇以民生需求为导向，加大投入力度，全面推出“善爱之家”建设工程，不断出台并完善普惠型民生政策，健全公共服务体系，扩大覆盖面，确保广大人民群众特别是困难人群共享经济发展的成果。从 2010 年社会建设和管理工作的主要成绩来看，周市镇在建设公信政府过程中，把向公众提供优质高效的公共服务作为改善民生的保证，作为公信政府的出发点和落脚点。

（一）加强了“三大体系”建设，优化社会管理体制

民生保障体系逐步健全。农民收入稳定增长机制更加完善，2010 年农民人均纯收入达 18 185 元，是 2005 年末的 1.9 倍。养老水平不断提升，全镇本地参保征缴人数达 9 610 人，参保率达 99.93%，完成农保转社保 2 997 人。医疗保障不断完善，居民医保参保人数 19 042 人，参保率达 99.65%。同时，为 51 448 名户籍居民每人购买一份 20 元的团体人身意外险，完成赔付 176 件，受益保费 40.65 万元，切实将百姓装进了“民生保险箱”。

社会救助体系更加完善。向 213 户低保户发放低保金 129.1 万元，向 112 位低保边缘人群发放补助金 27.77 万元，向 126 位重疾人士发放补助金 46.99 万元。根据周市镇实际，向未列入低保但因病致困的困难家庭发放临时救助金32.35万元。积极开展爱心助学工作，全年累计向 232 名贫困学生发放爱心助学款50.63万元。关爱老人，向 33 位五保老人和 17 位寄养老人提供优质服务，向 106 位 90 周岁以上的高龄老人发放 100 元 /月的生活补助。扎实开展双拥优抚工作，发放各类优待金 106.99 万元。出台了《周市镇职工特殊困难救济办法》，由镇财政全额拨款，帮助特殊困难职工提高抵御风险的能力，2010 年共有五名特殊困难职工得到共 2.5 万元援助。

公共安全体系得到强化。全力压降刑事案件，发案率较2010年下降14%。加大案件侦办力度，先后破获“马少田被抢案”、“5.4故意伤害致死案”、“5.10强奸案”等一批影响较大的案件。织密技防网络，新增主要路口监控32个，完成5个老小区“全球电子眼”监控设施安装。高度重视矛盾纠纷调处，化解积案15件，受理各类来信来访88件（批）42人次，比2010年同期下降35件（批）107人次。全面落实世博安保和校园安保责任，认真组织“五五”普法收官战，推动“三无”村（社区）创建，加快镇级法制主题公园建设。市北村成功创建“全国民主法治示范村”，实现昆山市零的突破。安全生产步入常态化管理，食品消费安全、动物疫情监管进一步加强，未发生重大突发事件。

（二）提升了“三大环境”质量，营造和谐共融氛围

就业环境不断改善。开展各类招聘22场次，完成城乡劳动力就业4 560人。“131”工程落到实处，共计安排农村就业困难人数360人。针对不同层次不同行业开办各类职业技能培训班20余期，提升职业技能。以创业带动就业，开办创业培训班4期，新增自主创业103人，累计发放农民小额贷款890万元，惠及创业农户127户。在全市首推劳动争议调处联动机制，妥善处置劳资纠纷，全年共受理劳动争议案件778起，同比下降40.1%，成功调处654件，调解率达93.2%，申请劳动仲裁44起，同比下降47%，营造了劳资关系的“和谐港湾”。

人居环境明显提升。实施公园化战略，新增绿化116万m^2，建成黄浦江北路、339省道、商贸城等3处小游园，新装路灯170套。突出生态创建，成功创建一批新农村建设示范点、绿色社区和绿色学校。推动综合环境提升，采集和督办城市管理案件2 814件，完成横泾、惠安、西南A区等老小区改造，以及春晖路、青阳路、商贸路沿街店招立面改造和一批城市街景改造。新建污水管网15 km，完成企业污水截流89家、小区污水截流3个，完成农村污水处理项目5个，疏浚河道36 km，新建永平垃圾中转站，新建改建公厕11座。完成优比支路、友谊路等自来水管网建设改造，桃园小区、兰泾、潘家等供水管网改造876户，完成农村危桥改造7座。高效推进动迁房建设，新开工动迁房69.03万m^2，竣工30万m^2，设立社区管理研究基地，稳步提升动迁小区物业服务水平。完成配套商业、公建共计10.24万平方米。优化公交线路，依托市客运北站新增公交线路7条，调整线路4条。

人文环境日趋优化。加快推进体育生态公园、周市文体中心、中乐文体广场、新镇村项路文体活动中心建设，已建成新公共服务中心8个。广泛开展群众性文化活动，组织“三下乡”活动29场，成功举办江苏省太极拳（剑）比赛、迎新春健身长跑、第三届阅读节、老年人运动会、残疾人运动会、新镇办事处文化艺术节等活动。成功举办“《野马渡》创刊100期纪念活动暨江苏省第九届（野马渡）民间文艺论坛”。加强产业工人关怀，成立“关爱职工”工作室，开设“温情热线”，着力促进企业

的健康发展，维护员工的合法权益。同时，举办周市镇首届企业文化欢乐百日行系列活动，并根据产业工人的实际需求，精心设计十二项系列活动，丰富产业工人的文化生活。

（三）优化了“两大公共产品”，满足群众迫切需求

教育事业呈现勃勃生机。不断改善办学条件。完成裕元实验小学二期工程、周市中心校塑胶操场改造工程和新镇中学易地新建规划设计方案，新建的鑫茂幼儿园投入使用。启动周市中心校教学楼重建工程，永平中心小学项目开建，预计2011年9月投入使用。推进教育优质高效，在2010年全市各级各类学校综合考评中，新镇中学、裕元小学、新镇中心校、成校、裕元幼儿园、新镇幼儿园等6所学校获得“优秀”。推动全民教育，举办“周市镇2010年全民终身学习周”，推进社区教育，成功创建“全国社区教育示范乡镇”，举办周市镇首届校企联谊会，增进优势互补。促进教育均衡发展，扩容挖潜，2010年仅裕元实验学校便扩增11个班，新增学生600多人，较好地解决了新周市人子女上学难的问题。

医疗服务彰显惠民本色。合理调整和改扩建社区卫生服务站，调整、增设社区卫生服务站2个，陆杨社区卫生服务中心迁入新址。成功设立周市120急救分站，承担昆山北部片区的120院前急救任务。组织45周岁以上户籍居民进行免费体检15 487人次，建立全镇居民健康档案，推动公共卫生服务由治病为重点转向预防为主，对居民进行健康干预。提升康复和老年护理特色品牌效应，启用周市老年护理中心，为老年人及生活不能自理者提供集生活照料、医疗、护理、康复、心理和营养治疗为一体的免陪护综合服务。开展残疾人康复服务“四进”家庭活动，满足残疾人基本康复需求。

二 公平与效率并重：公共服务

公共利益实现与否，是政府公信力体现与否、体现程度的直接检验。由于公共利益本身包含“公共”与“利益”两个既可相互联系，又可能相互对立的概念，因此研究其实现途径、实现表现总是有很多矛盾。布坎南从个人主义观点出发，认为不存在所谓的“公共利益”，“假如存在着可以客观定义的‘公共利益’，这与我们所说的契约主义视角不一致”。①

在我国，一般认为公共利益是根据社会发展现状，能为公众中的多数人所认可

① ［澳］布伦南、［美］布坎南《宪政经济学》，中国社会科学出版社2004年版，第43页。

和享有的社会价值。我国社会已经在社会主义市场经济模式下良性运作中逐渐摸索出市场经济的本质是公正经济。公众在一种以维护市场公正为主的氛围中，最为关注的是市场公正的程度和社会公正程度，而对政府可能发生的指责的源头也是在于政府未能真正保障市场公正与社会公正。在这种情况下，政府要体现公信力，最重要的举措之一就是在保证自身公正前提下，保持对市场与社会的双向公正。

诚然，在提供公共服务上，要使各种矛盾最小化，一要注重“起点公正”，保障各种利益分配在最大限度内根据公民权利进行分配，而非根据掌握资源情况进行分配；再则要注重“规则公正”，保障各种规则在所有同类对象中平等适用，防止脱离规则的现象发生；三则要注重“结果公正”，通过“二次分配”，防止社会两极分化与财富极不平衡现象的发生。当然，这些都需要政府作为主体予以严格实施和大力推行，也需要公众作为主体加以监督。政府与公众两者相得益彰的良性互动，是政府公信力构建的契机所在。

基本公共服务的提供须以社会公平为原则，不仅人人共享，而且大体均等。基本公共服务均等化的各项制度正是通过消除人的身份差异和均等共享的设计，来实现分享经济社会发展成果的社会要求，以保障起点公平、维护过程公平、促进结果公平。周市镇提出社会建设和管理工作的主要任务之一就是提升教育发展水平，促进教育优质均衡。促进教育均衡发展，扶持民办教育，落实昆山市政府关于民办学校的各项优惠政策，加大对民办学校师资力量的支持力度，组织公办学校与民工子弟学校开展校际结对帮扶，关爱外来务工子女，使外来务工子女入学逐步享受“市民待遇”。

推进基本公共服务均等化也要讲求效率，以提升政府对基本公共服务的供给能力和对公共服务资源整体配置的有效性。基本公共服务体系的效率，并不等同于单纯的经济效益，而是一种宏观的社会经济效率和局部的微观效率。在公共服务的公平与效率的优先顺序上，应坚持公平优先，兼顾效率，用最有效率的方式去追求公平。评价公共服务体系各项制度优劣的客观标准，是制度设计是否符合公平的价值取向，是否促进了社会公平或缩小了社会不公平，因此，基本公共服务均等化必须突出公平，把公平摆在优先和首要的位置上。除此之外，公平目标的达成，还有赖于基本公共服务体系各项目的管理及运行效率，需要努力提高其效率，才能聚集更多的公共服务资源，增强政府对公共服务资源的供给能力，满足社会成员不断增长的需求，并促使基本公共服务各项制度发挥出更大、更好的功能与效果。

周市镇在社会保障体系建设上，不断提升百姓的幸福指数。涉及内容都和百姓的切身利益息息相关。如健全社会保险制度，适当增加农保转社保的财政支出，2011 年，参保基数由 1 050 元增加到 1 369 元；建立和完善失业保险制度，适当延长失业保险金的申领时限，确保失业救济金金额充足；规范生育保险政策，加大生育费用的社会统筹力度，为晚婚晚育人群提供更多的保障与优惠政策；拓宽就业创业渠道，帮助困难群体就业，落实“131”工程，消灭零就业家庭。加强技能人才培养。加大资金投入，逐步形成政府、企业、社会等多渠道的技能培训经费投入机制等。

三 “五个抓”与“五个变”：拓宽社情民意表达渠道

信访制度作为具有中国特色的一项制度，是反映民情民意的重要方式，也是公民参与社会公共事务的制度化渠道之一。改革开放和城市化进程中，随着转型期社会利益结构的不断调整，各种社会矛盾日渐突出，原有的社情民意表达渠道难以适应新形势新任务的要求，因此政府需要在实践中不断摸索拓宽公民的各种参与和表达机制。

倾听民声、关注民意，这是党和政府工作的出发点和落脚点。周市镇在信访工作上提出了很有建设性的“五个抓”与“五个变”，不仅拓宽了社情民意表达渠道，也是社会管理和公共服务上的一大创新。

（一）“五个抓”

一是抓基础，着力提升工作效能。通过进一步务实基础，健全“纵向到底、横向到边”的组织领导体系。完善主要领导负总责、亲自抓，分管领导负全责、直接抓，专职人员尽本责、具体抓的工作机制，形成政令通畅、快捷高效的工作网络。利用调解、仲裁、行政复议、诉讼等法定渠道去解决问题，逐步减少上访。不断提高信访事项办理效率。进一步健全受理、交办、督办、回复信访事项等工作制度，严格规范信访工作行为，提高信访事项办理效率和质量，确保群众的合理诉求及时有效处理，力争减少信访案件“增量”，尽力化解“存量”积案。

二是抓排查，着力预防矛盾。强化排查工作，按照“属地管理”的原则，经常性地开展社会矛盾纠纷和信访问题大排查，对排出的不稳定因素，综合研判，提出调处建议和意见，并严格执行报告制度。同时明确工作责任、规定化解时限、落实稳控措施，实行领导包办，把工作重心从事后处理转移到事前排查化解上来。

昆山半岛水处理有限公司与半岛环保科技（昆山）有限公司系同一法定代表人所举办，因法定代表人身患癌症导致公司无法继续经营，企业随后倒闭。该公司拖欠工资的员工达76名之多，拖欠时间长达7个月之久。事发后，镇劳动所迅速介入，就拖欠工资问题多次到上海与该两公司的总公司沟通协调，要求尽快支付拖欠的工资，但迟迟未能解决，从而导致员工多次到镇、市集访。为此，镇分管领导召集相关部门，明确责任：劳动所与市人社局联系，协助员工通过法律程序，实行劳动仲裁，同时安抚职工情绪，及时联系并掌握员工的动态；司法所及时与市法院联系，查封该两公司的厂房、设备等，通过拍卖和追查企业的应收货款来落实拖欠的工资；公安部门安排人员看守查封的厂房、设备等，防止公司业务单位拖拉设备等现象的发生；信访办与劳动所联系，掌握员工的思想动态，讲清依法信访的秩序和违法上访的处理意见，进行疏导教育，引导职工通过合法的途径来反映自己的诉求。

经过4个月的不懈努力，终于将420多万元的资金落实到位，并按劳动仲裁的裁决，将拖欠的工资和补偿金、公积金、社保等费用发放到每一位员工手中。此次劳动纠纷的化解，有赖于充分发挥条块联动作用，部门之间密切配合，既维护了员工的合法权益，又有效化解了疑难信访事项，增进了社会和谐与稳定。

三是抓源头，着力减少矛盾。强化初信、初访的立案率和解决率，在慎重处理的基础上尽可能快地解决初信初访问题，避免小事拖大。按照“发现得早，化解得好，控制得稳”的要求，明确处置工作原则、程序和责任，全力做好到市、赴省、进京非正常上访的处置工作，确保在第一时间做好接人劝返工作。

四是抓疏导，着力缓解矛盾。进一步做好重信重访专项处理。责任部门对重信重访案件进行全面梳理，必要时会同相关部门深入审核分析案情，对症下药，实现案结了事。

五是抓结果，着力解决矛盾。切实落实目标管理考核办法。强化排查化解矛盾纠纷、解决信访诉求、维护信访秩序的责任。通过考核，达到鼓干劲、学先进、提能力、比结果的目的。

(二)“五个变”

一是变“接访”为“下访”，增强工作的主动性。进一步畅通信访渠道。在不断完善基层信访工作接待室功能的同时，充分发挥领导接访和带案下访工作机制作用，尽最大努力把社会矛盾纠纷和信访问题化解在镇、村(社区)。科学引导上访群众依法解决信访矛盾。

二是变“事后处理”为“事前预防”，强化工作的前瞻性。对排查出的不稳定因素，全部逐人(件)落实稳控措施，对诉求合理的解决到位、对要求过高的教育到位、对无理纠缠的稳定到位、对触犯法律的处置到位、对有非正常上访苗头的重点对象实行“人盯人”稳控到位，做到24小时不失控。

三是变“拦截”为“疏导”，防止和减少信访问题。着力解决好当前征地、拆迁、安置、建设、劳动、环保等反映强烈的问题，凡诉求合理、符合政策的，尽力帮助落实到位。

四是变“一时息事”为“彻底解决”，强力推进问题的解决。定期进行信访案件“回头看”。结合每季度的信访考核，就信访事项的调处情况，进行分析总结，看是否真正做到了案结事。

五是变"稳控"为"服务",权力维护社会稳定。加强作风建设,坚持真抓实干,务求实效。积极倡导"奋力拼搏、苦干实干"的优良作风,深入细致做好工作,锲而不舍狠抓落实,真正做到"为党委政府分忧、为人民群众解难",争创一流的信访工作的新局面。

周市镇注重民情民意的表达,并已经取得了成效。2010 年是"深化三个优化内涵、实施五大发展跨越"之年,也是世博会举办之年,根据信访稳定工作的要求,主要是抓基层单位排查、化解、处置工作。认真做重要信访信息预警上报工作,继续落实每周五、每月信访矛盾纠纷排查制度,加强信息上报工作,对排查出的社会矛盾纠纷做到及早介入,进行调处化解,做到早发现,早处置,大事化小,小事化了,信访总量整体呈下降趋势,详见表 3-1。

表 3-1 2006~2010 年来信来访数量

年 份	来信来访数量	
2006 年	116 批(件)	630 人次
2007 年	237 批(件)	414 人次
2008 年	292 批(件)	608 人次
2009 年	150 批(件)	181 人次
2010 年	103 批(件)	49 人次

第三章 依法行政与法治型政府建设

西方对法治思想进行了较为深刻的论述，古希腊的柏拉图曾这样表述过，国家不需要法律，只需要握有权力的哲学家来管理国家，把国家的治理和政府的权力寄托在统治者个人优秀的道德品质上。当然，这种思想在现实中遭到了极大的挫败。于是，重新论述为，“如果一个国家的法律没有人性地位，没有权威，我敢说，这个国家一定要覆灭；然而，我们认为一个国家的法律如果在官吏之上，而官吏服从法律，这个国家就会获得诸神的保护和赐福。”

建国后，我国的法制建设取得了很大成就，建设法治型政府成为各级政府的重要目标诉求之一。法治强调的中心是依法办事，把法律视为统治社会的工具，从这个意义上说，政府更应该要求守法讲诚信，更要求建立公信力。反过来，政府公信力的建立也要通过对法律、制度的完善来建立，通过服务于人民而在人民心中逐步建立起来。政府工作人员不能违法，不能滥用权力，这是对政府公信力的基本要求。政府在日常各种行为中都应根据宪法、法律、法规以及法律精神来为人民服务，应对坚持加强党的领导，围绕依法行政、建设法治政府的目标，全面实施依法行政纲要和行政许可法，继续加强行政立法，加强和改进行政执法工作，强化政府依法行政检查机制。①

周市镇自 2006 年开展法治创建工作以来，解放思想、创新思路，结合实际、务求实效，依法办事、强化机制，进行了许多有益的探索和实践，初步取得了社会认可、群众满意的良好成效，并且连年被评为昆山市法治建设工作先进单位，2011 年 2 月顺利通过苏州市法治先进镇考核验收，成为全市唯一的省五五普法先进集体候选单位。在实践中，镇领导深刻认识到，要抓好法治建设工作，首先必须坚持依

① 见周万中、鲁丽莎《论政府公信力的提升途径》，《辽宁行政学院学报》2008 年第 7 期，第 16 页。

法执政、依法办事，尤其是领导干部，要带头学法、守法、用法，依法决策、依法执政。为此，按照科学发展观的要求，以增强领导干部法治意识为起点，提升领导干部科学执政、依法执政的能力。

一是坚持党委中心组学法。周市镇制定下发了《领导干部学法用法制度》，强调党委理论学习中心组在学习中必须坚持制订学习计划、坚持调查研究、坚持集中讨论、坚持汇报交流、坚持检查考核等制度。近五年来，镇党委中心组相继进行了《劳动合同法》、《侵权责任法》及土地管理、规划建设、拆迁政策、廉政准则等二十多个专题的理论学习。

二是坚持领导干部述法考评制度。周市镇将领导干部的学法用法守法、依法履职情况列入述职内容，要求领导干部述职时必须报告重大事项依法决策情况，报告依法行政工作情况，报告依法办事情况，报告学法守法情况。通过个人撰写报告、口头述法、实施民主测评等程序，获得对述评对象的民主测评分数，纳入领导干部个人年终百分考核，考核情况作为确定领导干部年度考核等次的重要依据。

三是坚持单位评议与考核。每年进行单位社会评议，面向社会组织、人大代表、政协委员、企业和群众代表、服务对象，对各单位、部门领导进行一次评议。每年进行单位法治考核，按照法治工作绩效考核细则，对各单位、部门进行严格考核，考核得分与对述法考评对象的量化考核进行挂钩。对于考核结果予以公示，对考核中发现的问题，帮助分析查找原因，责成制定整改措施，限期整改到位，确保存在问题有效解决。

随着周市镇经济社会的持续跨越发展和法治建设的不断深入，人民的法治意识日益增强，涉及基层政府的行政矛盾也逐渐增多，因此镇政府就如何从源头上控制行政矛盾，进行了深入探索。通过实施“源头预防、过程控制、事后化解”三大举措，最大限度压降行政矛盾，化解行政纷争。

“源头预防”是第一道防线。通过对政府的决策行为、制发的规范性文件、决定的重大投资项目、签订的重大民商事合同及其他涉法事项进行前置性审核把关，从源头上排除险情。几年来，通过集体讨论决策，制定并完善了人事管理、政府采购、招投标等一批制度；并多次就重大事项召开听证会、法律专家咨询论证会等，确保依法决策、科学决策。

“过程控制”是有效保障。通过对政府做出的具体行政行为进行审核，对执法人员培训考核和指导、监督，开展案卷评查、专项检查及评议考核、过错责任追究等工作，实施“过程控制”，确保具体行政行为不发生险情。尤其在开展群众最为关心的动拆迁工作中，由拆迁公司和拆迁办实行“拆”、“管”分离，明确提出“大力度的拆、快速度的建、规范化的管”的总体要求，以实施廉政风险防控标准化工程为载体，以再造工作流程、规范操作过程、公开运作结果为重点，根据实际情况制定执行一系列措施和制度，保障了工作的依法和谐开展。

“事后化解”是有益补充。发生行政矛盾和纷争后，由政府法制联络员第一时间介入，参与矛盾调解、参与出庭应诉等工作，有效化解行政矛盾。近几年通过“事后化解”，原有的一批信访积案得以案结事了，2010 年信访案件量比 2009 年下降 30%。

一 “八大任务”：法治政府的建设总目标

在建设法治型政府过程中，周市镇以邓小平理论和“三个代表”重要思想为指导，全面落实科学发展观，紧紧围绕镇党委、政府的工作中心，逐步构建依法行政工作的制度体系，进一步转变政府职能，切实提高行政管理和公共服务能力，规范行政执法行为，加大行政监督和责任追究力度，不断提升依法行政工作水平，为法治政府建设奠定坚实的基础。

在 2010 年度周市镇依法行政工作计划中“八个更加”的基础上，围绕今年市政府依法行政工作计划，周市镇提出了依法行政工作计划的“八大任务”。这“八大任务”目标更加明确、内容更加全面、方向更加清晰。

一是健全领导干部学法制度。镇领导干部带头学法，增强依法行政、依法办事能力，自觉运用法律手段解决各种矛盾和问题。完善党委理论中心组集体学法制度，每年组织各级各类党员干部进行法律知识培训，使不同岗位的党员干部都能掌握相关的法律知识。

二是健全科学民主决策机制。建立健全公众参与、专家论证和集体决定相结合的行政决策机制，实行依法决策、科学决策、民主决策。任何重大行政决策的做出，都要建立在深入调查研究、广泛听取意见和科学论证的基础上，实行社会稳定、环境、经济三位一体的风险评估。

三是严格文件制定发布程序。规范性文件制定严格遵守法定权限和程序，司法所进行合法性审查，对与法律、法规、规章和国家方针政策相抵触或超越法定权限、违反制定程序的，立即予以纠正。文件制定后按规定及时对外公开发布，并按照要求报送市法制办备案，定期组织规范性文件清理和实施情况评估。

四是全面推进政府信息公开。全面落实《政府信息公开条例》，除涉及国家秘密和依法受到保护的商业秘密、个人隐私外，全面公开政府信息。积极为公众查阅政府信息提供便利条件，每年对部门的政府信息公开情况进行检查和考核。

五是切实规范行政执法行为。加强对行政执法环节、执法步骤进行规范，切实做到流程清楚、要求具体、期限明确，确保严格执法、公正执法、文明执法。建立和完善行政执法责任制，加强对分局、办、站、所等执法机构的监督管理，每年对执法人员行使职权和履行法定义务情况进行评议考核，加大责任追究力度。

六是探索创新公共服务模式。按照建立服务型政府的总体要求，遵循依法、高效、便民的原则，进一步规范行政审批和收费行为，加强便民服务中心建设，建立长效机制，简化办事程序，提高行政效率。强化基础性社会管理，创新公共服务改革，探索政府出资购买部分公共服务产品的方式，节约管理成本，提高公共服务质量和效率。

七是建立政社良性互动机制。严格实施《村民委员会组织法》和《城市居民委员会组织法》，努力与基层群众自治有效衔接和良性互动。扩大群众自治范围，新镇、陆杨办事处要监督指导业主大会和业主委员会的规范运作，充分保障基层群众自我管理、自我服务、自我教育、自我监督的各项权利。

八是加强行政复议应诉工作。按照《昆山市行政诉讼应诉工作规则》的要求，认真落实行政负责人出庭应诉制度。由司法所加强协调，做好行政应诉和行政复议答复工作，自觉履行行政诉讼判决裁定和行政复议决定。发挥好司法所和常年法律顾问等法律专业人员的作用，认真做好矛盾纠纷调处工作，切实维护公民、法人和其他组织合法权益，维护社会和谐稳定。

二 “五奖”评选：促进依法行政的有效抓手

周市镇在依法行政上另一个有效特色即利用全镇每年一度的“创新奖、规范奖、突破奖、清风奖、和谐奖”评选机制，作为依法行政工作建设的有效抓手，从2008年实施以来的成效看，“五奖”评选无疑已成为周市镇提高依法行政工作水平的最好创新之一。

“五奖”评选的提出是为了贯彻落实昆山市委十一届四次全会（扩大）会议和周市镇十四届三次党代会精神，深入贯彻落实科学发展观，进一步激发全镇上下统一思想、坚定信心、振奋精神、真抓实干，在新的历史起点上，不断推动经济和社会各项事业朝更高层次、更快速度、更高质量方向发展。“五奖”评选具体包括工作创新奖、规范奖、突破奖、清风奖、和谐奖。

工作创新奖中的工作创新是指深入贯彻落实科学发展观、构建和谐社会，推进经济建设、政治建设、文化建设和党的建设等各项工作的创新思路、创新方法、创新模式、创新机制和创新实效等。在工作创新奖的申报条件上有具体的要求：坚持继续解放思想，并转化为推动工作的具体措施，成效显著的；冲破禁锢，破解改革发展稳定中体制机制和热点难点问题，并取得显著成效的；在党的建设和文件建设等方面创出一流实绩，打造全市性以上工作亮点的；市委、市政府主要领导批示推广经验的；在市委市政府以上会议上作经验介绍，或得到市级以上主管部门肯定并予以推广的；被市级以上主要媒体推介报道并对周市工作具有指导意义的；创造性地提出可行性对策建议，被党委政府采纳，并在工作实践中取得明显效果的；创新工作有其他突出贡献的。

工作规范奖的工作规范指坚持原则，依法行政，一切遵章办事，在具体的工作中做到制度规范、行为规范、决策规范、监督规范等。在工作规范奖的申报上需要符合以下条件：各项制度完善，执行制度到位，对全镇的规范化建设起到积极推动作用的；模范遵守“八要八不要”从政行为准则和“六严禁”个人行为准则，行为规范零投诉的；坚持“公平、公开、公正”，严格执行民主决策有关规定，重大事项决策在全镇产生积极社会影响的；监督有力，廉政建设及“三资管理”取得明显成效的；工作业绩被市级及以上主要媒体宣传报道的。

工作突破奖中的工作突破是指围绕党委政府工作中心和本部门职能，进一步弘扬“三创”精神，在原有工作的基础上拓展全新的领域，取得更大的绩效等。工作突破奖的条件比较具体：全面转变发展方式，如引进基地型、旗舰型、龙头型外资项目的，引进3个以上超5 000万元非房产类服务业项目的，新增销售分别超20亿、10亿、5亿元的外资、民营企业的，本镇企业培育上市的，大幅度超额完成主要经济指标的；全面推进城镇建设，如重点地区的动迁工作顺利推进的，动迁数量比上年大幅度增加的，政府实事及重点工程建设保质保量如期完成的；全面提高环境质量，如创建国家卫生镇、创建省级以上生态村、省级以上绿色社区通过达标验收的，无重大环境污染事件发生的；全面改善民生问题，如“教育体系、医疗卫生、社会治安、小区管理、公共交通、文体设施、劳动就业、社会保障、群众创业、三大合作”等“十大”民心工作高质量落到实处的；全面下降社会矛盾，如集访、越访及赴京上访数量比上年明显下降的，无严重社会影响的重大安全生产事故发生的，治安、刑事案件及交通事故发生率比上年明显下降的；全面提升队伍素质，如干部职工的能力建设、作风建设取得显著成效，单位综合测评达到优秀的；受到市委、市政府及以上表彰的；工作业绩被市级及以上主要媒体宣传报道的。

工作清风奖中的工作清风主要指纪律严明，弘扬正气，政治生态文明，崇尚勤政廉政，内部秩序井然等。如无违法违纪行为；无与民争利行为；无行政不作为、乱作为现象发生的；严格执行党风廉政建设各项规定、职务消费正常的；服务工作零投诉的；被授予市级及以上相关条件先进单位称号的。

工作和谐奖的工作和谐是指单位内部团结，人际关系融洽，团队协作配合意识强，效果好。如政令畅通，与其他单位、部门配合默契，无扯皮推诿现象发生的；无集访、无越访上访、无刑事犯罪的；注重民主团结，不内耗、不相互拆台的；加强沟通，增进信任，包容而不袒护的；亲民意识强，主动服务基层，积极为群众排忧解难受到表扬的；思想作风和效能建设考核评估名列前茅的。

为有效推进"五奖"评选，周市镇对具体的实施办法进行了细化：

一是评选原则。"五奖"评选坚持两大原则，即公开性原则和效益性原则。评选的对象、条件、程序等要予以公开，评选活动要组织和动员全镇上下共同参与，接受社会监督，确保评选公开公正；申报项目必须具有明显经济效益或社会效益，并得到全镇上下充分认可。

二是评审机构。"五奖"评选组建专门评审机构。在全镇设立了专门的评审领导小组，组长由一名镇党委副书记担任，成员由党政办、组织办、纪检办、宣传办、督查办、政法办、经管办、建管所以及工、青、妇等单位负责人组成。同时，评审领导小组下设在党政办的办公室负责日常工作，负责评选活动的组织、协调工作，受理异议并开展调查。"五奖"评审机构的领导小组主要是评出符合工作创新奖、规范奖、突破奖、清风奖、和谐奖的单位和个人，宣传推广获得工作创新奖、规范奖、突破奖、清风奖、和谐奖的单位和个人的经验和做法；对工作创新奖、规范奖、突破奖、清风奖、和谐奖提出建设性的意见和建议；研究、解决评审工作中的重大问题。

三是评选程序。"五奖"评选坚持八项程序。评选是每年度评选一次，组织申报为每年的三月底前，并且各部门（单位、村）必须申报。第一，发布通知。镇评审领导小组办公室以书面形式发布评选通知。第二，组织申报。各部门（单位、村）负责本部门（单位、村）项目的组织申报。第三，申报材料。各申报单位需向镇评审领导小组办公室提交申报表，并详细要求申报材料包含内容，如项目名称、项目主办单位和参加单位、项目实施的主要内容介绍、项目评价等。第四，进行初审。镇评审领导小组办公室对申报单位的资格、条件进行审核后，由镇评审领导小组进行初审，提出候选拟奖项目各 10 个（若符合条件的申报项目不足 10 个，则按实际申报项目数组织评选）。第五，进行公示。评选后对拟奖项目的基本情况和取得的主要成效进行公示。第六，投票评选。全镇所有部门（单位、村）各一票对候选拟奖项目进行无记名投票，然后由党政班子全体成员和评审领导小组全体人员进行无记名投票。根据两次投票得票情况进行加权计分，权重各占 50%，按得分多少从高到低确定拟奖项目各 3 个。第七，拟奖公示。镇评审领导小组办公室对拟奖项目在相关公示栏内进行为期 7 天的公示。第八，呈报审批。公示完毕后，镇评审领导小组办公室将拟奖意见按程序报党委、政府批准。

四是奖励措施。"五奖"评选每年各设 3 个名额（若符合申报条件的对象不足，允许空缺），每年获奖项目奖金为 0.5 万～5 万元。并由党委政府召开颁奖大会对获奖单位进行表彰，颁发证书和奖金。同时，"五奖"列入各部门（单位、村）领导班子和干部工作实绩考核内容，作为各部门（单位、村）领导班子和干部奖励任用的重要依据。

五是监督管理。在"五奖"评选中对提供虚假数据、材料的申报单位和推荐单位，经查属实，由镇纪委给予通报批评，已获得的要撤销奖励，收回奖金和证书。对负有直接责任的主要人员按有关规定进行处理;参与评审活动的有关人员在评审活动中如有弄虚作假、徇私舞弊行为的,按有关规定进行处理。

以下为 2011 年 3 月昆山市财政局周市分局、周市镇党政办申报的规范奖和昆山市财政局周市分局申报的和谐奖。

表 3-2 周市镇工作创新奖、规范奖、突破奖、清风奖、和谐奖项目申报表(一)

申报单位(盖章)	昆山市财政局周市分局、周市镇党政办	申报类型	规范奖
申报项目	健全制度项目、深化财政改革项目、加强财政资金管理项目、深化廉政风险防控机制建设项目、政府采购项目		
项目实施目标	围绕深化“科学理财、服务发展”财政品牌建设,积极推进财政科学化、精细化管理,全力服务周市镇经济社会发展大局,努力打造一支政治坚定、业务精湛、作风过硬、道德优良、清正廉洁的财政干部队伍。		
项目实施措施	1. 完善各项内部管理制度,按照制度的不同内容进行分类。狠抓制度落实,每月按业务工作和效率效能两大内容逐级考核,并与奖金挂钩;2. 科学规范部门预算编制,细化部门预算支出标准,严格预算执行,完善国库集中支付改革,加强政府采购管理;3. 加强财政资金管理,构建财政大监督格局,提高财政资金使用效益;4. 加强廉政教育,增强廉政意识,加快惩防体系基本框架建设。		

填表日期: 2011 年 3 月 23 日

表 3-3 周市镇工作创新奖、规范奖、突破奖、清风奖、和谐奖项目申报表(二)

申报单位(盖章)	昆山市财政局周市分局	申报类型	和谐奖
申报项目	财政重点支出、财政干部自身建设		
项目实施目标	落实惠民政策,调整优化财政支出结构,财政支出重点向民生领域投入,着力提升人民群众幸福感。同时,注重培训教育,形成良好的学习氛围,努力建设学习型机关。切实转变思想作风,提高效率效能,全力打造效率财政。增强服务意识,推进服务方式创新,落实“五办”作风,为周市镇“善爱之家”建设创造优良的服务环境。		
项目实施措施	1. 推行无纸化督办制度,建立财税部门联席会议制度,定期分析经济形势,继续推行行风监督员制度,加强外部监督;2. 加强学法教育,健全行政执法责任制,切实打造法治财政;3. 利用各种服务平台,为企业、基层、群众服务;4. 以创先争优活动为抓手,开展多种活动,激发财政干部争先进位的热情,为完成全年财政工作任务提供可靠保证。		

填表日期: 2011 年 3 月 23 日

三 “八条禁令”:规范行政执法的制度性保障

依法行政是实现依法治国方略的关键,这是一项社会系统工程,涉及经济、政治、文化等社会生活各个领域,包括行政立法、行政执法、行政司法、执法监督等诸多环节,其中如何加强和改善行政执法,提高执法水平是最主要的一个环节。

近几年来，随着社会经济的迅速发展，周市镇十分注重社会建设与管理。作为乡镇层级的政府，周市镇行政执法比过去有很大进步，但由于少数行政执法人员素质不高、纪律性不强，不能严格要求自己等原因，行政执法行为不能很好地加以规范，影响了行政执法机关的形象，为此镇政府通过行政管理体制的完善和创新，不断加强法制行政，规范执法人员的行为，进而推进法治型政府的建设。在加强依法行政中，周市镇以科学发展观为指导思想，结合苏州市依法行政工作要点，紧紧围绕昆山市依法行政各项目标和要求，将各项行政工作逐步纳入规范化、制度化轨道，提出了规范行政执法的“八条禁令”，即：

一、严禁以权谋私，收受管理相对人的财物或接受宴请。

二、严禁非公务需要穿着执法制服出入酒店娱乐场所。

三、严禁在工作期间饮酒。

四、严禁违规使用执法车辆及示警装置。

五、严禁下达罚款指标，未教育先罚款，以罚代管。

六、严禁违反审批程序和承诺时限，不作为、乱作为、慢作为。

七、严禁违反收费就抵制，巧立名目变相收费或强制摊派。

八、严禁违反行政强制程序限制他人人身自由、擅自查封扣押物品。

从“五五”普法开始，周市镇明确把抓好执法人员的学法用法，增强队伍素质，提高执法水平，作为镇实施“五五”普法，推进依法治镇的一项重要内容。首先是根据“谁主管，谁负责”和“条块结合，分别实施，分期管理”的原则，采取“平时自己学，年度集中学、培训学”的办法，抓好公务员和执法人员学法用法。近五年来组织全镇行政执法人员按时参加市级依法行政培训班三次近百人次；自行组织全镇性行政执法队伍社会主义法治理念教育和依法行政法制讲座 12 次，受教育人次达 300 人次；举办行政执法队伍法制文艺专场演出两场。另外，各部门都能结合自身的实际开展全员学法活动，组织专业法培训。例如，公安派出所组织学习了与公安业务密切相关的《人民警察法》、《刑法》、《治安管理处罚法》；城管中队组织学习了《城管案例分析与执法技巧》、《行政执法流程》；工商部门组织学习了《消费者权益保护法》、《食品安全法》等法律法规。

行政执法面广量大，涉及诸多利益因素，有时可能出于各种人情关系，或者由于部门利益等，导致部分行政执法行为的公正性、时效性受到质疑。周市镇出台的“八条禁令”十分明确具体，多为行政执法过程中群众意见较大的违规行为，因而具有很强的针对性。可以说，“八条禁令”不仅是对少数执法人员错误行为的纠正，而且也是对大多数执法人员提出的明确要求。它要求行政执法人员必须克服特权思想，用好执法权，做到不越权、不失职，通过抓程序规范这一关键环节，促使执法行为公开透明、高效为民。同时着力推行“柔性执法”，要求行政执法人员在执法中要以教育指导为先；对违法行为的查处，应当坚持处罚与教育相结合，防止“以罚代教、以罚代管”;行政执法应当积极采取指导、建议、提醒、劝告等非强制性方法,防止“重事后查处、轻事前预防”。不仅如此,镇政府还要求执法单位必须自觉接受社会各界的批评和监督,从中发现问题、改进工作,以树立周市镇良好的行政执法形象。

四 “复议为民”原则下的行政行为

在强化公信建设的依法行政工作方面,周市镇坚持“以人为本,复议为民”的原则。以事实为依据,以法律为准绳,依法审查,公正裁决,坚决纠正违法或明显不当的行政行为,实现维护法律尊严、维护当事人合法权益和维护政府部门工作权威的有机统一,保障行政机关依法行使职权,维护法律公正。

抓好制度建设,推行民主决策。进一步完善重大决策公开征求意见和听证制度、专家咨询制度、调查研究制度,在做出重大决策时重视做好调研、论证、咨询、听证工作,通过向社会公示、听证等形式,广泛征求群众意见,确保决策的民主、科学与合法。健全文件备案审查制度,加强对镇政府各部门规范性文件的监督管理,发现与法律、法规、规章相抵触或超越法定权限、违法制定程序的,坚决予以纠正,切实维护法制统一和政令畅通。

1. 规范决策程序,确保公正、公开

周市镇政府严格执行《昆山市人民政府工作规则》与《昆山市人民政府重大行政决策程序规定》,不仅努力建立健全决策跟踪和责任追究机制,而且积极推行重要事项决策听证制度,做好召开听证会的组织、指导、协调工作,确保决策听证工作规范、有序。

2. 强化民众监督,促进信息公开化

镇政府积极学习宣传国务院《政府信息公开条例》,切实做好政府信息公开工作。建立健全政府信息公开工作制度和发布机制,加快政府网站信息的维护和更新,落实政府信息公开载体。严格按照条例规定,及时、准确地向社会公开政府信息,确保公民的知情权、参与权、表达权和监督权。

3. 复议功能有效发挥

将行政复议制度作为化解行政争议、平抑涉法上访的“减压阀”和促进依法行政、提高执法质量的“助推器”,能够有效维护社会的稳定,促进社会和谐。当前周市镇正处于经济转轨、社会转型的特殊时期,涉及民生、影响民生的各类社会矛盾明显增多。如果一些明显不当或是违法的行政行为,不能得到及时、坚决的纠正,个别问题就可能演变成为普遍问题,局部问题就可能演变成为整体问题,而且可能稍有不慎就可能引发群体性事件。行政复议作为解决行政争议的重要制度和法定渠道，具有对矛盾纠纷的化解功能、对违法犯罪的预防功能、对人民群众的教育功能、对法律法规的宣传功能，在保障和服务民生，促进社会和谐方面发挥着不可替代的重要作用。为此，周市镇政府坚持以事实为依据，以法律为准绳，依法审查，公正裁决，通过行政复议，实现维护法律尊严、维护当事人合法权益和维护政府部门公正权威的有机统一。

总之，周市镇坚持以人为本、复议为民，不断完善行政复议体制和制度，全面加强行政复议能力建设，最大限度地发挥行政复议在解决行政争议中的主渠道作用，促进社会和谐稳定，为全镇的社会经济发展创造了良好的法制环境。

五 市北村：基层民主法治建设的一个典型

2010 年 1 月，周市镇市北村被国家司法部、民政部表彰为第四批全国“民主法治示范村”，成为昆山市首个获此殊荣的行政村。近年来，市北村在周市镇党委、政府和村委会的带领下，坚持走民主法治之路，严格按照民主选举、民主决策、民主管理、民主监督和村务、政务两公开的“四民主两公开”村民自治模式，因地制宜地建立了一系列民主法治制度，充分保障了村民的知情权、参与权、决策权和监督权，极大地激发了村民参与村级事务的热情。特别是在创建“全国民主法治示范村”过程中，市北村以保障村民权益为根本，民主管理落实到位，率先推行“公推直选”，落实听证决策；坚持“行之有规，处之有据”，提高了村务依法治理水平；落实民主听证决策，激发村民参与村务的热情；实现“阳光村务”，推行民主公开、民主监督新模式。此外，市北村以营造依法治村氛围为抓手，构筑法制宣传阵地，开展“法律进农家，服务你我他”系列农村法制宣传教育活动，有力地提升了村民的法治意识。同时，以“大调解”机制为保障，强化村人民调解委员会作用，将矛盾纠纷化解在萌芽状态。在市北村，家家安装红外线报警器，户村接警系统有效运行，提高了村民自防能力。几年来，村域内无重大治安、刑事案件发生，无影响社会稳定的群体性事件发生，无重大生产安全事故发生，农村社会稳定。

市北村在民主决策上下工夫，始终坚持一事一议，对项目建设超过五万元的均采取听证决策，由全体代表表决，多数表决通过方可实施。如斜泾河改造、农贸市场招租、奶牛场周边农户动迁等重大项目，村里都召开了听证会，村民参与率达90%以上。透明公开的决策过程激发了群众关心公共生活的热情和责任感。在有序推进民主管理方面，村两委会根据党的方针政策和国家的法律法规，及时修订与完善村民自治章程、村规民约、村民会议和村民代表会议议事规则、财务管理制度等,特别是党员目标岗位责任制的创新得到了各级领导的肯定。市北村还在民主监督上下工夫,建立了村民代表工作组和民主理财小组,每月对村级财务情况进行审查,监督村级财务管理制度的实施。市北村坚持四务公开制度,坚持把党务、政务、村务、财务公开作为村级事务管理的重中之重,抽调专人组成工作小组,对公开工作实行专门管理,投资 1.2 万元设立两处宣传栏、六处公开栏,确保四务的公开,实行阳光村务,做到了让群众明白,还村干部清白。

市北村认真抓好法制宣传教育,提高农民法律意识。依托村民法制学校,确保每年开展法制教育讲座不少于 6 期。建成法治文化展示厅、广场和农家书屋,使村民能够更为直观、更为方便地了解和掌握法律知识。同时通过完善民情台账,及时有效化解矛盾纠纷。2009 年,建立健全了"市北村民情台账"、"书记接待台账"、"老书记谈心台账"等规章制度。村干部包干包片包户,深入村民家中,科学疏导排解社会矛盾,并将村民的家庭基本情况、收入状况、重大疾病等记入台账,建立电子台账。2011 年 1 月份以来,已走访 200 多户村民,成功处理有关社会稳定、村民就业、创业等社情民意 36 起。按照平安创建的要求,市北村设立"五位一体"警务室,有六名专职联防人员,负责全村巡查和外来人口登记,并主动配合各类打击防范活动的开展,全村平安家庭创建合格率达 100%。

第四章 阳光务实的政务公开与村务公开

2008年5月1日实施的《政府信息公开条例》，是新中国第一部将政府置于阳光之下的专门法规。《条例》确定了"公开为原则、不公开为例外"的基本方略，逐步改变那些不符合现代政府理念的运作方式。人们关注的种种热点事项，条例中均明确规定必须主动公开：财政预算决算、行政收费、政府采购、行政许可，无不涉及政府权力运作的"核心区域"；教育、医疗、社会保障、促进就业以及征地拆迁、补助发放，无不与老百姓的生活息息相关；突发公共事件预警信息、食品安全、环境卫生，无不关系群众的生死安危。除了条例规定的行政机关主动公开的政府信息外，公民、法人或者其他组织还可以根据自身生产、生活、科研等特殊需要，向国务院部门、地方各级人民政府及县级以上地方人民政府部门申请获取相关政府信息。只要不涉及国家秘密和商业秘密、个人隐私等，政府部门都必须在规定的期限内向申请人公开信息；即使不予公开，也应当说明理由；如果公民不服，还可以提起行政复议或者行政诉讼。

周市镇在构建服务型政府的同时，努力打造透明政府，即在社会治理过程中将周市镇的各种信息，特别是关于民生的各种信息公开、透明。一位镇主要领导如是说：

政务公开、村务公开是必需的，具体操作中应把握好四方面：一是公开的自觉性。首先，要端正思想，可以这样说，"公开"不是一种施舍，公开本应是政府应该做的。要让百姓知道政府在做什么，只有让大家知晓了，所谓的民主、监督才会有基础。我们一直强调的民主很需要这些，要养成一种好的"家风"，把自己当成群众一分子，使百姓真正感受到公信政府的公开、透明。其次，要减少猜疑。端正思想的同时摆正自己的位置，和谐环境的创建就需要干部和百姓相互的信任。再次，要明白基层的影响。公开不是一种纯粹上的政治的需要，百姓看各地的政府、观各层的党委，看到的和看得最多的其实就是基层。基层是最接近百姓的，上传下达中央精神的过程中，总会有信息不畅，所以要明白基层带给百姓的重要影响和作用。

二是加强便捷性。在公开的内容和方式上要考虑村民的自觉性、参与度，以及文化程度。既然要公开就要让村民便捷地参与、知晓。使公开工作真正务实到点，比如发个通知，不仅仅限于在公开栏上张贴一下，可以进行走访，在内容上也不仅仅就限于村务、党务、财务的几项，可以丰富化。又比如在财务公开上，不是简单说招待费花了多少，而是要具体到车旅费花了多少的程度上。

三是要注重及时性。公开有预先，但也可以有后补。在村一级上，有些突发事情过去了，可能百姓下面还是有声音，我们还是可以补救的，把事情的前因后果、处理细节等后续及时地公开。

四是突出政府的超前性。不要有为公开而公开的思想，政府部门要带着这个思想分重点的系统地公开。比如规划、投资方向、项目、政策等的公开要普遍地收集民意，主动推动公开，体现政府更多的内涵和取向。

一 决策民主化、科学化的“四项制度”保证

决策科学化指在科学的决策思想指导下，按照科学的决策规律，遵循科学的决策程序，运用科学的决策方法进行决策；决策民主化指在决策过程中充分发扬民主，广泛听取意见，按照民主程序进行决策。决策的科学化和民主化密切相关。2004 年 9 月中共十六届四中全会通过的《中共中央关于加强党的执政能力建设的决定》提出，要“改革和完善决策机制，推进决策的科学化、民主化。完善重大决策的规则和程序，通过多种渠道和形式广泛集中民智，使决策真正建立在科学、民主的基础之上。对涉及经济社会发展全局的重大事项，要广泛征询意见，充分进行协商和协调；对专业性、技术性较强的重大事项，要认真进行专家论证、技术咨询、决策评估；对同群众利益密切相关的重大事项，要实行公示、听证等制度，扩大人民群众的参与度。建立决策失误责任追究制度，健全纠错改正机制。有组织地广泛联系专家学者，建立多种形式的决策咨询机制和信息支持系统”。

周市镇为逐步健全依法决策、科学决策、民主决策机制，对决策过程中的四项制度不断加以健全和完善：一是健全专家论证制度，注重发挥专家和政府法律顾问的作用；二是征求群众意见制度，对涉及面广、与人民群众利益密切相关的决策事项，及时向社会公布，通过举行座谈会、听证会等形式广泛听取各方面的意见；三是决策合法性审查制度，由法律专家进行审查和论证，确保各项决策符合法律法规的要求，防止越权决策、违法决策；四是决策责任追究制度，坚持“谁决策、谁负责”

的原则，防止随意性、避免盲目性，对超越法定权限、违反法定程序决策造成重大失误的，严肃追究其责任。

对党委的重点问题、政府的难点问题、群众关心的热点问题等重大事项，始终采用四项制度，由集体讨论决定。镇政府年内通过集体讨论决策，建立完善了土方管理、征地拆迁、招投标、政府采购等一批制度。各村继续推行重大事项听证制度，截止2010年10月底，全镇15个村召开了24场听证会，听证工作日趋规范。

二 “政务公开三级指标”：增加政府工作透明度的机制

周市镇积极推进政务公开透明运行，充分发挥政务公开综合效应，把政务公开与政府职能转变、机关作风建设、廉政建设紧密结合起来，不断推动机关自身建设和管理创新，争取在完善机制上取得新进展，在改进服务上取得新突破，在促进镇政府自身建设上取得新成效。

（一）政务信息公开

（1）宏观政策

对中央、省、市关于扩大内需、促进经济增长、宏观调控、结构调整、“三农”工作、节能减排和环境保护等政策措施落实情况加大公开力度。

（2）民生保障

对就业创业扶持政策、岗位需求、技能培训、社会服务、住房公积金、社保基金、基本养老保险、失业保险、医疗保险、城乡社会救助等保障和改善民生政策措施及其落实情况及时公开。以创建就业为例：随着工业化、城市化进程的加快，大量耕地非农化，大部分农民已无地可种，就业成为可持续发展中的一个难题。2010年，周市在扎实推进市政府提出的“富民工程”的基础上，进一步加大对农村劳动力就业培训力度，通过“开展创建充分就业镇、社区、村”活动，解决劳动力就业问题。

（3）热点问题

对价格、征地、拆迁、环保及公共资金管理使用等群众高度关注的问题，进一步细化公开内容以利于化解社会矛盾，维护人民群众合法权益。

（4）突发事件

对重大生产安全事故、食品药品安全事件、群体性事件等，及时查清原委，准确发布权威信息，积极疏导群众情绪，维护社会稳定。

（5）重点工作

对工程建设领域信息公开工作，按照中央《关于开展工程建设领域突出问题专项治理工作的意见》,把公开透明原则贯穿于工程建设项目规划、审批、核准、实施监管以及资金管理使用的全过程。

(二) 行政权力公开

周市镇根据机构改革进展和新的法律、法规及规章出台情况,及时补充更新单位职权范围,同时逐步统一行政执法规范和行政处罚标准,明确并依法公开权力行使条件、承办岗位、办理时限、监督制约环节、相对人权利等内容。

(三) 行政决策公开

周市镇规定重大行政决策在讨论决定前应当通过听证会、座谈会及公开征求意见等方式,广泛征求人大代表、政协委员、村(居)代表建议意见。重大行政决策作出后,严格按照《昆山市人民政府重大行政决策程序规定》,应当在规定的时间内及时通过各种渠道向社会公布(详见表 3-4)。

表 3-4 2006 年至 2011 年 4 月村级重要事项决策听证工作汇总统计表

辖区内行政村(社区)个数		17(个)
已开展听证工作的村(社区)的个数	本月累计	17(个)
	本年度累计	17(个)
	自开展听证以来累计	17(个)
召开听证会场数	本月累计	1(场)
	本年度累计	19(场)
	自开展听证以来累计	85(场)
参加听证会的代表人数	本月累计	32(人)
	本年度累计	649(人)
	自开展听证以来累计	2 734(人)
听证涉及资金金额	本月累计	0(万元)
	本年度累计	227.53(万元)
	自开展听证以来累计	2 460.496(万元)

周市镇政府确保镇政府信息的全面、及时、准确公开,努力提高镇工作的透明度和公信力,为经济社会活动和人民群众生产、生活提供服务。周市镇政府按照《中华人民共和国政府信息公开条例》的要求,对应主动公开范围的政府信息,信息形成或者变更之日起按照规定时限及时编排公开目录并予以公开,2010 年主动公开政府信息 63 条,全文电子化达 100%。在主动公开的信息中,“政府文件”栏目共发布信息 60 条,“规划计划”、“公开指南”和“其他”栏目分别予以发布(详见表 3-5)。镇政府主要是通过昆山市人民政府信息公开网发布,公众可通过网络或其他

相关联系方式进行了解。2010 年度全镇未收到一起要求公开政府信息申请，未发生一起举报、投诉政府信息公开情况，也未接到一起关于政府信息公开的行政复议、诉讼案件。

表 3-5 2010 年度主动公开政府信息情况统计表

信息数项目	数量(条)	占总数百分比(%)
新产生应当公开的政府信息数	63	100
政策法规类信息数	5	7.94
规划计划类信息数	4	6.35
业务类信息数	49	77.78
其他类型信息数	5	7.94

2010 年周市政府信息公开数量较 2009 年增长了 19 条，同比增长 43.18%，主要增加信息均为政府主动公开信息。2010 年以来，周市政府公开工作的范围不断扩大，当然，由于依申请公开政府信息的社会知晓度不高，全年未收到一起要求公开政府信息申请。为此，周市将在进一步加大主动公开政府信息的同时，加大了依申请公开政府信息宣传力度，通过各村、社区公开栏，政府网站等公共信息平台进行宣传，让更多群众了解政府信息的查询方式和基本内容，并通过监督电话、网上信箱等途径，接受公众对政府信息公开工作的简单，同时加强政府信息公开工作人员的业务培训，提高工作能力和业务水平。

三 重大事项听证：基层政府信息公开的具体行动

为提高周市镇对重大事项决策的科学性、民主性，增强政府工作的透明度，依法保护公民、法人和其他组织的合法权益，根据有关法律、法规，依据《中华人民共和国政府信息公开条例及省》及省市县的有关规定，周市镇结合自身的实际，对于听证制度进行了细化。

首先，确立了听证的范围：a）编制本镇集镇规划、土地利用规划经公示有较大异议的；b）在集镇建设改造过程中，涉及群众重大利益的事项；c）调整民用自来水、污水处理等公用事业收费价格的；d）可能对生态环境、集镇功能造成重大影响的政府投资项目的立项审批或核准；e）重大建设项目的环境影响评价；f）与公共安全直接有关、人民群众普遍关注的重大行政措施；g）行政机关认为应当听证的其他事项。

其次，确立了相应的规则和程序，保证了听证会公开、公正、平等、便民地进行，为充分听取公民、法人和其他组织的意见打下了基础。以白塘社区建造配套房决策听证会为例：

第一步 做出决策听证会的工作计划。

白塘社区重要事项决策听证会工作计划

根据周市镇农村基层工作党风廉政建设规范工作方案的要求，社区重大事项召开听证会，本社区2007年在昆太路、横泾路交界处，建造1 302平方米的社区配套房，该房结构为二层，共计16间，门口一条5米宽的水泥路，水泥路东边一条绿化带，基本上和(春晖锦苑)相对应，房屋建筑造价96万元，不包括水、电等，资金全部由乙方带资。本社区计划在2007年5月初进行召开听证会。

白塘社区居委会

2007年4月23日

第二步 进行公告。

白塘社区重要事项决策听证会

公告

根据周市镇农村基层工作党风廉政建设规范工作方案的要求，社区重大事项召开听证会，本社区2007年在昆太路、横泾路交界处，建造1 302平方米的社区配套房，该房结构为二层，共计16间，门口一条5米宽的水泥路，水泥路东边一条绿化带，基本上和(春晖锦苑)相对应，房屋建筑造价96万元，不包括水、电等，资金全部由乙方带资。本社区计划在2007年5月23日召开听证会。地点：社区三楼会议室，欢迎居民前来旁听。

白塘社区居委会

2007年5月10日

第三步 召开听证会，确立会议议程。

第一项议程：宣布听证组成成员及出席会议人员；

(1) 听证组成人员，包括主持人1人、记录人2人、工作人员2人。

(2) 出席会议人员：

村听证代表应到45人，实到40人。

镇领导1人，镇建管所干部1人；经服中心干部1人；资产管理科干部1人；全体社区干部。

第二项议程：宣读听证会纪律；

第三项议程：由社区副主任介绍听证事项概况；

第四项议程：由镇建管所干部对项目进行点评；

第五项议程：请听证代表发言；

第六项议程：决策投票、统计表决结果并公布；

第七项议程：社区两委会成员另选地方进行磋商。

工作人员当场清点票数后，主持人随即公布结果：赞成 39 票，不赞成 0 票，弃权 1 票，废票 0 票。根据《昆山市村级重要事项决策听证会暂行办法》第十五条规定：社区“两会”根据居民听证会代表表决结果，作出决策。如果二分之一以上到会居民听证会代表表决同意实施听证事项，则该社区“两会”作出拟同意决策，并报镇村务公开工作领导小组审核后组织实施。在白塘社区“两会”班子讨论后，主持人宣布：

根据本次决策听证会日常安排，现在已顺利完成了听证会的各项议程。在此，希望各位代表一如既往地关心和支持该项目的建设实施情况。

四 财务监督小组与民主监督小组：推进村务公开的重要平台

村务公开是指村民委员会组织把处理本村涉及国家的、集体的和村民群众利益的事务的活动情况，通过一定的形式和程序告知全体村民，并由村民参与管理、实施监督的一种民主行为。村务公开是人民群众评判农村党风政风好坏的一个重要标志，也是加强基层民主政治建设、政权建设和党风廉政建设的一个基础性工作。

（一）财务监督小组

周市镇为规范农村集体经济财务管理，保障村级集体经济组织资金运行的质量，建立了村级财务监督小组，代表全体村民行使对村集体经济组织资金运行过程实施监督。财务监督小组的成员主要是老党员和老干部，他们在群众的心目中有着比较高的地位，村民对他们的信任度较高。财务监督小组的工作职责包括：参与本村年度财务计划的修订工作；负责审查本村年度预算、决算的执行情况；审查财务公开的各项内容，监督财务公开制度的执行；征求并反映村民对财务公开的意见和建议；督促村民委员会对村民提出的意见和建议及时作出答复，合理的建议应予以采纳；负责向村民代表会议报告村经济运行情况，并就集体经济运作等状况实施监督，提出合理化建议；财务监督小组按季度对财务收支情况进行监督审查，对本组织十人以上联名提出的突出问题，村委会应随时公开；财务监督小组应将每次监督审查内容、审查结果过详细记录，每年度结束后，对上年度财务计划及财务制度执行情况报乡镇农经站审查后向村民会议或村民代表会议报告。

财务监督小组审查的内容主要有以下几方面：

a）审查账务是否按会计制度设置一级科目，是否设置总账、明细账、固定资产登记簿、存折、现金流水账。记账方法是否规范、清晰；

b）审查经济收入、支出是否执行预算计划，超出预算事发后履行村民代表会议通过的程序；

c）现金、存款是否账物相符；

d）现金管理是否违反规定；

e）固定资产购置、修建有否做预算、决算，有否办理验收手续后入账；

f）每张支出单据是否真实、合法、有效，履行审批手续；

g）固定资产报废，债权债务坏账处理是否通过村民代表会议，并按规定办理报批手续；

h）在审核中，确认不予报账的票据，应说明理由。

经审核完毕，财务监督小组要把审核结果填上“理财报告书”并签名，加盖“村财务监督小组票据已核”专用章，代表在村务公开栏公布，存档一式三份，一份存村务公开档案，一份上报乡镇农经站。

（二）民主监督小组工作制度

周市镇为加强村民主监督，保障村民行使民主权利，推进村各项工作顺利开展，设立了村民主监督小组。村民主监督小组对村民（村民代表）会议负责，在村党支部的领导下开展工作。民主监督小组坚持公平、公开、依法原则，所行使的监督权以法律、法规、党的政策、各级人民政府的规定、村《村民自治章程》及其相关规章制度为依据。

民主监督小组具有下列权利：

a）村民委员会违反规定的决定、决议和做法提出批评意见或纠正建议。村民委员会拒不接受民主监督小组合理批评、建议的，有权向镇政府如实反映情况。

b）村民委员会作出的涉及村民利益的决定、决议不清楚、不明确的，有权要求村民委员会作出解释。

c）有权要求提供与监督有关的资料。

民主监督小组应履行下列义务：

a）按职责要求开展民主监督。

b）向村民会议或村民代表会议报告年度民主监督工作情况。

c）不得泄露因村工作开展需要而应当保密的事情。

d）向村民宣传党的方针政策，维护村党支部、村委会的正确决策。

民主监督小组监督内容：

a）监督社务、财务是否按规定定期公开公布，村民委是否执行村财务制度；审核村财务收支是否真实，是否符合制度规定，报销手续是否齐全。

b）监督村民委员会对村民会议或村民代表会议讨论决定的事项是否执行、是否落实。

周市镇通过加强制度建设，有效推动了村务公开。村级财务作为村事务的基本内容，是村民关注的重点，周市镇在村财务公开方面加大了工作力度，并取得了令人满意的效果，案例详见表3－6。

表3－6 斜塘村月收、支明细公布榜(2011年2月24日～3月24日)

2011年3月25日

收入明细				支出明细			
发生日期	收入内容	金额(元)	经办人	发生日期	支出内容	金额(元)	经办人
2011.3.14	征地补偿费	17 340	XXX	2011.2.25	三清人工费	4 760	XXX
11.3.14	孔某某上交水费	29 182	XXX	11.2.25	顾某某死亡吊丧费	400	XXX
11.3.14	富民合作社上交款	100 000	XXX	11.3.1	进账单工本费	7.5	XXX
11.3.18	胡某某交鱼塘养殖款	1 790	XXX	11.3.4	2011年医保费	23 980	XXX
11.3.22	安置保养金	45 889.9	XXX	11.3.6	电话费	1 559	XXX
11.3.15	自来水维修拨款	53 200	XXX	11.2.24	办公经费	1 550	XXX
11.3.21	利息	98.16	XXX	11.3.4	打印机费用	320	XXX
				11.3.25	和蔚路电费	46	XXX
				11.3.7	“三八”活动费	5 860	XXX
				11.3.7	“三八”节日费	1 500	XXX
				11.3.7	村干部公积金	3 400	XXX
				11.3.11	水费(12、1、2)	11 788.2	XXX
				11.3.11	自来水维修费等	1 541.2	XXX
				11.3.9	朱某某死亡吊丧费	400	XXX
				11.3.10	办公用品	165	XXX
				11.3.14	条线人员工资	5 500	XXX
				11.3.11	一次性安置保养金	4 066.9	XXX
				11.3.9	文艺三下乡补助款	4 500	XXX
				11.3.16	付徐某某青苗费	500	XXX
				11.3.18	付胡某某青苗费	990	XXX
				11.3.18	12组青苗补偿费	3 925	XXX
				11.3.11	三清检查费	950	XXX
				11.3.17	托收电费	15 538	XXX
				11.3.22	1季度安置保养金	56 870.1	XXX
				11.3.23	村工作人员保险费	6 528.63	XXX

五 村书记民主直评中的“三关”与“三化”

周市镇以贯彻落实十七届四中全会精神为出发点，以服务社会主义新农村建设为落脚点，组织全体村书记进行年度集中述职，开展民主直评，把好“三关”，力求“三化”，创新村书记考核评价体系。

一是把好准备关，力求直评科学化。结合周市镇实际，广泛征求意见与建议，研究制定集中述职测评活动实施方案。各村党组织书记紧扣学习实践科学发展观主题，重点突出“五围绕五讲清”精心准备述职内容。同时，进一步调查走访党员、干部、村民代表，继续完善测评方案，扩大群众知晓率和参与率。

二是把好过程关，力求直评客观化。召开村书记民主直评现场会，镇领导班子全体成员，镇各级党代会党代表、人代会代表、政协委员，机关、事业、镇属部门主要负责人，各村“两委”班子全体成员，党员代表和村民代表为参评对象，全体村书记进行现场述职，汇报一年来的工作情况、村的发展情况。述职完毕后，村民对关心的热点问题向村书记提出质询，村书记当场给予回答。全体参评人员从富民强村、和谐社会、民生保障、党建工作、自身建设五个方面对公开述职的村书记进行无记名现场测评打分，镇党委班子成员进行书面点评。

三是把好总结关，力求直评成果化。会后，对测评表和点评册进行汇总统计，并将述评情况及建议、综合评定的等次、整改的意见及时反馈到村到人，适度公开。各村、各个村级干部根据整改意见进行相应整改，并上报整改报告。镇组织人事办依据整改报告进行实地抽查，检验整改成果。

周市镇通过村书记直评活动，改进考评方式、激发内在活力，保障和扩大了村民的知情权、参与权、表达权、监督权，不断推进农村党组织、干部作风和民主政治建设。

第五章 形成合力的行政监督机制

行政监督是指行政机关内部上下级之间，以及专设的行政监察、审计机关对行政机关及其公务人员的监督，是保证执行法律、法规，实现行政目标的具体行政行为，其主要作用表现为可以及时反馈法律、法规实行的社会效果，为法律、法规的制定、修改提供实践依据，并且能够预防和纠正政府行政机关及其工作人员的违规违法行为。

一 力度不断加大的人大监督

人大监督伴随着人大制度的产生而产生。1954 年第一届全国人民代表大会第一次会议通过的宪法就赋予了人大监督职权。新中国成立以来，人大监督虽然还没有能够充分发挥出它应有的作用，但毕竟在实践和理论上都有了较大发展。毫无疑问，随着市场经济和公民社会的发展，随着依法治国和民主政治进程的推进，人大监督将同样随着人大制度在我国政治生活中发挥越来越重要的作用。人大监督是国家权力机关的监督，监督的主体是各级国家权力机关——人民代表大会人大，监督对象是指国家权力机关监督所指向的目标行为的责任者。人大作为国家权力机关，其监督不仅要指向国家机关，也应指向全社会，因为作为全体公民的代理人的国家权力机关是全体公民及其共同社会契约的守护者，它不仅要对可能侵害公民权利的公权力进行监督制约，还要对任何违反宪法和法律、危害公共利益的行为进行监督制约，这是国家权力机关监督不可或缺的维护私权利、保护公益两方面的职责和权力。

周市镇人大坚持从实际出发，采取形式多样的监督方法，主动督办人大代表建议意见，不断提高监督工作的质量和实效。镇人大按照勤政廉政、执政为民的要求，以深化“查找廉政风险、建立防控机制”为抓手，扎实推进惩治和预防腐败体系建设；以建立健全各项制度为抓手，逐步形成用制度“管权、管事、管人”的工作机制；以严格执行重大决策、土地出让、建设工程招投标、政府采购、动拆迁、三资管理等重点环节的相关制度为抓手，进一步规范办事程序和行政行为。

2010 年镇人大组织了市镇两级人大代表和各代表组组长 32 人，对迎宾路南侧的生态园、朱家湾路东侧的污水网、萧林东路与白塘路交接处的文化体育中心、光电产业拓展区、动迁房建设等政府重点实事工程进展情况进行督查。在督查水利工程建设方面，为确保汛期安全度汛，2010 年镇人大结合半年度实事工程的视察活动，对东方高效农业园水利配套工程、鑫茂路南梢箱涵等七项水利工程进行现场察看，并对畅通工程、机电的排灌工程、挡墙（护墙）工程、河道疏通工程等重点水利建设提出了建议和意见，保证了水利工程建设的质量和进度。在监督建设工程议标和政府采购工作方面，镇人大提出建设工程和政府采购招投标工作是折射“阳光型、廉洁型”政府的重要窗口，因此对这两项工作进行了重点监督，2010 年全面参与监督建设工程议标项目 36 个，政府采购项目 19 个，累计监督中标金额 1 503.94 万元，两项合计比编制预算价降低了 300 多万元。在监督安全生产方面，镇人大充分发挥由 12 名市镇两级人大代表组成的安全监督网络作用，积极组织参与各类安全生产的执法检查，如参与化工企业“春雷”检查、“使用有机溶亮剂电子类企业”职业危害专项检查、安全事故隐患综合排查质量等。同时，通过分布在不同领域、不同层次、不同行业的 30 名镇人大代表安全信息员对安全生产工作信息收集和反馈，为安全职能部门及时了解、掌握全镇安全生产动态，积极排除安全事故隐患提供了有力的决策依据。

镇人大在部门述职评议工作中也发挥了积极作用。人大代表对部门负责人开展述职评议，是履行民主监督的重要形式和手段，是民主监督职能的深化和拓展。2010 年 11 月，镇人大组织开展了由部分市镇两级人大代表参加的政府部分职能部门述职评议活动，代表们根据述职内容提出相应的建议、意见，并按照服务水平、履行职责、创新活力、勤政廉政等内容予以民主测评和综合评价。述职评议活动的开展，进一步增强了政府职能部门依法行政的法律意识，也增强了接受人大监督的自觉性，有效地转变了工作作风，提升了服务质量。

二 注重实效的纪检监督

周市镇纪检监察部门注重实效、不搞形式主义，积极探索符合实际的工作机制，较好地促进了周市镇的党风廉政建设。

第一，认真落实党风廉政建设责任制，进一步增强了反腐倡廉工作责任心。为了进一步巩固反腐倡廉齐抓共管工作的良好局面，镇纪委把党风廉政建设责任制作为重要工作来抓，以党风廉政建设责任制为抓手，健全完善了党风廉政建设责任制网络体系。2010 年初，根据镇实际情况，把党风廉政建设工作内容逐项分解，签订了责任书，明确了责任，落实到了各分管领导、责任部门，实行一级抓一级，年终进行考核，并把考核结果与年终奖金进行挂钩，增强了各部门和各级领导抓好党风廉政建设工作的责任心，从而形成了横向到边、纵向到底、上下联动的责任机制，进一步健全和完善党风廉政建设工作责任机制，为促进物质文明、精神文明、政治文明的建设的健康协调发展奠定了良好的环境和坚实的基础。

第二，积极寻找案源，加大对违法违纪案件的查案力度。近年来，镇纪检部门通过多种渠道积极寻找案源，在查案工作中，坚持了实事求是、有案必查的原则，做好来信、来访工作。同时在办案过程中，加强了与党支部的联系，使工作有序开展。2010 年镇纪委立案 5 件，结案 2 件，党内严重警告 1 人，开除党籍 1 人。

第三，深化"四公开"制度，努力推进了政风行风建设。继续深化党务、政务、村务、财务"四公开"制度，完善监督机制，接受群众监督。村务公开是村委会与群众交流的最有效途径，各村利用公开栏，把应该公开的内容张贴在公开栏内，事村民及时了解村里的事。特别是开辟了动迁公开栏后，老百姓对动迁工作更加有力清晰的了解。开展政风行风评议工作，加强部门和行业作风建设的测评，进一步规范了从政行为，提高了办事效率，弘扬了先进文化和良好职业道德，推动各部门和各行业的精神文明建设。

第四，加强机关作风和效能建设。在全镇范围内召开机关作风和效能建设会议，认真总结经验，剖析存在的问题。聘请特约监督员，加强明察暗访力度，促进了机关工作作风的改善。开展"评效能、议作风、献对策"无记名征集活动，积极探索效能建设的有效抓手，努力提高效能建设工作的水平。在加强村级"三资"管理和听证工作方面，不断完善"三资"管理工作，建立"三资"管理台账，完善了集体资产发包的工作流程，财务按时即时公开的内容、程序等，最大限度地推行"公开、公平、公正"的原则。全面实行"三资"监管平台，为村级集体经济的发展管理提供了强有力的保证。

第五，加强廉政防控机制建设，探索惩防体系框架形成。首先，全镇动员、全面部署。开好动员会、联席会议、成立领导小组、重点工作进行责任分解落实；其次，抓关键、抓重点。从反复查找"岗位、科室、部门"的廉政风险点着手，进一步加强和完善防控措施和工作流程。对动拆迁、招人用人、工程建设等群众关注的问题，主要做到规范、公正、公平、公开；再次，按照"关于深化廉政风险防控机制建设、加快惩防体系基本框架形成的实施意见"的要求，认真做好重点项目的任务落实和分解工作。

三 渐进广泛的群众监督

群众监督主要是指公民或社会组织对于权力机构及其工作人员的监督,有时也指一般群众对于领导干部的监督,是民主监督的一种重要形式。群众监督是人民主权原则、基本人权原则和法制原则的体现。我国宪法规定有"中华人民共和国的一切权力属于人民","人民依照法律法规,通过各种途径和形式,管理国家事务,管理经济和文化事业,管理社会事务"。群众监督的具体方式包括批评、建议、申述、控告、检举等,实施机制包括信访制度、举报制度、社会调查制度、巡视制度、申述制度、政治协商对话制度、意见征询制度、领导接待制度等。

群众监督是一种自下而上的监督,周市镇政府充分认识到这一监督方式的重要意义。为确保这一监督方式的有效性,采取措施保障群众四个方面的权利:

第一,保障群众的知情权,使群众了解情况,能够监督。知情权是群众参与监督的基础。公开是监督的前提,落实群众知情权,就是要增加权力运行的公开性、透明度,让领导干部施政透明,让群众成为"明白人"。在公开的内容上,不是"我公开什么,群众了解什么",而是在施政中"群众最想了解什么,就公开什么",把群众最关心的事情进行公开。不知情的参与,往往会流于形式,因此镇政府坚持推进政务公开、村务公开,综合运用公开栏、媒体公开、社会听证、政务通报、干部人事公示等各种渠道,多角度、多手段、多层次地对不涉及党和国家机密的政务予以公开,将权力运行情况公之于众。

第二,保障群众的参与权,使群众能够及时掌握工作动态,便于监督。主动请群众参与监督,特别是对牵涉面广、影响力大、社会关注度高的工作,如廉洁自律、行风评议等,事先安排好群众参与的有关环节,从人大代表、政协委员、老干部和企业职工、社会群众中,聘请责任心强、素质高的同志为监督员,邀请他们列席有关会议、参与重要活动,定期向他们了解情况,征求意见。

第三,保障群众的评议权,使群众有发表意见的机会,愿意监督。实行群众监督,必须发挥群众对权力运行的约束力。通过组织群众参与民主评议、考察考核等形式,让群众对权力运行施加直接影响。在考察评议中,真实地传递群众的声音,表达群众的意愿,使评议不流于形式、走过场。

第四,保障群众的检举权,使群众能够看到监督的效果,实现有效监督。纪检监察机关严格办案纪律,严格执行保密纪律和有关规章制度,杜绝以任何形式泄露案情及举报人情况。除对群众的举报给予直接保护外,还畅通群众监督的渠道,切实做好信访工作,坚持领导信访接待日制度,加强机关作风建设,对举报、反映问题的群众热情接待，认真对待从接访、阅信、转办直至调查的每一个环节。

四 “特约监督员”：行政监督机制的一个特色

周市镇为加强对行政工作人员的监督，并且建立了严格的责任追究制度。对于监督中发现的问题，首先要调查核实相关事实，形成责任追究相关材料；其次，集体讨论形成责任追究初步意见后，报请党委政府集体讨论实施问责追究责任形式。问责追究责任形式主要有八种：一是责令限期整改；二是诫勉谈话、责令作出书面检查；三是责令公开道歉；四是通报批评；五是调整工作岗位；六是停职检查；七是降职使用；八是引咎辞职，或责令辞职免职。

周市镇行政监督的一大特色是聘请了特约监督员，特约监督员由周市镇政府统一聘请，特约监督员的聘请对象包括离退休的镇党委、人大、政府的领导。由于离退休的镇领导具有较高的威信，对全镇事务十分熟悉，并且对于政府职能部门工作中存在的不足之处比较了解，因此从中选聘的特约监督员能够起到很好的监督效果。特约监督员通过明察暗访形式，加强对重点工作的检查力度，监督的结果与被检查部门和人员的年终奖金挂钩。这样不仅有效规范了行政人员的行为，而且调动了各职能部门工作的积极性。

特约监督员的职责主要是不定期对镇政府各职能部门的工作状况进行监督检查，重点监督群众反映意见较多的部门，及时发现存在的问题，并向纪检部门反馈监督结果；根据监督结果向各职能部门的工作提出相关意见和建议，并检查整改落实情况；举荐在履行监督职责过程中发现的先进典型。特约监督员这一行政监督机制，是对纪检部门日常监督的一种有益补充，更为重要的是，这种监督方式不同于职能部门之间的监督，一定程度能够超脱部门利益关系或者人情关系，从而保证监督的公正、有效。

周市镇在建设公信政府过程中，不仅加大了纪检部门的监督力度，而且较好地发挥了镇人大的监督作用。实践表明，只有多种监督方式并举，才能有效形成行政监督的合力。此外，周市镇在加强行政监督过程中，还十分注重宣传教育，不断增强了干部拒腐防变的自觉性。2010 年召开了全镇性的党风廉政建设干部大会，及时传达了上级有关会议精神，部署了各阶段工作，继续开展党的基本理论教育和理想信念、党纪法纪教育。党委中心组专题学习反腐倡廉理论和《中国共产党党员领导干部廉洁从政若干准则》，并结合工作实际写好心得体会。在全镇党员干部中开展了以“四个一”为载体的党风廉政宣传教育月活动，即举办一场反腐倡廉形势报告会及一把手上廉政党课活动，增强廉政勤政意识；组织中层干部参观看守所警示教育示范基地，结合观看警示教育录像片，提高拒腐防变的能力；赠送一套党员干部警示教育读本，通过认真研读，深刻剖析腐败分子走上违法违纪道路的原因，做到警钟长鸣；每星期发送一条廉政短信，提醒干部保持清醒的头脑。通过各种活动，营造了良好的氛围，使得每位党员干部根据廉政教育的内容，从理想信念、工作作风、廉洁自律、群众观念等方面，不断寻找差距，查找问题，自觉做到自重、自省、自警、自励。镇主要领导在各种大小会议上经常提醒各级干部要增强党性观念，警钟长鸣，防微杜渐，树立正确的权力观、地位观、利益观。通过一系列宣传教育活动，提高了广大党员干部遵守法纪、廉洁自律、拒腐防变的自觉性。

总之，周市镇通过人大监督、纪检监督、群众监督、特约监督员等方式加强对政府职能部门及其工作人员的监督，不仅充分发挥各监督方式的作用，而且使多种监督方式形成合力，有效地规范了职能部门及其工作人员的行政行为，保障了群众的合法权益，进而推动了公信政府的建设。

第六章 建设公信政府中存在的主要问题及其对策

对于基层政府而言，公信力不高是一个带有普遍性的问题。国家为此提出了加强依法行政、建设法治型政府等目标，通过提供良好的公共服务，使政府与百姓之间的关系更加融洽、和谐。处于快速转型时期的周市镇，在公信政府建设方面存在着一定的不足，因此，镇政府提出的三年行动计划中，将公信政府列为需要重点推进的“五大建设”之一。

一 主要存在问题分析

（一）政务公开力度不足，交互性不强

近年来周市镇政府信息公开取得了一定成绩，但公开的力度尚有不足。尽管 2010 年主动公开政府信息 63 条，较 2009 年增长了 19 条，增加信息均为政府主动公开信息，但对于一个地处经济发达地区、社会开放程度不断提高的乡镇政府，显然是不够的。2010 年度镇政府未收到一起要求公开政府信息申请，但这并不表示群众没有相应的需求，因为申请政府信息公开，不仅需要群众知晓具体的程序，而且需要政府能够得到群众的足够信任。只有老百姓相信政府能够为他们排忧解难，并且相信政府能够公开、公正地解决问题，才会有这样的需求。事实上，如果老百姓为了某项信息公开，必须首先了解该事务是哪个政府部门负责，为此需要先查看每个政府部门的职能介绍，从中找出自己应该访问的对象，再去详细研究办事的流程。这样使得老百姓在查看政务信息的时候付出了不少

额外的精力，看到不少与自己事务没有关系的信息内容，大大降低了信息的价值，不仅使公众借助政务信息办事的效率降低，而且间接影响到公众对政务信息利用的热情。

(二) 村民会议制度尚不够完善

周市镇村务公开、民主管理等方面的村民自治工作不断推进，村务公开监督小组和民主理财小组纷纷建立，然而，作为村民自治直接民主最主要形式的村民会议制度却尚未有效建立起来。不少村在民主决策方面采取了有效措施，对重大事项都举行听证会，村民的参与率也比较高，但村民会议或村民代表会议却没有召开。作为全国“民主法制示范村”的市北村，由村两委会根据党的方针政策和国家的法律法规，修订与完善村民自治章程、村规民约、村民会议和村民代表会议议事规则、财务管理制度等，然而，《中华人民共和国村民委员会组织法》第十条规定，“村民委员会及其成员应当遵守宪法、法律、法规和国家的政策，遵守并组织实施村民自治章程、村规民约，执行村民会议、村民代表会议的决定、决议”；第二十七条规定“村民会议可以制定和修改村民自治章程、村规民约，并报乡、民族乡、镇的人民政府备案。”显然，村民自治章程、村规民约等应由村民会议而不是由村两委会制定、修改，村民委员会应当是村级重大事务的执行者而不是决策者。

村民会议难以召开，原因是多方面的，如现在大多数村人口规模较大或过大，很难找到容纳所有村民聚集在一起开会的场地，也很难做到不人多嘴杂，很难从容顺利地议事；很多村民分户生产经营，各家各户各有各的营生、各有各的安排，忙碌和闲暇的时间不统一，要寻找一个大家都有空的时间把大家召集在一起开会不容易。但不可否认，镇政府在推进村民自治方面的认识尚有不足也是一个不可忽视的因素。

(三) 政府网站从形式到内容都存在一定不足

政府门户网站作为政府面向社会的一个重要窗口，是政府部门开展政务公开和网上办公的重要平台，是政府密切联系群众、获取公众认可、提高执政能力和服务水平的重要渠道，也是推进政府管理方式创新，建设公信政府的重要举措。如果政府网站的内容不够翔实，或者只是跟风而上，网站内容陈旧，即使网站建设再多也起不到应有的作用，同时也有损政府在百姓中的形象。

整体而言，周市镇在政府网站建设存在着不足，从形式到内容都与一些乡镇有差距。现以上海市华泾镇作为对比，详见表3-7。

表 3-7 周市镇、华泾镇政府网站对比

地 区	政府网站主要栏目
周市镇	网站首页；关于我们；周市党建；政策法规；企业办事；居民办事；下载中心
华泾镇	首页；走进华泾；政务公开；新闻在线；便民服务；党务公开；人大之窗；互动社区

从主要栏目看，周市镇与华泾镇存在差别，周市镇未设“人大之窗”，虽有“周市党建”但“党务公开”未单独设立，而且作为老百姓关注重点的“政务公开”也未单设。从内容看，周市镇政府网站中有一个重点板块“信息公开”，主要包括“通知公告”、“周市简介”、“政策法规”、“服务热线”、“镇长信箱”，以及党务方面的“周市党建”、“网上党校”等。相比之下，华泾镇政府网站中条目则十分清晰，详见表 3-8。

表 3-8 华泾镇政府网站条目表

栏 目	具 体 条 目
政务公开	依申请公开、统计公报、重大事项、重大人事变更、计划规划、政府文件、政府分工、组织机构、领导分工、信息公开目录
党务公开	党务公开首页、党建动态、思想建设、组织建设、机构班子
人大之窗	参考资料、代表风采、工作动态、主要会议、法律法规、人大简介

不仅如此，在周市镇的“政府网站导航”中，“部门连接”、“村链接”及“社区链接”全部不能链接到访问的部门、村、社区，“文卫链接”中也有部分不能有效链接。在“部门连接”一栏中，甚至有“基建公司”、“拆迁公司”在列，作为政府部门的条目，出现公司一类的内容显然不妥。

二 进一步推进公信政府建设的具体路径

（一）切实推行政务公开

在进一步推进政务公开中，应加强两方面的工作：一方面应不断加大主动公开政府信息的力度，按照《信息公开条例》的规定，主动公开涉及公民、法人或者其他组织切身利益，以及需要社会公众广泛知晓或者参与的信息，并且重点公开下列政府信息：a）贯彻落实国家关于农村工作政策的情况；b）财政收支、各类专项资金的管理和使用情况；c）乡（镇）土地利用总体规划、宅基地使用的审核情况；d）征收或者征用土地、房屋拆迁及其补偿、补助费用的发放、使用情况；e）乡（镇）的债权债务、筹资筹劳情况；f）抢险救灾、优抚、救济、社会捐助等款物的发放情况；

g）乡镇集体企业及其他乡镇经济实体承包、租赁、拍卖等情况；h）执行计划生育政策的情况。

另一方面，应让老百姓了解政府部门的职责权限、办事程序、办事结果及工作纪律等。要积极运用现代网络技术和信息平台，加快对各部门权责的公开，办事细则的公开，结合不同岗位的职责分工，分门别类的作出具体的承诺。镇政府应当通过社会媒介，将行政执法依据、执法程序，审批条件、审批的时限以及对违法执法行为的举报电话等向群众公开，接受群众的监督。对群众反映的重大问题，认真组织查处，并公开处理结果。在完善内部监督机制的同时，特别要强化不同层次的外部监督，如加强人大代表和政协委员的监督、社会舆论监督和群众监督等，以促进执法行为的公平、公正。

（二）高度重视村民会议或村民代表大会制度建设

村民会议或村民代表会议是村民自治过程中的重要民主形式，建立村民会议或村民代表会议制度在集中广大村民的智慧、监督村务的实施、融洽干群关系等方面具有重要的现实意义。为此，镇政府应高度重视村民会议或村民代表会议制度，依据《村民委员会组织法》的规定召开村民会议，并由村民会议审议村民委员会的年度工作报告，评议村民委员会成员的工作，有权撤销或者变更村民委员会不适当的决定，并有权撤销或者变更村民代表会议不适当的决定。同时严格按照相关规定，对于村里享受误工补贴的人员及补贴标准；从村集体经济所得收益的使用；公益事业的兴办和筹资筹劳方案及建设承包方案；土地承包经营方案；村集体经济项目的立项、承包方案；宅基地的使用方案；征地补偿费的使用、分配方案等重大事项，均由村民会议讨论决定。在一些村民人数较多的村，可以设立村民代表会议，选举出能够执行党的路线、方针、政策，能代表广大人民群众的根本利益，有正义感、责任心、办事公道，在村民小组和群众中及家庭中有一定威信的村民作为村民代表，并且有效地发挥村民代表在参与村重大决策，村务公开，公益事业的决策与管理，以及参与村财务、资金的使用与管理等方面的作用。

（三）进一步充实政府网站建设

政府网站建设，质量是最为重要的，应当让政府门户网站真正起到“门户”的作用。为此，周市镇政府应当借鉴其他乡镇政府的网站建设，从形式、内容等方面加强政府网站建设并充实具体内容：第一，政府网站主要栏目应全面覆盖镇党委、人大、政府的基本信息。可考虑将三大方面的信息单独设立栏目，使得主要栏目更加清晰；第二，将“政务公开”、“党务公开”等主要栏目细化，可进行相应的社会调查，把群众关心的一些重要条目如“依申请公开”、“重大事项”、“计划规划”、“政府文件"做实，使群众能够及时、准确地了解政府的相关信息；第三，避免部分条目虚设，政府网站上的条目应能有效链接，使群众能够方便地了解政府职能部门、各村的有关信息；第四，应将政府网站上的内容进行梳理，不仅使网站上具体内容有明确的归类，而且应尽量保证信息的时效性和准确性。

第四篇
人文氛围构建与包容环境建设探索

前言

一 "一龙起舞"到"五凤竞翔"的背后：快速城市化的人文环境瓶颈

作为全国百强县之首的昆山市的北部副中心，周市镇的发展经历了从"一龙起舞"到"五凤竞翔"的快速城市化过程。

周市镇由原来的周市、新镇、陆杨三镇合并而成。经过2000年4月和2003年12月的两轮行政区域调整后，新组建起来的周市镇地域大了，资源多了，尤其是从昆山城区向北延伸的长江北路和青阳北路，使原本周市与昆山市区一河之隔连成了一体。这种得天独厚的区位优势，给周市的发展造就了一个绝好的机遇。周市镇利用自己的临近市区这一得天独厚的区位优势及土地资源较多的优势，大力发展房地产，全面提升经济实力，将周市打造成昆山的"后花园"。从而，周市镇由2001年发展房地产业开始起步，三年以后房地产收益已经占到全镇财政收入的60%以上，镇财政迅速得以改观。房地产业展示出"一龙起舞"的腾跃势头，为周市镇的进一步发展奠定了坚实的基础。在科学发展观的引导之下，周市镇党委、政府审时度势，意识到房地产业的发展并非长久之计，及时调整产业结构，加大招商引资，加快向先进装备制造业、现代服务业的转型升级，尤其注重培育发展大企业大产业，到2010年底超10亿年产值的企业已经超过5家，形成了"五凤竞翔"的局面。"五凤竞翔"的背后，是400多家外资企业、1 000多家民营企业在这片生机盎然、商机无限的热土上蓬勃发展，做大做强。至2010年"十一五"收尾之际，周市镇的地区生产总值迈上100亿台阶，工业总产值迈上300亿台阶，地方财政一般预算收入迈上10亿台阶，累计完成固定资产投资122亿元。周市镇综合实力持续增强，进入了苏州大市乡镇综合实力第二方阵。

快速工业化的周市，我们看到城镇面貌日新月异的巨变，北部新城加速崛起；快速工业化的周市，我们也看到改革发展的成果广惠民众，全镇农民年人均纯收入翻倍至 18 740 元，生活水平向宽裕型小康迈进。快速工业化的周市，在各项经济指标节节攀升的同时，人文环境的现代转型却并非是一蹴而就的事业。人文化成天下，一个地区的人文环境是以其文化积淀为背景，以人文景观等物质层面为载体，以人文行为、人文精神为核心所展现出来的社会环境。人文环境具有复杂性和可塑性，是一个地方活生生的灵魂。人文环境是一个地区经济发展的精神动力，它直接影响着一个地区经济的快速发展和社会的全面进步。如果一个地区没有良好的人文环境，就不会具有独特的地方精神和地方凝聚力。周市在快速城市化过程中，在“一龙起舞”到“五凤竞翔”的背后，人口变化迅速，从世纪初不到 2 万人的一个小镇，发展到目前总人口达 20 万的大镇，外来人口占四分之三，大量当地农民“洗脚上田”住进新型社区，人口素质如何能够跟上周市工业化城市化现代化的发展速度，人文精神如何为凝集周市、推动周市注入强劲的动力，既是周市不得不面对的一个制约瓶颈，也是周市一直在探索和努力的一个现实课题。

二 社会建设与人的发展——“关爱人、塑造人、发展人”

人文环境是社会发展的主要内容和重要指标，社会发展归根结底是人的发展。“以人为本”的原则体现的是一种根本性的人文关怀，因为这一原则确认了人在社会发展中的根本地位，将人的发展确定为社会发展的最高价值目标。人文关怀是和谐社会建设的题中应有之义。

党的十六届四中全会提出构建和谐社会，党的十七大将社会建设引入到社会主义建设总体框架中去，使得原来“三位一体”的经济建设、政治建设、文化建设，变成了“四位一体”，多了一个“社会建设”。目前在各地开展得如火如荼的社会建设中，多侧重强调的是民生之重点，“劳有所得、病有所医、老有所养、住有所居、业有所就”的诸多民生工程确实是百姓最关注、政府最着力的社会建设之切入口。

周市镇在强劲的经济发展、快速的城市化过程中，社会建设也走在前列，不仅有坚实的经济基础进行民生问题的重点建设，更是以超前的眼光看到了人文环境在社会建设中的重要作用。周市镇党委、政府以高屋建瓴的长远眼光统筹规划社会建设的各项事业。在周市镇“十二五”规划转型升级的发展主线中，我们可以看到这样的明确定位：“经济转型是转型升级的动力、城市转型是转型升级的标志、社会转型是转型升级的难点、政府转型是转型升级的关键、人的转型是转型升级的关键”。五个转型,最后落脚点在人的转型上:真正的转型是人的转型,要把人的全面发展摆在首要位置,在共建中共享,在共享中共建,实现人的需要的全面满足、人的素质的全面提高、人的能力的全面发挥,使广大新老周市人的价值理念、行为素养和生活方式跟上时代进步的步伐,努力以人的转型推动全面转型。全方位的社会建设,最后落脚点同样在于新老周市人的幸福:实现社会事业建设首先从民生领域转型,提高新老周市人的归属感和幸福度,形成建设“周全生活、幸福都市”的强大合力。

在周市一位领导人的讲话中,我们看到的是他不仅思索“关爱人、塑造人、发展人”的建设路径,也展望着“投资者满意、居住者乐意”的美好蓝图。

人文关怀在和谐社会建设中发挥着动力源、黏合剂和平衡器的作用。作为动力机制,人口素质和人力资源提升为社会发展提供和传输能源和能量亦即动力;作为黏合剂,人文氛围构建通过汲取历史文化优良传统、营造全民共享文化平台提高凝聚力;作为平衡机制,包容环境建设维护和保持着社会各部分及各种力量之间的协调、稳定和平衡。本文以下部分将从这三个层面入手逐步分析周市在人文环境建设方面所进行的探索和努力。

第一章 基础教育和社区教育：人口素质提升实现路径

人的发展在社会建设中具有核心地位，不仅是社会建设的终极目标也是社会建设的手段之一。在制度层面上，首先体现在通过教育提升人口素质，为社会建设和社会发展提供强大的人力资源的动力水平。

在快速城市化的背景下，随着传统社会向现代社会的转型，人口素质提升也面临着从传统人到现代人转型的重任。虽然随着现代经济转型，可以引入大量高素质的优秀人才，但这毕竟是金字塔的顶尖，必须看到大量处于金字塔底部的人口必须通过扎扎实实的教育事业才能实现转型的巨变。教育是一项长期、累积性的事业，并非像打经济仗一样可以毕其功于一役，但新形势下的教育也必须跟上快速城市化的步伐。周市镇的教育在这方面做出了积极有益的探索，基础教育和全民教育两手抓，一方面"加快公共教育优质均衡发展"，进一步促进教育优质均衡的发展，另一方面"推动多层次全覆盖全民教育"，促进终身教育，让每一个人"学有所教"，跟上社会发展步伐。

一 "优质均衡"的基础教育

联合国教科文组织在 1974 年指出，基础教育是"向每个人提供的并为一切人所共有的最低限度的知识、观点、社会准则和经验"。基础教育同时承担着把人培养成生产者和公民的任务，使其能为社会发展贡献力量。

基础教育的核心问题是"谁受教育"（教育的公平性）和"接受什么样的教育"（教育的独立性），公平性和独立性是基础教育的基本属性。周市镇的基础教育面向这两个方面提出了并行的两大目标：优质与均衡。本章侧重从这两大目标入手考察周市基础教育的实践情况。

基础教育的完整外延应该包括幼儿教育、小学教育、初中教育、高中教育，其中小学教育和初中教育被统称为义务教育。周市镇基础教育目前覆盖范围为从幼儿教育到初中教育。周市目前有中学2所，周市中学、新镇中学；小学4所，周市中心小学、新镇中心小学、裕元实验小学、华城美地小学；公办幼儿园6所，周市幼儿园、陆杨幼儿园、新镇幼儿园、裕元幼儿园、光大幼儿园、鑫茂幼儿园，民办幼儿园4所。周市镇在校学生总数8 455人，其中小学生6 190人，中学生2 265人；教师总数520人，其中小学教师358人，中学教师162人。

（一）基础教育效率方面：优质教育

1. 加大教育投入

我国在2006年进行了农村义务教育经费保障体制改革，将原体制的"地方政府负责、分级管理、以县为主"调整为"明确各级责任、中央地方共担、经费省级统筹、管理以县为主"的新机制，改变了原有义务教育投入中心过低的情况。江苏省2009年农村义务教育小学生人均公用经费693.83元，初中生人均预算内公用经费850.38元。为确保经费落实，江苏省还明确要求各地将农村义务教育经费全额列入县本级财政预算，通过省级财政转移支付和专项资金补助、县级财政依法统筹安排，将农村义务教育全面纳入公共财政保障范围。

周市镇近年来不断加大教育投入，"十一五"期间，五年来累计投入1.8亿元，新建扩建周市中学、华城美地小学、光大幼儿园、鑫茂幼儿园、裕元实验学校、周市中心校，完成一批校舍和教学设施改造。2011年继续不断完善办学条件，完成永平中心校新建、永平幼儿园装修、周市中心校教学楼重建及裕元实验学校食堂扩建工程，启动新镇中学新建和新镇幼儿园改造工程，这一轮的投入中，永平小学和新镇中学的投入都分别高达1个亿以上。除了这些硬件条件以外，在人员经费、公用经费、采购品等方面的财政支出从2009年的6 854万元迅速上升至2011年的9 299万元。

周市的办学综合实力在这几年也显著增强。全镇中小学全部通过苏州市教育现代化初中和小学的验收，成为苏州市级优质学校，全镇中心幼儿园全部成为江苏省优质幼儿园。在全市的各级各类学校综合考评中，全镇各级各类学校全部达到良好及以上水平，其中新镇中学连年优秀并且是苏州市德育示范学校。另外，周市镇教育信息化水平显著提升。"十一五"期间，全镇教育技术装备工作进一步得到加强，中小学校装备水平得到大幅提升，满足新课改要求的各学科器材和设备基本到位，相应配套设施较为完善，先后实现"校校通"、"班班通"，普及了中小学信息技术教育，提高了全镇教育信息化水平。

基于周市的人口结构特征，目前学前教育资源远远不能满足现实的需求，各所幼儿园都不堪重负。按照《国家中长期教育改革和发展规划纲要（2010～2020年）》的要求，需要教育应该明确政府职责，建立“政府主导、社会参与、公办民办并举”的办园体制。大力发展公办幼儿园，积极扶持民办幼儿园”。近年来，周市镇通过扩建公办园、扶持民办园、发展集体园的方式，多渠道、多形式发展幼儿教育。周市镇学前教育的三年计划中，2011年启用永平幼儿园、新镇幼儿园改造，2012年建屋幼儿园、金浦幼儿园启用，2013年黄浦幼儿园、方圆幼儿园、东方小区幼儿园、永平二村幼儿园启用，同时加强亲子园的建设，努力构建0～6岁学前教育体系。同时，周市镇政府还对民办幼儿园进行“购买服务”，即学区内两证齐全的幼儿，上学去私立幼儿园，学费按公办缴费，政府按协议给予补贴。

2. 素质教育：德育先行，各创特色

基础教育必须面向每一个人而不是部分人，它是满足每一个人基本学习需要的教育而不是培养专门人才的教育。基础教育具有独立的价值取向，不依附于其他类型和层次的教育，不以上一级教育机构培养人才为主要目标。基础教育的目的“主要应该是育人，而不是选拔”。现阶段我国基础教育发展重心是进行素质教育。1997年10月，国家教育委员会下达了《关于目前积极推进中小学实施“素质教育”的若干意见》，指出“素质教育要使学生学会做人，学会劳动，学会生活，学会健体和审美”。

周市镇近年来素质教育成效显著，尤其是德育教育成果斐然。

“一个在日本打工的中国留学生，在课余为日本餐馆洗盘子以赚取学费。日本的餐饮业有一个行规，即餐馆的盘子必须用水洗七遍。因为洗盘子的工作是按件计酬的，为了得到更多的工钱，这个留学生‘偷工减料’，每个盘子只洗五遍。一开始果然得到了比其他洗盘工更多的工钱，但是，在一次抽查中被查出。结果被餐馆开除。而且因为他那‘洗五遍’的名声，再找餐馆洗盘工作接连碰壁，最后竟然连房东也要求其搬走，学校也要求其转学。”这是新镇中心小学故事晨会里面的一则小故事，故事孩子都爱听，小小故事大杠杆，这样一个个小小的故事旨在唤起、培养、强化孩子们的责任心。

新镇中心小学深感在我国目前及今后一段时间内，考试还是一种相对公平的选拔方式，考试制度与社会评价偏重于学习成绩与升学率，大多数学校为了自身的利益不得不重智轻德。在教育实践中，德育还是处于“说起来重要，干起来次要，忙起来不要”的尴尬地位。所以倡导新教育实验“每月一事”项目，正是培养学生养成良好习惯、成就品味人生的一个重要的抓手。用好德育课程阵地，不加重师生负担的情况下，通过德育课程的校本研究和实践来达到“每月一事”项目的最佳效果。培养学生正确的人生观、价值观，崇高的情操修养，诚信意识、责任意识、感恩意识。每月一事确立一年12个月的主题：1月主题为理想；2月主题为节约；3月主题为礼仪;4 月主题为环保;5 月主题为劳动;6 月主题为才艺;7 月主题为锻炼;8 月主题为交往;9 月主题为规则;10 月主题为爱国;11 月主题为感恩;12 月主题为毅力。

项目通过几个方面展开,一是德育学科课程的开发与运用,前面的故事晨会就是课程内容之一,每个主题都有系列的故事来支撑。二是德育活动课程的开发与运用,活动课程又称儿童中心课程、生活课程等,是指从儿童的兴趣和需要出发,以儿童的活动为中心,为改造儿童的经验而设计的课程。课程的实施是通过学生自己的探究活动完成。如 2010 年 3 月份的礼仪主题,开展了“迎世博 文明在我心”的别开生面的活动。三是德育隐性课程的开发与运用,充分运用板报、小报、校报、校园环境、学科渗透等载体开发认知性德育课程中的隐性课程、孕育于活动性德育课程中的隐性课程、学校教育体制中的隐性课程、学校教育、德育环境中气氛方面的隐性课程。

由于德育教育实验项目卓有成效,新镇中心小学获得了全国新教育实验优秀实验学校。其他学校的德育教育也扎实推进,新镇中学被评为苏州市德育示范学校,珠江学校被评为“昆山市德育先进学校”。珠江学校,作为“新昆山人”(流动人口子女)学校,生源广泛、学生的家庭背景各不相同,面对的是一个新生的特殊群体。学校通过调查发现学生的品德境界、文明素养、目标志向、心理素质、意志性格等方面都综合偏低,通过综合养成、学校、社会、家庭联动,提高流动儿童德育教育的实效性和科学性。学校的德育教育志在“教育文明、励志催进”,为新昆山人子女未来人生奠基。

除了德育教育,大多数学校都能形成自己的办学特色项目。

“2009 年 8 月 26 日晚上,蔚州广场灯火通明,人头攒动,这里正隆重举行‘唱响周市展示风采’周市镇第四届群众文化艺术节,当晚这台节目正是大家渴望已久的‘新镇中心校野马渡少儿艺术团文艺专场演出’。小演员们接二连三地上场献艺,《牡丹亭》、《梁祝》、《双推磨》、《三比一》……昆剧、越剧、锡剧、现代小戏……一些群众耳熟能详的传统折子戏把大家牢牢吸引住了,尤其是压轴的《变脸》,把全场的气氛推向了高潮。新镇、陆杨、蔚州,少儿艺术团所到之处引起了不小的轰动。每次演出结束,全场起立,大家为小演员们的精彩表演长时间地鼓掌”。

新镇中心小学除了主题德育特色之外,在体艺教学方面蓓蕾初绽:田径队输送了“亚洲女飞人”蒋兰等运动员,先后成立的“野马渡少儿艺术团”、“苏州市自行车运动学校昆山恒联分校”,在省级以上比赛中硕果累累。说到新镇中心小学的“野马渡少儿艺术团”,周市的百姓无不引以为豪地竖起大拇指。新镇中心小学在继承传统整合资源的基础上,结合学校实际,开办以戏曲表演为主的综艺班,旨在陶冶学生的情操,张扬学生的个性,全面提高学生的整体素质,探索艺术教育的新思路。学校的大胆举措得到了政府的全力支持。首先在经费上给予一定的倾斜,专门拨出了每年 10 万元的经费,并且在聘用专业老师,创建训练基地等方面给予协调和沟通。为了克服专业老师缺乏的困难，采取到外面聘请的办法。经过多方面沟通协商，和苏州剧团的一些专业老师建立了长期的协作关系，聘请的这些专业辅导老师中不少还是国家一级演员。经过三年的努力，艺术团进入收获的季节。2008 年 7 月，获苏州市第四届少儿艺术节少儿戏曲调演“优秀组织奖”，在调演中，该艺术团参演的节目获得两个金奖四个银奖。2008 年 8 月参加第十二届中国少儿戏曲艺术表演大奖赛，新镇中心校选送的京剧《宗保巡营》获得了“小梅花金奖”，2009 年第十三届中国少儿戏曲艺术大奖赛上，参演的昆剧《牡丹亭 寻梦》又一次为周市捧回了小梅花金奖，并且还带回了一个小梅花银奖。

其他学校也是各有特色。新镇中学主要是体育特色，目前是昆山市体育传统项目学校和昆山市体育特色学校。华城美地小学的特色项目是电子科技教育。周市中学一是科技教育优势和成果逐渐显现，二是养成教育和心理教育个性鲜明。周市中心小学在机器人科技创新中更是独具特色，既是江苏省机器人教学示范基地，又是全国机器人教学示范学校。

作为装备重镇的周市工业发展其中有一块很重要的领域是在智能制造装备领域重点发展工业机器人产业，与之相呼应的是，周市中心小学的机器人工作室已经培养了很多优秀的接班人。周市中心小学自建校以来高度重视科技教育工作，一直注重学生综合素质和科技创新精神的提高培养。机器人工作室自 2008 年成立以来，学生先后获得昆山市级奖项 9 人次，苏州市级奖项 17 人次，江苏省级奖项 29 人次，国家级一等奖 1 人次、二等奖 1 人次，1 人参加 IROC 国际机器人比赛(马来西亚)沿黑线走项目荣获第四名。集体荣获 2007、2008 年两个江苏省级团体二等奖，2009 年获江苏省团体一等奖，2009 年 10 月被授予“全国机器人教学示范学校”。三年多的工作室创建实践，一是做好宣传，破除神秘感，培养学生对机器人创新的兴趣与亲近感。二是在资金、人员、活动组织、管理等方面为机器人创新工作室提供保障，建立智能机器人教学教研制度，组织学生开展机器人创新活动。自机器人工作室成立后，周市政府研究决定每年给予机器人科技活动经费十五万元专项资金。目前学校已投资建设了 2 间机器人科技工作室，占地约 220 多平方米，拥有各类智能机器人数套，配套的编程电脑 5 套，笔记本 2 台及各种电子仪器和拆卸工具。还拥有多块机器人活动场地。2010 年 4 月、11 月作为工作室责任人和主要承担人员的周琦老师先后两次面对昆山全市科学教师上机器人教学的公开课获得一致好评。2010 年 11 月，周市中心小学成功承办了“江苏省第二届‘周小’杯机器人普及赛(昆山赛区)”的比赛。教材的使用及活动的先后开展，标志着学校机器人教学在教学指导思想和教学目的上，正在从原来只为竞赛获奖、注重技术技能的掌握、注重一个项目的完成的浅层次认识，上升到以培养学生创新精神和实践能力为目的，即人才培养的层次，并带动了周边学校参与进机器人教学中。

3. 提升师资队伍素质

没有高素质的教师队伍，就没有高质量的教育。建设高质量的教师队伍，是全面推进素质教育的基本保证。周市镇通过引入竞争激励机制，通过优化考核标准、加大表彰奖励力度等措施提升教师素质。按计划组织教师参加学历进修，提升教师的学历、层次。鼓励昆山市级及以上名教师开设"精品课"，带动教师整体水平的提升。大力培养骨干教师，每两年评选一次"镇级骨干教师"，实施滚动管理办法，将"镇级骨干教师"作为推荐上一级骨干教师、教坛新秀的必备条件，加速青年教师成长。

周市镇各个中小学立足本校实际，展开有针对性、有实效的校本培训。如新镇中心小学每年都制定了校本培训规划。以校长为主持人确定不同层次教师的不同培训内容和不同培训形式，尤其注重青年教师的培养。充分利用校内外资源，进行专业引领。校内开展新老教师传帮带活动，校外走出去请进来，一是有计划地安排教师外出学习一是请专家来校讲授，通过结对子、搭台子压担子把培训落实到实处。

师资队伍素质的提升非一朝一夕，却凝聚在一朝一夕的积累之中。经过几年的努力，周市镇的师资队伍素质展现出了不凡的风貌。

骨干教师队伍建设得到加强。以昆山市级学科带头人、教学能手、教坛新秀和昆山市级骨干教师为主体的骨干教师队伍基本形成。除了现有江苏省特级教师 1 名，各个学校都有多名苏州市学科(学术)带头人、昆山市级学科(学术)带头人、教学能手、教坛新秀，梯队式骨干教师队伍发展迅速。

师德建设成效突出。连续五年开展主题鲜明、全员参与、实效突出的师德教育活动，社会反响较好，教育效果明显。涌现出以朱小敏、唐英华等为代表的一批优秀教师典型。

"做实今天的事，走近明天的梦。"这是朱小敏老师每本工作日记本扉页上用以自勉的一句话。

朱老师 1988 年踏上工作岗位，这个有梦想、有毅力的老师以"工作在能力的最边缘"为座右铭。多抢挑重担，不推卸责任；多学习实践，不埋怨环境。23 年来坚持在乡镇中心校工作，坚持担任主要学科一线教学，坚持每天撰写教育日记，坚持每天晚走一小时，一年一个梦想，前进的脚步一刻也没有停歇过。共计 18 节课在地市级以上获奖或观摩，近百篇论文发表于省级及以上刊物，出版个人专著及校本课程 5 本(套)，2008 年 9 月被评为江苏省第十批特级教师，成为昆山唯一的一位在职女性特级教师。

其实，朱小敏老师起点很低，只有中师毕业。不服输的她边工作边自学：大专、本科、硕士。无数个日日夜夜，她放弃了休息和休闲，寒来暑往，她奔波在求学的路上，收获了一般小学教师所没有的高学历。在省骨干教师培训班、南师大心理咨询研究生课程班、省特级教师后备人选培训班等学习班上也都留下了她孜孜以求的身影。

学历进修和业务培训使她拥有了系统、有深度的专业理论素养，而且做到学以致用，教书育人。无论是在品德、语文学科中、在十几年的班主任工作中，还是在她任副校长、校长的学校管理工作中，无不渗透着大教育观，实践着她的教育理念，逐步形成了“回归生活，拨动学生情感心弦”、“活动体验，促进学生自主感悟”、“优化整合，塑造学生健全人格”的育人风格。

除了个人发展，还有对学校的系统管理，尤其是对青年教师的鞭策，朱小敏的言传身教，她的“小敏精神”深深地影响着这里的老师团队。

（二）基础教育公平方面：均衡教育

20世纪90年代以来，教育平等成为世界教育改革的主旋律，无论是发达国家还是发展中国家都非常重视教育平等，将其作为教育改革的基本原则。2001年中国政府颁布的《全国教育事业第十个五年计划》明确提出“坚持社会主义教育的公平与公正性原则，更加关注处境不利人群受教育问题”。教育平等和公平成为中国教育改革的关键词。

1. 新老周市人的教育公平

随着周市镇开发步伐的加快和企业的增多，外来务工人员也急剧增加，由于外来人口占四分之三强，偕行儿童甚多，所以教育公平首先体现在新老周市人的教育公平上。一方面，关爱外来务工子女，使外来务工子女入学逐步享受“市民待遇”；另一方面，扶持民办教育，积极落实市政府关于民办学校的各项优惠政策，加大对民办学校师资力量的支持力度。

周市镇目前有周市中心小学和周市中学两所学校作为新昆山人子女指定就读学校。按照昆山市教育局历年《各级各类学校招生工作意见》精神，新昆山人子女就读指定的公办学校需要满足以下几项条件：a）在昆山居住满两年（父母双方暂住证），提供户籍所在地乡镇以上政府部门出具的学生在当地没有监护条件的证明；b）符合户籍所在地计划生育政策，提供户籍所在地计划生育部门流动人口婚育证明或独生子女证；c）监护人具有稳定住所、稳定工作和稳定收入来源，提供户口簿、身份证，以及经劳动人事部门鉴定或备案的劳动合同。也就是符合入读指定公办学校，实际上主要是具有双证家庭的学生。

周市中学和周市中心小学从2009～2011年每年招收的初一新生中新昆山人子女占到50%左右。由于需求旺盛，实际上公办学校在学额有空缺的前提下、在自身能力范围内都尽量吸收外来人口子女。如周市中心小学2011年春外来务工人员子女已经达到519人，占学校学生总数的50.8%，其中符合指定学校吸纳条件的学生112人。各个学校都结合本校实际，积极采取措施，想方设法解决外来务工人员子女入学问题，并确保外来务工人员子女能够进得来、学得好。新镇中学虽不是新昆山人子女读书指定学校，但因为地理位置的便捷和教学质量方面小有名气，便成了这些孩子读书的首选学校。目前学校办学规模为 18 个班，平均每班 50 名学生，其中近一半为新昆山人子女，且实行义务教育阶段的免费政策。

敞开入学的大门仅仅只是第一步，各个学校在教育过程中，给这些新昆山人都予以特殊的关爱，给他们搭建舞台，施展才华。周市中心小学全面开展外来务工人员子女教育调查，建立外来务工人员子女数据库。实施激励教育措施，促进外来务工人员子女健康成长。“我校提出了外来务工人员子女‘只要进步，就是成功’的教育思路。在教育教学中，及时挖掘外来务工人员子女在学习、活动中的闪光点，在激励中使外来务工人员子女体验到学习的快乐，培育外来务工人员子女的自尊、自信心；同时结合丰富多彩的实践活动，充分调动外来务工人员子女的一切积极因素，充分发掘每位外来务工人员子女的才能，给每个外来务工人员子女表现的舞台，施展才华的机会。老师们在每个新学期开始纷纷表示：会给这些外来务工人员子女更多的关爱，让他们能尽快完成学习上的接轨与生活上的适应，使他们受到良好的教育。周市小学全体教师倾心奉献，精心呵护外来务工人员子女，给他们一片爱的绿荫，让这些‘流动的花朵’也都尽吐芬芳，竞相绽放！”新镇中心小学在教学过程中也有同样的体会。“民工子弟教育在学校占有极其重要的地位。这部分占相当数量的孩子，在融入昆山的过程中，有着不小的障碍。无论是兴趣、习惯、爱好都有不小的差异，当然最大的压力还是在学习上。有的学生来自落后的外省，从来没见过电脑，有的高年级学生外语只懂点皮毛，26 个字母还默不全。在如此参差不齐，良莠错杂的情况下，如果一个特殊的音符处理不好，那是一个不入调的杂音，而调配得当，那将是这支社会和谐交响曲中的一个美妙的和音。我校找到了一个很好的切合点——综艺班少儿艺术团。艺术团的训练既枯燥乏味又辛苦劳累，不少本地的‘宝宝子’因为吃不了这个苦，所以中途逐渐退出，留下来的 60%以上是外来民工子弟。在艺术团里，他们获得了老师的夸奖，赢得了同学的敬佩，重新拾起了信心，再次确立了前进的目标。更重要的是，艺术团训练也为他们开拓了新的发展方向。来自外地的李俊杰、李梦恒兄妹，哥哥去年就被上海戏剧学校看中，妹妹今年又摘得了小梅花金奖。”

除了公办学校尽力解决新昆山人子女的求学问题，周市镇也大力扶持民办学校。位于周市镇的珠江学校是第一所经昆山市教育局批准建立的以吸纳新昆山人子女为主的学校。学校建立于 1999 年，目前已经发展成为拥有两个校区，幼儿、小学、初中三个教学层次，学生 5 000 多名，教职工 280 多名的事业规模。学校现有两个校区，分别坐落于周市镇新镇村和开发区赵浦路，占地 46 亩，建筑面积 20 000 多平方米。学校配有微机室、多媒体教室和音乐、美术、自然、劳技、物理、化学、生物等专用教室，运动区建有 250 米环形塑胶跑道，足球场、排球场、篮球场等体育设施齐全。十二年来，学校得到市政府、市教育局、周市镇党委、政府的大力扶持与热情帮助。学校筹办时，在选址、土地审批方面周市政府给予了大力支持，以最优惠的价格供应土地，并且相关建设费用和配套费用予以减免。学校建成后，每年教师节、儿童节各级领导都亲自到珠江学校看望、慰问全体师生，鼓励老师们积极工作，激励学生们奋发向上。平时市、镇团委、关工委、新镇村委会等各级领导多次到珠江学校开展捐款捐物献爱心活动，帮助有困难的学生完成学业，让广大学生感受到社会这一大家庭的温暖。

2. 校际帮扶结对工作

由于各学校之间教育资源分布的不均衡，校际帮扶结对工作在一定程度上能促进学校之间资源共享，尽可能放大现有优质教育资源，促进学校之间的差距，进一步促进教育公平的实现。周市镇的校际帮扶结对工作主要体现在公办学校帮扶外来工子弟学校、优秀学校帮扶相对滞后学校以及镇中心幼儿园帮扶集体与民办幼儿园等方面。

根据昆山市教育局的相关文件，按照属地原则管理原则，安排新镇中心小学和珠江学校结对扶持。兼职督学工作由新镇中心小学朱小敏校长亲自担任，平时中层领导培训、教师校本培训均一起组织参加，新镇中心小学还选派中层干部朱全元同志到珠江学校开展支教工作。朱全元老师原系新镇中心小学教导主任、语文老师，派往珠江学校小学部支教期间，协助珠江学校小学部校长张佑雄老师做好教导处工作和青年教师的培养工作。半年来，朱全元同志对支教工作尽心尽责，实实在在，每天进教室听课两节，和青年教师一起磨课，早上在校门口巡视，还指挥学生们进行地震逃生训练。从开学到学期结束，朱老师天天在珠江学校上班。2010 年 6 月，新镇中心小学和珠江小学开展“手拉手、庆六一”的活动。2010 年 10 月份新镇中心小学面对全市进行大型的素质教育公开活动中，邀请珠江学校领导、中青年骨干教师一起听课、评课，观摩校园文化等。平时，珠江学校小学部教师、幼儿园老师也多次到新镇中心小学参加教研活动。2011 年 1 月上旬，新镇中心小学与城北中心小学、振华实验学校、锦溪中心小学四所学校开展联谊活动，请城北中心小学周建新校长给中层以上干部作讲座，主题是“教育，我们追求什么”，朱校长再次请珠江学校正、副校长、教导主任、支教老师一起参加学习培训。除此之外，各种教育教学资源共享。戏曲班、自行车队均允许珠江学校学生报名参加培训。

二 社区教育的“示范创新”

在快速城市化的进程中，人口素质的提升如果仅仅依靠基础教育的发展无疑存在时间上的滞后性，即使引进大量人才也是杯水车薪。更广大的周市人民也有提高自身素质、提高生活质量的迫切要求，以适应现代化和城市化的转型需求。周市社区教育与时俱进，为周市发展提供了坚实的后盾。

社区教育，是指在一定社区范围内利用各类教育资源，面向社区内全体成员，开展的旨在提高全体成员整体素质和生活质量、服务社区经济建设和社会发展的教育活动。由于社区教育具有“三全”即全员（教育对象包括社区全体成员）、全面（教育内容涵盖思想道德、基础文化、职业技术、艺术休闲等各个方面）、全程（教育过程贯穿受教育者从出生到逝世的整个生命历程）的特性，所以，社区教育可以有效地促进社区“人的全面和不断发展”。

社区教育从其本质上说，是一种教育与社区生活相结合的教育形态。国外社区教育发轫于西方社会，崛起于欧洲，而后在拉美国家、东南亚以及其他地区的国家得以发展。社区教育最早出现在北欧，以民众学校为基本载体的社区民众教育以成人教育为主要对象，致力于提高社区成人的文化素质，改善他们的生活状况。北欧的社区教育因兴起于民众、发展于民众、服务于民众而保持着很强的生命力。到 20 世纪 80 年代，美国社区教育迅速发展。美国的社区教育发展走“教育社区化”和“社区教育化”合二为一的发展道路，许多学校把社区教育纳入教育规划，社区成为推动教育发展的新领域。学校社区化与社区相融合产生了社区学院，标志着社区教育进入了一个全新的发展阶段。美国社区教育逐渐发展至今已形成了自己的模式与特色，“社区学院”便是美国社区教育独特的教育模式。现在的美国随着社会和经济迅速发展，对技能型、应用型人才的需求增加，加之高等教育的扩充压力及美国人的就业心态变化，社区学院在美国被公认为是最成功的职业教育的模式之一。这种以社区学校为基本形态的社区教育，日益上升为社区教育的一种主流形态。除了北欧各国的民众教育和美国的社区学院模式，较为著名的还有日本的“公民馆”和德国的“邻里之家”模式。

我国社区教育前身是民国时期开展的针对校外人员的通俗教育或民众教育，新中国成立后，承担学校外人员扫盲教育的责任落到成人教育身上，成人教育逐渐兴起。改革开放后，引入了“社区教育”概念。我国改革开放后社区教育的发展主要经历了三个阶段，即起步阶段、探索阶段、实验阶段。在起步阶段（20 世纪 80 年代初～80 年代末），我国一些大城市为了解决中小学面临的一些校外教育问题，例如校外德育等，力争社区各界对学校的支持和援助，开始了社会化教育的探索进程。主要教育活动是以学校教育、社会教育、家庭教育“三结合”的形式开展，社区教育自发而成。探索阶段（1990～1999 年前后），我国社区教育的对象范围扩大了，除了青少年，成人也列入教育对象；社区教育辐射范围扩大，中小城镇、农村也兴起开展社区教育；教育内容也增多了，从配合学校教育青少年拓展到职业教育和全民精神文明教育。实验阶段（1999 年至今），从 1999 年开始，中国启动了社区教育实验。1999年国务院批转的教育部《面向21世纪教育振兴行动计划》提出“开展社区教育实验工作,逐步建立和完善终身教育体系,努力提高全民素质”的要求,成为我国社区教育发展中重要的里程碑。自此以后,教育部积极推进社区教育实验工作。

进入新世纪以后,党的十六大、十七大都提出了构建终身教育体系,形成全民学习、终身学习的学习型社会的目标,教育部也正式将社区教育纳入到教育管理范畴。社区教育的作用与内涵也得到了扩展,要为人的终身学习和终身发展提供服务。《中共中央国务院关于进一步加强人才工作的决定》和国务院批转教育部《2003～2007年教育振兴行动计划》,对发展社区教育,促进人的全面发展,提出了积极推进社区教育,加快构建终身教育体系,促进学习型社会的形成的任务。前不久,中共中央、国务院印发的《国家中长期教育改革和发展规划纲要(2010～2020年)》中又明确提出,要“加强城乡社区教育机构和网络建设,开发社区教育资源”。社区教育是指向学习型社会的终身教育“立交桥”体系中不可或缺的一环。教育部从2000年至今已先后批准了100多个国家级社区教育实验区,覆盖了全国绝大多数的省、市、自治区和计划单列市。社区教育实验区推动了全国社区教育由点到面的发展,成为社区教育发展的骨干力量。

在这样一个大背景下,周市镇的社区教育在世纪初开始起步,与周市的经济发展同步前行。周市镇社区教育工作得到了镇党委和政府的重视和支持,于2001年制定了《昆山市周市镇社区教育实验工作方案》,成立了镇社区教育工作领导小组,下设社区教育工作办公室,2002年依托镇成人教育中心校建立镇社区教育中心。10年间,周市镇社区教育中心通过加强统筹领导、健全工作制度、整合教育资源、拓展基地载体,社区教育得到长足发展,为营造学习型社会氛围,优化教育环境,提升全镇社会大教育水平奠定了良好的基础。

(一)从技能培训转向全民教育:理念提升

1. 技能培训提升人力资源

2000年教育部《关于在部分地区开展社区教育实验工作的通知》中对社区教育活动的开展作了宏观上的指导,提出社区教育活动内容“必须紧密结合社区发展的实际,从社区发展的实际需要出发,确定社区教育的内容和方式”,“按照国家对各类教育的有关规定,开展多规格、多层次、多内容、多形式的教育培训活动。现阶段的主要任务是加强职业(岗位)培训、转岗下岗再就业培训、社会化培训、老年教育以及社会文化生活教育等”。而在2004年教职成16号文件中,教育部对地方开展社区教育活动内容给予了比较具体的意见。提出社区教育的基本工作是“开展教育培训”,“要始终重点抓好量大面广、受到社区居民普遍欢迎的各类短期培训活动”,诸如“在职人员的岗位培训、下岗失业人员再就业培训、老年人群社会文化活动、弱势人群提高生存技能培训、外来人群适应城区社会生活培训等"。

与教育部指导社区教育实验工作的主导精神相一致，周市镇的社区教育在初创阶段紧密结合周市自身的发展历程和实际需要，将社区教育的重点放在职业培训、技能培训上面，并且取得了很好的效果。

周市镇从世纪初开始腾龙舞凤的快速发展，工业化需要吸收大量有各种技能的人才，但周市的人力资源依然是一个瓶颈。2003 年的调查表明：经过两轮调整行政区域后新建的周市镇有 17 个行政村，在 19 479 个劳动力中已就业的计 12 581 人，就业率为 64.6%（其中属"4 050"人员 3 876 人，占"4 050"人员总数的 56.7%）。在总劳动力中，无技能的有 8 062 人，占 41.3%。其余，有初级技能的 11 145 人，中级技能的 256 人，属高级技能的 16 人。社区教育中心对自己的职能做了明确定位，其一是面向社区成员广泛开展社区教育活动和技能培训；其二是积极开展中、高等学制学历教育；其三是负责对街道、居委、村厂企业的社区教育工作进行业务指导；其四是推动全镇各单位创建学习型组织工作的开展，核心任务是推进学习型社会的建设。

在这样的职能定位下，社区教育从周市经济发展形势入手，重点开展实用技术培训和创业技术培训。结合辖区内各村、工厂企业单位的岗位需求和培训要求，重点计划开展各类岗位技术技能培训（包括绿化养护、电工、水产养殖、种植业、电脑上网等）。在此类岗位技术技能培训，社区教育中心整合利用各种教育资源，与农村服务中心、三有工程合作开展农业技术方面的培训，与劳动与社会保障所合作开展农业以外的职业技能培训，在缝纫车工的培训方面直接利用服装厂作为合作单位，诸如绿化养护的培训中聘请苏州农业技术学校来进行。10 年间，社区教育在技能培训方面做得扎扎实实。培训计划有的放矢，培训内容简单实用，培训方式灵活多样。社区市民需要什么样的培训，就尽可能满足他们，做到因时、因地制宜地确定培训内容，坚决杜绝毫无实效的形式主义培训。在各类培训中，每年都有 600～700 人拿到苏州市职业技能证书。另外，创业技术培训也别开生面，依托周市中学、新镇中学对应届初中毕业生进行创业知识培训，举办创业培训班 7 期，通过培训有 100 多人实现创业。

以技能培训为主的社区教育重在提升社区居民的人力资本，促进地方经济发展。所以，以"人力资源开发"为主的理念从人力资本开发的角度出发，为社区居民提供各类职业教育与技能培训以满足社区经济发展对各级各类人才的需要。在周市的经济发展过程中，社区教育为人力资源的转化和提升所做的工作显然是一个有力的支撑体系。

2. 全民教育多层次全覆盖

十年下来，职业技能培训的覆盖面已经相当广泛，社区教育中心负责人胡小林校长深感"要学的基本上人人都已经学了"，社区教育应该重点转移，面向更多市民开展多层次全覆盖的全民教育。这个多层次全覆盖的全民教育体系涵盖了党员干部、市民大众、企事业员工、外来人口四个层面。由于周市社区教育中心集党校和成校于一身,所以党员干部的理论培训是其常规项目。基于市民学校的市民教育是这几年的侧重,而占周市人口大部分的企事业员工和外来人口则是周市社区教育开拓创新的难点和重点。

市民学校是对市民开展全民教育的基础阵地。周市全镇现在 2 个街道办事处、15 个行政村和 17 个社区都建立了市民学校,共计 34 个市民学校。市民学校深入社区,是市民教育到达全面的有效载体。目前周市正在对市民学校进行能力提升的建设,真正使市民"学者有其校"。市民学校开展"月月有主题,周周有活动"的主题教育计划,主题教育已经完全突破技能培训模式,转向市民综合素质养成。如 2011 年的宣讲主题中,大到"'十二五'展望与周市'五大发展目标'",小到"绿色、健康生活",紧贴时事讲解"庆祝建党 90 周年(党史解读)",历史传承讲授"乡土人文(地方史、风俗、人文)",多种主题覆盖了市民的政治、道德、文化、技能等各方面素质养成。与技能培训单向传授的学习方法不同,全民教育还提倡六个学多元互动方法:专家教授专题学,市民学校大家学,乡村讲坛交流学,岗位实践干着学,进修培训研究学,网上在线自由学。

在市民学校的普及化教育之外,多层次全覆盖体系中后面两个群体是摆在社区教育工作面前有难度但是在逐步摸索推进的重点目标群体。社区教育具有全员性、开放性和灵活性等特性,社区教育更能满足外来人口的教育需求。周市镇毗邻昆山市区,近几年经济社会快速发展,被称为"昆山的后花园",外来人员以每年 20%的速度增加。外来人员为周市镇的建设发展作出了很大的贡献,但大量外来人员的涌入也极易引发各种矛盾和冲突。因此,提高外来人员的人文素养,使他们认识周市、了解周市,进而融入周市,成为当务之急。而如何利用市民学校,充分考虑外来人员生活工作的特点,主动引导、鼓励、帮助他们学习培训,对于提高他们的全面素质是非常有益和十分必要的。周市社区教育中心已经开始在这方面进行了一些有益的探索。

社区教育中心结合周市乡土人文和外来人员的实际情况,从 2006 年开始组织开发建设外来人员教育培训系列课程之一"七十二个城隍潭",并不断优化课程建设,收到良好的社会效应。"七十二个城隍潭"本是周市独特的地理风貌,围绕这个地方有多种民间传说和历史故事,课程设计以"七十二个城隍潭"为代表,以其所体现的历史性为线索,课程共分周市的概况、地名传说、美食传奇、文化风景、文化名人、民间故事等 6 章 20 节。课程内容符合科学性、实用性,有鲜明社区教育特点,贴近社区居民需求。课程的目标明确,就是通过组织二轮实施教学,让外来人员了解周市的历史,激发他们热爱周市这片热土的热情;让外来人员熟悉周市的风土人情和人文环境,使他们尽快融入周市,共创和谐周市。同时,让外来人员在学习中不断提高自身文化素养和科学素质，享受品质生活，树立科学思想，崇尚科学精神。全镇外来人员接受课程教学人次达到60%以上。来自湖南的邹秀芳女士说，参加“七十二个城隍潭”课程的学习，不但是对周市的认知，也是对自身素质的再提高，更有利于不断发掘自身潜力，为自己选择更好的职业提供知识素养的保障。“七十二个城隍潭”课程评为昆山市社区教育优秀课程一等奖和“全国社区教育特色课程”。

周市的发展背后凝聚着大小将近3 000个企业共计近10万企业从业人员，周市社区教育还在积极探索如何使教育功能逐步扩展延伸到企业中去，使得社区教育对于企业员工来说更加具有针对性。提升市民学校基础能力建设，规范优化市民学校工作，就要把市民学校教育延伸到企业，探索联合商会、与企业员工教育培训部门主动对接，从而建立有效的员工素质提升运行机制和模式，提供教育培训服务，充分发挥社区教育的主体功能和积极作用。

开展社区教育的目的主要是提高广大社区居民的公民素质和生活质量。然而，社区居民的生活质量受多种客观因素的影响和制约，不是社区教育所能直接控制的。有学者主张把社区教育的侧重点放在密切人际关系、营造和谐的家庭氛围和社区凝聚力、提高社区居民的归属感等方面。大多数国家和地区，都是多种理念指导下的社区教育实践活动并存的，除了以“人力资源开发”为主的理念之外，还有以“居民社区意识培养”为主的理念、以“社区发展”为主的理念、以“居民意识唤醒”为主的理念。周市社区教育从技能培训到多层次全覆盖的全民教育，体现了教育理念的提升，把侧重于人力资源提升侧重于促进经济建设的单一性教育目标真正转向全面提升人的总体素质的教育目标，重点放在社区居民人文素养的提高、社区意识和社区归属感的培养方面，从而为社会培养合格公民，提高社区的精神文明水平，促进社区健康、和谐地发展，并且其多层次的推进方法有侧重也见效果。

（二）基于能力建设的三级架构：社区教育组织体系建设

目前社区教育在我国各地依然存在着地区间的不平衡。这里有观念的因素，“小教育的观念”只关注学校教育，使得社区教育难以摆脱“次等教育”地位，社会认可度仍然很低；也有经济的因素，各地区经济发展不平衡导致经费投入的差别；还有制度的因素，地方政府没有把发展社区教育作为一项日常工作来抓，政策支持力度不够。周市镇社区教育无疑是走在前面的，不仅认认真真地思考着如何才能真正有效地开展全民教育，以什么为载体和抓手，而且踏踏实实地以项目实践来促进社区教育。2010年设立了全国社区教育实验重点项目“夯实建设社会主义新农村基石——提升农村社区市民学校基础能力建设的实验”，尝试通过提升农村社区市民学校基础能力建设的实验，初步形成有效的管理机制和运行模式，进一步优化市民学校办学条件，不断提升社区市民学校办学能力，进而大力提高社区居民的素质。

1. 以政府为主导,统筹领导

社区教育的发展离不开政府的指导和支持。一方面,社区教育是一项涉及各部门及全体社区成员的系统工程,需要政府加大统筹力度;另一方面开展社区教育需要很强的经济实力支撑,需要政府的经费保障和支持。

周市镇于2001年成立了镇社区教育工作领导小组,下设社区教育工作办公室,制定了《昆山市周市镇社区教育实验工作方案》,统筹各部门各方面力量参与社区教育的建设,推进社区教育逐渐规范化、制度化、正常化。2006年,镇政府出台《关于加快推进周市镇社区教育实验工作的意见》,2009年制定《周市镇2010～2012年全民教育实施计划》,这些文件的出台加强了对社区教育工作的管理和指导,确保了社区教育机制的有效运行。

作为一项公益性事业,必须有专项经费予以保障。目前我国大部分社区教育的经费来源主要是依靠政府拨款,企业、团体和个人对社区教育的投资很少,社区教育经费投入来源结构不均衡,多渠道投入保障机制和政策尚未健全。周市镇由于经济发展水平较高,在社区教育的经费投入上给予了充分保障,采用"四个一点"来筹措社区教育经费:"市财政奖励一点、镇财政拨一点、辖区单位资助一点、个人出一点,以镇政府拨款为主,列入财政预算"。以2009年为例,周市镇投入社区教育中心基地建设资金近280万元,开展社区教育活动经费240.6元,达到人均46.92元。专项社区教育经费由原来常住人口人均1元增加为人均3元。社区教育经费的保障,确保了周市社区教育全面可持续的发展。

2. 三级架构组织网络,提升市民学校基础能力

周市镇社区教育中心下辖2个街道社区学习中心和32个村(居委会)市民学校。初步形成三级社区教育培训网络。其中,市北村市民学校在2004年5月受到胡锦涛总书记检阅之后,发展迅速,成为社区教育的样本。

社区教育中心占地面积20亩,建筑面积3 580平方米;标准教室12个,100座(大教室)和40座的会议室各一个,标准球场2个;还有电教室、电脑室、档案室、图书阅览室;教育设备有收录机、投影仪、笔记本电脑、数码摄像照相机、电视机、录放机、微机,信息化现代教育手段基本完善。学校藏书5 850册。各市民学校基本达到"六有"标准,即有组织、有人员、有教室、有计划、有活动、有台账。镇社区教育中心有5名社区教育专职教师和106名兼职教师,各市民学校均有1名专职或兼职的社区教育管理人员。还建立了一支由千人组成的社区教育志愿者队伍和百人宣讲团,为社区教育发展提供了充分的人力资源条件。

农村市民学校全国都在推广,但是对于很多地方来说只是一块牌子,流于形式。如何能把虚事做实?如何能让兼职的老师真正具备讲课能力?周市镇社区教育通过提升农村社区市民学校基础能力建设的实验,进一步优化全镇社区市民学校基础建设，不仅仅在硬件设施上，更是在教学能力、制度建设等软件环境上夯实基础，充分实现了既有目标。首先推动办学条件不断改善。各市民学校由原来的“六有”提高到“八有”标准，即有组织网络、有制度保障、有专兼职队伍、有多功能教室、有“农家书屋”、有数字化学习教室、有双向视频系统、有相关台账资料。各市民学校成立了以书记或主任为组长的领导班子，规章制度规范上墙，使开展教育培训活动有了组织制度保障。其中 6 所市民学校的基础能力建设水平有了明显提高，被评为首批周市镇“优秀市民学校”。其次，推动“农家书屋”建设。通过市民学校规范达标建设，开展赠书赠卡、“农家书屋”板报展示和评选“我最喜爱的一本书”活动，有力地推动了“农家书屋”建设。同时，对各村的“巾帼读书会”和“图书角”进行整合，全镇各村“农家书屋”有了长足的发展。目前，全镇 15 个“农家书屋”平均使用面积达到 38.7 平方米，各类图书平均 2 113 册，报刊种类平均 19 种，还配备 1 名专职管理员。再次，推动市民教育宣讲队和志愿者队伍建设。市民教育宣讲队由各支部、村的信息员兼任，共 80 人，结合自身实际在“理论辅导员”宣讲课程指导目录中选取宣讲主题进行备课、宣讲。通过这样的方法，筛选、培养了一支常规化的宣讲队伍。另外经过调查摸底，把社区内热心教育的离退休老干部、教师、专家、技术人员、医生和先进人物组织起来，进行归档，建立社区教育志愿者人才库。至今，新发展社区教育志愿者 120 人，使全镇社区教育志愿者达到 2 260 人，初步形成了“百人讲师团”和“千人志愿者”队伍。最后，推动了“学习型组织”建设以及社区教育的深入开展。全镇各市民学校有计划地开展市民教育活动，实施“大宣传、大学习、大培训、大提升”市民素质提升计划，组织提供 10 大类型、139 项主题学习菜单，各市民学校“月月有主题，周周有活动”，广泛开展职业技能培训和各级各类教育活动，掀起全民学习的新高潮。将社区教育寓丰富多彩的市民学校教育活动之中，更好地使广大市民知晓社区教育和参与社区教育。以市民学校为载体，开展形式多样的读书教育活动，营造了农村浓厚的读书学习氛围，让大多数市民走进市民学校，鼓励、引导市民爱读书、会读书、读好书。

市民学校基础能力的建设针对农村社区教育分散性、随意性作出了有益的探索。真正把市民学校的办学能力建成软硬兼备、不流于形式，有能力对广大居民多元化、个性化和时代性的教育需求做出回应。也正由于此，进一步激发了广大居民的学习兴趣和热情，形成良性互动。

3. 整合教育资源，拓展教育载体

社区教育要办好，光靠三级架构的市民学校是远远不够的，必须结合社区教育自身的多元化特点，在市民学校能力建设的基础上整合各类教育资源，并且积极拓展各种教育基地载体、开拓网络教育平台。

社区教育其实孕育着巨大的教育资源优势，通过资源整合，使学校教育与社区教育形成良性互动，使社区之间形成横向联系形成合力，把一切有助于社区教育发展，有助于居民学习的社会资源都应该加以开发和利用。每种资源都有独一无二的特性和功能好的教育资源，不仅能充分发挥本身的教育功能，而且也能与社区教育环境中其他因素间相互渗透再生新的教育功能。周市镇利用现有教育资源，进行合理整合、构建横向沟通、纵向衔接的社区教育中心网络。利用镇文体站的演艺广场、图书馆、青少年活动场所等设施及群体聚集优势，社区教育中心提供师资、课程、管理，两者相得益彰，举办青少年假日兴趣班、老年大学、戏曲、广场文艺会演等活动，丰富农村社区教育基地。二是利用村居民会的场所、资料、电教等设施，通过推广新技术、新品种带动他们科技致富激发他们学习兴趣也进一步提高他们的素质水平。三是社区内各类学校和企事业单位的教育资源面向社会成员开放，逐步形成社区内教育资源共享。

社区教育要深入推广，必须有基地载体深入到广大居民身边的可及之处。周市镇在拓展基地载体方面也是开拓创新。一是建立社区教育基地，先后建立青少年教育基地、老年活动中心基地、文化中心基地、街道基地、农技站基地、成校基地、武警中队基地七大社区教育基地，使不同学科的人员学习有处所，实践有基地，学用结合。巩固和发展青少年德育教育基地，作为全面提升社区市民素质的重要内容。二是挖掘农村隐性教育基地。对农村的医疗站、个体文化经营点及小店等场所进行改造，注入资金、改善环境，通过挂牌、签约、发文件等方式，纳入社区教育管理项目。设置图书角和影像室，增添学习材料。三是开发人文历史资源基地，通过挖掘利用城隍潭、白塔头、野马渡等周市历史资源，让文保员对社区中的青少年进行热爱家乡、热爱祖国的爱国主义教育。

在信息化、数字化的时代，社区教育要取得良好效果，也必须适应、满足个人学习方式的数字化转变，创新社区教育数字化载体。近年来，周市社区教育加快了信息化进程，扎实推进数字化学习社区建设和网站建设。数字化学习社区建设从2008年开始推进以来，已建立数字化学习教室17个，联网计算机836台，并且还在进一步拓展中。网站建设方面，2006年3月建立镇社区教育网站，并与昆山社区培训学院网站链接。开设“社教信息”、“服务三农”和“社教课程”等9个主栏目与20个子栏目。开发了比较丰富的、适合社区居民学习需求的学习资源，并尝试开放远程网络社区教育的课程。镇社区教育中心网站充分发挥“承上启下”的作用，免费向用户提供服务，到行政村、社区设立信息站，以种养户、技工人员为信息点，并把这些站、点与学校网站及昆山社区教育网链接，为广大农户和中小企业主获取信息提供了直接有效的服务。

如果说三级架构的市民学校组织架构在能力建设基础上把周市社区教育的骨架有力地支撑起来的话，那么教育资源的整合、教育基地载体的拓展无疑是把社区教育在地区范围内全盘盘活，网络畅达。

（三）共联手：多元化联动机制

我国社区教育发展起步晚，发展速度也相对缓慢，其中主要的一个原因就是人们对社区教育的认知程度低。特别是在农村，农民对社区教育的意识受传统农村、农业概念的影响，还认识不到发展社区教育在促进人的全面发展，推进经济与文化发展，把教育仅仅视为学校教育这一"小教育"。此外，从农村社区成员来看，由于农民长期在相对稳定、封闭保守的文化氛围中生活，习惯在缺少竞争的乡村经济模式下劳作，还没有形成自觉学习和自主学习的内在动力。尽管周市社区教育从政府层面来说，从世纪初就开始纳入日常工作日程，制订方案和领导小组，逐步建设成有能力有实力的社区教育组织体系。但是要提高社区居民对社区教育的认知和参与程度，也是一个难度不小的课题。周市社区教育在近年来的实践中，摸索到和多部门进行多元化的联动是一个切实可行的有效机制。

为了克服广大社区居民对于教育的某些严肃刻板的印象，周市社区教育在宣传动员方面勇于创新，不仅把市民请进市民学校来体验学习，而且以多种方式送上门，在其他部门搞活动的时候"蹭人气，共联手"，在群众喜闻乐见的活动中把社区教育的宣传动员做得有声有色。社区教育中心负责人胡校长说，经常在宣传办、文体站、计生站、劳动保障所等敲锣打鼓搞活动的时候，社区教育就在旁边摆一个摊，利用人气分发一些市民读本之类的宣传教育材料，并且取得了很好的效果，使得社区教育逐步得到大家的认知和认同。

1. 办好阅读节，社区教育品牌化发展

在和各部门联动推动社区教育的活动中，最典型的是"农家书屋进农家"阅读节活动，在2009年昆山市社区教育优秀品牌活动评选中，"周市镇'农家书屋'进农家阅读节"活动荣获一等奖。

基于之前各行政村和社区的"图书角"没能有效发挥作用，2008年社区教育中心组织开展"农家书屋"进农家阅读节的实验项目，旨在通过以形式多样的读书活动为载体，营造农村浓厚的读书氛围，让大多数市民走进"农家书屋"，鼓励每一位市民爱读书、会读书、读好书，使读书成为自身发展的需要和生活方式，提高自身的人文素养。2008年6月"周市镇第一届'农家书屋'进农家阅读节"举行"启动仪式"，随后组织开展6个系列活动。2009年6月，"周市镇第二届'农家书屋'进农家阅读节"开幕。一是组织阅读节启动仪式(开幕式)。邀请市镇领导讲话、广泛宣传阅读节和发动市民参与。二是组织赠书赠卡和知识竞赛。激发市民读书的兴趣，养成阅读的好习惯，培养竞争意识。三是组织"农家书屋"图书流转。最大限度上发挥全镇各"农家书屋"图书的作用，使各个"农家书屋"的图书在全镇"动"起来、"活"起来。四是组织社区教育文艺专场。将社区教育寓丰富多彩的文艺活动之中，更好地使广大市民知晓社区教育，提高他们参与社区教育的兴趣，激发他们参与社区教育的热情。"农家书屋"进农家阅读节实验项目首先取得了镇政府的高度

重视和大力支持，明确"农家书屋"进农家阅读节由周市镇人民政府主办，周市镇社区教育中心承办，周市镇文体站、文联、工会、妇联、团委等单位(团体)协办。在各部门的支持与配合下，成功组织开展"农家书屋进农家"、"阅读节赠书赠卡活动"、"纪念改革开放30周年征文演讲比赛"、"小学生读书手抄报制作大赛"、"辉煌六十年新故事征文比赛"、"感恩经典作品朗诵大赛"、"万名外来务工人员学法守法知识竞赛"、"我和共和国一起成长照片展"、"一笔一画农家情书画作品赛"以及"社区教育文艺专场演出"等系列活动15个，向各村、社区和市民赠送《社区教育市民读本》3 210册和各类图书13 500余册，赠发图书阅读卡数百张，发放"致社区居民公开信"7 000份和终身学习卡800张。阅读节上参与的市民达到2万多人次。初步形成"人人是学习之师，时时是学习之机，处处是学习之所"的良好社区文化环境，促进了社区市民"学会学习，学会生存，提升素质，健康生活"。

"农家书屋"进农家阅读节的举办，前后历时四个月，将社区教育寓于丰富多彩的系列活动之中，更好地使广大市民知晓社区教育和参与社区教育，创建了社区教育的优秀品牌，进一步推进了周市镇的社区教育工作。

2. 创建学习型社区，开展全民终身学习周

创建学习型社区是将社区教育落实到实处的重要途径。创建学习型社区由镇社区教育领导小组统筹领导，相关职能部门各负其责，相互协调，形成建设学习型社区的合力。

"周市镇阳光居委会社区组织党员干部深入居民、单位，采取走访、交流、服务等形式，利用黑板报、宣传栏、宣传单、横幅、电影、文艺演出、咨询等多种宣传阵地，宣传创建学习型社区的计划与任务。一条条、一款款深入浅出，感人肺腑的学习内容，建立了社区、居民、单位、商家之间的良好关系，更取得了各方面的认同和支持，加快了社区精神文明建设步伐，增强了居民参与创建学习型社区的热情。与此同时，结合'四进'社区活动，社区又把宣传党的路线、方针、政策；居民遵纪守法、尊老爱幼、诚实守信等思想、道德教育和'文明市民'、'五好家庭'、'文明楼院'等创建活动寓于文体活动之中。阳光社区根据居民不同人群的需要，开展了多种形式的教育。邀请30多名妇女代表举办了以'建和谐家庭，教文明子女'为主题的讨论会；通过精心组织，举办了一场'法制进社区'的大型文艺晚会，参与的居民达2 000多人，既丰富了居民的文化生活，也为居民提供了学习、娱乐的平台，又为'新昆山人'上了一堂法制课。社区党支部邀请了交通警察为青少年学生举办了交通法规知识培训班，并举办了电影周活动，为青少年公德教育开辟了先河。社区开展的向居民征集廉政建设题材的文稿及反映社区建设书画作品的活动，将创建学习型社区推向了高潮。同时，社区顺应广大居民的要求，邀请各方面的老师授课，长期开办'长寿工程'培训班及每周'歌教歌'班，利用社区电子阅览室的资源开办电脑培训班等。阳光社区被评为'昆山市社区教育先进单位'。"

社区教育中心领导下各单位联手合作，有力地推动了“学习型组织”建设。阳光社区仅仅只是周市学习型社会建设的一个缩影。目前全镇“学习型家庭”总数达到620户；创建昆山市“学习型单位（企业）”25个；创建昆山市“学习型社区”33个，全镇市级“学习型社区”达到98%。

此外，为了进一步营造全民学习、终身学习的良好氛围，周市镇在还积极开展全民终身学习活动周活动。领导小组下设办公室，设在镇成人教育中心校。全民终身学习活动周通过发放有关宣传资料，开展教育培训咨询服务和赠书赠卡及文艺宣传专场演出等活动，以活动带动行动，掀起全民学习的热情和高潮。

（四）示范乡镇三级跳，落后赶超有基础

周市社区教育，从世纪初与经济发展同起步，历经10年，于2010年12月上旬高标准通过了“全国社区教育示范乡镇”专家组的调研评估，成功创建“全国社区教育示范乡镇”。这一称号来得并不容易，周市社区教育之前既非苏州市社区教育示范乡镇，也非江苏省社区教育示范乡镇，而是直接申报全国社区教育示范乡镇并通过评估，可谓示范乡镇三级跳。

周市社区教育的发展历程中，我们看到的积极开拓、勇于创新的精神。其实，周市社区教育发展的背后正是昆山经济腾飞、昆山社区教育大发展的背景，周市社区教育在早些年的摸索过程中其实对整个昆山地区来说是处于落后地位的，其他乡镇起步更早发展更快。在周市经济发展迅速崛起的同时，周市社区教育也看到了自己早些年的掉队，争取力度上求突破，在2007年以后开始真正起步，逐渐跑到其他乡镇前面去了。

社区教育在我国的发展起步本来就比较晚，正是各种实验项目带动着社区教育摸索前进。我国社区教育在各个地区发展不平衡，很大程度上也是由于开展实验项目背后需要政府的经费支持。周市镇的经济发展为社区教育推行实验项目提供了坚实的后盾，另一方面，也是周市社区教育敢于实验敢于创新的精神推动着社区教育的跳跃式前进。通过全国性的“提升农村社区市民学校基础能力建设的实验”，通过“农家书屋”进农家阅读节的实验项目，通过全国社区教育特色课程的开发，我们看到，周市镇社区教育落后赶超的基础恰恰在于所有实验都落实在实事上。周市社区的教育工作成效显著，得到了领导和外界的好评。社区教育深入发展，全面促进了周市人民的人口素质提升，提升了公民道德水准，促进了精神文明建设，取得了优异的社会效益。

周市社区教育不仅有统筹领导、有经费保障，而且组织体系不断完善，教育管理水平不断提升，更重要的是理念的提升与时俱进，使得周市社区教育一直涌动着一种创新的活力。

第二章 人文氛围构建：文化事业凝聚周市

人文化成天下，文化即人化。实践中所产生的文化具有公共性、共享性，表现为文化事物的意义表征，是特定社会成员们共有的、传承的知识、态度和习惯行为类型的总和。文化还有“文治和教化”之含义。区别于教育在制度层面提升人口素质，文化事业的功能主要是通过这种共享的人文精神作用于人的精神世界，影响人们的思想，提高人的素质，即“教化”功能。所以，塑造整体人文氛围的文化建设则更多地通过潜移默化的影响提升其人文素养。

在周市快速城市化的过程中，人民生活水平不断提高，文化事业的建设既要满足广大人民的娱乐、审美的消费性需求，又要将周市这个地方历史传承下来的人文精神、价值观念继往开来地灌输到包括占人口大多数的外来人口在内的新老周市人的日常生活中，以塑造、引导、凝聚周市这一方水土之上的人。所以，文化事业不是简单地提升人的素质素养促进人的全面发展，更是通过独具特色的地域人文氛围的构建塑造地方人文精神。

文化事业有广义和狭义之分。广义文化事业泛指人类的所有文化活动，狭义文化事业是指由国家各级文化行政部门直接管理的独立社会组织（文化事业部门或单位）生产文化产品和提高文化服务的公益性文化活动。本文考察的是狭义视角上的文化事业。文化事业按职能分为四类：历史文化遗产保护，文学艺术事业，大众文化传媒事业，群众文化事业。由于文体活动密不可分，本部分将根据周市实际情况分别考察其历史文化遗产保护，文学艺术事业，群众文体事业如何构建周市独特的人文精神。

一 传统文化的历史认同

历史文化遗产是前人创造的物质财富和精神财富以及与人类实践活动有关的自然景观之历史遗存和传统文化载体。历史文化遗产，是一个地方的文明和人文精神的载体。历史文化遗产作为一种传统文化也融入现代人的生活之中。遗产不是独立于人类生活之外的抽象存在物，有许多遗产它本身就是现实生活的组成部分，与现代人的生存与发展密切相关的。无论是物质文化遗产还是非物质文化遗产，都以其特定的时空形态渗透于当代人的生活中，进而跨越当代对未来产生持久的影响。从某种意义上讲，历史文化遗产是一种“鲜活”的文化资源，体现了一个地方历史发展的人文脉络，从符号的意义来说，不仅勾连了当代与历史的传承关系，更因这种共同的历史认同对当代人来说有一种强烈的整合与凝聚作用。

在周市的发展过程中，不仅有三镇合一的历史，更有大量新周市人来此工作、生活、定居，通过对历史文化遗产的整理挖掘，将体现在这些历史文化遗产中的周市地方人文精神进行阐释和发扬，能更有效地促进大家基于共享传统文化的历史认同。

（一）遗址重建，历史再现

“周市”历史悠久，曾名“周墅”，源于两千多年前的秦汉时期。唐朝时期，吴国公尉迟恭部下进驻如今周市镇的城隍潭村屯垦，该地有了“蔚洲村”的建制。1966年，江苏省人民委员会批准，“周墅”改名“周市”。在千年历史长河中，先民的辛勤汗水为后人的生存和发展奠定了基础，同时，形成了春秋时期吴王阖闾布设下尉城、东林城的遗址，风光秀丽的城隍潭，镇守杨林水道的万安寺，年代久远的积善桥和永安桥，明代官员周广、周愚的陵墓，直到近代的侨乡西式楼群，绵延着历史的足迹。

目前，周市已经将城隍潭湿地公园纳入周市“十二五”文体规划项目，并纳入市级公园项目。城隍潭是一个积有千年人文历史的古村。村子里有许许多多的潭、溇、浜、泾，这些潭形状各异，大小不等，深浅不一，名称不同，形成了村里墩墩断水、块块不相连那种独特的自然环境。相传唐朝开国功臣尉迟恭被封为吴国公，属下到此屯垦，便有了蔚洲村的建制。村民把尉迟恭尊为土地爷，在村里建起了景云大王庙（俗称“土地庙”），塑有尉迟恭及宝林、宝庆两子，白马一匹及马童百福诸象，春秋祭祀。到了明末清初，复社志士陈苇舟（字顽）隐居到蔚洲村从事抗清活动，组织村民学文习武，并利用当地众多的溇潭布列成一个易进难出，方向不辨的“八卦水阵”。后人为纪念陈顽，便把号称七十二个溇潭名为陈顽潭。后因谐音而误传为城隍潭。城隍潭水盘旋曲折，清澈纯净，中间散布小村多处，宛如海上孤岛。外人驾舟其间，往往迷径难出。

而位于周市镇东方村一幢幢与当地建筑风格迥然不同的“小洋楼”组成的村落振东侨乡业已得到修缮保护。振东侨乡始建于民国十二年(1923 年)。辛亥革命后，曾经跟随孙中山先生回国后担任总统府正副卫士大队长的加拿大归侨黄湘、马湘委托当时在南京侨务委员会任庶务的美国归侨邝卓生为旅居美国、加拿大等地的华侨买地安家。邝卓生进行实地考察，从交通方便，有利发展出发，选中了昆山、太仓交界处一片有待开发的荒地，并以“振东农垦公司”名义在侨居美国、加拿大等地的华侨中印发招股章程。明文规定，入股者必须是华侨，品德不良、吸毒嗜赌者不得入股。在完成私人住房建造后，接着建起了议事楼、学校、浮水码头、水泥人行道等公共设施。于是，娄江北岸的空旷荒地上陆续矗立起一幢幢引人注目的西式红房子，形成了振东侨乡。振东侨乡建有西式住宅楼 62 幢。来此生产和定居的归侨共 62 户，297 人，最多时落户归侨达 300 多人。尽管经历了战火，振东侨乡作为苏南地区唯一的侨乡，几十幢民国建筑基本保存完好，这在全国来说也是极为少见的，具有相当的人文价值。为此，昆山市政府把振东侨乡列为市级文化控保建筑，进行保护性开发，拨出专项资金，分期分批修缮现存的侨乡民国建筑，使振东侨乡原貌尽显。与此同时，还计划在侨乡东部建起一个与之配套的南洋风情园，以此相得益彰地形成一道靓丽的人文景观。

无论是城隍潭还是振东侨乡，都承载着周市人包括当年的“新周市人”辛勤劳作、勤劳致富、聪明勇敢、保卫家乡这样一些人文精神。历史文化遗产的修缮与重建恰恰使得这样的人文精神有了一个鲜活的载体。

(二) 非物质文化遗产

非物质文化遗产及以前的“保护民间文化和传统文化”，是指各种以非物质形态存在的与群众生活密切相关、世代传承的传统文化表现形式，包括口头传统、传统表演艺术、民俗活动和礼仪与节庆、有关自然界和宇宙的民间传统知识和实践、传统手工艺技能等以及与上述传统文化表现形式相关的文化空间。非物质文化遗产体现于民间大众的日常生活之中，是实践活动的公共产物。对非物质文化遗产的保护同样旨在形成一种具有公共性的文化，体现在特定群体的共享属性以及由此所产生的认同感和历史感。

历史悠久的周市镇曾经诞生过著名戏曲大师梁辰鱼，梁辰鱼对源于元朝末年的昆腔作进一步的研究和改革，编写了第一部昆腔传奇《浣纱记》。这部传奇的上演，扩大了昆腔的影响，文人学士，争用昆腔创作传奇，习昆腔者日益增多，最终发展成为全国性剧种。周市历史文化中不光有阳春白雪的昆曲，也有草根文化，其代表是山歌和舞狮。山歌属于歌唱艺术，舞狮注重动作舞蹈，花开两朵各表一枝。

昆山市首批非物质文化遗产传承人与传承项目于2010年公布，其中周市镇有三个项目名列其中，即唐小妹昆北民歌，王建章周市舞狮，陈金娥周市爊鸭制作工艺。

年逾八旬的城隍潭人唐小妹，十几岁开始唱民歌，身体硬朗歌喉嘹亮，至今还登台演唱。1954年，正值江苏省民间音乐采风组到昆山，她一口气献歌30多首后都被记录成谱，载入当时油印的《昆山民歌选》。唐小妹是城隍潭人，城隍潭人特别能歌善舞。在以前相当长的一段时间里，村民几乎人人会“喊山歌”。城隍潭人管唱山歌叫“喊山歌”，一字之差，恰恰表现了这里的民歌朴实无华。昆山历来以农耕为主，在长期的农业劳动和农村生活中，一些反映农民心声、抒发草根情结的民歌应运而生，成为昆山非物质文化遗产中的宝贵财富。《搭凉棚》和《划龙船》这两首昆山民歌，现已被收录在中国民歌200首大碟之内。唐小妹唱过多少民歌，难以统计；她自己也说不上个准数。《昆山民族民间文化精粹·文艺卷(昆山民歌)》中，标明“唐小妹唱”的民歌有二十首之多。

舞狮——俗称调狮子，是百余年前由河南迁居而来的农民传入周市，多少年来，舞狮文化在周市蓬勃发展。狮是威武的化身，寄托人们降魔镇邪，是勇敢力量的象征。这项带有浓烈的喜庆色彩的活动为群众所喜闻乐见并且很快在周市一带蔓延开来。逢年过节，尤其在秋收之前，都要举行这样的活动。几乎村村有舞狮，盛况空前。新中国成立前，主要在传统节日和个人庆典上营造欢乐气氛，为举办活动助兴。新中国成立后，活动相对减少，只是在一些重大场合做一些即兴表演。改革开放以后，舞狮又开始出现，并逐渐登堂入室，在一些重大活动中又看到了舞狮队的身影。王建章，16岁开始学艺，多次出任舞狮教练。2003年镇成立舞狮队，受邀成为队长，培训和带领了四批成人和一批小学生舞狮人员，人数在百人左右。现在带领镇舞狮队一批固定人员，带班参加各类舞狮文艺表演。

周市爊鸭享有盛名，已历百年，用料特别，中药爊成，骨酥肉嫩，鲜美可口。周市早先的地理环境形成了爊煮禽类的特色，在全国屈指可数，独此一地。周市爊鸭原先为周市野味，如今野禽减少，则用家禽鹅鸭代替，但仍保留了爊味特色。“爊”即是煨煮的意思，是原始的烧煮方法。传说明朝初年，周市镇一野味酒店老板收留一老乞丐，老者曾是皇宫御厨师，为报答救命之恩，老者献出了爊鸭秘方，此后周市太和馆邱德斋等野味店掌握了爊煮技艺。周市镇河南街“太和馆”酒店创办于清光绪四年(1878年)，老板吴少堂继承祖传秘方，并收集民间技艺，加以改进，制成爊鸭。后与儿子吴景福一起经营。建国后，吴少堂第三代吴凤芷与第四代陈金娥婆媳俩继承祖业，用祖传技艺烹制爊鸭。1979年陈金娥与婆婆吴凤芷重操旧业，用祖传技艺烹制爊鸭。

周市的这些非物质文化遗产的产生和发展，与周市独特的地理环境、生产生活密不可分,正因其源自日常生活所以其传承也与现代周市人的日常生活密切相关。虽然喊山歌由于和农业劳动的脱离并没有在民间日常生活中找到有效的传承载体,但是舞狮活动正由于现代文体活动的蓬勃发展得到了较好的传承,开拓了舞狮文化的公共空间,并为周市博得了舞狮之乡的美誉。

二 群众文体事业：现代文明共筑一家

群众文化事业是公益性文化事业的重要组成部分,对于提高群众文化素质和思想道德水平、满足群众文化生活需要、增强群众体魄等发挥了重要作用。群众文化事业主要包括公共文化设施的建设以及开展群众文化活动两部分。2005 年十六届五中全会通过的《中共中央关于制定国民经济和社会发展第十一个五年规划的建议》提出:“逐步形成覆盖全社会的比较完备的公共文化服务体系”,自此以后,群众文化事业的建设更强调公民的文化权利以及政府作为服务型政府的面向。这种把文化作为消费对象的公共物品,强调多元主体中占主导地位的政府如何提供高效高质的服务的视角,在某种程度上忽视了发展群众文化事业中因其共同的经历体验所产生的文化凝聚与认同。

1996 年江苏省委、省政府提出了“把江苏建设成为与经济发展相适应的文化大省”的战略目标以来,全省文化事业无论是在“量”上,还是在“质”上都得到长足发展。特别是在改善公共文化服务设施、繁荣文化艺术创作、培育特色文化品牌产品、创新基层文化服务手段等方面,取得较大成就。近年来,随着周市经济发展的提高,周市镇在群众文化事业方面也加大投入力度,加快公共文化服务体系构建,加强文化基础设施建设,大力弘扬地方特色文化,大力培训群众文艺团队,不断满足群众日益增长的精神文化需求,为周市的发展提供良好的精神支撑和文化氛围。

(一) 逐步完善公共文化设施建设

基础设施体系是群众文化事业的物质载体,是群众文化事业的物质保障,是保障人民群众文化权益和满足人民群众公共文化服务需求的最基本场所。周市镇不断加大对公共文化基础设施的投入力度,加速推进公共文化设施建设,已经逐步建立起镇、办事处、行政村(社区)三级公共文化设施网络。镇级文化设施逐步完善,“三个一”工程达标率达 100%,加强村级文化设施标准化工程建设,为构建城乡公共文化服务体系打下了坚实的基础。

1. 公共文化平台服务全镇居民

镇文体站大楼顺利落成,办公空间增至 3 200 平方米,图书阅览、信息查询、运动健身、舞蹈排练、艺术创作等空间一应俱全。230 平方米的图书馆内藏书 14 000 册，报纸杂志 99 种。同时为了推动周市特色舞狮文化的发展，一座简易的狮王馆也在大楼内诞生。

耗资 400 万元，面积约 10 000 多平方米的蔚洲文化广场的建成是周市文化建设浓墨重彩的一笔。蔚洲广场建成后，彻底结束了以往镇区没有集中文化活动场所的历史，成为全镇群众文化活动的中心。广场的南部是一片郁郁葱葱小树林，曲曲弯弯的小路穿梭其间，是市民休闲散步的好去处；广场北部是一个坐北朝南的露天舞台和广场，能够同时容纳 2 000 多名观众观看演出。广场前方 20 多平方米的电子屏幕，可以播放电影和舞曲，是平时夜间广场活动的又一道亮色；遍布广场四周的二十一根文化石柱，则雕刻着周市的传说故事、名人轶事，仿佛演绎着跨越千年的周市发展史，给人以强烈的文化归属感。

目前，一个以蔚洲文化广场为核心，以陆杨文体活动中心和新镇白塔公园为副中心的文体阵地格局基本形成。

昆山体育生态公园承担着整个昆山的体育、休闲的功能。昆山体育生态公园坐落在周市镇北部片区，2005 年启动，2007 年工程全部完工。总投资约 4 000 万元，占地面积约 43 万平方米(645 亩)，其中水域面积约 19 万平方米。生态园的设计理念是以生态、自然、休闲为主题。在设计风格上体现江南水乡的建筑格调、地方花木的种质优势、以水为媒的亲水环境和立体营造的美化手法。在平面布局和功能上以水面为中心辐射四周，以绿色为背景覆盖全园，以生态为主题贯通全园。生态园分五大区域：入口广场分流区、儿童游玩认知区、亲水平台观景区、休闲养心活动区、生态园服务区。一期设有篮球场、门球场、轮滑场、乒乓球、健身器械等一系列体育运动设施。周市"十二五"文体规划项目中有体育生态公园南拓及功能设施拓展的项目，地域上向南拓展 50 亩，新增绿化种植园和管理房，功能设施上还将新增垒球场、射箭场、沙排、攀岩、儿童游乐中心、垂钓、水上中心等设施。

周市"十二五"文体规划还有在建的周市文体中心、中乐文体中心等。投资 1.88亿元的周市文体中心已经开工奠基，将建成周市最大的独体建筑，建筑面积 33 284平方米，是一个集文化馆、游泳馆、篮球馆、多功能演播厅、商业休闲街、文化与艺术展示等功能于一体的综合性文体中心。该中心在选址上兼顾到交通便捷，辐射范围广，集广场群众文化活动、图书馆分管、各类培训、建设娱乐及各类人员的不同文化需求于一身，建成一个开放的、综合的、便民的文体活动中心。既可以不断满足新市民的高雅文化需求，又对社区产生了强大的文化辐射力和影响力。该中心建成后，将承载日益红火的群众文化体育活动的需求，不但能够解决周市文化活动的场地设施，而且还能缓解昆山市区文化设施紧张的问题。中乐文体中心占地面积 44 431 平方米，新建篮球场、门球场、健身广场等。

周市近年来相继建成、投入几个大型文体设施项目，为周市的文化发展奠定了一个较高的起点和平台。

2. 基层文体设施稳步推进

除了大型文体设施的大手笔投入之外，办事处、社区、村级文化设施建设也稳步推进。"三个一"工程达标率达 100%，实现了村村都有一片篮球场、一个室外健身点、一个文化活动中心。基层文体设施具备了休闲健身、图书阅览、棋牌娱乐、信息共享等功能。各村都以新农村村级文化设施标准化工程的标准加强农家书屋、影视播放设备、文化资源共享工程基层服务点的建设，进一步拓展室外文化广场。另一方面，周市也注重资源整合，注重发挥学校体育设施的服务功能，学校的羽毛球馆、足球场夜间和双休日对外开放，为周边的体育爱好者提供了活动场所。

在基层文化设施建设中，周市镇不是只注重一个量的发展，更注重质的拓展。农家书屋的建设和流转就是一个典型的例子。进入 21 世纪以来，周市全面步入小康社会，在公共文化设施建设上把发展图书馆事业的注意力放在了农村。2008 年，周市镇加大了农家书屋建设力度，实现了农家书屋的全覆盖，16 个村全部建立起了合乎标准的"农家书屋"。尽管"农家书屋"达到了全覆盖，但是经过一个时期的运作，调查发现每天到农家书屋的人并没有当初想象的多，有时还没有小区麻将室里的人多。经过走访了解到没有他们喜欢的书，并且借阅也不是特别方便。为了建立农家书屋流转机制，周市镇文体站做了这样几件事：首先，以评选农家书屋十佳图书为契机，对全镇的农家书屋进行全面摸底、梳理、整合。以市北村农家书屋为中心，把各农家书屋的图书管理员集中起来，将有关部门配置的图书严格按照图书分类法的学科内容进行分类编目，编订《周市镇农家书屋总目录》，散发到各农家书屋，让借阅者一目了然。坚持集中与分散相结合的原则。组织图书管理员进行了两次学习培训，协助各农家书屋建立健全《图书财产登记账》等规章制度。在全面摸底、梳理、整合的基础上，广泛征求读者意见，由各农家书屋评选出他们的"十佳图书"。再由镇文体站，综合各农家书屋的"十佳图书"，结合广大读者不同层次、品味、爱好，评选出了周市镇"农家书屋十佳图书"。其次，以第二届阅读节开幕式为契机，举行"农家书屋进农家"活动。阅读节开幕式上，请每个村的农家书屋选出 50 本包括十佳图书在内的经典图书带来，当场结对交换。也就是借助阅读节这个平台，促进"农家书屋进农家"，推动图书的流转。随后，每一个月进行一次流转，每一次流转 50 本书。同时，利用第二届阅读节的时机，组织"农家书屋宣传画板"展示，在各项活动进入尾声阶段，组织评选"最佳农家书屋"。借助评选"最佳农家书屋"，既要发挥它现时效益更有考虑它的长远效益，这样形成良性循环，走上可持续发展的道路。2010 年 10 月周市镇被评为苏州市农家书屋工程建设先进单位。借助阅读节开启的农家书屋流转机制取得了良好的效果，周市镇文体站看到了农家书屋流转机制体系化的发展方向，计划三年建成一个体系：从农家书屋进农家，到农家书屋进农民工子弟学校、农家书屋进外企、私企以及农家书屋进新建社区，使得农家书屋这个基层图书馆达到更广的辐射范围。与此计划相应，2010 年阅读节的主题活动之一“携手书屋共享阳光——民工子弟书屋揭牌”活动在珠江学校举行，为师生赠送新书。2011 年阅读节的主题活动之一就是“结缘书屋”——“农家书屋”进外企。

(二) 群众文化活动丰富多彩

在公共文化设施不断推进的建设的同时，周市镇群众文化活动也蓬勃开展。群众文化活动与公共文化设施相得益彰，呈现健康发展的繁荣局面。

1. 群众业余文体社团遍地开花

周市镇为了调动文体工作者的积极性，扶持和培养有一定水准的群众文艺创作队伍和体育工作队伍，建立了业余文艺团队的资金保障、奖励制度，对每个新建文艺团队给予 5 000～6 000 元的启动资金。

全镇目前有业余文艺团队 20 多支，既有富有民间特色的划龙舟船队、功夫扇、民乐队，又有从娃娃抓起的少儿戏曲队。其中新镇办事处星光艺术团被评为苏州市优秀文艺团队，新镇中心小学因其综艺班“野马渡少儿艺术团”突出表现被命名为戏曲特色学校，夕阳红文艺队被评为昆山市优秀业余文艺团队。

体育团队的建设主要围绕着舞狮和门球两大周市特色项目，团队建设普及到男女老少各个层面。

由于周市历来有深厚的舞狮传统基础，舞狮活动又深得大家喜爱，2003 年，在政府的督促下正式举办了舞狮培训班。2004 年，镇政府出台文件，成立了领导小组，重视舞狮文化，落实活动场所，解决所需经费。并且聘请舞狮教练，从各村选拔了 30 多名青年人进行专门培训。目前全镇共成立了 10 多支舞狮队，几乎村村建起了舞狮队，清一色有平均年龄 65 岁的老妈妈们组成的小泾村舞狮队的照片登上了《苏州日报》。在这么多舞狮队中，周市野马渡舞狮队的身影不同凡响。周市野马渡舞狮队组建于周市、新镇合并之际，2000 年，这支年轻的队伍一亮相就不同凡响。凡有重要活动、庆典，“苏州市舞狮之乡”野马渡舞狮队都得到组委会的邀请。2001 年，参加昆山市首届琼花艺术节巡回表演，反响极大。2002 年起多次参加昆山市经贸洽谈会表演，创作了“虎跳”、“节节高”等新的技巧动作，舞狮队的精彩表演获得了广泛的好评。2008 年，应邀参加昆山市首届国际旅游节，登上首届全国农民艺术节舞台，充分展示了野马渡舞狮队独特的风采，获得了国内外嘉宾的交口称赞。近几年来，野马渡舞狮队举办了多期培训班，培养了一批又一批的舞狮爱好者，并成立了一个少儿舞狮队。2006 年周市镇被苏州市人民政府正式授予“民间舞狮之乡”的称号。

门球是在平地或草坪上，用木槌击打球穿过铁门的一种室外球类游戏，又称槌球。门球起源于法国，20 世纪 30 年代传入中国。门球运动占地少，花费省，很安全，且技术简单，比赛时间短，运动量也不大，适于各个层次的人进行体育锻炼。周市门球的发展得益于一位退休教师汤老师，汤老师退休后在苏州学会了门球后回周市教大家打门球，这项适合男女老幼的体育活动很快就蔚然成风。目前周市成立了老年门球队、女子门球队、少儿门球队，其中少儿门球队是第一支少儿门球队。既有充满朝气的少儿门球队，又有一批热心门球事业的老同志，近年来周市门球的成绩是有目共睹的，频频获得昆山第一、苏州冠军还摘得省级桂冠，女子门球已经跻身国家级大赛。

除了舞狮与门球，少儿自行车队也是周市的亮点。新镇中心小学少儿自行车队多次代表昆山市出征比赛。

2. 社区文化活动成为基层文化活动的主体

周市各支文艺团体基本上都是从社区中走出来的，所以也是平时社区文化活动中最靓丽的身影，以文体活动享誉周市的阳光社区，就拥有三支专业的舞蹈队。以这些文艺团队的骨干分子为核心，各社区基本上都形成了固定的早晚锻炼的新氛围：跳舞、下棋、舞剑、打拳等形式多样，内容丰富。

各个社区居委会的硬件设施建设方面都基本配备社区活动中心，以社区活动中心为基础也开展了很多喜闻乐见的文化活动。

文体活动是最常见的活动形式，各个社区都创意无限。“为增近社区居民之间的联系，丰富社区居民的文化生活，逐步营造良好的社区人文氛围，毛库、睦和社区分别举办了‘睦邻杯’和‘通亚杯’居民乒乓球比赛”。“睦邻杯”以最直接的方式表达了这些文体活动的活动理念，同样，天伦社区以“家庭和睦、邻里和谐、强健体魄”为理念，组织社区“家庭环金鸡湖半程马拉松赛”，花都社区举办了由投篮比赛、自行车竞技赛、歌舞、品茶、知识抢答、抢凳子、游园等内容组成的“迎春花卉节”，毛库社区携手鼎新电子、欣兴同泰开展“迎春亲子趣味活动”。

以传统节日为载体的文化活动也是社区文化活动的重头戏，包括春节、元宵等节庆文化活动。“睦和社区为庆祝传统节日端午节的到来，弘扬民族文化，丰富居民业余文化生活，6 月 2 日下午，社区举办了‘棕叶飘香，共度端午’现场包粽子活动。活动现场居民们纷纷展示自己的手艺，包出的粽子有三角形的，有四角形的，形状各异，大小不一，下午社区又把煮好的粽子送到物业公司、独居、残疾老人家中，让大家共同分享这份节日的喜悦，感受社区的温馨。”

每年常规性的“文化、科技、卫生三下乡”活动也是社区文化活动的主要组成部分。三下乡进村进社区活动形式多样，书画协会会员为广大居民义务书写春联、多姿多彩的几十场演出活动，电影下乡达 200 多场，丰富了社区文化生活。

社区层面丰富多彩、形式多样的文化活动使新市民与其他社区成员从陌生到熟悉，从疏远到亲近，达到了相识、相知、相融的目的，增强了对社区的认同感和归属感；社区居民团结友爱、互帮互助、邻里和睦；社区的文明得到了整体的提升，社区成员对社区满意度、认同感不断增强。

3. 广场文化活动深入人心

文化广场活动具有广泛的群众性,极强的娱乐性,鲜明的时代性,并以其大众的、健康的、积极向上的文化活动方式为广大人民群众所喜爱。尤其是随着诸如蔚洲文化广场这样的大型文化广场逐渐兴建起来以后,周市的广场文化活动开展得更是有声有色。目前,广场文化活动中以阅读节和群众文化艺术节为两大主要主题,每个主题的开展都会组织系列大型的文艺活动。

自 2008 年"周市镇第一届'农家书屋'进农家阅读节"开启以来,每次阅读节都筹备系列活动。2009 年第二届阅读节成功组织开展"农家书屋进农家"、"阅读节赠书赠卡活动"、"纪念改革开放 30 周年征文演讲比赛"、"小学生读书手抄报制作大赛"、"辉煌六十年新故事征文比赛"、"感恩经典作品朗诵大赛"、"万名外来务工人员学法守法知识竞赛"、"我和共和国一起成长照片展"、"一笔一画农家情书画作品赛"以及"社区教育文艺专场演出"等系列活动 15 个。2010 年第三届阅读节组织了"携手书屋　共享阳光"建立"民工子弟书屋"、"终身教育、不分你我"——周市镇全民终身教育学习周、"情系国策,关注人口,了解计生"万人人口计生知识竞赛等六项系列活动。2011 年阅读节方案中,既有"结缘书屋"——"农家书屋"进外企活动,又有"校园,因阅读而精彩"——小学生阅读节系列活动;既有全镇 2011 全民终身学习活动周计划,又有"根植乡土服务大众"——《乡土・野马渡》全国发行首发式暨江苏省第十届民间文艺论坛活动。

群众文化艺术节旨在全面展示周市人民的精神风貌,促进全镇三个文明协调发展,为率先基本实现现代化提供强大的精神动力。周市镇至今已举办五届群众文化艺术节,一届比一届更出彩,群众文化艺术节的影响力也日益广泛。以文化跨越　共享世博"周市镇第五届群众文化艺术节为例,组织了"百户千人学礼仪"讲座、"讲文明　提素质　促和谐　享世博"文艺晚会、法制文艺专场演出、计生文艺专场演出、戏曲专场演出、"今宵月更圆"——2010 中秋晚会、"今天是你的生日"我的祖国——:庆国庆文艺晚会、夕阳无限美"重阳节文艺晚会、廉洁文化进机关文艺晚会、各社区文艺晚会等广场文艺演出 18 场次。

4. 全民健身乐健康

周市镇广泛开展形式多样的群众性体育活动,掀起了"人人参与、个个健康、家家欢乐"的健身热潮,满足人民群众日益增长的健身需求。专门成立了"镇全民健身领导小组",每年都详细并制定了"周市镇全民健身月活动计划"。2009 年 8 月 8 日是国务院批准的首个"全民健身日"。文体站精心组织开展了"8 月 8 日、相约健身"周市镇徒步大会、周市镇村、社区健身团队展示、科学健身知识讲座、斯坦科维奇杯洲际篮球嘉年华和向广大群众发放《徒步健身倡议书》、《科学健身手册》等系列庆典活动,旨在号召和引导广大群众,积极参加各种健身活动,享受体育运动的乐趣，感受体育运动的魅力，创造文明健身的生活方式。另一方面以全民健身月启动仪式拉开了周市镇体育运动会的帷幕，举办乒乓、羽毛球、象棋、围棋、门球、桌球、篮球、趣味、田径等十个大项的比赛。体育运动会上各单位纷纷出马，加强了各方的互动，也促进了各方的友谊。如 2009 年的运动会上，共有 44 个代表队（其中 25 个是企业代表队），3 000 人次运动员参加比赛，经过两个多月的激烈竞争和顽强拼搏，最后教育二、新镇办事处、教育一、行政村联合二、卫生、红星美凯龙代表队获得运动会赛绩突出奖，另外行政村联合四、政法、三得利、世名科技、昆山铝业等 16 个代表队分别获得优秀组织奖和体育道德风尚奖。

5. 承办重量级体育赛事

周市镇不仅积极组建队伍，参加市级以上各类体育比赛，而且也展现了承办昆山市级以上体育活动的能力，甚至承办一些重量级的体育赛事。2010 年周市镇所承办的级别较高规模较大影响较广的有"周市杯 2010 年中国羽毛球俱乐部超级联赛"；江苏省"周市杯"太极拳（剑）比赛；苏州市第九届"会长杯"门球赛；苏州市首届社区门球赛；昆山市百队门球大赛；昆山市金秋围棋比赛、江浙沪舞狮邀请赛。2011 年所承办的大赛有中、日、韩及我国港台地区门球大赛；全国象棋甲级联赛；第二届江浙沪舞狮邀请赛；江苏省少儿门球大赛等。

"周市杯"江浙沪舞狮邀请赛于 2009 年在蔚州广场举办了，共有来自江苏、浙江、上海的 12 个舞狮队参加，野马渡舞狮队和蔚州舞狮队也参加了本次活动，在比赛过程中南狮、北狮各展绝技，精彩纷呈，让几千名观众饱足眼福。一百多年前，舞狮从中原来到周市，一百多年后的今天，舞狮逐渐融入周市传统文化的血脉之中。继 2009 年成功举办第一届舞狮邀请赛之后，2011 年又举办了第二届，舞狮文化正成为周市镇一张金光闪闪的"文化名片"。

群众文化体育活动无论内容还是形式上，大多来源于城乡居民丰富的生产和生活实践，周市镇在策划活动的时候注重兼收并蓄，既注重原有地域性的民俗民间文艺活动的传承发展，也重视现代城市文明元素的活动中的呈现，通过丰富的文化体育活动，既打造了新一代有文化的市民，也给市民之间互动交流提供了平台。

三 民间文艺传薪火

（一）成立文联，文艺事业上层楼

在昆山市，不仅市文联，而且镇级文联也相当有名，目前昆山市 9 个镇全部成立乡镇文联。周市镇文学艺术界联合会于 2008 年 8 月提出申请，开始筹备。经周市镇人民政府、昆山市文学艺术界联合会批准，并经昆山市民政局审核，于 2008 年 12 月 12 日正式挂牌成立。是属于昆山市文联领导下的乡镇一级文学艺术团体。周市镇文联主要工作是组织会员培训、创作等。镇文联坚持三有原则，即专职人员、有固定场所、有年度固定经费。周市文联“文艺之家”安排在镇文体中心大楼五楼，总面积 400 平方米左右。内设排练大厅、狮王馆、书画室、音乐室、休闲娱乐室、器材室等。主要刊物《野马渡》每年出版 6 期，并且配合形势加版“专刊”。《野马渡》有专职的编辑人员和相对固定的创作队伍，各协会有相对固定的人员和活动场所，并且经常地开展活动，探讨创作方法、组织采风，举办慰问演出等。

周市文联成立两年来，做了不少实际的工作。借书画协会成立之际，举办了小学生环保书法美术比赛。又将成立音舞协会，借此发现、发掘一批文艺人才，为今后的文化活动打下基础。2010 年以来，镇文联与省文联民文协会、昆山市文联等部门就进一步提升《野马渡》的品质扩大它的影响，以及《野马渡》的组织机构、编辑、出版、发行等事宜进行了充分的讨论和协商，并且达成了共识。经过大量的预备工作，2010 年 7 月举行了“《野马渡》创刊 100 期纪念活动暨江苏省第九届‘野马渡’民间文艺论坛”，来自全省的 120 多位民间文艺家同仁及有关领导参加了活动。活动期间，江苏省民间文艺家协会、昆山市文联、昆山周市镇人民政府签订了联合办刊的协议。

针对周市镇文艺作品偏少的情况，文联组织了创作活动，先后创作了《田中娘子》、《皮尺戏剪刀》等 9 个作品。其中舞蹈《田中娘子》在昆山市创作节目文艺会演中获得三等奖；小品《皮尺戏剪刀》获得演出奖及创作奖；《耕田乐》在昆山市首届昆北(巴城)民歌大赛中获得演出奖，另外还获得了 2010 年昆山市创作节目文艺会演组织奖。

(二) 小报创刊《野马渡》，走向全国

《野马渡》是周市的特色文化之一。改革开放、乡镇企业异军突起、对文化的渴求、知识分子的热情等，交织着这些时代背景，1988 年 5 月，《野马渡》应运而生。《野马渡》具有浓郁的乡土味，这个刊名源于周市新镇娄江边的一个古渡口。相传抗金名将韩世忠在此与金兀术夜战，率部骑马飞渡娄江，大败金兵。民间又有“娄江有七十二个野猫洞，野猫大如犬”的传说，“野猫洞”谐音“野马渡”。“在当时条件下，一个乡镇文化站要创办一份刊物谈何容易”，时任新镇文化站站长的主编陈柏雄回忆说：“没有资金，镇文化站靠经营文艺工厂自筹解决；没有设备，就自购买一台‘海鸥牌’打字机，自己培养一个打字员，从油印起步；没有稿件，昆山的同仁们人手一稿，同时向苏州各地的朋友发出了约稿信。”就这样，《野马渡》艰难起步，度过了初创期。最初的《野马渡》，是一本用蜡纸油印的 16 开小杂志，共 80 页，每季出一期，每一期只印发 120 份。随着经济条件的好转，1995 年《野马渡》改版为四开小报，发行量逐渐增大，现在每期刊印数量已增加到 3 000 份。

从外表看,《野马渡》是一份很不起眼的四开四版的小报,作者、编辑也不是名家大腕,但正是这些普普通通的文学爱好者,创造了一串惊人的数字:累计发表各类民间文学作品200多万字,有400余篇作品曾被国内著名刊物《采风》、《民间文学》、《山海经》等转载、介绍。也因为有了《野马渡》这个平台,近年来昆山的民间文艺队伍不断发展壮大,先后发展了国家级会员4名,省级7名,苏州市级10多名。江苏省民间文艺家协会原主席马春阳称其为"全国绝无仅有的民间文学小报"。经常给《野马渡》投稿的数百位作者中除了数十位昆山本地的作者外,还有来自苏州、扬州、常州、无锡、江阴、淮安、东台、海门等省内的民间文学艺术家,以及上海青浦、嘉定,浙江嘉兴以及嘉善等地的省外民间文学爱好者。22年来,《野马渡》就像一匹不断成长的骏马,驰骋在广袤的民间文学天地里。虽然编辑出版人员已换了好几轮,但是,《野马渡》坚持让民间文学"回归文本,走向田野"的大方向始终没有改变,"根植于乡土,传承于民间,服务于大众,奉献于社会"的办刊宗旨让这朵奇葩绽放光彩。

2010年,值《野马渡》小报创办百期之际,江苏省民间文艺家协会、昆山市文联、昆山周市镇人民政府签订了联合办刊的协议,与省文联《乡土》杂志社正式签约。从2011年1月起,《野马渡》将更名为《乡土·野马渡》,由江苏省民间文艺家协会、昆山市文联、周市镇政府三家单位联合主办,向全国发行,实现了乡镇刊物的转型升级。同时,第一期开始改版,由原来的四开四版报纸改为十六开、不少于64页的杂志,由出版社正式出版,每季出版一期,全年四期。目前,《野马渡》已经成为昆山民间文艺家协会的主打刊物,昆山特色文学的代表,苏州乃至江苏民间文学的知名品牌。一个乡镇二十多年坚持办这样一份民间文学报纸,并取得不俗的成就,这在全省乃至全国也属罕见。

(三)全面打造"野马渡"品牌

《乡土·野马渡》跻身升级杂志行列,为乡镇刊物向全国公开发行开了先河。全面打造"野马渡"品牌,提高周市的文化品位,扩大"野马渡"品牌效应,是周市文体事业发展的最新设想。

2010年,周市已经就"野马渡"进行了工商商标注册,涵盖了第41类文化教育各个方面。目前,已经投入使用的,以野马渡命名的各项文体事业包括野马渡杂志、野马渡舞狮队、野马渡门球队、野马渡少儿艺术团,昆山萃华武术馆野马渡分馆,并且计划将新建的周市文体中心也命名为野马渡文体中心。"野马渡"的品牌化发展是周市文化事业凝聚周市人民的一个闪亮的文化符号。

第三章 包容环境建设：新老周市人善爱一家亲

自十七大报告把社会建设作为我们的四大建设以来，社会建设的主要内容在于强调加强民生建设，这主要是从经济层面入手调整利益结构。改革以来我们在经济方面的发展非常突出，经济改革本质上是利益结构的调整，改革后利益分化了，而分化会带来新的矛盾。随着社会的发展，特别是工业化和城市化的发展，社会问题会更加突出。而社会建设的提出首要的着眼点就是要缓和与解决这些矛盾。但是从长远来看，社会建设的重要功能更在于构建和谐社会。党的十六届四中全会上强调要“加强社会建设和管理”，就是直接指向构建社会主义和谐社会的战略任务。

从现阶段，我国经济基础比较薄弱、各地经济发展不平衡的现状出发，社会建设的核心内容固然在于民生建设，但是从社会建设的全面的含义来看，不仅在于经济层面的包容共享，更在于指向和谐社会建设的一种包容善爱的价值理念和人文环境，社会建设也不仅仅是政府一家的工作而是全社会参与的长远事业。即使是在学界，目前关于社会建设的探讨研究方面重点仍然是落在民生建设方面。周市镇作为人均GDP已经将近18万元的经济发达地区，从经济投入进行民生事业的建设方面已经取得突出的成就，在包容环境建设方面也是走在了前面。社会建设作为一项最终指向人的全面发展的事业，周市镇始终是把“关爱人、塑造人、发展人”统合在一起全面推进。

一 “善爱之家”与城市文明的提升

作为一个经济发展强镇，周市政府在驾驭经济建设方面经验丰富，然而，如何打造一个包容善爱的和谐社会环境确实一个新课题。2010年末，当"十一五"即将收官、"十二五"大幕将启的重要时刻，周市镇党委、政府紧紧围绕"转型升级、创新发展"的工作主线，立足于"十二五"规划的新要求、自身发展的新情况和广大群众的新期待，全面提出"装备重镇、商贸乐园、北部新城、善爱之家、公信政府"五大发展目标，并且分别制定了五大建设的三年行动计划。"善爱之家"赫然印上了周市的"金名片"。

善爱之家作为政府主导的社会建设的窗口，不仅仅是在全镇范围内形成覆盖农村、社区、企业，包含康复、体检、心理咨询、团体人身意外险、大病救助、临时救济、产业工人关怀、法律援助救济等20余项内容服务体系，更是引领周市人民建设包容环境、走向和谐社会的价值导向，与周市镇城市文明的提升息息相关。

（一）善爱理念

"善爱之家"源于苏州市2008年底下发的《关于加快发展残疾人托养服务、开展"善爱之家"达标创建活动的意见》，意见要求从2009年起，苏州市将出实招打造"善爱之家"，提升残疾人托养服务，在全市范围内开展"善爱之家"达标创建活动，通过全日制（寄宿制）托养服务、日间（日托型）托养服务、庇护性就业托养服务、居家托养服务四种形式服务残疾人。

周市镇党委和政府认为，"善爱之家"不应仅仅局限于服务残疾人，社会上还有更多的人群特别是弱势群体，比如妇女、儿童、企业职工、困难居民、流浪乞讨人员等，需要政府和社会伸出援手，去善待他们，奉献自己的爱心。"善爱之家"应是一项系统的民生工程，是政府实现基本公共服务均等化的重要平台。

周市镇实施"善爱之家"工程的目的，是落实党中央关于树立科学发展观、构建社会主义和谐社会的基本要求，以人为本、服务为本，让广大人民群众特别是困难人群共享经济发展的成果，打造公共服务型政府，推进政府职能转变，实现基本公共服务的全覆盖、均等化和优质化，深化社会建设和社会发展，将周市打造为温馨城区、宜居城区，为实现昆山经济社会的大发展、建设国际型大城市作出贡献。

从而，善爱之家被引入周市的社会建设工程中，从单一的残疾人服务群体扩展到全体周市人民，从一个具体的实体机构上升到政府实施民生工程的平台、社会建设的窗口，从一项具体的工作升华为引领周市社会建设事业的价值理念。

（二）"善爱之家"的行动逻辑：提升周市社会文明度

善爱之家的行动逻辑在于并不仅仅止于政府的善爱之举，恰恰是希望这种善爱之举善爱之风通过政府的行动向外延伸，渗透到每一个周市人，形成人人善爱、大家善爱的善爱大家庭，全面提升周市社会文明度。我们可以看到这种行动逻辑从打造一个善爱百姓的机关向营造一个善爱他人的氛围、搭建一个善爱他人的平台逐步延展开去。

1. 打造一个善爱百姓的机关

善爱之家并非政府部门一个独立的实体机构，而是整合各部门资源形成的窗口单位。通过出台系统性的惠民举措，将“善爱之家”工程的受益面推向包括居民、职工、新周市人、妇幼、残疾人士在内的全体新老周市人，完善工作机制，细化工作项目，增强服务意识，提高服务效能，健全评价体系，努力打造一个善爱百姓的机关。

2. 营造一种善爱他人的氛围

善爱之家重在通过政府的引导让全体周市人参与到建设周市这个大家庭之中来。通过广泛宣传各项惠民政策，提高“善爱之家”工程的知晓率，实施各类善爱行动，选树先进典型，引导更多的企业、市民主动参与善爱行动，塑造具有周市特色的善爱文化，营造关注弱势群体、关爱他人的良好氛围。一方面，从政府出发，加大各类惠民政策的宣传力度，努力提高社会的知晓率，增加工作的透明度，确保工作公开、公平、公正地开展，让各类人群真正感受到周市镇党委、政府各项惠民政策的优越性。另一方面，整合各条线相关先进典型的评选工作，在全镇选树“善爱之村”、“善爱社区”、“善爱之企”、“善爱之家”、“善爱之星”等先进典型，宣传典型的先进案例和先进事迹，引导群众广泛参与，营造全社会共同构建“善爱之家”的浓厚氛围。不但如此，还积极通过新闻媒体积极报道“善爱之家”工程的新思路、新措施、新进展、新成效，扩大“善爱之家”工程的影响力。目前，昆山日报上已经多次报导周市镇善爱之家的各项活动和举措，引起了广泛的反响。目前，周市镇善爱之家的知名度和美誉度扶摇直上。

3. 搭建一个善爱他人的平台

周市镇深深意识到善爱之家仅仅只是一个平台而已，真正要把善爱他人的价值导入到每一个周市人的心中，需要动员每一个周市人，而志愿者恰恰就是传播这种价值的载体。

首先，健全志愿者服务网络，加强志愿者队伍建设。周市镇在村、社区“善爱之家”工作站中均设立 12355 志愿者服务点，服务点覆盖率达 100%。通过排摸辖区内的社会优势资源，选拔一批具有一定才能的志愿者，壮大各志愿者队伍。由此，把每个社会成员的关心和努力凝聚起来，拓宽服务领域，共同促进人们自觉践行文明礼仪、维护公共秩序、改善城乡环境、从事人道主义援助等。同时通过“被服务”，培育人们“也去服务”的理念，润滑人际关系，促进社会良性运转。“白塘社区 12355 志愿者服务点于 2009 年成立，共有志愿者人数 65 名。社区志愿者将 65 名志愿者分为 7 个志愿者小组：扶贫助困志愿者、社区工作志愿者、法律援助志愿者、文体宣传志愿者、生育关怀志愿者、敬老服务志愿者、科普宣传志愿者。这 7 个支志愿者小组，活跃在小区、居民小组等地方。形成了白塘社区的一道风景线”。

其次,创新志愿者服务形式。逐步建立较为完善的无偿与低偿相结合的志愿服务体系,蓬勃开展以"服务社会 关爱他人"为主题的志愿服务活动。坚持项目化运作,做到服务项目、服务地点、服务人员、服务时间、服务对象"五固定"。坚持做到"三结合",即经常性服务与应急性服务相结合,普遍性服务与专业性服务相结合,定点集中服务与上门个体服务相结合。

再次,打造志愿者服务品牌。注重发挥志愿者的专业特长,广泛开展志愿者专业性服务。通过两年的时间,周市镇志愿者服务总队逐步建立并规范了全镇 24 个志愿者服务点,各类志愿者活动蓬勃开展,并逐步形成了周市镇"健康直通车"医护志愿者服务队、"侯振康"助残志愿者服务队、"畅行周市"文明交通志愿者服务队、"优美周市"环保志愿者服务队、"蔚洲新风"礼仪志愿者服务队和"正文人"法律援助志愿者服务队 6 支品牌志愿者服务分队。

最后,规范志愿者服务机制。进一步推进志愿服务的机制化建设,出台《周市镇"善爱之家"志愿者行动实施意见》,完善志愿服务公开招募、系统培训、有效管理、计时考核、评比表彰等相关机制。探索新形势下志愿者行动社会化运作,利用志愿服务的影响力,依托各类志愿服务的品牌项目争取社会力量的帮助。完善志愿服务考核激励机制,将志愿者服务先进集体、先进个人纳入单位、个人年终考核的加分项目。同时,设立志愿者关爱基金,用于援助服务满一定时限且遇到特殊困难的志愿者。2011 年 5 月 7 日,周市镇团委举办了"共建文明周市 唱响善爱之歌"主题活动暨周市镇"善爱之家"志愿者宣誓仪式,全镇 350 名志愿者代表参加了活动,这次活动表彰了周市镇 2009～2010 年度志愿者工作先进集体及先进个人。

"她叫祁芳,一位朴实而平凡的女性。她在昆山周市自来水厂从事会计工作,谈到她的时候,领导们总是用'敬业'来形容;同事们总是用'无私'来形容,家人总是用'热心'来形容……2004 年 8 月,苏友俱乐部发起资助安徽金寨贫困学生的活动,得知这一消息祁芳眼前浮现的是孩子们无助的眼神,她立刻放下手头的工作,打听需要帮助的孩子情况,并立刻决定要资助这些贫困学生。经了解后,她敲定了一位贫困生,并得到了家人的支持和理解。这几年来,她已经资助 5 位贫困生,其中 3 个大学生,1 个高中生,1 个初中生。她的资助金额达 10 多万元,汇款单已经不记得有多少张了,逢年过节都第一时间收到小孩发来祝福的短信。"这就是近十位获奖先进个人之一的动人故事,无数的志愿者都像她一样长年累月默默地奉献着。

4. 以善养善:从被服务走向去服务

"天伦社区电瓶车频频被盗,物业公司面对业主指责与以此为由的拒交物业费苦不堪言,这个时候周阿姨又出马了。周阿姨经过调查了解到,物业公司在专门停放电瓶车的区域是设有监控摄像头的,而有些居民有时候回家取个东西或者中午回家吃个饭,为了贪图一时方便不愿绕道去停车而停在没有监控器的自家门口,往往就在这短短的几分钟或者十几分钟时间里车子被盗。周阿姨对邻居们动之以情晓之以理并劝说他们不要嫌麻烦把车停好”。

天伦社区的周阿姨，是目前社区专职从事调解工作的志愿者，而且几乎是专职的业主和物业的矛盾调解员。说起周阿姨从事这项志愿服务，是有一段故事的。来自四川的周阿姨是天伦社区君临天下的业主，被物业公司反映到居委会说她一直没交过物业费。居委会上门了解了以后才知道是因为周阿姨对于房屋的公摊面积有存疑，于是安排了专业测绘人员来测量才解了周阿姨心头疑惑，尽管公摊面积不算小，但是还在合理的范围之内，周阿姨也很爽快地交了物业费。由于和周阿姨类似的情况还有不少，大家都不愿意相信物业公司的话，于是居委会动员周阿姨去做那些拒交物业费居民的调解员。“做调解员有时候不免得罪人，可是物业公司自己又解释不来”，周阿姨深感居委会在调解自己和物业的关系中所起的作用不小，虽然觉得有压力，但是还是很乐意做这样的志愿服务。楼上楼下和周阿姨有类似情况的业主在周阿姨话家常般的调解中纷纷交了物业费。周阿姨由此从“被服务”走上了“去服务”的志愿之路，并且这条路越走越宽。

正是在这样的一种不断深化、浓浓的善爱氛围中，越来越多的人像周阿姨一样通过“被服务”，也加入到“去服务”的队伍中来。

（三）“善爱之家”的运作机制：制度建设与组织保障

任何一项事业，如果没有切实的制度建设与组织保障都不可避免地会流于形式，周市的善爱之家虽然不是一个独立的实体机构，但是因为有了完善的制度建设和组织保障，使得工作能够有条不紊、开拓创新。

“工作站”建设全覆盖。通过整合各部门资源，建立镇、村（社区）“善爱之家”工作站两级服务网络体系，成立工作站领导小组，明确工作性质、服务宗旨和职能范围，建立工作制度，明确人员分工和职责，确保工作站有效运作。到 2011 年 6 月底，周市镇 17 个村（村改居）和 15 个居委会全部设立“善爱之家”工作站，并正式挂牌运作。挂牌名称统一为“周市镇××村（社区）‘善爱之家’工作站”，各村（社区）自行负责落实工作站的场所，基本山都是整合便民服务中心的资源，设置标有服务内容的台牌。各村（社区）“善爱之家”工作站成立工作小组，其中站长由各村（社区）主任担任。同时，配备副站长 1～2 人，工作人员 3～4 名，由各村（社区）的治保主任、民兵营长、工青妇和劳动协管员等人员兼任。各村（社区）工作站业务上接受镇“善爱之家”工作指导小组的指导和考核。将“善爱之家”工作站的运行情况及效果，纳入各单位年度目标考核，作为年度考核主要内容，予以重点督查、考核。除此之外，还将“善爱之家”工作站工作职责、服务事项公布于众，并开设投诉电话。此外，还建立了信息上报制度。各村（社区）工作站根据各站的特色亮点工作、开展的各项活动以及在工作站推进过程中涌现的先进人物典型事迹等，采取图文结合的形式及时报送信息。

年年月月主题总贯穿。为了使得的工作能够逐步推进，善爱之家工作站确立了以主题推动活动的方法。首先，确立周市镇善爱之家的总主题："善行天下，爱铸周市"。在这个基础上，三年行动计划年年有主题：2011 年主题："筑善年"（和者筑善），2012 年主题："大爱年"（大爱无疆），2013 年主题："幸福年"（幸福之城）。在每一年的大主题下，"善爱之家"工作站要深入排摸所辖区域的各类人群及影响民生的突出矛盾和问题，及时掌握工作动态，细化问题，并在此基础上，制定详细且可实施的月月主题工作项目方案。结合每一个主题内容，整合相关部门资源作为承担单位。2011 年的月主题分别是：1 月——关爱外来务工者（承办单位为工会、劳动所、司法所）；2 月——关爱困难家庭（承办单位为民政办）；3 月——关爱女性、志愿者月（承办单位为妇联、医院、团委）；4 月——环境卫生（承办单位为创建办、环卫所）；5 月——关爱产业工人（承办单位为工会、劳动所）；6 月——关爱未成年人（承办单位为司法所、妇联、团委）；7 月——就业创业（承办单位为劳动所、富民办）；8 月——爱心助学（承办单位为民政办、文卫、团委、妇联）；9 月——关爱健康（承办单位为医院）；10 月——关爱老人（承办单位为民政办、敬老院）；11 月——善爱文化月（承办单位为宣传办）；12 月——关爱残疾人（承办单位为民政办）。通过紧凑有序的主题安排，善爱之家工作指导小组定期出《周市镇"善爱之家"工作简报》，对各种活动做总结汇报。

在善爱之家的组织体系建设中，我们看到善爱之家工作站和各职能部门之间形成了一个有机整合的矩阵结构，真正能够使得工作高效有序地落到实处。

二 党建工建共编善爱之网

"我每天的生活就是两点一线，从工厂到家里，上班下班，很少出去，社区里有什么活动基本不去关注"永新玻璃的员工小郜如是说。在基层工作的新镇街道高主任也在做这样的思考，尽管政府的宣传、志愿者的服务如火如荼，但是"政府服务面临一个问题……宣传到社区，不可能挨家挨户去宣传，只能贴在橱窗，产业工人时间紧，知晓率低"。

近年来周市的发展尤其以新经济组织最为醒目，新经济组织主要是指非公有制经济组织，包括私有、民营企业，个体工商户，以及独资、合资等企业。据 2010 年统计资料显示，有近 3 000 家企业在周市落户。周市作为一个快速工业化发展的城市，将近一半人口在企业从业，差不多四分之三的人口是外来人口，如何让善爱包容的环境渗透到周市的每一个角落，还有赖于一张全方位的网络把高分散性、高流动性的人口整合到多层次的组织网络中来。党建工建无疑承担了这样一个编网的工作。

(一) 党建在非公企业创新突破

"VE 提案,党建领导星光大家庭共渡难关"。2008 年下半年开始,一场席卷全球的金融海啸引起的经济危机,开始影响星光树脂制品有限公司这家外资企业,公司的订单急剧下降,出口也减少为最旺盛时期的一半。"企业有困难,党员同志冲在前",公司内的 14 名党员干部,又一次站在了改革的前端。全体党员想企业之所想,急职工所急,引导职工关心企业关心同事,风雨同舟,共同拼搏。此时一项有特色的做法在党员同志中间开始达成共识,那就是向公司领导层提议我们要建立提案制度。提案制度,即由公司员工从身边的工作入手,提出合理化建议,并采取有效的解决方案,降低成本。此举得到了公司全体员工的积极响应,收到了众多员工 5S 管理和 VE 提案活动等的提案近百份,通过评审有 45 份提案在实际中得以实施应用,使生产能力得到提高,使企业在危难时刻得以涅槃得以重生。最有成效的两个提案,一个是导入节电设备、降低制造成本,一个是建立互助基金、温情关怀员工。在企业生死存亡之际,后者更是体现了善爱包容、相互抱团的大家庭氛围。在党支部书记徐惠芬的倡导下,开创性地提案在公司内部建立了员工互助基金,对因受到自然灾害、意外事故、重病造成家庭生活困难的员工给予经济上的帮助;成立住房贷款领导小组,帮助困难员工办理借款购房手续,使他们安心工作、安居乐业。截至年底,已有 52 人次借款购房,员工的流动率也一直低于 1.5%,这种人性化的关怀做法,使在经济危机的当口极大地鼓舞全体员工的士气。作为苏州市非公有制企业党建工作示范点,星光公司 14 名党员干部在全体 800 名职工中的占比并不大,但一个党员就是一面旗帜,无论是在和谐企业建设、稳定员工队伍方面,还是在与公司风雨同舟、矢志创新应对金融危机方面,党员的模范带头作用以及先进性不仅为保障公司健康发展作出了贡献,而且也引领了公司内部职工互助互爱的大家庭建设。

周市镇在抓好传统的单位党建和社区党建之外,力求在非公企业党建方面突破创新。非公企业党建是党的建设新领域,其新主要不在于要从零开始,而在于与体制内的国有企业、机关、学校乃至社区等基层党建相比具有的特殊性,因此,既没有现成的政策可以套用,也没有成熟的模式可以借鉴。星光公司党员的贡献和垂范就让外方对在企业中开展党建工作由存在误解和疑虑到逐渐理解和支持。

周市镇在很早之前就开始根据周市经济发展的特点探索两新组织党建的可行路径。创办于 1999 年的民办学校珠江学校,早期学校教师中有不少是口袋党员,没有组织,就挂靠在学校附近的一个村党支部参与组织生活,后来条件成熟以后在周市镇党委的指导下成立珠江学校党支部。珠江学校的党员老师非常感慨,自从成立了党支部以后在周市就有了家的感觉，可以和周市其他单位的党员同志一起参加组织生活。

在经过几年的摸索以后，周市镇在2008年开始重点部署非公企业党建工作的突破创新。主要从以下五个方面入手：一是健全组织机构。从2008年开始设立周市镇非公企业党建工作指导委员会，成立非公企业协调推进小组，组建招商中心党总支，实行非公企业党建工作扎口管理；二是发挥部门联动，形成合力作用。继续依托外服中心、民服中心两大职能部门，发动安全、劳动、环保、工商、工会等部门共同参与，组成非公企业党组织组建小组，实行部门联动，形成合力，进一步提高非公企业党组织建支覆盖面。现有规模以上非公有制企业157家，现有单独组建的规模以上非公有制企业党组织90个，单独组建率58%，"十一五"期间新发展党员319名。规模以下非公有制企业现有独立建支5个，联合建支1个(覆盖75家有党员的企业)。三是加强教育培训。对已建的非公企业党组织，举办非公企业党务干部培训班，提高他们的党建工作水平；四是落实党建经费。年内落实区镇基层党建专项经费万元，按每名党员每年100元，落实党员活动专项经费30万元。在这样总体部署下，一方面继续设立并规范运作好非公企业党工干部权益保障资金，另一方面帮助非公企业落实党建活动费用，确保非公企业党建工作正常开展；五是抓好争创示范点活动。之后几年，非公企业党建工作以"点上突破、面上覆盖、量上扩张、质上提高"为目标，继续健全组织机构、加强党员干部和普通党员的教育培训、积极开展"党建示范点"、"星级党建示范点"和"党员示范岗"创建活动。经过连续多年的努力，现在周市镇每年非公企业党员发展人数已经占到全部发展人数的40%，每年评选先进也会占到一定比例，比如2009～2010年10个先进基层党组织中就有两个是非公企业党支部，10个优秀党务工作者中也有两个是来自非公企业的。

党建网络将周市的先进分子、业务骨干都真正有效地整合起来，尤其是通过冬训夏学等管理培训，使广大基层党员、干部认清形势，提高认识，解放思想，明确目标，切实把思想和行动统一到镇党委的决策部署上，为周市加快实现五大目标奠定了思想基础。冬训夏学讲求实效，首先是与当前中心工作相结合。做到"三个讲清楚、三个明确"：一是讲清楚上级文件精神，明确新形势、新要求；二是讲清楚党委新思路，明确新目标、新举措；三是讲清楚十二五新谋划，明确新规划、新蓝图。其次是与为民办实事相结合。重点围绕"善爱之家"、"公信政府"建设，进一步推进民生保障和公共服务的全覆盖、均等化，凝聚党心，赢得民心，进一步改善党群、干群关系。再次是与创先争优活动相结合。组织举办"榜样在我身边"——创先争优先进典型事迹报告会，选举了一批政治素质高、"双带"能力强、群众口碑好的基层党组织先进人物并加大宣传力度。如欧南芭公司的党建工作提倡创先争优走在前，鼓励党员在工作中争当创先争优的模范先锋，开展了"四有四无"活动，即重要岗位有党员、紧急任务有党员、重大创新有党员、困难面前有党员，党员无违纪、党员无次品、党员无浪费、党员无事故，以此发挥党的基层组织战斗堡垒作用，增强党支部凝聚力、战斗力。

党建网络是周市促进人的全面发展，把包容环境建设渗透到基层的中坚和堡垒。虽然目前周市党员只有 2 800 人左右，但是党建带工建、工建促党建，在整个全方位、多层次的网络中，党建在其中领导和带动的核心作用，是促使这个网络真正发挥作用的主体。

(二) 工会建设稳步拓展

凭借较好的投资环境和劳动力价格优势，目前在周市落户的企业有将近 3 000 个，其中包括外资企业 400 个，更有很多蓬勃发展的民营企业。从 20 世纪 90 年代末开始，全国总工会开始在全国范围内开展组建工会活动，取得了较好的成效，但在外资、台资企业中遭遇了很大的阻力，在这些企业中，工会组建工作相对滞后，大量职工游离于工会组织之外。周市镇有将近 10 万人在企业工作，如何最大限度地把职工组织到工会中来，也是摆在周市镇工会面前的新课题。

自第一家工会成立起，工会作为工人反抗雇主、维护自身权益的产物，工会的基本职责是从劳资冲突视角出发维护职工合法权益。外资企业由于意识形态的原因往往对成立工会持拒斥心理。我国《工会法》将工会定位为“职工自愿结合的工人阶级的群众组织”。在对我国工会的很多研究中较有影响的是法团主义视角，法团主义也称为组合主义、合作主义、统合主义。法团主义视角着重分析国家(政党)——工会——社会三者之间的关系。有学者指出，我国工会的角色是利益协调式的，而不是对抗式的。还有学者认为，工会是一个社会功能性组织，工会除了代表工人，还代表政府和企业利益，工会除了利益代表性，更具有社会功能性，是协调各社会利益群体的组织。恰恰是由于工会能够很好地发挥这种利益协调的作用，从而使得工会的建会工作得以顺利推进，工会既能更好地协调劳资之间的利益关系，也能在企业和政府之间起到较好的桥梁作用，还能使得政府对产业工人的各种关爱通过工会的网络最大限度地覆盖到每一位工人。

在韩资企业永新玻璃和台资企业永尚机械的访谈中，我们可以看到工会建设中一些共同的特点，企业老板从最开始的不理解不接受最后对工会的全力支持和配合。“老板过去怕参加工会，总觉得工会与公司是对立的，后来发现参加工会挺不错的。镇工会给我们送图书、DVD 和电视机，图书都是和我们的专业管理相关的有用的，有感受到政府在关心”。其实，从公司成立以来，一直都能感受到有政府的支持办企业很好办。永尚机械从 2001 年从广东搬到周市来也是基于长三角的投资环境比较规范，实际发展过程中更是感慨两地的差别。“从政府职能来说，跟广东对比相当大，过去广东找政府跟去衙门一样，这边很热情，倒过来服务我们，体现出公仆精神，10年来经历了好多届政府，都一样，把管理当服务在做”。正是在这样良好的政企关系下，工会的建设顺理成章地成了政府和企业之间的窗口，工会承担起了企业和政府打交道的各种事宜，永新和永尚的工会主席都表示除了生产经营之外的工会都会协调处理，所以老板“办企业很好办，轻装上阵”。

我们在周市镇工会的发展历程中看到的是，工会建设与党建紧密结合，党建促工建，很多企业内部都是党支部书记兼工会主席。目前，整个周市工会的建会率达到66%以上，大企业中世界500强企业做到百分之百建会，小企业中包括17个联合工会，联合工会覆盖了社区和村里的一些职工人数较少的小企业。对于新周市人来说，也是最大限度地吸纳新周市人入会。

正是由于周市工会的这种高覆盖高渗透，使得在周市企业工作中员工能够最大限度地整合进周市这个大家庭。不仅使得善爱之家的各种关爱职工、扶助职工的措施能够通过工会顺利达到每一个企业员工、共享周市发展成果，对于大多数新周市人来说，更是通过这种人文关怀的彰显，打造了一个新周市人的快乐家园。广大企业及员工共处一地，共树新风，共保安宁，共创和谐，共铸“善爱之家”。

成立“关爱职工”工作室。在“善爱之家”推进过程中，周市镇始终把广大企业员工的诉求放在重要位置来重视，其中2010年7月由镇工会主导、联合其他部门成立的“关爱职工”工作室就是促进企业成长和员工安全、健康的重要举措之一。其具体工作职责在于接受职工诉求、疏导职工心理、开展法律援助、调处各类争议；实施依法维权，主动维权、科学维权的行动；倡导尊重职工、尊重劳动、尊重知识的风尚；强化以人为本、体面劳动、关爱生命的理念；帮助职工爱岗敬业、岗位成才、愉快生活，为职工提供全方位、全过程的服务。

2010年8月18日，来自四川的青年员工小李走进新近成立不久的周市镇“关爱职工”工作室，咨询了解在工作中遇到的人际关系相关难题。在得到工作人员的热情开导和帮助下，不到半小时，小李心情愉快地走出了工作室。她说，“没有想到，我一个普通的外企员工碰到了困难，都有这么多愿意关心我、帮助我。”

出台《周市镇职工特殊困难救济办法》。周市镇目前企业众多，员工数量众多。在这个庞大的群体，当中难免会有人因各种各样变故而导致生活或工作遇到困难。为了让这一部分人，在困境中有所依，在艰难中不失希望，经过慎重研究和调查，周市镇于2010年7月开始试行《周市镇职工特殊困难救济办法》。根据该办法，周市镇范围内与企业建立劳动关系的在职职工，因特殊原因造成生活困难，经企业行政、社会保险部门、基层工会救济后，仍然难以维持最低生活保障的，周市镇将酌情给予一次性救济。在符合国家相关法律、法规、政策的基础上，有下列情形之一并影响家庭收入、造成家庭生活困难的，可提出救济申请：职工本人意外死亡、因病死亡、工伤死亡的；职工本人患重大疾病的（癌症、白血病、尿毒症、血友病、系统性红斑狼疮、器官移植后抗排异药物治疗、再生障碍性贫血）；在昆山区域范围内遇有不可抗拒的自然灾害的。周市镇政府委托镇工会负责职工特殊困难救济工作，履行实施、核查、审批、管理职责。特困职工救济金由周市镇财政先期拨款50万元，救助资金不足20万元时，由镇工会向政府申请补足，镇财政部门开设专门科目，专款专用，一次性救济金上限是1万元。救济金由镇财政全额拨付，帮助特殊困难职工提高抵御风险的能力，保障基本生活。周市镇的星光树脂制品(昆山)有限公司的周女士去年不幸身患重病，花费了大笔医疗费。就在周女士为后续治疗费发愁时，听闻了《周市镇职工特殊困难救济试行办法》的出台，通过向镇工会申请并经审查合格后，周女士拿到了一笔相应的救济金，解了她的燃眉之急。目前已有四名职工得到救济，共补助20 000元。职工无不交口称赞周市镇这一举措实实在在，温暖了职工的心。截至2011年初，已有9名员工享受到来自政府的关爱，总计43 000元，同时另有多家企业的申请尚在受理中。这项举措使受惠企业及职工非常感激，让远离家乡的员工感觉到了家的温暖，同时也体现了周市浓厚的“善爱”之情。

建立一个基地，提升产业工人技能水平。依托即将兴建的产业工人活动场所，建立职工技能培训、技能竞赛和技术等级鉴定一体化的职工技能培训基地，由政府出资设立职工教育专项资金，用于企业员工的引导性、适应性教育培训，组建讲师团，开展公益性培训。以劳动竞赛、技术比武、技术攻关等形式，开展“比、学、赶、帮、超”主题竞赛活动，提升产业工人的职业技能，发挥聪明才智，为企业的效益提升、转型升级建功立业。

快乐工作，企业文化欢乐百日行。周市镇还于近期推出了首届企业文化欢乐百日行活动，作为产业工人关怀的一项重要工作内容，欢乐百日行活动旨在倡导企业尊重劳动、尊重知识，提高员工的忠诚度、满意度与归属感，共享周市经济社会发展成果。欢乐百日行的活动由政府出资，工、青、妇出力，并且得到了企业的大力协助。经过精密筹划，活动自7月开幕以来，内容丰富多彩、形式活跃多样，共举办了“激情大舞台　大家一起来”周周唱活动10场、优秀企业青年联谊活动5场、励志电影进企业活动10场、“情系企业，关爱员工从‘心’开始”心理减压知识讲座5场，开展了《企业风云》刊物评选、关爱女性健康行动、“构建和谐企业”经验交流会，举办了产业工人拔河大赛、“企业之声”歌手大赛、“三分王”投篮赛等十二项活动，形式之新让不少外企员工惊叹说，“收到了民生大礼包！总参加人数近万人，受到了企业和员工的热烈欢迎。这次活动的每一个项目都有着的精心的策划与详细的计划，每一个方案的出台都经过了反复的研究与审慎，有的项目有着广泛的参与性，旨在引导全体职工共同投入和参与其中，培养团队精神与群体合作能力，从而产生出对本团队、本企业家的归属感和荣辱与共的主人翁精神，来提高对企业的忠诚度；而有的项目针对特定的受众，旨在向社会大众传递一种和谐社会，人文关怀，需要你来共同参与的信息。”

三 企业社会责任

企业社会责任概念和思想之所以在20世纪初期提出，企业社会责任最初是企业家出于自身道德追求而自愿承担的一种自发行为。

所谓企业社会责任，就是“企业”作为一种社会存在对“社会”所需承担的“责任”，就是企业在创造利润、对股东利益负责的同时，还要承担起对债权人、员工、消费者、社区和环境等利益相关方的社会责任，包括遵守商业道德、保证安全生产和职业健康、保护劳动者的合法权益、保护消费者权益、保护弱势群体、支持慈善事业、捐助社会公益、保护环境等。对于企业来说，在注重经济效益的同时，更要注重社会效益，也就是要承担更多的社会责任。实际上，企业是一个“多面体”。作为经济范畴的企业，它追求最大利润；作为法律范畴的企业，它要做良好的“企业公民”，作为道德范畴的企业，它要承担社会责任。从金字塔理论来看，企业社会责任包含了经济责任、法律责任、伦理责任和慈善责任，虽然企业社会责任内涵层次丰富，但是企业社会责任无疑是直接指向和谐社会的构建，倡导企业履行社会责任也是构建和谐社会的应有之意。构建社会主义和谐社会涉及各个主要社会组织的社会责任，包括执政党和政府组织的社会责任、事业组织的社会责任、企业组织的社会责任、城乡基层社区的社会责任和民间社团的社会责任等。由于企业是和谐社会的经济细胞和构建和谐社会的重要载体，所以企业组织的社会责任在构建和谐社会中非常重要，在整个社会组织的责任体系中占有重要地位，发挥着重要作用。

周市近3 000家企业中虽然大小不等，但是我们看到越来越多的企业在开始从强调企业的社会责任，尤其是他们所从事的各种公益事业，对于周市的包容环境建设的起着非常重要的作用。

爱心联动，让星光更加灿烂。星光公司在注重企业自身发展的同时，更将目光投向社会公益事业和教育事业，公司党支部每年都联合工会向周市籍的贫困学生和中、高考优秀生发放15万元的捐助和奖励金。七年来，星光公司已累计发放爱心助学款105万余元。星光公司倡导的“星光助学”行动在周市被传为佳话。

在5.12大地震后，圣美公司发动全体员工捐款共收到50万元，在董事长的支持下，公司款200万元，通过红十字会直接把捐款送到灾区。越峰电子公司，发动公司员工募捐共计29 270.5元，公司募捐50万元，存入中国红十字会。

周市的企业在承担企业社会责任方面所做的种种实事，其影响不仅仅是这些公益事业的受益者本身，而是有更深层的符号意义，让大家看到了周市这个地方的包容环境建设不仅仅是政府的倡导，也有企业组织的参与，是一个多元主体共同参与的事业。周市这个“善爱一家亲”的大家庭，不仅有政府当家，更有企业一起担当。

第四章 和谐共生：社会共同体建设的路径探索

一 家庭、社区、企业的和谐与共生

新老周市人共同创造了周市快速发展的经济奇迹，也共同创建了周市包容善爱的人文环境。他们在共享劳动成果，共同富裕的基础上，互帮互助，和谐共生。

（一）孝老爱亲，家和人圆

在周市，有一个词，叫“穷闹”，说的是因为穷容易闹矛盾。这些年周市经济发展迅速，大家都安居乐业，人人都有保障，体现在社会的最小的细胞里，就是家庭关系也越来越和睦了。笔者在周市社区陈益琴家里翻看一堆的荣誉证书的时候看到有“第三届苏州市和谐家庭”的证书，老人觉得不值一提，“现在大家都富了，就算农民基本生活都有保障了，都很和谐，婆媳关系都很好。”

和睦家庭首先是因为有了殷实的经济基础，经济发展年轻人有更多的就业机会和创业机会，老年人也有基本的社会保障经济上不需要拖累年轻人。笔者在一个动迁小区白塘社区随机走访了一户家庭，74 岁的张大爷夫妻两个从 2006 年动迁之后住进了这个 64 平方米的两室户。老人对现在的生活、家庭关系都非常满意。动迁的时候按照同样的面积补偿了 4 套房子，其中三套卖掉了以后给儿子买了门面房做生意。张大爷说，“田拿掉了，动迁都动发财了”。以前老两口每人拿 120 元一月的农保，2009 年赶上农保转社保的机会，现在每人能拿到将近 800 元的养老保险，足够两人的生活了，不需要再跟孩子要。张大爷两个儿子两个女儿，每个月都过来看望，提到孩子过来时一家老少 15 口人一起吃饭的场景老人乐得合不拢嘴。张大爷说，“小孩上班，工作都挺好的，我们什么都有，就是吃了玩，老人开心，小孩也开心”。

和睦家庭也是和周市这个善爱的大环境密不可分。百善孝为先，当整个周市都处处弥漫着善爱和关爱的氛围，和睦家庭自然也离不开孝儿女的支撑。

领来的孝女肖丽娟是周市家喻户晓的孝女。今年 46 岁的肖丽娟在 4 岁的那年被如今的父母领养，结婚后和丈夫儿子一起住在养父母家。在 15 年前母亲被查出得了病以后就开始承担养父母和外祖母三位老人的养老责任。2002 年养父患上重度脑中风导致全身瘫痪。肖丽娟在照顾母亲之余还要照顾父亲所有的生活起居。一日三餐都由她一勺一勺喂到父亲的嘴里。父亲大小便失禁，每天帮父亲抠大便、接小便，擦身体、洗被子。这么多年，为了照顾父亲没有出过一趟远门，还自学推拿按摩缓解老人肌肉疲劳。

在周市，随着外来人口的增加，还有越来越多的外地媳妇或者外地女婿进入周市的家庭。这样一个个本地人和外地人联姻的家庭同样也是整个周市和谐家庭的基础。年近 40 的小吴，是一位普通的陕西女子，和现任丈夫都是第二次婚姻。小吴家的幸福生活平淡得不能再平淡，丈夫在保险公司一天到晚都很忙，自己早上在家里做家务，下午开始到镇工会的台球馆、健身房做相关的管理工作要一直经营到半夜，晚饭时间是一家人团结的时间，丈夫女儿都回来了，到公公婆婆家里吃饭。小吴虽然不善言辞，但是无论说起谁来，都是一个好，“老公也很好，小孩也好相处、公公婆婆也很好，家里人对我都很好。我很想得开，衣食无忧，跟年轻人相比是不一样的，是实际的幸福”。说起公公婆婆，小吴最大的感受是感激，“很感激他们，帮我们承担了很多，帮我们带小孩，辅导作业，小孩一般周末才到我们家里来住一天，平时都在爷爷奶奶那里”，这样发自肺腑的话从她作为一个不是孩子亲妈的嘴里说出来确实让人觉得很实在，不仅她说“帮我们带孩子”时是如此自然，让人感到这个幸福家庭也是如此自然、朴素地呈现在面前。而且，她也刚刚放弃了自己的生育权。

（二）金乡邻，和谐社区

在周市近几年的快速发展过程中，老社区不断扩展，新社区不断涌现。社区是社会的基本单元，是人们生活的基本空间，社区和谐是社会和谐的基础。

“金乡邻、银亲眷”、“乡邻好、赛金宝”，周市的俗语道出了重视乡邻和睦的传统。然而，随着占人口大多数的外来人口的不断增加，与周市原居民相邻而居的既有创业者又有打工者，既有定居者又有打工者，新老周市人在这个大家庭如何和睦共处呢？天伦社区的居委金主任对刚开始接手工作的时候确实很感慨。天伦社区有三个小区，光大花园以打工者为主，巴比伦小区中白领、精英比较多，台湾人较多,来自不同国籍的算起来有将近 10 个,君临天下小区则较为混合。金主任说,“2007 年进社区的时候,每家每户都跑到,前 3 年基本上都在打基础,了解基本信息。一上门就觉得真的是大家庭,真的需要融合”。

在周市各个社区,和睦乡邻情最重要的载体就是各种文体活动,既有自发的,也有社区居委组织的。天伦社区的汪阿姨就是一个文艺积极分子,以前在武钢工会工作的时候就喜欢跳舞,退休以后就到周市来了。汪阿姨发动了三四十个社区成员组织了“谐和舞蹈一队”,每天早上和晚上在小区广场里组织跳舞、唱歌以锻炼身体,小区其他成员也会被陆续吸引过来。来自五湖四海的新老周市人,通过这样的活动,大家很快就彼此熟悉。珠江学校的一位老师说“这些阿姨都很热情,只要你去问她,都会热情地教你”。这样的文艺活动在各个小区都很普遍,成了社区居民相识相知相交的一个平台。在周市社区,居委会还不定期地主动组织该社区的夕阳红文艺队到各个小区去表演节目,其目的也是把社区居民从楼上请下来,让大家一边看节目一边有机会相互认识。

金乡邻不仅体现在这些热热闹闹的文艺活动中,更是体现在日常生活的点点滴滴之中。周市社区就有这样一位金乡邻的金名片——陈益琴老师。陈益琴是周市中心校的退休教师,自 1996 年退休以来,担任了周市社区第六小组居民组长、社区计划生育宣传员、流动人口的信息办事员、网吧电子游戏义务监督员等工作。她待人真诚,工作认真,关心他人,无私奉献,是大家一致公认的好大姐好邻居。陈益琴老师帮因病致贫的邻居周宝根家,出点子,想办法,帮助他们从困境中走出来;帮助个体养猪户周永明,在养猪事业落潮时曾处于揭不开锅的困境,凑了一万元钱送上门,帮他们渡过了难关等。她不但是邻居的贴心人,又是小朋友的关心人,是昆山市关工委组织的阳光下成长讲师团讲师,曾多次到三所中学,六所小学讲课。曾多次被评为“老有所为先进个人”、“优秀五老网吧监督员”、“阳光下成长优秀讲师”。陈益琴老师不仅是老邻居们的金乡邻,更是新邻居新周市人的金乡邻。陈益琴从十几年前周市刚开始起步发展的时候就开始出租房屋给外地来周市打工的人,在她家里住了时间最长的有十五六年,最短的也有四五年了,十多年来住户十多年来大概只换了四五家而已,“他们一到我家就不想跑了”陈老师说。陈老师家有如此大的吸引力,不仅仅是因为她租金便宜(目前最便宜的只要 130 元一间,最贵的也就 300 元),更重要的是她是一个金不换的金乡邻。陈老师不仅体贴他们背井离乡,更是对他们照顾有加。有一位四川籍的刘成军老家母亲因为胆结石要开刀,陈老师当时就借了 3 000 元给他。2008 年的时候有一位湖北籍的向家明想买房子,陈老师也爽快地借给他 1 万元,别人都不解“你不怕他一个外地人跑了?”陈老师知道“都在这里买房了还跑吗?”2 年后向家明还钱的时候执意要给 200 元作为感谢,陈老师也没有收,他在陆杨买了房子后几次要求陈老师去他家玩。还有王昌军一家,小孩子也生在这里取名“王昆”,陈老师把自己孙女很多很好的衣服都送给他们。住在陈老师家的有好几家住客都是亲戚关系，过年的时候，陈老师一家去饭店吃年夜饭，就把客厅腾出来给他们一大家子过年。这样的金乡邻，不是一家胜一家。

（三）劳资关系和谐

和谐劳资关系是指雇主与员工在政府主导的环境下，能通过有效的机制实现双方权力的制衡，以畅通的渠道化解双方的矛盾和冲突，实现各方利益的平衡，从而达到互惠互利，三方共赢的稳定的合作关系。它们之间各自协调发展，和而不同，政府、雇主、员工三方的力量处于动态均衡变化中。

在改革开放之前，中国公有制企业的用工制度，严格地说并不是劳资关系，而是一种国家与职工之间的行政关系。市场经济的发展的早期，在劳资关系方面总体上表现为一种泛市场化的政策，制度框架基本上偏向个人主义的劳动关系体制。在个体化的劳资关系下，劳动者的就业、维权主要依赖个人，传统的行政调整和保障机制逐步退出，企业里各种劳动条件，包括工资、劳动保护等主要由资方决定。在这样的背景下，我国的工会也开始转型为法团主义视角下的利益协调者，工会在促进和谐的劳资关系中起着不容忽视的作用。

周市镇在快速工业化过程中，以其优异的投资环境吸引了海内外众多的优秀企业来此投资发展，也吸引了大量产业工人的聚集，与此同时，周市的工会组织也发展迅速。在工会组织的协调之下，各个企业都发展稳定，群体性劳资纠纷越来越少，这两年几乎没有。从 2005 年至 2010 年每年都有一两家共 8 家企业被评为苏州市劳动关系和谐企业，周市镇工会也被评为全国六好工会。

周市镇工会朱主席说："工会要有地位，才有作用；工会要有地位，要有作为。"我们从前面的分析中可以看到正是由于工会在企业和政府之间有所作为，起到了很好的协调作用，工会在企业中才有地位，才有作用，才能更好地在企业和员工的利益协调之中有所作为。工会在利益协调中最核心的工作就是以集体协商谈判、签订集体合同，形成平衡的劳资关系。工会每年都会根据企业利润的涨幅进行工资的集体协商。永尚工会郭主席这样说，"员工待遇方面，以前都是公司说了算。现在是草案我做出来，经理只是盖个章，公司把权力下放到大陆籍干部身上"。工会与资方协商谈判的内容，不仅仅局限于工资和奖金，凡涉及职工合法权益和切身利益的方方面面，如劳动安全条件、职工食堂伙食标准、职工住房制度、职工更衣室、加班加点制度等，都是劳资谈判的议题。职工的福利待遇和日常生活的关照也是工会的重点工作。圣美公司由于公司的员工来自五湖四海，各人的生活与饮食习惯不一。工会主席冯芳积极协助行政人员在合理的伙食定额标准内，增加各种口味的菜谱多品种面点等，扩大了用餐选择范围。2007 年起，职工伙食标准从原来的每餐 7 元增加到每餐 9～10 元。过春节的时候，看到很多员工在烦恼，说没时间购车票，她就通知公司工会人员主动为员工办理购车票，解决了员工的困难。同时“三八妇女节”为部分女职工办理了女性疾病的保险及100名优秀女职工评比及“五一节”的100名优秀职工评比，使员工们深深地体会到了公司在关心他们、爱护他们。2005年公司建立篮球场、教育训练室等，方便职工思想文化交流学习，从而能在工作紧张之余，使职工有一个精神享受的空间。对于困难职工的走访慰问在每一个公司的工会都会有感人的事例，工会在点点滴滴的工作中把企业当作一个家庭来经营，让所有职工都共享大家庭的温暖。

二 幸福周市：社会共同体建设的路径探索

从周市其乐融融的多元和谐共处景象，我们看到从家庭、企业、社区到整个周市，展现了一个以幸福大家庭为象征性表征的现代社会共同体。

共同体作为一个基本的社会学概念，学界普遍认同最早用它来表示建立在自然情感一致基础上、紧密联系、排他的社会联系或共同生活方式，这种社会联系或共同生活方式产生关系亲密、守望相助、富有人情味的生活共同体。在当代，尤其是现代生活情境中，原初意义上的共同体已不复可寻，但人们对共同体的向往有增无减。共同体的概念得到了极大的扩展，有政治共同体、学术共同体等，并且在不同语境和话语体系下对共同体的认识和理解往往难以达成一致。

即使是现代社会里，更多的共同体仍然以实实在在的社会生活共同体存在，虽然从范围上超越了原始意义上面对面的共同生活。有学者认为，社会生活共同体，就是指由若干社会个人、群体和组织在社会互动的基础上，依据一定的方式和社会规范结合而成的一个生活上相互关联的大集体，其成员之间具有共同的价值认同和生活方式，共同的利益和需求，以及强烈的认同意识。社会生活共同体具有经济性、社会化、心理支持与影响、社会控制和社会参与等多种功能。对于生活于其中的成员个体来说，依靠共同体获得身份、地位和权力，也依靠共同体帮助其满足各种依靠自身无法满足的需要，如应付重大的灾害、疾病等带来的困难，通过参加共同体的各种活动来满足其精神需要，如获得社会认同和归属感等。不同于血缘共同体、地缘共同体等自然产生和存在的原始意义上的共同体，他们是会不以个人的好恶而改变，当代社会里共同体的形成必须经过一个逐步建构的过程。总体来说，共同目标、社会支持、认同与归属是共同体的基本特征，也是共同体赖以生成的基本要素。

（一）共同目标：社会共同体生成的前提

传统意义上的共同体是建立在自然的基础之上的群体里实现的，往往有着共同的历史传统、有关思想的共同的记忆以及共同的生活经历等。现代社会由于人口的高流动性，这些共同的历史传统、共同的记忆、共同的生活经历等自然基础对于共同体的形成依然十分重要，但是仅仅依靠这些基础并不足以建构起一个现代意义上的共同体。一个更基本的因素逐渐凸显出来，就是共同目标。

由于现代社会的高流动性，个人有权利选择他们希望加入其中的共同体。共同体可以是有意识地创造出来，但这必须是一种特殊类型的意识，也就是说其目的是为了实现共同利益，或者是一个集团所共有的一整套利益。所以，共同体首先要有一个共同的目标，在大家追求共同目标的过程中相互协作。有学者指出要注意区别共同体的目标和作为功能体的组织的目标。共同体是指那些成员因为家族、地域、志趣等自然因素而结合，以满足成员需求为目的而产生的组织。在这样的组织中，满足成员的愿望比组织本身的成长更重要。共同体组织的极端典型是民族国家。而"功能体"组织则是指为了达成外在目的（比如说追求利润，打赢战争）而形成的组织。其极端典型是企业和军队。在这种组织中，成员本身的满足和成员间的交流是组织达成目的的手段。当然，共同体并非没有外在的目标形式，但是这一目标本身是服务于满足成员的需求的而不是相反。

我们在"幸福周市"的共同体建构过程中恰恰看到了这一共同目标的前提作用。从几年前的"装备重镇、商贸乐园、北部新城"三大目标到现在的"装备重镇、商贸乐园、北部新城、善爱之家、公信政府"，我们可以看到一方面是远大的但又可及的奋斗目标引领大家一起建设周市新家园，另一方面共同目标的变化本身也越来越倾向于明确指向其满足成员需求的本质。赫然印在周市各类宣传材料上的这五大目标金名片简洁而又传神地统领着这一共同体的成员一起奋斗、共同努力。对于普通周市老百姓来说，五大目标简洁明了。对于作为中坚力量的周市党员来说，这五大目标则是一套系统化的建设方案。作为一位普通的党员，珠江学校的曹老师深有感触。"自从参加党组织以后，通过冬训夏学等组织生活，可以更好地了解周市党委的工作重点和周市的发展目标、发展规划，能站在一个更好的高度去认识周市，从而也更加强了对周市的认同。"

共同目标并不意味着人人一致的个人目标，对共同目标的认同更多意味着成员个体认识到在这一共同目标下个体的发展空间。所以共同目标既是一个凝聚的过程也是一个自然筛选的过程，那些找不到个体发展空间的个体自然被筛选掉了，更加强了认同这一共同目标、愿意加入这一共同体的成员的凝聚力。笔者在周市遇到一位黑车司机，十几年前从苏北到周市打拼，车子都已经换第二辆了，依然租住在300元租金的老街区，攒了一点钱打算回老家去。司机言称早些年的时候黑车生意好做，现在越来越难做了，转行做别的又觉得很困难，唯一一次曾经与人合作做生意也失败了。这位黑车司机正是因为其谋生手段的技术含量低、门槛低，并且又游离于制度之外，所以在周市的宏大发展目标下并没能找到自己合适的发展空间。

（二）社会支持：社会共同体生成的基础

当原始意义上的共同体与社会作为一对对应的概念出现的时候，这种基于共同生活的生活共同体是具有强烈的情感体验意义的。这种富有人情味的亲密感情也是共同体成员之间守望相助的社会支持网络。现代社会的高流动性与高密度，不可能基于长期的面对面的共同生活形成守望相助的社会支持网络，但是社会支持对于现代社会共同体的形成依然是不可或缺的基础。有学者指出，一个令人满意的共同体应当是一个"有能力回应广大的成员需要，解决他们在日常生活中遇到的问题和困难的共同体"。现实社会共同体的社会支持首先是制度层面的，然后在情感层面上也是超越面对面生活的小共同体，是超越邻人之爱的那种善爱与大爱。

最终指向新老周市人的幸福感和满意度的"善爱之家"的建设恰恰是整合了制度层面和情感层面的全方位的社会支持网络。制度层面体现在推进民生保障和公共服务的全覆盖、均等化和优质化，情感层面则体现在大力倡导善爱精神，塑造具有周市特色的善爱文化。在周市这个包容善爱的大家庭里生活，当成员遇到个人不可克服的困难的时候，既有制度层面的保障又能感受到大家的关爱。即使在最亲密最有人情味的传统共同体中，养儿才能防老，并且养儿防老还有一定的风险，在社会救助上也有着"救急不救穷"的传统，现代社会共同体中人人可及的养老、医疗等基本民生保障以及不断完善的社会救助和社会福利是守望相助的传统共同体所不可企及的。并且，体系化的志愿者服务系统和高度渗透的善爱精神、善爱文化是现代社会共同体能够走出邻人之爱的小共同体、走向更大程度的整合的黏合剂。当《周市镇职工特殊困难救济办法》出台以后第一个拿到救济金的周小华激动地说"有了你们的关爱，我看到了无限的希望"，我们恰恰可以看到周小华所感受到的关爱不是来自某些特定的社会共同体成员，而是指向所有共同体成员的"你们"。正是这些"你们"所构筑的社会支持网络点燃了深处困境的共同体成员的希望。

（三）认同与归属：社会共同体生成的纽带

共同目标对于高流动性的现代社会的共同体建构无疑具有前提性的作用，社会支持网络也是不可或缺的，但是并不意味着传统共同体的那种共同历史、共同记忆、共同经历就不重要。最终共同体的锻造仍然是在共同的生活体验之中。所以，最终能够通过这种共同生活和体验在心理层面形成对共同体的认同和归属，是社会共同体生成的纽带。

认同是对"我是谁?"，即自我身份的一种追问和确认。归属于一个群体就会获得一种社会认同，或者说是一种共享的集体表征。在这里，归属是心理上的，而不仅仅是对于某个群体特征的知晓。同时，归属感也是一种情感体验，体现了个体对群体的满意和依恋程度。无论是传统共同体和现代社会共同体，认同与归属是共同体最核心最深层的凝聚力。

在周市的访谈中，我们可以看到不同层次不同类型的新老周市人对于周市的那份深深的认同与归属。老周市人基本上都对自己是周市人引以为豪，一致认为周市地方好，周市人也好。其实，对于周市这个地方和周市人的称好在新周市人中也是相当普遍。尽管所访谈的新周市人因为在周市的生活、工作的时间长短不一认同度略有差别，但是几乎一致认为周市人不排外。很多当年因为老家落后而跑到周市来谋发展的新周市人，就是现在老家也开始发展也有很多机会，但是由于长期在周市的生活与浸染，正是这种对于周市大家庭的认同与归属使得他们依然眷恋周市、不舍得离开周市。珠江学校的两个案例很有意思，党老师，陕西人，2004年师范毕业当时工资是 600 多元；曹老师，苏北人，2006 年师范毕业当时工资是800 多元，两人都是因为老家的落后跑到昆山来发展的，经过几年的发展都已在这边买房成家。目前，两人的工资都是 2 000 多元，而由于教育改革留在当地的同学在公办学校的工资也涨到 2 000 多元了，但他们跟周市当地公办学校的老师的工资则还有相当的差距。即使这样，由于对周市深深的认同使得他们依然眷恋这个地方。教英语的曹老师说，“如果考个报关，工资可能高一些，但是我不想去，不舍得离开这个城市”。在周市五年，眼见着周市旧貌换新颜，“周市发展很快，五年来发展快得不得了”，与周市的共成长共经历深深地烙在这位新昆山人新周市人的认同中。当然，并不是所有人都像曹老师那样认同深刻，很多人的认同是多重性的而不是唯一性的，比如传统文化影响更深一点的党老师就同时认同自己是陕西人和新昆山人。大家对新昆山新周市人的界定也是有差异的，有的认为要有房有户口即双证俱全的，有的认为只要从外地来在昆山在周市工作的就是，还有的侧重从文化的因素出发，觉得融入周市生活习惯、会讲昆山话的人是，或者那些正在学昆山话又讲得不太好的人才是。即使那些认同自己是“外地人”的，他们也是认为“外地人”这个词没有贬义，大家在使用“外地人”这个词的时候是善意的，仅仅是说明你是从外地来的。所以，在五花八门以及程度不一的认同背后，最基本的事实是老周市人对新周市人的认可和接受以及以此为基础的信任和安全，这一事实说明了基于普遍的认同与归属的社会共同体纽带正在周市生成。

第五章 人文氛围与包容环境建设面临的问题与对策

以和谐的社会共同体为目标取向，以“发展人、关爱人、塑造人”为建设路径的人文氛围构建和包容环境建设对于经济发达、民生事业基础厚实的周市来说，无疑是一项前瞻性的事业，同时也是一项探索性的事业，是一项刚刚起步的事业。

对于一项探索性的事业来说，没有前车之鉴，问题是多重性的。一方面有摆在面前非常急迫的问题，如幼儿园的入园问题，经过近年来加大了建设力度但是仍然不堪重负。从人口结构来看，全镇户籍人口 51 947 人，其中育龄妇女 15 226 人；登记在册外来人口 135 771 人，流动育龄妇女 30 890 人，其中已婚育龄妇女 7 864 人。特别是大量新周市人都是处于生育年龄阶段的年轻人，所以未来几年内幼儿园的入园问题以及相应的中小学教育资源不足仍然是摆在面前的亟待解决的问题。目前，周市镇所实践的向民办幼儿园购买服务是一个积极有益的尝试，但是长期来看，应该根据每年的人口结构及变化情况对未来的不同阶段的教育资源需求做出一个合理的最佳范围的预测，既避免盲目扩建造成的教育资源的浪费也要避免因教育资源的瓶颈约束造成的人才流失。

另一方面，人口素质的提升、人文环境的构建不是一蹴而就的事情，必须认识到这项事业的长期性和艰巨性。在扎实地推进每一项工作的同时，应该站在幸福周市、和谐周市这一社会共同体建设的长远目标来看目前所做的工作。

一 主体定位问题及其改进措施

人文环境构建和包容环境建设最终是一项全民的事业、全社会的事业。作为一个“海纳百川”的城市，包容与善爱在周市民众中本来就有很好的基础，政府应该明确自己搭台、引导、激发的定位。

不同于其他许多公共服务性的事业更多地取决于政府的财政能力，人文环境的建设更多地取决于广大民众自身的素质。不管是从投资者、创业者、打工者、定居者不同层面的新周市人口中，我们都可以听到他们对周市人民风淳朴、包容不排外的一致认可，从周市本地人对新周市人的评价中也可以听到他们对近年来新周市人素质提高这样越来越高的评价。所以，人文环境建设在周市是具有较好的群众基础的。政府在进一步加大教育、文化方面的投入已不断提升市民素质的同时，应该以激发群众的主动性和自主性为导向，真正做好政府搭台，群众唱戏。作为一个高效率的科层制组织，由于政府的行动逻辑往往是以目标的层层分解、任务的步步落实为途径，所以在最终的执行层面容易忽视最终目标而着眼于眼前的任务。而社会共同体的建设的特殊性恰恰在于这一事业的主体在于民众，最终体现在民众的言行和感受中。对于政府来说，“善爱之家”无疑是包容环境建设的一项重点工程。“善爱之家”刚刚起步，组织架构和制度建设刚刚形成，所以从政府层面来说每一步工作都要夯实基础。此外，更要加大对来自民间的、老百姓感受最深的典型案例的宣传和鼓励，逐渐地让典型变成普及现象，就像陈益琴老人手中的那张已经不再稀罕的“和谐家庭”的奖状一样。

形成全民善爱与包容的氛围，不仅仅在于做了些什么，更重要的是在于老百姓感受到了什么。因此，完善一套制度化的评估机制对于这项事业的推进是非常有益的。

二 可及性问题及实现途径

作为一项全民的事业，在明确主体定位的前提下，如何能够最大限度地动员这一全民的主体，不仅仅在于做了怎样的宣传、动员和推广工作，更重要的是这些工作对于群众来说的可及性。

对于社区教育来说，如何将社区教育拓展到占人口大多数的企业员工以及外来人口已经是提到日程上的事情。大多数企业员工的工作节奏都非常快，尤其是遇到生产旺季的时候，加班加点也是常事，所以如何在紧张的工作日程中加入社区教育项目需要取得企业方面的支持。此外，还有相当部分的外来人口处于流动分散的状态，这一部分人口的可及性相对来说计生工作的工作基础已经做得比较扎实。所以，对于社区教育来说，对于目前可及性还不理想的群体来说，仍然可以借鉴多元联动的方法，与商会、工会以及计生站合作一起推动工作的开展。

对于文化事业来说，要不拘泥于各项具体的事务而站在理论的高度以建设周市特有的城市人文精神为己任。尤其是各项群众文化活动，当前的工作重心更多在于如何办好办得精彩，在此之外可以更多地从文化事业凝聚周市的角度思索如何才能提高这些活动的覆盖面从而不至于让活动仅仅是热热闹闹过场。参与度高并不意味着覆盖面广，很多活动的参与主体的重合率会比较高。

虽然随着党建工建的推进，日益编制着一张全方位的网络，但是覆盖的广度和深度依然是需要重视的问题。在珠江学校多位学生的访谈中，他们的生活也更多地体现出两点一线的特点，尤其是放学回家以后一般家长都会要求先做作业以及一些课外辅导，很多学生最多在小区内部或者邻近同学家活动，他们相当于生活在周市的一个"真空"地带，对周市的认知知之甚少。

可及性是直接和共同体建设的共同目标、共同经历、共有的社会支持网络相联系的，如果忽视可及性问题，那么共同体建设只能是一张美好的蓝图。所以，一方面要在广度上识别未被覆盖的社会群体并设计切实的可及性路径，另一方面要在深度上探索更好的效果。

第五篇
“平安周市”的创建路径与实践探索

前言

当前,我国正处于从传统社会向现代社会过渡的转型时期。在这个转型过程中,旧的资源配置体系、社会控制机制正趋于消解,而新的整合机制和利益诉求渠道尚未完善并充分发挥作用,各种类型的社会问题、社会冲突、社会风险现象凸显,威胁社会安全与稳定。因此,社会安全与稳定是社会建设的基本前提和重要内容之一,它既能保障社会建设的规则和秩序,更能促进社会建设的继续与深入。本篇正是在广泛调查研究的基础上,总结昆山周市镇维护社会安全与稳定的经验,思考与探索深入推进"平安周市"建设的可行路径。

根据江苏省昆山市关于加强社会治安综合治理工作的要求,周市镇于2008年5月出台了《周市镇社会治安综合治理委员会关于建设镇综合治理工作中心的实施意见》。按照"主体不变、职能不变、联合运作、优势互补、工作联动、形成合力、方便群众、服务大局"的原则,整合现有力量,创新工作机制,完善工作制度,把综治中心建成"矛盾联调、治安联防、工作联动、问题联治、平安联创"的工作平台,有效推进全镇平安建设的深入开展。这是整合资源、提高效能、方便群众、增强基层预防化解矛盾纠纷和治安防控能力,促进各项综治工作落实到基层,保持社会和谐稳定的一项重要举措,也是深化新一轮平安周市建设的重要抓手。2011年3月,周市镇综治中心被苏州市社会治安综合治理委员会授予全市"一级综治工作中心"。

一 组织结构

"综治中心"是在镇党委、镇政府领导下,由综治办牵头协调,各有关部门信息资源共享，工作协作联动，集综治、维护稳定和平安建设为一体的治理平台。由综治办、派出所、司法所、社会矛盾纠纷调处中心、信访机构、外来人员管理办公室等部门组成，办公地点相对集中。同时，吸收建管、城管、土管、劳动、计生、安全、民政、工商、公会、团委、妇联等部门参与“综治中心”的工作，履行部门抓综治与平安创建工作的职责任务。如图5－1、5－2展示的是周市镇社会治安综合治理委员会成员单位图。

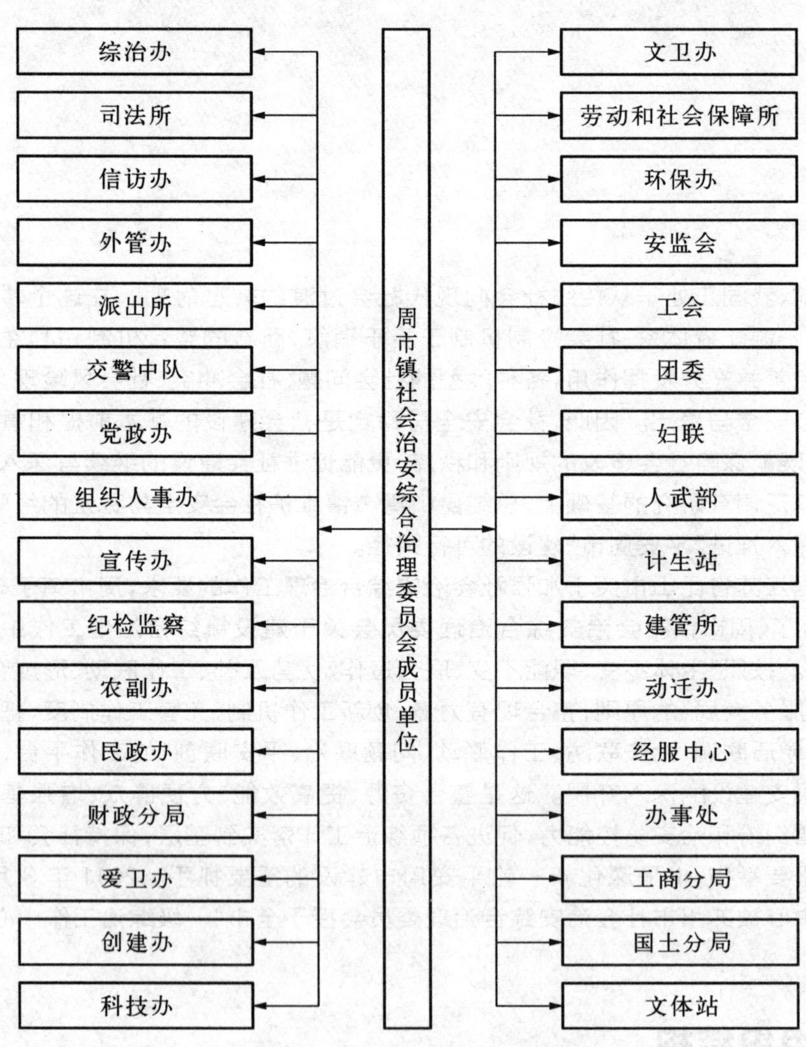

图5－1 周市镇社会治安综合治理委员会成员图

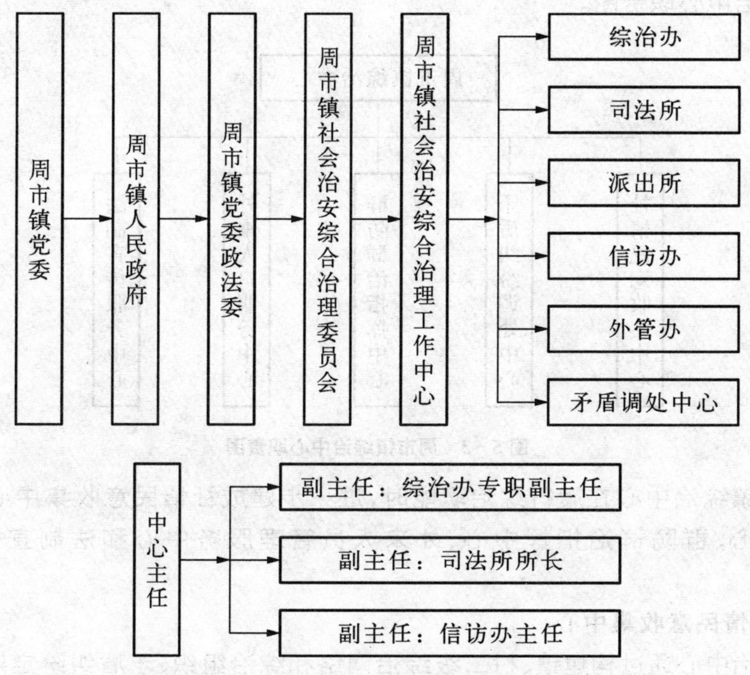

图 5－2 周市镇综治中心组织结构示意图

二 职责与目标

镇综治中心旨在整合社会力量，发挥综治优势，通过横向协调镇机关职能部门，纵向指导衔接村（社区）、企事业单位综治组织，构建起综治工作实战指挥平台。其主要职责是：贯彻执行上级有关综治、维护社会稳定和平安建设工作的方针、政策和部署，认真分析形势，拟定本辖区的工作计划、阶段性工作方案和措施，提交社会治安综合治理委员会讨论，并负责组织实施；督促检查社会治安综合治理目标管理责任制执行情况，兑现考核奖惩措施；组织实施党委、政府交办的综治和平安建设等各项工作任务，指导督促本辖区综治和平安建设措施的落实；组织开展矛盾纠纷排查调处工作，统一受理、调解各类矛盾纠纷和群众来信来访，协调处置各类突发事件和群体性事件；组织开展法制、综治、平安建设等宣传活动，做好基层综治干部和群防群治队伍的驾驭、管理和培训等工作；加强成员部门之间日常工作的协调配合，实现信息、资源的共享和工作人员个体之间能力的互补；负责面向群众办事窗口的日常运作和管理；完成上级和党委、政府交办的其他工作任务。图 5－3 是周市镇综治中心职责图。

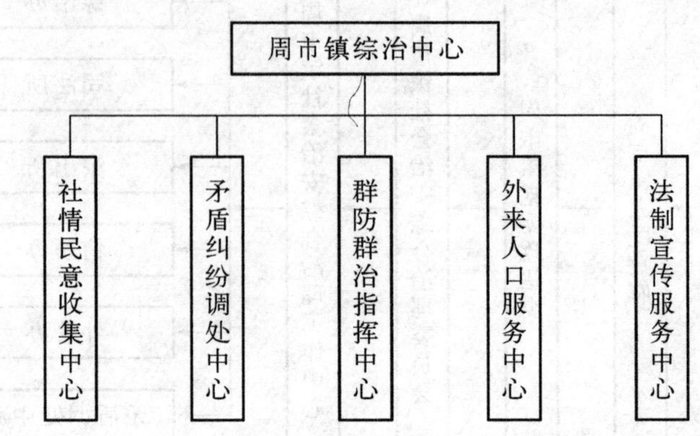

图 5-3 周市镇综治中心职责图

周市镇综治中心在履行综治职能时，进一步建成社情民意收集中心、矛盾纠纷调处中心、群防群治指挥中心、外来人员管理服务中心和法制宣传与服务中心。

1. 社情民意收集中心

镇综治中心通过构建镇、村二级综治网络和综治组织、矛盾纠纷定期排查、综治信息上报，工作人员下基层了解及群众来信来访，在第一时间了解社情民意，掌握矛盾纠纷和社会不安定因素的发生原因和发展趋势，为及时调处化解矛盾纠纷，提供第一手依据。

2. 矛盾纠纷调处中心

镇综治中心设立矛盾纠纷受理窗口，做到“一脚踏进中心门，一眼认准调处人”。发挥调处中心各成员单位职能作用，及时受理和调处辖区内的矛盾纠纷和信访案件，把矛盾纠纷化解在基层，处置在萌芽状态。按照定责任部门、定责任人、定时间、包调处的“三定一包”要求，对排查出来的矛盾纠纷进行调处化解。

3. 群防群治指挥中心

镇综治中心定期分析判断治安形势，指导职能部门有针对性开展工作，并广泛发动群众，构建治安防控安全网络，建立镇、村(社区)联勤、联防、联创、联治的群防群治工作机制，组织阶段性治安防控专项行动，从根本上解决当地的突出治安问题，维护社会稳定和谐。

4. 外来人员管理服务中心

镇综治中心简历外来人员社会管理网络，健全外来人员的信息报送制度，落实“谁用工、谁负责”的责任制度，对全镇的外来人员，做到“底数清、情况明”、并为外来人员提供有效服务。

5. 法制宣传与服务中心

镇综治中心积极实施法制宣传教育，落实领导干部、公务员、企业经营管理人员、青少年、外来务工人员和农民群体普法内容，有重点地组织法制宣传活动，提高重点对象法律素质，同时做好群众咨询政策法律对接等工作，引导群众通过法律途径表达利益诉求，维护自身权益。

三 运行机制

1. 联调机制

组织集中排查矛盾纠纷，按照分级负责、归口调处要求，落实责任单位、责任人、限期解决。对直接到镇要求调处或其他部门转入的矛盾纠纷和群众来信来访，实行统一受理、统一分流、统一督办、统一归档，综合运用人民调解、司法调解、行政调解等方式进行疏导化解。重大疑难或涉及两个以上部门、单位的纠纷案件，由中心直接调处或组织协调有关部门(单位)共同解决。联防机制。进行治安形势分析，提出针对性工作意见，及时发布治安预警预报及防范措施。在镇建立健全专群结合的治安联防工作网络，组织开展多种形式的治安联防活动，大力推进科技防范，落实治安防控措施。指导督促企事业单位建立健全治安防范队伍，落实内部安全保卫制度，参与区域联防、协防工作。

2. 联动机制

统一组织安排靠站工作，统一调配使用中心工作力量，统一纳入突发事件预警处置工作体系。一旦发生群体性事件，在党委、政府统一领导下，组织协调有关部门依法妥善予以处置。

3. 联治机制

定期组织排摸、梳理辖区治安重点地区和突出治安问题，确定重点整治地区、行业、部位，统一组织专项整治。按照上级部署，动员和组织各部门各单位及广大人民群众积极参与“严打”斗争和各项集中整治行动。

4. 联创机制

围绕新一轮平安建设总体目标，整合各方面力量，组织开展平安村(社区)、平安单位、平安学校、平安医院、平安小区、平安家庭等基层系列平安创建活动。加强外来人员管理服务，预防青少年违法犯罪、校园及周边治安综合治理、刑释解教人员安置帮教、反邪教、法律服务和法律宣传等工作，丰富创建内涵，提高创建实效。其运行机制图如图 5－4 所示。

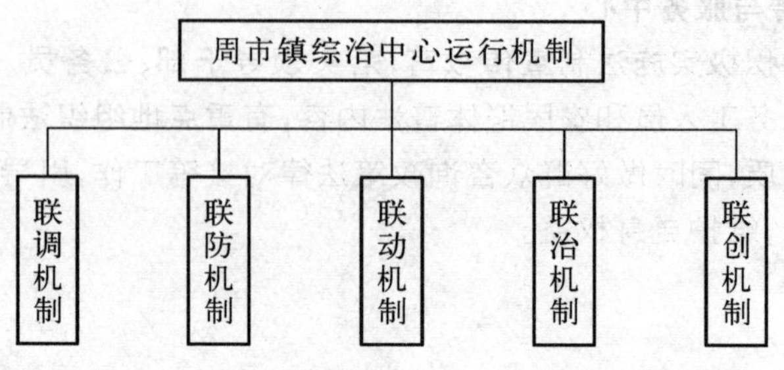

图 5-4 周市镇综治中心运行机制图

四 工作制度

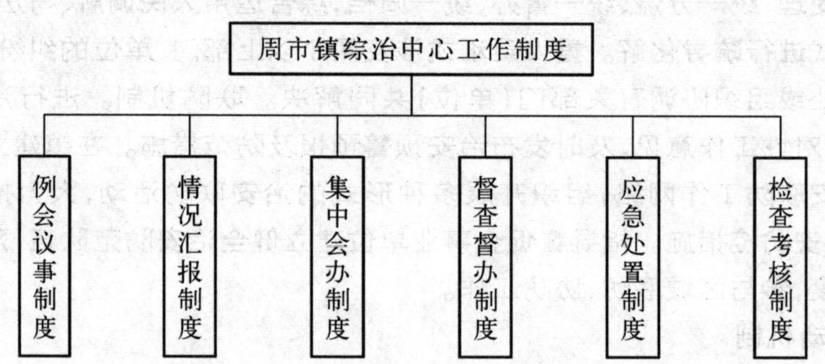

图 5-5 周市镇综治中心工作制度

1. 例会议事制度

综治中心每月召开一次例会,学习贯彻党委、政府和上级的有关精神,总结当月工作,分析工作现状和薄弱环节,研究新情况,新问题及工作对策措施,部署下一阶段工作。

2. 情况汇报制度

综治中心每月向党委、政府和上级有关部门报告,遇有重大问题要及时汇报。

3. 集中会办制度

由各成员单位提出需要集中有关部门联合会办的事宜,由综治中心统一集中会办;重大问题、专项工作,认真需要会办的,由综治中心统一组织会办。

4. 督察督办制度

对阶段性重点工作、重大事件处置,重大矛盾纠纷的调处等进行专项督察督办。

5. 应急处置制度

制定应对处置突发事件和群体性事件预案，明确组织领导、部门职责、力量调集和使用、处置责任等制度。

6. 检查考核制度

根据镇与村(社区)和辖区内机关、团体、学校、企事业单位签订的社会治安综合治理和平安创建责任书，按照检查考核细则要求，每季度进行一次检查督促，半年组织一次考核，年终进行全面检查考核，兑现奖惩。

周市镇综治中心在“平安周市”建设进程中，在坚持“大综治”工作理念的同时，充分运用“大防控”、“大调解”等工作平台，根据其工作职责与运行机制，积极排查化解矛盾纠纷，筑牢维护社会稳定的坚固防线，为全镇经济社会又好又快发展营造了良好的社会环境。

第一章 社会治安环境优化的网络建设与行动逻辑

平安是社会稳定的基础。周市镇在平安创建进程中，逐步建成统一指挥、城乡一体、反应灵敏、攻防兼备、实战高效的现代治安防控体系。同时，有针对性地适时开展专项整治和综合性整治活动，使得各种违法犯罪行为得到进一步控制，为社会发展创造了良好的治安环境。为此，周市镇连续 5 年被苏州市政府授予“平安镇”称号。

一 户村接警系统：构筑基层治安防控网络

户村接警系统，是“五位一体”综治办为每户村民安装一个紧急报警器。村民一旦遇到紧急情况，只要按动报警钮，3 秒钟内村综治办的电脑就显示出报警的户主姓名、自然村组、门牌号和电话号码，村综治办工作人员根据显示信息立刻同该农户电话联系或直接报告出警，做到农户家一旦有紧急情况，村综治办人员第一时间赶赴现场处置，以减少村民财产损失，保护村民生命安全。

为巩固“平安周市”的创建成果，进一步提高农村治安防范能力，在昆山市的统一部署下，周市镇于 2006 年开始全面实施“户村接警系统”工程建设。当年 7 月，周市镇财政局先后拨付三十多万元资金，为全镇配置 17 个行政村接警中心平台和 8 520 个家庭报警按钮，推进该项工程的顺利进行。“户村接警系统”的建立，有利于进一步提高人民群众的自我防范意识和能力，有效遏制侵财型案件的发生，切实维护人民群众的根本利益，是农村“家庭小技防”建设工程的深化和完善，也是推动综治基层基础工作向纵深发展和全面升级的又一重要举措。

周市镇"户村接警"系统自2006年10月底完工以来,运行稳定,工作开展情况良好,得到各村(社区)居民的普遍认可。2007年1～12月,全镇"户村接警"系统共受理报警478起,其中受理纠纷86起,受理求助72起。"户村接警"系统积极为群众排忧解难,有效地服务于百姓,成为"平安周市"建设亮点之一。其主要做法有以下几点值得借鉴:

(一)决策部署,保障措施到位

周市镇十分重视"户村接警"系统工程建设和运行。2006年初,镇党委、政府召集政法部门和相关单位召开专题会议,研究部署工作,分析解决问题。在2007年全镇政法工作会议上,抓好"户村接警"系统工程运行被纳入《2007年度周市镇政法工作要点》,要求已建单位狠抓日常管理,使系统切实发挥作用;综治办经常深入各村(社区)及企事业单位,调研系统工程的运行和作用发挥情况,初步确立了覆盖全镇的方案。同时,为更好地发挥该系统的作用,周市镇加强了各项保障措施的落实到位。镇财政拨出专项资金,为各村(社区)配备警用摩托车28辆,不断完善配套设施,全面升级村级"五位一体"综治办,建成全镇"统一信号"呼叫平台,将各村(社区)警务室纳入其中。

(二)规范管理,考核机制落实

为使系统工程真正取得实效,周市镇加强了对"户村接警"系统的规范化管理。2007年3月初,配套出台了各村(社区)"户村接警"系统管理办法,明确了系统运行的工作要求和目标。综治办狠抓督察管理,将日常巡查、突击抽查与派出所的值班协查相结合。落实系统运行的月报表制度及大事、要事及时上报制度、24小时值班制度,将接报事项的台账具体化、细致化,便于上级及时、全面、清晰地掌握系统建设、运行情况,初步了解全镇治安状况。同时,强化了考核机制,将考核结果与奖罚挂钩。在2007年内,落实十万元专项经费,以表彰和奖励该项工作中涌现的先进单位和个人,充分调动村(社区)级综治人员工作积极性。

(三)面向全镇,全覆盖联动平台初建

2007年4月,周市镇以周市、陆杨、新镇三个老镇区的三个社区为基础,将全镇城镇居民分别划归三个警务站(所)管辖,在各警务站(所)分别安装了接警中心,使得城镇每户居民家庭都能进行"按钮式"的报警,实现了"户所接警"。同时,还将该系统引入水利站点,并于当年4月底试运行,现已将全镇各水利站及时接入所在区域"户村接警"系统中心平台。并且,周市镇还将这一技防手段的触角伸到全镇各个角落。使得全镇辖区内所有企业、商家等单位将被划分为三个区域,分别与属地警务站(所)实现联动,从而全面覆盖全镇范围,进一步推动"平安周市"建设。

案例：

2007年8月19日深夜10点多，周市镇斜塘村“五位一体”综治办的报警铃突然响了起来，电脑资料显示，该村29组村民杨某家出现异常情况。接警人员立即通知在路面巡逻执勤的联防队员赶到事发地点。随后，联防队员当场抓获了趁夜潜入杨家准备实施盗窃的“梁上君子”。①

针对农民住宅分布散、治安防范难度大的特点，周市镇依托村“五位一体”综治办，在全镇17个行政村（含2个村改居）全部安装了户村接警系统，做到“两个结合”：农户安全与村联防队员责任相结合——将自然村划分为若干个责任区，每个责任区安排一名村联防队员负责社会治安工作；巡逻、岗亭、警组队员与责任区队员相结合——通过走访千家万户、巡查私房出租屋，实行治安动态化管理，形成合力，使农村案件得以控制，问题得到及时解决。

周市镇“户村接警”系统受理治安案件摘选
受理治安案件摘选（2007年）

时 间	事 件 概 况
1月20日上午5点30分	新镇村警务室接报，于新陈路至昌灵路交界处抓获盗窃百余米电线的犯罪嫌疑人2名。
1月20日下午	陆桥村联防队接报后，率先赶到现场，协助派出所处理外来打工人员打伤村民治安案件一起。
4月24日上午8点半	东方村警务室接报，于昆太路上抓获盗窃钢管和木材的拾荒者1名，后交派出所处理。
5月2日晚23点	平庄村警务室接报，于2组村民张某家中抓获盗窃自行车的嫌疑人1名，后移交派出所处理。
6月26日1点左右	朱家湾警务室接报，在该村1组发现一青年在偷一辆二轮踏板车，当场将其抓获，并搜到作案工具2件。
7月27日20点左右	朱家湾警务室接到报警，于23组村民老杨称一青年在爬电线杆形迹可疑，联防队员马上赶到将该青年抓获。
11月20日凌晨2点	东方村警务室接报称发现有人在偷电缆，该村队员赶赴现场，当场抓获犯罪嫌疑人2名。

受理纠纷调解摘选（2007年）

时 间	事 件 概 况
2月18日上午	斜塘村协商调解村民徐某、张某因排水产生的矛盾纠纷一起。
3月1日18时40分	永共村村民周某的儿子与儿媳发生激烈争吵，打坏家具，永共村警务室接报后经过耐心劝说和大量的思想工作，妥善处理了这一家庭矛盾纠纷。

① 见于蕾《“平安之盾”护航和谐昆山》，《昆山日报》2006年12月19日。

续 表

时 间	事 件 概 况
3月27日上午9点20分	新镇村妥善调解菜场经商人员和菜场管理人员矛盾纠纷1起。
5月8日	白塘社区接报,12组村民反应租户不给房租,社区联防队赶到现场经过教育后得到妥善处理。
6月13日晚	平庄四组村民与外地人发生租房纠纷,平庄警务室接报后立即赶到,并进行调解,协商后解决矛盾。
10月12日	许家村警务室接报后赶到现场,了解情况是外来人员采摘村民养的红菱,经调解后外来人员主动道歉,该村民损失几乎为零,也就没追究。

受理求助摘选

时 间	事 件 概 况
2006年12月4日22时15分	永共村警务室接到求助,本村西南花园181号陈美玉怀疑家中租户发生煤气中毒,永共村联防队员一面联系120急救中心,一面迅速赶往现场,后经过联防队员的急救措施,在120赶到前遇险女子苏醒过来。
2007年3月11日下午1点30分	小泾村警务室接到救火求助,在119赶到现场前及时组织处理这起火灾事故,将损失降到最低。
2007年3月13日	村民称永共姜家村农户脱粒用电箱被盗,导致带电电线裸露,永共村警务室及时通知周市电力站进行维修。
2007年3月20日	中乐社区警务室接警,后协助新镇警务站帮助一6岁男童寻找走散的父母。
2007年10月31日	小泾村警务室接报,有人喝醉酒跌倒在地上,接警后立即赶到现场,将此人送往医院,并通知其家人。

二 “三区联防”: 社会治安巡逻防控新机制

社会治安“三区联防”是一种创新型巡逻防控机制,把社区群防群治责任区、派出所亲民式治安岗亭治安管辖区、巡逻处警分队安全巡逻区相结合,最大限度地将巡逻防控力量推向街面和社会。通过实行城市治安布控“三个区”的联防,形成防控合力,织密防控网络,提升综治效果。根据昆山市政法委“三区联防”会议精神,周市派出所、巡逻处警大队三中队、各村(社区)以“法案少、秩序好、社会稳定、群众满意”为目标,从健全“三区联防”日常工作机制入手,通过资源整合、责任分解落实,全镇的防范网络得到了进一步的健全,打、防、控能力得到了进一步的增强。

(一) 组织体系

自昆山市政法委"三区联防"工作会议后,周市镇立即对"三区联防"工作进行动员部署,成立了以镇政法委书记为组长,综治办、派出所、巡逻处警大队主要领导为成员的领导小组,下设办公室,明确了各单位在"三区联防"工作中的职责,并对三区联防工作提出了明确的工作目标,并明确了各单位在"三区联防"工作中的职责。

(二) 划分联防区域和巡逻力量

根据"以块为主、条块结合"、"警力跟着警情走"的原则,周市镇对近年来发案及人口分布情况进行了全面分析,划分了十个巡防区域,并确定了三个重点巡防地区。并派出现有的警力与村、居委的警力进行整合,互助、互动、捆绑巡逻,有效提高了巡防的效能(村、居委的警力对辖区的情况熟悉,派出所的警力对业务工作熟悉),巡逻处警大队的专职警力向巡防重点地区倾斜。通过"三区联防",打击了一批犯罪嫌疑人,破获了一批案件,有效维护了社会的和谐稳定。

案例:

2006年7月10日,新镇中乐小区居委发现三名形迹可疑人员,并向派出所汇报。派出所立即会同巡逻处警大队前往该小区,将三名形迹可疑人员带回。经审查,季某、闫某、蒲某等三人交代了犯罪事实:7月9日晚通过网络聊天将魏某约至新镇339省道东方路口附近小树林内,以持刀威胁的手段抢去魏某人民币150元、手机一部,另敲诈魏某人民币一万元。8月9日,周市镇朱家湾村联防队在村中进行巡逻时,发现村内华石网吧门前有三名形迹可疑人员,并立刻向派出所报告。派出所会同巡逻处警大队前往该网吧将三人抓获,并发现三人腰间藏有西瓜砍刀,有作案嫌疑。经审查,王某、张某、刘某等三人自2006年7月起在周市镇朱家湾村多次进行抢劫。

(三) 建章立制,建立长效管理机制

为确保"三区联防"工作的有效、深入推进,周市镇还制定了一系列的规章制度。一是联席会议制度。每季度定期召集派出所,巡逻处警大队,各村、居委会议,通报工作情况,分析辖区及周边地区的治安状况,并制定相应的巡防工作措施。二是案件情况通报制度。全镇每星期统一将一周的发案时间、地点、作案手段等情况进行研判,并通报到各巡逻中队。三是建立奖惩机制。对工作中成绩突出、抓获嫌疑对象的给予奖励,对工作不力、完不成下达工作指标的予以惩罚。

(四)"大巡防"与"红袖标工程":完善大防控网络

2010年,周市镇根据昆山市公安局的统一部署,完成新镇地区大巡防制度建

设。通过整合力量，加大巡逻力度，最大限度地将警力和各类治安力量推向路面，把“两抢”案件（抢劫和抢夺）及涉黑涉恶犯罪作为主攻方向，先后破获了一批影响较大的案件，有力打击了犯罪分子，基本控制了刑事、治安案件的高发势头。周市派出所结合辖区地理位置和治安特点，划分市北、朱家湾、永共、华扬工业园、经贸工业园5个巡防区域，落实86名专职巡防警力、18辆警用摩托车，实行分片定责巡防，实现处警警车有警接警、无警巡逻，以指挥、策应其他路面力量开展巡防和突发警情处置。同时，将巡防工作从路面延伸至小区、街巷。并进一步完善社巡合一机制，加强社巡工作，充实和扩大社巡队伍。在加强路面巡逻、提高见警率的同时，强化民警门卫立岗措施，发挥便衣队的优势作用，加强重点时间段重点区域的蹲点守候伏击、门卫值岗发现，提升社会治安防控质效。周市派出所在贯彻“社巡合一”思路、推进社区警务单元化的进程中，建立起了市北、永共、朱家湾、华城美地、鑫茂、长江绿岛为中心的6个中心警务室，配备了30名社区协管员，实现社巡工作有效开展。另外，还组建了20人的特勤分队，日常勤务中以巡逻和训练为主，强化了街面和重点区域的巡防。

同时，根据昆山市的统一安排，周市镇开展了群众义务巡防“红袖标”工程，以进一步发展壮大群防群治队伍，广泛发动和组织群众共同维护社会治安，筑牢社会治安防范基础，形成各方齐抓共管、群众积极参与、共同促进社会和谐稳定的良好局面。由各部门抽调联络员，负责各地区工作开展情况的收集、掌握和上报。在此基础上，2010年9月30日下午在新镇街道办事处会议室举行了“红袖标”工程的启动仪式。会议就什么是“红袖标”工程、为什么要开展“红袖标”工程和如何做好“红袖标”工程进行了讨论，为工程的顺利开展打下了坚实的基础。会后，各单位联络员积极收集、登记，并及时上报。活动开展以来，全镇共登记义务巡防“红袖标”人员203人。

三 村（社区）“五位一体”综治办：基层平安的保障平台

周市镇20个村（社区）“五位一体”综治办均由村（社区）综治办、警务室、治保、调解和外来人员服务站组成，实行“五位一体”的工作模式，有利于聚拢基层资源、整合治安管理力量、消除治安管理盲区、畅通治安管理信息，形成村居治安有人管、矛盾纠纷有人调、群防群治有人干、平安创建有人抓的新局面，以不断夯实基层基础工作，筑牢维护社会稳定第一道防线。

村（社区）“五位一体”综治办的建立，可追溯到2003年昆山市的探索。当时，昆山市针对全市农村现状，在淀山湖镇进行村级综治组织改革试点，积极探索“五位一体"综治办的职能设置、资源共享和机制创新。在总结试点经验的基础上，市委政法委制定了实施办法，明确了"五位一体"村级综治办的建设标准、管理模式、运行机制和规章制度，开发区和各镇共投入建设资金 1 160 万元，在全市 192 个行政村建立了"五位一体"综治办。进一步强化基层基础建设，推动和促进基层综治办规范化、制度化建设，努力把综治工作措施落实到基层，把矛盾纠纷、治安问题解决在基层。

(一) 管理机制

按照"整合力量、整合资源、精干高效、服务群众"的要求，村(社区)"五位一体"综治办实行组织一体化运作、人员一体化管理、业务一体化安排的工作机制，工作可相互兼容，人员可相互兼职，做到分工不分家。村(社区)"五位一体"综治办由镇综治办、镇派出所及所在村(社区)综合管理，具体由镇综治办负责日常管理和考核，以及队员的招收、调整等相关工作；派出所负责队员培训和业务指导；所在村(社区)负责队员劳动用工合同的签订、辞退、代发工资、承担保险等。综治办主任由村(社区)支部书记或村(居)委会主任兼任，副主任由村(社区)支部副书记担任，委员由村(社区)治保、调解委员会主任、社区民警、民兵营长、外来人口协管员、4 名以上专职保安联防队员及其他群防群治人员组成。

(二) 工作职责

辖区内外人员信息采集输入、登记、发证；辖区内私房出租户的登记管理；辖区内治安巡逻；辖区内民间矛盾纠纷汇报、协调；辖区内群体性矛盾信息摸排和上报工作；辖区内重点人头、信访重点户、邪教管控对象的日常管教管控工作；辖区内外来居住人员生活垃圾清运费收取；协助环境整治、违章搭建巡查控制、计划生育、村(社区)主干道停车、经营秩序维护，开展法律宣传、防范教育；各类台账、信息变更、资料保存；落实镇政法部门布置的其他工作。

(三) 功能显著

村(社区)"五位一体" 综治办建立后，有效整合了治安管理力量。在具体工作中，各行政村综治办积极落实自然村和居民住宅区治安信息员制度，签订治安责任制，落实治安包干区，延伸和扩充了社会治安管理网络，实现了案件和事件发生后警力能在第一时间内赶到现场，使问题得到快速处理。

同时，"五位一体"综治办建立后，各行政村综治办围绕自身职能，按照防范在前原则，把工作立足点放在积极适应农村治安形势的动态变化上，发挥拾遗补缺、延伸补充的作用，把握住农村治安管理重点，注重清除各类治安薄弱环节和治安隐患，净化了农村社会治安环境。

农村综治办工作直接面对千家万户，在农村第一线和广大群众打成一片，熟悉社情民意和每家每户以及每个人的情况，了解和掌握全村的治安动态，社会治安情况的每一点动态变化他们都看在眼里、记在心上，并随时把工作做到村民家里。这些都是农村社会治安综合管理中的有利条件和工作优势，弥补了上级政法综治部门在时间、空间和人员力量等方面的不足，强化了治安基础管理工作。他们在加强外来人口管理方面发挥了不可估量的作用。

据《法制日报》2008 年 4 月在“关于苏州村级五位一体综治办的调查”的文章中指出：仅全市全面建成村综治办的 2005 年，昆山市各行政村的“五位一体”综治办就共出警 3 216 次，现场抓获和协助抓获犯罪嫌疑人 963 人，协助抓获网上逃犯 16 人，还提供破案线索 1 000 多个。截至 2008 年 4 月，全市各行政村“五位一体”综治办共协助处警 3 216 次，现场抓获违法犯罪人员 963 人，其中网上逃犯 16 人，提供破案线索 1 000 多个，调处各类矛盾纠纷 2 752 件。

案例：

家住周市镇市北村 10 组的顾玉平、陶正明最近轻松多了，他俩逢人就夸村“五位一体”综治办帮他们解决了后顾之忧。这是怎么一回事呢？原来，一年前，在他们两家住宅中间出现了一个废品收购站，整天垃圾堆得像小山似的，尤其是夏天，苍蝇满天飞，不时发出阵阵异味，严重影响了这一带居民的生活和安全。抱着试试看的想法，顾玉平、陶正明两人找到村“五位一体”综治办的领导，希望他们帮助解决一下。没想到，他俩的反映引起了重视。其实，早在年初，村综治办就意识到了不规范废品收购站的危害，正在制定措施，准备依法取缔。于是，他们立即向有关部门作了汇报，于 7 月28 日采取集中行动，将村里的 5 家不合法废品收购站全部依法取缔，还村民一个安全有序、卫生整洁的优美环境。

市北村南接周市镇区、东依太仓、北临常熟，社会治安形势比较复杂。针对这种情况，2004 年，村里就积极响应市综治办的号召，耗资 100 多万元建设了比较完善的村“五位一体”综治办，配备 7 名专职联防队员，实行 24 小时值班制度，在 5.35 平方公里的村域范围内开展治安防范、治安巡逻、矛盾纠纷调处、法制宣传等。2006 年，村里又将安全“保险”延伸到村民家中，出资为全村 800 多户农户安装了“家庭小技防”报警器，并与村里的“户村接警系统”相连接，便于村民遇到突发事件后在第一时间内报警。采访中，村联防队长朱利民告诉记者，去年，新建的市北花园发生了偷盗铝合金门窗事件。接到报案后，他们立即组织联防队员进行蹲点伏击，几天后，终于将犯罪嫌疑人抓住。村民说，自从有了“五位一体”综治办，我们的生活就安心多了，再也不用为安全烦恼了。

市北村“五位一体”综治办成立 3 年来，共抓获盗窃犯罪嫌疑人 5 名，协助公安机关破案5起，受理群众求助5起；累计拆除违章建筑9起共390平方米，清除废品收购点10个；受理、成功调处各类矛盾纠纷68起，调解成功率100%。①

四 “平安细胞工程”：提升群众安全感的实现途径

为进一步深化平安周市创建活动，巩固和扩大创建成果，着力打造“平安周市”品牌，努力为全镇社会经济发展创造良好的治安环境，周市镇从2007年开始在全镇范围内开展“平安细胞工程”，进一步深化平安系列创建，继续组织开展平安单位、企业、校园、医院、市场、道路、家庭、场所等基层系列平安创建活动，使平安创建深入人心。

周市镇把平安创建工作纳入镇经济社会发展总体规划，建立党政领导一把手亲自抓直接抓、分管领导重点抓具体抓、其他领导齐心协力配合抓的领导机制，把各项工作责任落实到单位和个人，建立“纵向到底、横向到边、上下联动”的责任网络制。同时，建立考核监督机制，加大检查督促力度。将平安创建工作纳入各级镇、村(居)干部年度考核内容，以确保一级对一级负责，一级督促一级，从而把各个环节的工作衔接好，形成齐抓共管的强大合力。并且，加大宣传力度，经常通过专题会议及广场文艺、讲座等各种形式，广泛宣传创建活动，提高创建活动的知晓率。还通过创办《政法工作信息》专刊，进一步激发广大干部群众积极参与创建活动，形成良好的创建氛围。

(一)“平安社区”

周市镇在“平安社区”的创建中，着力从以下几方面开展工作：a）防范体系。人防、物防、技防到位，社区治安管理到位，群防群治网络健全，安全防范体系完善，居民安居乐业，社区秩序井然；b）治安秩序。协助职能部门争取达到刑事案件万人发案率稳中有降，八类主要刑事案件逐年减少；无治安混乱地区和突出治安问题，住宅小区不发生偷窃，治安小区不发生重大群死群伤的交通、消防、安全生产事故；流动人口台账健全，管理措施落实；不断提高干部职工普法参学率和社区居民参学率，消防设施齐备完好；c）社会稳定。信息制度和矛盾纠纷排查调处工作机制落实，社区内无非法游行、堵塞交通、冲击国家机关等群体性事件；无境内外小勾结的敌对势力、敌对分子的破坏活动，无失泄国家机密的案件；无法轮功等邪教分子进京滋事、集体弘法、电视插播等事件；无主要领导干部严重违纪和犯罪案件。

同时，周市镇在建立覆盖全镇各主要道路、街面和重点要害部位的监控系统的基础上，将这一监控体系引入社区，依托城区派出所和社区“五位一体”综治办，将

---

① 见昆山新闻《当好平安“守护神”》，《昆山日报》2007年8月31日。

各小区治安监控与派出所治安监控实行联网，在小区监控发现问题后，第一时间向派出所进行信息传递，加快出警速度，提升管控效果。2007 年底，全镇所有居民家庭已全部接入“户区联动”系统，安装在派出所(站)内的三个接警中心正常运作。

2010 年，周市镇对全镇户村接警系统进行全面的维护，确保正常运行。对 5 个老小区安装“全球电子眼”监控装置，于 6 月底全部落实完成。对 6 个新动迁小区的治安防范设施要与建筑工程整体同设计、同施工，安装“全球电子眼”监控。并于 2010 年年初制定了实施方案，使新建动迁小区都能达到技防设施要求。同时，对辖区内主要路口增加了 32 个大小监控探头，进一步巩固辖区各路段监控，织密防控网络。同时，进一步加大力度对全镇的 20 个“五位一体”综治办全部按示范标准建设，购置了 30 辆警用摩托车发放到警务室，加强了路面的巡逻力量和快速反应能力。通过努力，2010 年底，全镇 95% 的社区达到了平安社区要求，形成社区成员充满活力、家庭关系和睦美满、社区邻里文明融洽、社区环境和谐稳定的局面。

(二) “平安家庭”

家庭是社会的细胞，家庭平安稳定是社会和谐发展的重要基础。开展“平安家庭”创建活动，坚持以家庭为主体，以社区为基本单位，以增强“五个意识”，即增强家庭成员的懂法守法意识、安全防范意识、健康文明意识、和睦相处意识、男女平等意识，营造“五个环境”，即安定有序的治安环境、优美文明的社区环境、公平正义的法制环境、诚信友爱的人际环境、安全健康的成长环境，做到“四防”，即防拐卖、防盗窃、防抢劫、防隐患，实现“四无”，即无涉毒、无赌博、无暴力、无犯罪，达到“四个更加”，即家庭成员更加充满活力、家庭关系更加和睦美满、社区邻里更加文明融洽、社会环境更加和谐稳定为目标。

在“平安家庭”创建活动中，周市镇突出三个重点，实施了“三项工程”：一是以提高家庭成员的法律素质为重点，实施“法制宣传进家庭”工程；二是以营造和谐的家庭环境为重点，实施“文明新风进家庭”工程；三是以开展青少年法制宣传教育为起点，实施“家教知识进家庭”工程。同时，在开展“平安家庭”创建活动中，把“平安家庭”创建与“文明家庭”、“无毒家庭”创建活动结合起来，与创建“文明社区”、“零家庭暴力社区”结合起来，与开展法律援助和社会救助活动结合起来，做到相互促进、相得益彰，使“平安家庭”创建活动不断焕发新的生机与活力。通过四年的“平安家庭”创建活动，截至 2010 年底，全镇有 98% 的家庭参与“平安家庭”的创建，有 90% 以上的家庭成为“平安家庭”。

(三) “平安校园”

2010 年上半年，我国一些地方连续发生了多起在校师生受到严重伤害的恶性事件，造成了极大的社会反响。5 月 13 日，周市镇成立了以镇长为主任、分管教育和安全的分管领导为副组长、各单位一把手、各驻村干部和综治办工作人员为成员的“校园安全工作领导小组”。各村、各单位迅速成立相应的领导班子和安全机构，配备专门安全人员，建立安全制度，积极参与、落实责任、配合协调，以进一步加强校园安全保卫工作，改善校园周边治安环境。

1. 落实工作责任制

按照条块结合、以块为主的属地管理原则，将本区域所有的公办、民办各级各类学校纳入工作范围。并重点加强了各级各类学校安全工作组织体系建设，初步形成了“党政领导负总责、分管领导具体负责、单位上下逐级负责、师生员工人人有责”的校园安全组织领导体系。同时，落实安全职责制度。教育部门和全市各级各类学校签订安全责任书，学校和相关部门、人员层层签订安全责任书，明确了安全工作职责和责任，实行责任追究制度。各学校分别建立健全了门卫保卫值班、消防安全、重大事项报告、应急处置等制度，做到了校园安全工作有章可循。

2. 进行矛盾纠纷大排查

各相关职能部门对辖区内的中小学包括幼儿园集中开展全面排查整治行动，重点检查学校贯彻《中小学幼儿园安全管理办法》情况：学校是否与公安机关形成联防联控机制，学校安全工作责任是否落实，学校门卫制度是否健全，安全设施是否完善，安全教育是否有效开展。加大对涉及青少年的矛盾纠纷的调解力度，在化解纠纷的同时进行教育疏导，防止矛盾纠纷激化。

2010年5月17日下午，周市镇安全办会同建管所、新镇派出所和消防中队相关人员对新镇中心校、新镇幼儿园和腰泾小学进行了大检查。主要检查教学楼、食堂、电教室及各种消防设施，发现存在多处重大隐患：教学楼破损严重，屋顶漏雨，门窗损坏，部分线路裸露，逃生通道少；食堂里做饭用的柴油储存不规范，或是堆放在小朋友们易接触到的地方，或是堆放在教学楼下面；灭火器过期或缺少，放置位子不合理。周市镇在随后对其他学校展开的排查中，也发现了不少校园安全隐患，并将隐患处置分解到部门，督促及时解决(详见表5-1)。

表5-1 2010年周市镇部分学校安全隐患整治分解表

学校名称	隐患内容	责任部门
裕元实验学校	1. 保安2名，按要求配备4名，幼儿园4名，缺6名	组织办
	2. 辅警要明确的人员名单，在上午7点～8点、下午3点～4点期间起到护卫作用	新镇派出所
	3. 学校体育场晚上和双休日对外开放	学校
	4. 小学二期工程中挖坏了通往幼儿园的电缆，使其一直裸露在外面	建管所
	5. 学校门口白塘路车多，附近的工程车横冲直撞，在上学和放学期间经常发生交通拥堵	交警中队

续 表

学校名称	隐 患 内 容	责任部门
周市中心小学	1. 现有 2 名保安,缺少 2 名	组织办
	2. 学校南侧商店有门通进校园,时有人进出	学 校
	3. 崇文楼、尚德楼、无应急照明灯、指示标识	学 校
	4. 和惠路桥涵洞施工,交通不畅	建管所
新镇中心小学	1. 中心小学、腰娄小学、幼儿园三个校门门卫都只有 1 个	组织办
	2. 幼儿园放学时门口路窄、人多,缺交通护栏	交警中队
	3. 三个学校均无消防设施	安全办
	4. 小学部无视频监控	文卫办
	5. 三个小学校长室均无 110 紧急按钮	文卫办
新镇幼儿园	1. 园长室缺少 CK 报警,110 紧急按钮,学校房屋不能安装消火栓	文卫办
	2. 建筑设施隐患:教学楼、食堂均属危房,且各活动室安全出口狭窄	安全办
	3. 学校保安只有 1 名,比较少;辅警到位时间不准时;校门口继续配备防护栏及交警维护交通秩序	组织办、新镇派出所
陆扬幼儿园	1. 保安只有 1 人,按教育局要求还少 3 人	组织办
	2. 幼儿园门口车流较多,存在交通安全隐患	交警中队
	3. CK 报警器需要调试,如果不好,需要重新安装	周市派出所

3. 人防技防并重

全镇统一为学校配齐配足配强专职保安力量,建立完善的门卫值班和登记制度,严格防止外来人员进入校区,保证学生生命和学校财产安全。同时,所有学校全部安装视频监视系统、周界报警装置(CK)和 110 紧急按钮等物防、技防设施设备,确保正常使用。并根据具体情况实时增加物防技防设施设备,扩大监管范围。并且,完善学校与公安系统联网的技术防范设施。公安部门将校园及周边地区作为巡逻重点区域,加强巡逻频率,加大在学校上学、放学以及晚自习前后等事故、案件多发时段的巡查力度,并积极指导学校落实专职保安人员的配备和管理。

4. 完善应急处置

各校根据上级文件精神,结合学校实际情况,完善《学校突发公共事件应急预案》,成立应急预案处置小组,组建应急处置队伍,建立联动协调制度,形成统一指挥、反应灵敏、功能齐全、协调有序、运转高效的应急管理机制。并规定,如果特别重大或者重大突发公共事件发生后,学校领导必须在第一时间赶到出事地点,指挥、协调抢险和救治工作,并在 2 小时内通报当地政府和教育局。并经常组织开展学生应急演练活动，切实提高学生的自我防护和救助能力。

5. 法制宣传教育

通过法制电影进校园、法制讲座进校园、法制海报进校园等形式，让青少年有更加便捷的途径获取法律知识，提高其法律素质和自我防范意识。同时，通过组织家长听取法制宣传讲座、对优秀学生的宣传以及由于教育方式不正确而使青少年走上违法犯罪道路的案例分析，使家长了解到家庭普法的重要性，做好孩子的教育防护工作。还组织全镇各学校法制副校长、德育主任、班主任等召开讲座及座谈会，重点讲解校园安全防范措施及青少年人身伤害纠纷的处理方法，提高教育工作者应对突发事件的能力。

2011 年年初，周市新镇派出所做好从内到外“五个一”，继续做好新学期的校园保卫工作。

一次集中整治，净化周边环境。为确保校园周边治安秩序，切实加强校园安全保卫工作，确保辖区不发生涉校涉生的案件，自 2 月 15 日起，派出所组织社区民警对辖区 12 所校园进行春季开学前安全大检查，针对校园周边进行专项整治，特别对流动人口聚集区、流动商业摊点、出租房屋、网吧和娱乐场所等开展了集中治理，彻底清查收缴管制刀具、淫秽出版物等违禁物品，坚决取缔各类违法违规经营行为，为校园营造健康安全的周边环境。

一次门卫立岗，强化校园安全。开学伊始，派出所继续落实门卫立岗制度，对于送学生的家长，只能将学生送到校门口的安全口，家长可以关注自己的小孩安全进入校园后离开，对于接小孩放学的家长，派出所民警也会在校园门口监督好学生与家长的“对接”，确保学生个个安全，切实提高了家长的安全感，有位家长感慨地说：“本以为你们只是站一个学期，没想到你们每个学期都在，真的是从内心关心我们孩子的安全啊，你们这样尽心尽责，我们就放心多了。”

一次内部督查，固化技防体系。派出所民警深入校园对学生宿舍、实验室、图书馆、食堂等重点部位和人员聚集场所开展全面彻底的安全检查，切实查清隐患，落实整改，确保安全。指导学校严格各项安全管理制度，加强门卫值守、值班巡逻、技防监控等安防措施，不给犯罪分子任何可乘之机。

一次课前培训，深化安全教育。开学之后，派出所社区民警对各自辖区的学校都分别开展了法制讲座，对近期可能威胁到学生安全的各类案事件进行整合总结，用生动的小例子给学生们讲解，让学生提高自身防范的意识，学生们听得都非常认真，也很感兴趣，不时地会向我们的民警提问质疑，有个学生开心地说：“每天上下学都能看见警察叔叔，而且警察叔叔给我们讲的故事很有意思，长大了我也要做警察，保护别的小朋友，哈哈！”

一次温馨提示，贯穿开门评警。在开学当天，派出所民警不忘宣传防范，针对学生安全隐患的特点，民警自己设计制作了“告家长书”特色的警方提示单，在门卫立岗之际向家长发放温馨提示，提醒广大家长一些需要注意防范的事项，有位家长在收到温馨提示后说：“你们做得太到位了，有些问题我都没有想到，真是谢谢你们的提醒啊，让我知道了更多保护孩子的方式。”

与此同时，周市镇在平安创建活动中，规范管理，全面加强平安创建一线人员的管理监督和教育培训，取得了一定的成效。一是配优配强创安班子人员，把熟悉专业业务、工作认真负责的同志提到一线，充实了平安创建的力量。二是抓实现规范化管理。对村(社区)“五位一体”综治办提高管理要求，加强对“24 小时值班制”的监督。对以公安派出所为主体的政法干警，深入开展“零违纪”教育，不断提高人民群众的满意度和认可度。同时结合“树立优良警风、提高执法水平、建设过硬队伍”等主体教育活动，提高队伍整体素质。三是加大辅警队伍管理培训。面对辅警队伍整体素质相对不高的现状，一方面严格执行奖惩制度，从纪律作风、业务指标等方面对他们进行考核，从而形成良好的争先争优风气；另一方面加大教育培训力度，提升辅警队伍的政治素质和业务能力。从而为平安创建各项措施的落实提供了有力的保证。

2009 年 6 月，周市镇为进一步推进系列平安创建活动，充分发挥先进典型的示范引领作用，经镇平安创建领导小组的调查摸排后，决定在全镇系列平安创建中培育五个创建示范点，重点培育平安社区示范点：金威社区，平安村示范点：市北村。平安创建示范点的四个实施阶段分别如表 5－2：

表 5－2 平安创建示范点实施阶段明细表

阶段	任务
制定方案阶段(2009 年 6 月初)	调查摸底，确定具体创建平安示范点。组织对系列创安进行摸底、调查，对符合条件的单位确定为首批建设额对象。结合实际，制定实施方案，建立健全工作制度等。
宣传发动阶段(2009 年 6 月底～2009 年 8 月初)	广泛开展宣传活动，大力宣传创建活动的意义，提高干部群众对创建工作的认识，动员群众积极参与创建活动。一是示范点要定期召开会议，进行层层动员，使干部群众充分认识创建平安示范点的目的、任务和要求；二是通过悬挂宣传横幅、制作宣传专栏等宣传手段，大张旗鼓地宣传创建活动，形成浓厚的创建氛围，推动创建活动不断深入开展。
组织实施阶段(2009 年 8 月初～2009 年 10 月底)	创建平安示范点根据各自创建的工作内容，创建领导小组和各相关部门根据工作要求，各司其职，密切配合，指导示范点做好各项创建工作。
总结提高阶段(2009 年 11 月初)	创建领导小组、各有关部门和示范点对建设活动开展中所取得的经验进行总结，查找不足，并对存在的问题及时整改，确保创建活动取得完满成效。

通过典型引路、以点带面，截至 2010 年底，全镇 95％以上的创安单位分别达到系列创建的标准和要求，创建覆盖面达到 100％。

五 "大走访"开门评警：编织警民和谐关系网

2009年初，针对当时严峻的经济形势和岁末年初复杂的治安形势，昆山警方启动了为期3个月的以进农村、进社区、进企业、进家庭和送温暖、送平安、送法律、送服务等"四进四送"为主题的"全市公安民警大走访"爱民实践活动。在"大走访"活动中，广大民警访民居、进企业、解困难、排隐患、问计策、听评议，切实帮扶了一批困难群体，解决了一批疑难问题，拉近了警民之间的距离，织就了平安和谐网络。2010年初，公安部决定在全国公安机关深入开展"大走访"开门评警活动。这是发扬党的优良传统，进一步加强和改进新形势下群众工作的重要举措；是坚持以民意为导向，进一步加强和改进公安工作的实际步骤；是自觉接受群众监督，进一步加强和改进公安队伍建设的实际行动。

（一）"三个新"：警民互动保平安

在省、市的统一部署下，周市派出所以积极构建和谐警民关系为中心，以推动执法规范，提升警务效能，提升队伍形象为目的，严格执行上级指示精神，落实活动方案和步骤，着力构建长期有效的内部建设机制，在辖区内深入开展开门评警实践活动。周市派出所以"春风行动"、"平安企业"、大调解、百点调查、祝福千万家、三个报告评议活动为抓手，通过召开座谈会、走进企业、居民小区等形式，走访企业200余家，走访群众1 000多人，总共收集各类意见和建议170余条，召开警民恳谈会26次，发放各类警方提示3 700余份，会同相关部门协调，积极解决各类企业、群众关心的问题。进一步掌握社情民意，提升了公安工作服务群众的能力。

表5-3 周市派出所开展"大走访"开门评警活动情况

场景	具体内容
送温暖	社区民警王庆丰走访慰问辖区内困难群众洪平珍家庭，并送上慰问金1 000元。看到民警来看望他们，他们十分感动，紧握着民警的手说："谢谢你们一直惦记着我。"
送祝福	社区民警李超上门为辖区子女不在身边的老人送慰问品、贴春联，还不停地询问他们年货准备地怎么样、燃放烟花爆竹要注意安全等，在春节来临之际给老人们送上祝福。
送安全	周市派出所组织民警深入辖区人口密集区域向群众发放宣传单和手册，并详细讲解各类案件的防范技巧，切实提高群众自身防范意识。
保平安	周市派出所结合市局部署，结合工作实际，针对春节临近，各类街面违法犯罪上升的特点，以打击"两抢一盗"为重点，以保护商场、金融行业安全为目标，专门成立了武装巡逻小分队，全面提升见警率，预防打击街面犯罪，以实际行动保平安，促进社会和谐。

1. 创新载体,在拓宽评警方式上有新思路

该所结合自身特点,以"四个结合"为重点,融合传统方法和新兴媒介,广泛听取群众意见,为不断改进工作方向方法提供可靠依据。一是"网上与网下"相结合。在网上社区警务室基础上开通网络评警 QQ 群,明确对群众咨询、举报和建议的受理、流转、办理、答复等程序,记录群众意见。并在实地走访中有效查处了重点隐患、安抚了重点人群、解决了突出矛盾。二是"问卷调查与电话访问"相结合。针对企事业单位管理者、企业员工、常住人口、外来人口不同专门制定了调查问卷,该所派专人送达收回,并积极开展电话访问辖区重点单位、回访警情当事人等,为广泛收集意见搭建起了良好平台。三是"走出去与请进来"相结合。该所组织民警深入辖区,多层次、广范围、多角度地走访,强化社会监督力量;同时,适时组织"警营开放日"活动,把群众请进警营,通过"零距离"接触,让群众在感受中增强对民警的认识。四是"专门恳谈与随机走访"相结合。该所以"警民恳谈日"为基础,不断加强与群众沟通交流,真正架起密切联系群众的"连心桥";同时,进行随机抽访,普查民警执法执纪效果,倾听群众心声,为老百姓办实事。

2. 丰富内容,在管控治安隐患上有新成绩

在开展开门评警实践活动中,该所围绕治安突出问题,以走下去、查问题、治隐患、保平安为重点,广泛开展民情走访调查、犯罪隐患排查、矛盾化解处理等工作,取得了积极效果。一是广泛查访社情民意保平安。采取召开警民恳谈会、座谈会、走访调查、问卷调查、案件回访等形式,了解和掌握人民群众对公安工作的要求与期盼。并积极配合有关部门做好情绪疏导、矛盾化解工作。二是仔细摸排犯罪线索治隐患。该所以人民群众反映强烈的突出治安问题,以治安复杂场所、治安乱点地区为重点,摸排违法犯罪线索,整治违法犯罪隐患。三是有效化解矛盾纠纷保稳定。该所对可能形成群体上访的人员,认真落实"化解"责任制,通过上门慰问、上门谈话等方式,用诚恳的态度和细致的作风,妥善处置了多起不安定因素,保障了辖区社会面的和谐稳定。四是着力评议作风形象提水平。该所在提升自身形象素质的基础上,大力开展走访慰问活动,争取辖区企事业单位和个人的理解与支持,在细微处展现执警为民的形象。

3. 完善机制,在巩固活动成果上有新举措

在开门评警活动过程中,该所始终坚持遵循以活动为纽带,以内容为载体,以机制促规范的基本思路,深入开展活动,不断推进形成持续改进的基础工作新局面。一是抓预防,着力解决突出问题。开门评警活动以来,该所共接待来访来信18 件,上门走访 1 500 余人(次),有效化解矛盾纠纷 53 起,确保了"大走访"惩防并举的工作效果落实。二是抓创新,着力推动社会管理。该所努力提高管理服务水平,改进管理服务方式,不仅实现了人口信息的常态更新、重点人员的动态管控、社会治安的动态攻防,而且有效减少各类重特大案件、事件、事故的发生。三是抓总结，着力提升警务效能。该所及时对“大走访”活动中的成绩和不足总结点评，大力弘扬在“开门评警”活动中表现优秀的民警，形成人人争当先进、个个勇夺第一的“比、学、赶、帮、超”氛围。四是抓创建，着力提升队伍形象。在此次活动中，该所主动征求、虚心听取群众对公安工作和公安队伍建设的意见，抓紧抓好公安队伍创建工作，着力提升队伍形象，推动公安工作又好又快发展。

（二）“五个围绕”：开门评警促和谐

同时，新镇派出所也陆续开展“大走访”开门评警活动。2011 年 1 月 10 日，新镇所组织全所民警开展了“大走访”开门评警活动动员大会，安排了近期“大走访”开门评警活动的相关工作。会上，新镇所传达了市局相关精神，并对“大走访”开门评警活动进行了安排和部署。要求全所民警积极深入企业、深入群众，敞开大门访民意，打开心扉听民声；通过深入走访，着力为群众解决一批实际问题、化解一批矛盾纠纷，促进辖区和谐稳定；并结合辖区实际，在“大走访”开门评警活动中，把走访、评议、反馈、整改各个环节紧密结合起来，充分运用走访、回访、辖区群众报告工作等办法听取群众意见，努力把“大走访”开门评警活动打造成为“群众满意工程”。

表 5-4 新镇派出所开展大走访“开门评警”活动情况

时间	具体活动
2011 年 2 月 9 日	新镇派出所联合刑警大队，分别在新镇东方村及新镇创业居家乐园组织民警及部分群众代表认真开展了警民恳谈活动。此次活动主要结合节后社会治安实际，为切实增强群众安全防范意识、提高安全防范能力，与参会人员进行了深入的讨论与分析。
2011 年 2 月 17 日上午	新镇派出所社区民警带领辅警深入辖区走访了 10 余家贫困户，为他们送上了大米、元宵、慰问金和节日祝福。走访中，民警还详细了解了大家的生活现状并表示将尽自己的所能来帮助他们。
2011 年 3 月	在走访过程中，新镇派出所了解到辖区内多数企业出现用工荒。为此，派出所及时利用微博向辖区外来务工人员等发布企业招聘信息。一方面为企业用工荒问题尽了绵薄之力，另一方面也为外来务工人员提供了就业渠道，防止外来务工人员遭遇黑中介、招工诈骗。
2011 年 3 月 16 日	针对近期的日本地震、海啸自然灾害事件，新镇派出所社区民警积极深入辖区中的日资企业，开展大走访活动。走访中了解到，辖区内日资企业昆山三鼎儿童用品有限公司受到日本大地震影响，但该企业仍然坚持生产，员工情绪稳定，未发生任何不安定事件。
2011 年 4 月 9 日	新镇派出所分别在东方村、嘉禾社区、睦和社区以及花都社区等组织民警及部分群众代表认真开展了警民恳谈活动。并依托互联网络，积极向群众宣传派出所的 QQ 群、微博、网上公安机关等新平台，扩大恳谈对象的范围和层面，倾听民意，收到了良好的群众反响。

“大走访”开门评警活动开展以来，新镇派出所以警民和谐、辖区社会稳定和人民满意为标准，紧密结合“五个围绕”机制，深入走访联系群众，主动听取群众意见，

自觉接受群众评议,全方位开展“大走访”开门评警活动,取得了良好成效。

1. 围绕影响和谐稳定的突出问题开展走访评警,着力维护社会和谐稳定

一是认真搞好“大走访”开门评警的组织工作。按照上级的通知,制定出全所开门评警这一活动的实施方案;组织广大民警走千家、进万户,听民声、访民意,送温暖、送服务,进一步密切警民关系。二是深入开展不稳定因素大排查活动。新镇派出所在组织民警开展走访过程中,注意收集社情民意,及时了解和掌握群众思想动态,有效预防和减少群体性事件等影响社会稳定问题的发生。三是深入开展清理积案大会战活动。新镇派出所对久侦未破的案件,积极采取各种措施开展破案攻坚,切实提高破案绝对数。认真解决涉及公安机关的群众信访问题,把走访群众与接访、下访、回访信访人结合起来,实现非正常上访不断下降、初信初访及时就地化解、重信重访明显减少的目标。

2. 围绕安全隐患问题开展走访评警,加强社会治安综合治理,着力提升公共安全管理水平

一是深入开展消防安全隐患排查整治。根据走访评警制定的方案,新镇派出所组织民警采取“地毯式”排查方式,具体到负责对象,认真的检查各单位、场所的建筑耐火等级、防火分区、消防安全疏散条件、建筑消防设施、室内外装饰装修等,彻底消除存在的各类火灾隐患。二是认真加强校园安保工作。春节前派出所组织民警至学校开展消防检查和演练,开展预案演练,指导学校落实安全防范措施等一系列坚决有效举措,加大工作力度,把维护学校、幼儿园安全工作摆上更加突出的位置,全面推进学校、幼儿园及周边治安整治工作,着力提升学校、幼儿园安全防范能力,坚决防止重大涉校涉生案件发生。

3. 围绕执法问题开展走访评警,深入开展案件回访活动,全力提升执法为民水平

一是深入开展案件大回访活动。新镇派出所组织民警深入走访群众特别是近年来向派出所报过警、报过案或者接受过处理的当事人。对群众反映的接处警不及时、申请事项不受理等执法不作为等问题,实事求是地进行调查处理。二是深入开展执法大检查活动。新镇派出所组织民警对照案例找不足、对照典型找差距,确保案件办理事实清楚、证据充分、定性准确、程序合法,保证抓得准、办得快、诉得出,努力减少办案瑕疵,力争多办精品案件。三是深入开展法制知识大宣讲活动。对于发生在群众身边或具有典型教育引导意义的案件、事件进行整理,该所推出一批宣讲案例,进社区、进学校、进企业,面对面地向群众做好法制宣传教育工作,开展“以案说法”、“以案析理”等活动,组织群众在参与中提高知法守法懂法的意识,营造良好的法制环境。

4. 围绕作风形象问题开展走访评警,坚持从严治警,努力打造人民满意的公安队伍

一是改进工作作风,提升服务效能。新镇派出所组织民警广泛走访了解群众对派出所特别是基层一线、窗口单位服务态度、服务质量和工作作风等方面的看法和意见，从中分析掌握当前影响警民关系和谐的突出问题，并按照群众意见进一步改进工作作风和服务态度、服务质量。二是严格管理队伍，严肃警风警纪。该所以走访评警为载体，对所领导及全体民警进行绩效评估。对待群众的举报投诉认真受理、仔细调查。以实际行动取信于民，着力打造人民满意的公安队伍。

5. 围绕警民交流沟通渠道不畅等问题开展走访评警，积极开展警察公共关系活动，不断提升公安工作的主动权

一是加强警察公共关系建设，全力推进和谐警民关系。新镇派出所积极组织开展"开门评警"活动，让人民群众近距离地了解公安工作的繁重艰辛，积极参与对公安工作和公安队伍形象的评判，在良性互动中建立密切、融洽的警民关系。二是搭建警民沟通平台，着力提高舆论引导能力。通过网上公安机关、微博等一系列畅通民意的渠道，开展警务调查。对群众反映的突出问题，采取有效措施，切实加以整改。把握舆情主导权，最大限度压缩恶意炒作空间，积极营造既有效发挥舆论监督作用又有利于公安工作发展的舆论环境。

周市镇在大走访"开门评警"活动中，以群众需求为导向，把走访活动与治安防控相结合，多措并举，警民联动，便民惠民，编织起警民和谐关系网，增加了群众的安全感，提升了群众的满意度和信任度，维护了全镇社会治安的良好态势。

第二章 社会矛盾纠纷的化解机制创新

周市镇在社会建设的进程中，在推进社会治安大防控体系建设的同时，着力推进社会矛盾纠纷大调解机制建设，注重理顺大调解工作的管理体系、组织网络和对接渠道建设，不断规范大调解运行机制，创新矛盾纠纷调处方法，进一步整合社会各方面资源，最大限度地减少了不和谐因素，为全镇经济社会又好又快发展创造了稳定的社会环境。

一 源头预防："周市镇重大事项社会稳定风险评估方案"解析

近年来，为切实维护社会和谐稳定，周市镇根据江苏省、昆山市的统一部署，开展了多次社会矛盾纠纷大排查活动。这既是加强社会矛盾化解工作的长效机制，也是调处化解社会矛盾纠纷、提升维稳能力的重要措施。在大排查活动中，周市镇坚持以人为本、服务群众、关注民生、"属地管理"和"谁主管、谁负责"的原则，切实强化督察指导，确保大排查工作不漏村组、不漏企事业单位、不漏城乡家庭、不漏任何社会单元；建立了大排查工作联动机制，努力形成排查化解社会矛盾纠纷的整体合力；注重把排查工作与建立矛盾纠纷源头预防机制、健全完善大调解机制、完善群体性事件应急处置机制有机结合起来；努力做到"小事不出村（社区），大事不出乡镇（街道），纠纷不激化，矛盾不上交"，有效防止发生有重大影响的群体性事件、恶性民转刑案件、个人极端事件和规模性集访事件。

同时，为了进一步提高决策的科学化、民主化水平，从源头上预防和减少重大事项决策、执行和实施过程中的影响社会稳定的隐患，确保社会稳定，根据江苏省关于《重大事项稳定风险评估办法》的精神，2010 年 9 月，周市镇制定了《镇重大事项社会稳定风险评估工作实施方案》。此方案能有效预防和减少重大事项实施过程中的社会稳定风险，着力推进社会稳定工作关口前移，为全面建设“平安周市”营造和谐稳定的社会环境。

（一）评估原则

重大事项社会稳定风险评估工作，以正确把握和妥善解决人民群众最关心、最直接、最现实的利益问题为重点，对实施重大事项可能出现影响社会稳定的风险先期预测、评估、化解。坚持以人为本、科学决策的原则；坚持预防在先、统筹兼顾的原则；坚持实事求是、客观公正的原则；坚持属地管理、分级负责的原则；坚持谁主管、谁评估、谁负责的原则。

（二）评估范围

这里所说的重大事项，是指镇、村机关有关部门提出的，事关人民群众切身利益，牵涉面广、涉及人员多，易引发不稳定问题的重大决策、重要政策、重要改革措施、重点工程建设项目等。主要包括：关系到较大范围人民群众切身利益的社会保障、社会管理等重大决策；涉及人民群众普遍关心的有关民生问题规范性文件的制定或修改；关系到产权转让、职工身份转换、用工安置等重大利益格局调整的国有、集体企业和事业单位的重大改革或改制；有可能在较大范围内对人民群众生产、生活造成影响的有关资源开发、环境保护及城乡发展等重大工程建设；涉及诸多利益群体或较大利益群体的行业政策调整；镇党委、政府稳定工作小组和镇、村机关有关部门认为应当进行社会稳定风险评估的其他事项。

（三）评估内容

凡重大事项决定之前，都应该围绕该事项可能存在的稳定风险，开展合法性、合理性、可行和可控性等评估工作，认真分析预测可能存在的不稳定隐患和问题，评判其风险程度和可控范围，为科学决策提供依据。

1. 合法性评估

主要分析评估是否符合国家法律、法规和规章；是否符合党的路线方针政策；是否符合上级党委和政府制定的规范性文件精神；所涉及政策调整、利益调节的法律、政策依据是否充分；是否符合法定程序等。

2. 合理性评估

主要分析评价是否符合科学发展观要求；是否反映大多数群众的意愿；是否兼顾群众的现实利益和长远利益；是否兼顾各方利益群体的不同诉求；是否遵循公

开、公平、公正原则等。

3. 可行性评估

主要分析评价是否征求了群众的意见；是否组织开展了前期宣传解释工作，并为绝大多数群众接受和支持；是否符合本地经济社会发展总体水平；相关政策是否具有连续性和严密性；出台的时机是否成熟；实施方案是否周密、完善、课题可操作等。

4. 主要分析评价

是否存在可能引发群体性事件的苗头性、倾向性问题；是否存在其他可能影响社会稳定的隐患；是否具有相应的预测预警措施和应急处置预案；是否有化解矛盾的对策措施等。

(四) 评估程序

按照“属地管理、分级负责”和“谁主管、谁评估、谁负责”的原则，重大事项的提出部门、政策起草部门、项目申报审批部门、改革的牵头部门、工作的实施部门是负责组织实施社会稳定风险评估的责任主体。涉及多部门、职能交叉而又难以界定评估直接责任部门的重大事项，由镇党委、政府确定评估责任主体。评估工作的程序如下(详见图5-6)：

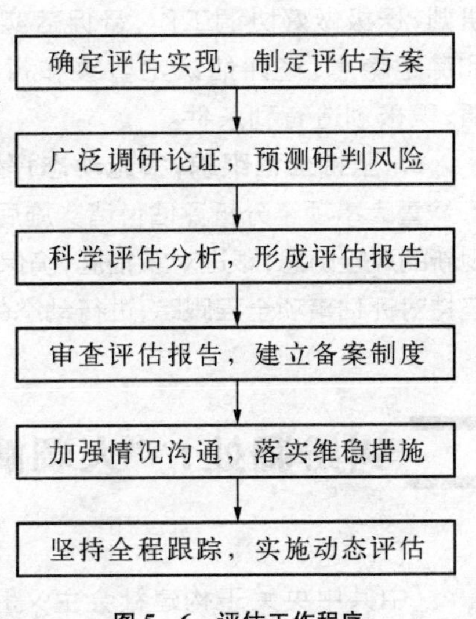

图5-6 评估工作程序

1. 确定评估事项，制定评估方案

经确定列入社会稳定风险重点评估的重大事项，责任主体部门要及时制定评估工作方案，明确责任领导、评估工作人员组成及资格条件、评估内容、措施、方法、程序、时限、纪律等具体要求，做好各项准备工作。

2. 广泛调研论证，预测预判风险

根据实际情况，评估责任主体要采取专家咨询、专题座谈、抽样调查、实地勘察、公示公告、听证会、民意测评等形式，广泛征求人大及信访、维稳等部门的意见，充分听取基层意见和相关利益群体代表的利益诉求，并对意见、建议进行归纳、整理，力求准确判定可能存在的社会稳定风险。

3. 科学评估分析，形成评估报告

评估责任主体对可能引发的各种社会稳定风险逐项进行分析预测，特别是对可能引发的矛盾冲突，涉及的对象、范围，反映的问题和激烈程度作出综合评判；对争议较大、专业性较强的问题，还应该按照有关法律法规的要求，组织专家论证，作出《社会稳定风险评估工作报告》，对稳定风险作出风险很大、较大、较小的评价；对重大事项的实施提出可实施、可部分实施、暂缓实施或不宜实施的建议。并根据稳定隐患,制定应对策略和应急预案。

4. 审查评估报告,建立备案制度

评估责任主体应在评估结束后 10 天内将《社会稳定风险评估工作报告》报本级评估工作领导小组。镇评估工作领导小组负责审核市级重点评估事项,通常在接报 20 天内,召开审核会议,进行综合分析,提出审核意见,并报镇党委、政府审定。镇党委、政府根据责任部门提交的评估报告,审查决定重大事项实施、部分实施、暂缓实施或不实施,并送镇信访工作领导小组备案。

5. 加强情况沟通,落实维稳措施

对存在社会稳定风险的重大事项,评估责任主体要主动牵头相关部门、单位制定应急预案,落实防范、化解和处置措施,镇信访工作领导小组要加强信息的收集研判,积极做好协调工作,督促落实降低风险、化解矛盾的措施。对存在较大矛盾和稳定隐患、经评估认定暂缓和暂不实施的事项,要及时调整、完善方案,化解矛盾,积极创造有利条件。

6. 坚持全程跟踪,实施动态评估

重大事项经分析评估付诸实施后,评估责任主体要不间断地听取基层反映,及时发现新的风险隐患,跟进对策措施,确保评估事项顺利推进。评估责任主体和信访部门要坚持对评估事项全程跟踪,进行动态的检查和评价,及时预防和化解新矛盾、新问题。

二 纠纷调处:"大调解"机制建设

《中共中央关于构建社会主义和谐社会若干重大问题的决定》中指出:要完善矛盾纠纷排查调处工作制度,建立党和政府主导的维护群众权益机制,实现人民调解、行政调解、司法调解有机结合,更多采用调解方法,综合运用法律、政策、经济、行政等手段和教育、协商、疏导等办法,把矛盾化解在基层、解决在萌芽状态。周市镇社会矛盾调处网络图如图 5-7 所示。

周市镇社会矛盾纠纷调处服务中心的主要职责是:a) 受理群众的来信来访,做好上访群众的接待工作;b) 及时向有关部门、村(社区)、企事业单位交办来信来访反映的问题和矛盾纠纷,并协调有关部门、村(社区)、企事业单位按规定进行解决;c) 对有关部门、村(社区)、企事业单位未能按时处理或处理后有反复的群众来信来访和矛盾纠纷进行监督;d) 按规定开展矛盾纠纷排查调处工作,预测、预报群众来信来访,民间重大疑难纠纷和矛盾纠纷发展趋势。及时掌握辖区内的不稳定因素,向有关部门、村(社区)、企事业单位通报群众来信来访、矛盾纠纷和不稳定的

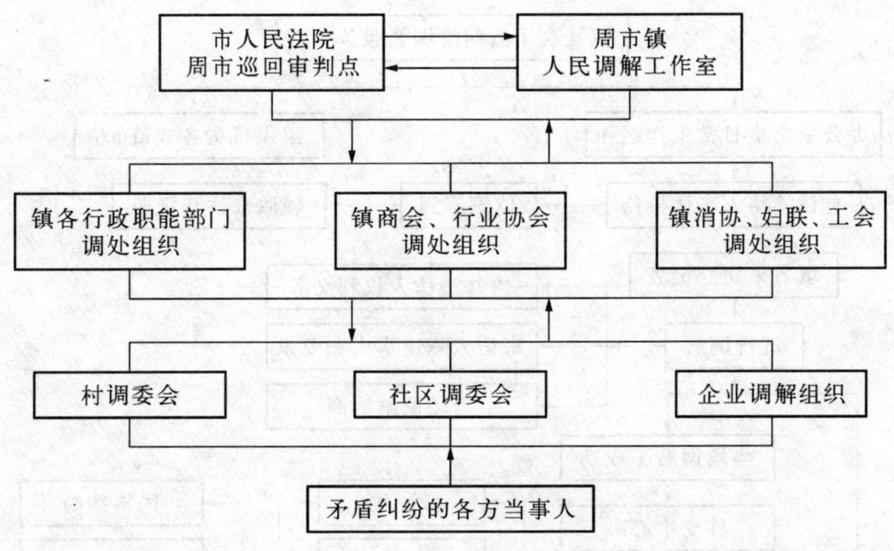

图 5-7 周市镇社会矛盾调处网络图

情况;e) 向群众宣传党的路线、方针、政策和国家的法律法规,为群众提供法律咨询;f) 及时向镇分管领导和上级主管部门汇报辖区内群众来信来访、矛盾纠纷和不稳定因素的情况;g) 做好党委、政府和上级主管部门交办的其他事项。其工作流程图如图 5-8 所示。

(一) 人民调解: 化解纠纷的“柔性”力量

人民调解又称诉讼外调解,是指在人民调解委员会主持下,以国家法律、法规、规章和社会公德规范为依据,对民间纠纷双方当事人进行调解、劝说,促使他们互相谅解、平等协商,自愿达成协议,消除纷争的活动。人民调解工作坚持“调防结合、以防为主”的工作方针和“平等自愿、合理合法,不得限制当事人诉讼权利”的基本原则。其工作流程图如图 5-9 所示。

根据 2011 年 1 月 1 日起实行的《中华人民共和国人民调解法》规定: 人民调解委员会一般是在乡镇或街道办事处下设的调解民间纠纷的群众性自治组织(也可在农村村民委员会、城市社区居民委员会设立人民调解委员会;企业事业单位根据需要设立人民调解委员会;根据需要设立的区域性、行业性的人民调解委员会),并在基层人民政府和基层司法行政部门指导下进行工作。人民调解委员会的主要任务是调解民间纠纷,防止民间纠纷激化;通过调解工作宣传法律、法规、规章和政策,教育公民遵纪守法,尊重社会公德,预防民间纠纷发生;向村民委员会、居民委员会、所在单位和基层人民政府反映民间纠纷和调解工作的情况。周市镇人民调解委员会网络图如图 5-10 所示。

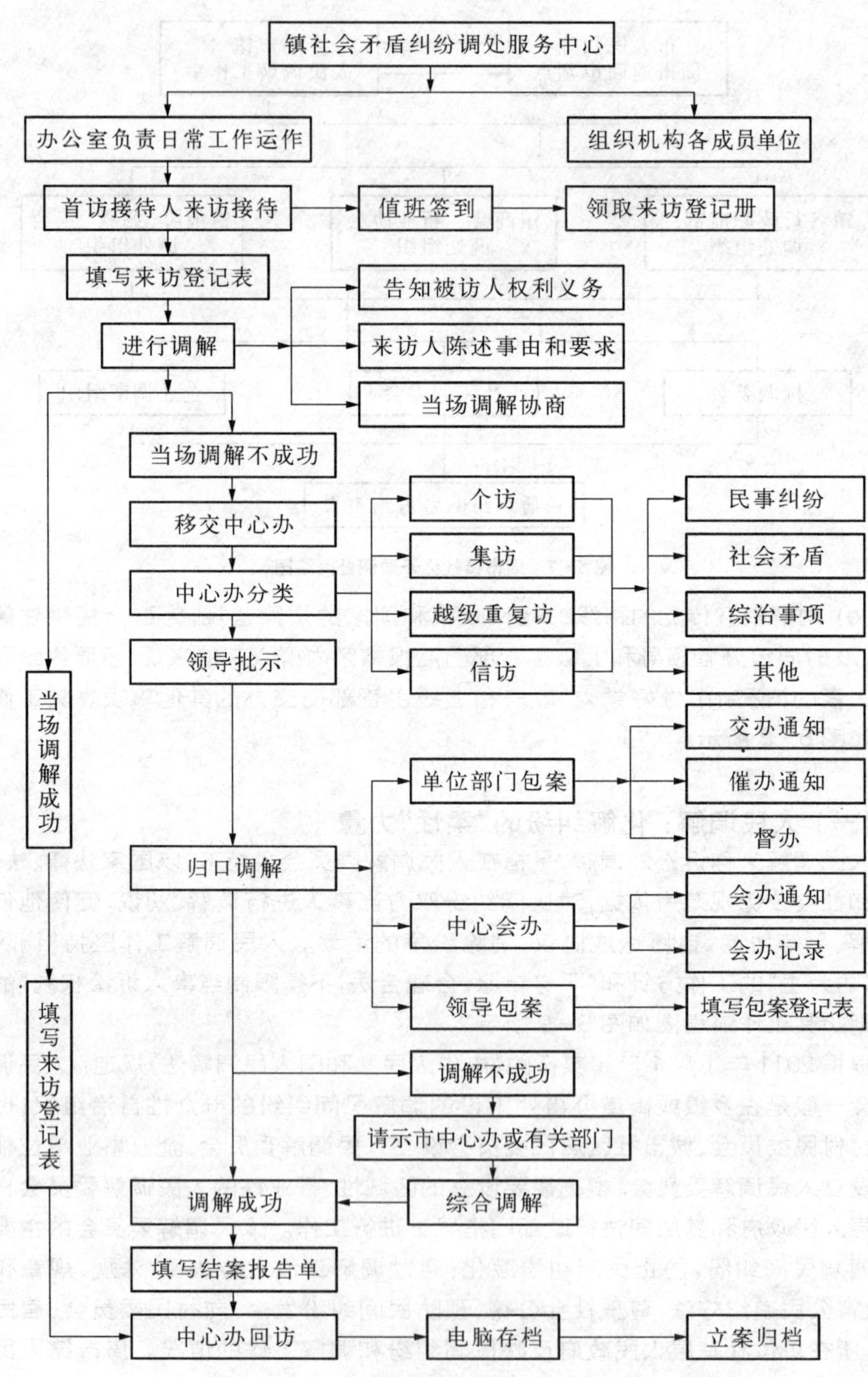

图 5-8　周市镇社会矛盾纠纷调处中心工作流程图

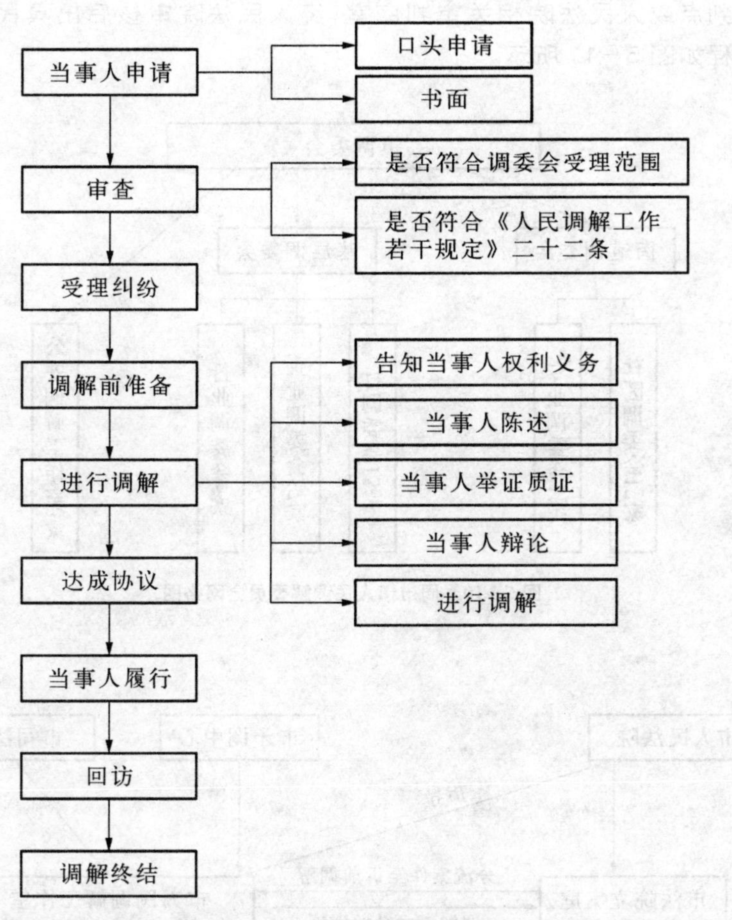

图 5-9 人民调解工作流程图

人民调解工作室在领导小组的指导下开展人民调解工作，为人民群众提供便利、优质、高效的纠纷解决途径，积极有效地促进与维护社会的和谐稳定。其工作的基本原则是自愿、合法、情理。通过释明与劝导，促进纠纷各方当事人在自愿处分权利又不违背法规和公益的前提下协商、化解纷争。特别注重运用道义情理、公平诚信、公序良俗等法律原则和道德观念调处纠纷，实现民间纠纷当事人可理解接受的公正。其任务是对民间纠纷开展人民调解工作，化解矛盾，促进和谐；指导基层街委会开展人民调解工作；沟通人民法院及其巡回审判点与基层人民调解委员会的联系。其具体工作内容则是对婚姻家庭、相邻关系、人身损害赔偿、劳动争议、消费者权利、民间借贷、买卖等民间常见纠纷，在双方当事人自愿的前提下，由人民调解委员进行诉前调解，调解成功的，可由人民调解工作室出具人民调解协议书；如果当事人要求法院予以确认的，可由人民调解工作室转巡回审判点或人民法院相关审判庭室，经人民法院审核后出具民事调解书。其工作流程如图 5 - 11 所示。

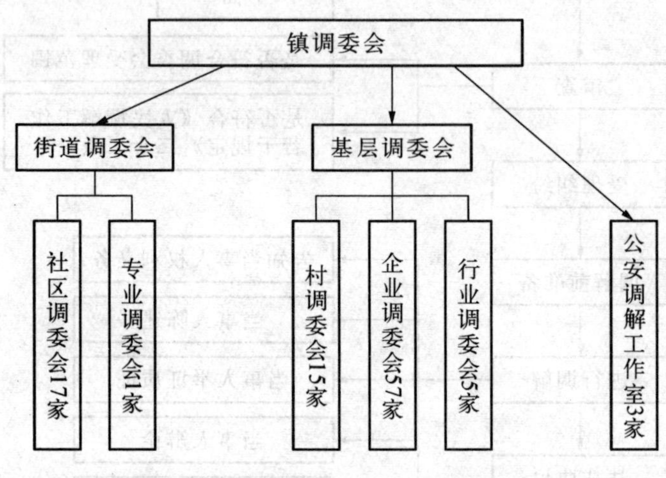

图 5 - 10 周市镇人民调解委员会网络图

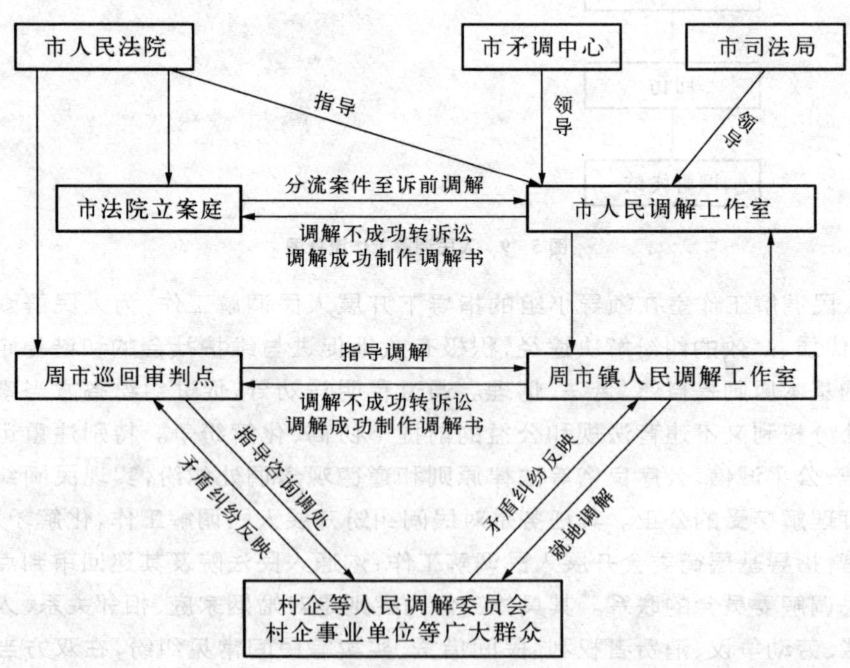

图 5 - 11 周市镇人民调解工作室工作流程

案例：

时 间	纠 纷 概 况	调 处 结 果
2010 年 2 月	镇某公司员工朱某在上班期间，身体感觉不适，自行前往医院就诊。在医院未作任何检查前，突然猝死。其亲属要求公司按照工伤标准进行赔偿，双方就赔偿金额未达成一致意见，分歧较大。	经协商后，死者家属对公司的态度及做法表示认可，同意接受该公司的赔偿数额。使得矛盾纠纷得以及时、有效、妥善地化解。
2010 年 5 月	袁某与陈某因工作问题发生打架纠纷。在打架过程中，袁某右下胯被陈某踢中一脚，经医生诊断袁某有流产的症状，医院及时采取保守治疗。袁某要求陈某支付医疗费、误工费，并承担相应的精神抚慰金总计人民币三千元。因陈某刚到公司上班一月左右，身边又没有亲戚朋友，一时无力赔偿。产生纠纷。	周市镇人民调解委员会驻新镇派出所工作室与该公司老板杨总进行商议，最后决定由公司先行垫付三千元赔偿，以后再从陈某的工资中分月扣除。此协商意见得到了双方当事人的同意，此次纠纷也得以圆满解决。
2010 年 10 月	邱某与吴某共同合伙开办一家铝合金装修门店，邱某因工作关系需要退伙，双方协商后就退伙补偿数额难以达成一致，遂产生纠纷。	经多方努力，双方达成一致，签订了一份调解协议。至此，这次矛盾得以妥善化解。

（二）行政调解：调处纠纷的行政力量

行政调解是国家行政机关处理行政纠纷的一种方法。国家行政机关根据法律规定，对属于国家行政机关职权管辖范围内的行政纠纷，通过耐心的说服教育，使纠纷的双方当事人互相谅解，在平等协商的基础上达成一致协议，从而合理地、彻底地解决纠纷矛盾。其工作流程如图 5－12 所示。

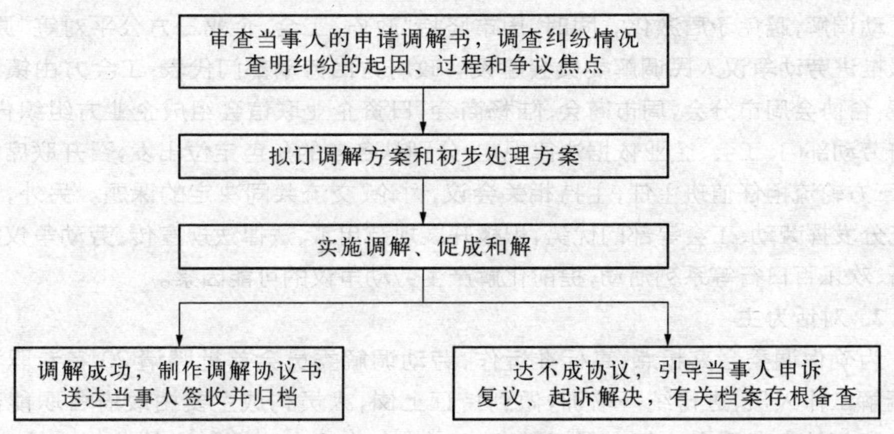

图 5－12 行政调解流程图

案例：

劳动争议调处联动工作机制

针对劳动争议案件利益诉求多元化、职工维权意识强、新型劳动争议内容凸显等新特点，周市镇建立了劳动争议调处联动工作机制，以进一步发挥"诉调对接"和"裁调对接"的功能和作用，形成部门大联动快速调解和应急处置事件机制，强化对重大劳动关系和突发性事件的监控，及时有效化解劳动争议，确保劳动关系和谐稳定。2011 年初，周市镇的劳动争议调处联动工作机制获得了昆山市机关效能建设"创新奖"。

2010 年，周市镇人民政府成立了镇劳动争议调处联动工作领导小组，由常务副镇长任组长，镇工会主席、劳动和社会保障所所长任副组长，司法所、经济服务中心、派出所、综治办、信访办等部门为成员单位，办公室设在镇劳动和社会保障所，形成了党委领导、工会参与、部门联动的快速调解和处置应急事件的组织体制。并制定了"周市镇劳动争议调处联动工作意见"、"周市镇劳动争议人民调解委员会工作规则"、"周市镇集体劳动争议应急处置办法"、"周市镇劳动争议调处联动工作考核办法"等一系列制度和规则。

当年 4 月 1 日，周市镇党委、镇人民政府召开了劳动争议调处联动工作会议，镇劳动争议调处联动工作领导小组成员单位、镇台商协会、日资企业联谊会、民营企业商会的领导参加了会议，会上，周市镇党委副书记要求，劳动争议调处联动工作要突出一个"快"字，反应要快、行动要快、落实要快、处理要快、见效要快，形成劳资双赢新局面。会后，举行了周市镇劳动争议调解委员会成立揭牌仪式和劳动争议调解员培训班。随后，周市镇人民政府制定下发了劳动争议调处联动工作意见，进一步明确了劳动争议调处联动的工作机制、工作方法和考核办法。

1. 预防为先

周市镇定期组织开展劳资矛盾纠纷定期排查工作，经常去企业走访、摸底、排查，了解劳动者关注的难点、热点问题，及时发现和掌握劳资纠纷动态，完善工作预案，实行主动调解，避免矛盾激化。同时，周市坚持"政府、工会、企业三方公平对等"原则，积极推进劳动争议人民调解委员会建设。政府方由劳动部门代表；工会方由镇工会代表；台协会周市分会，周市商会、陆杨商会，日资企业联谊会组成企业方组织代表。政府劳动部门、工会、企业依据法律规定，分别从各自的角色定位出发，召开联席会议时，三方轮流担任值班主任，主持相关会议，讨论、交流共同决定的课题。另外，该镇还充分发挥劳动、工会等部门优势，积极开展规范用工、法律法规宣传、劳动争议案例分析、欢乐百日行等系列活动，提前化解产生劳动争议的可能因素。

2. 对话为主

为确保调委会高起点、高标准运作，劳动调解委员会首批聘请 20 名专职和兼职调解工作人员，进行统一培训，做到持证上岗，人员构成主要由政府各职能部门派出和相关企业派出。每次召开政府、工会、企业三方协调和案例分析会议，都要听取和汇集每季度劳资纠纷发生和调处的情况，同时布置下阶段重点调处劳资纠纷的问题。调委会办公室作为接待人民群众、企事业单位来电来信来访的场所，实行“一门式”服务，做到进“一家门”，解“百家结”。调解采用了圆桌会议形式，改变过去调解组织普遍采取的庭式调解模式，体现了调解员与当事人之间、当事人相互之间地位平等的原则，彰显了服务型政府的精神，为当事人之间心平气和地交流感情、交换意见提供了一个相对宽松的环境，体现了人性化服务的理念。

3. 联动机制

在实践过程中，劳动争议按照“统一受理、集中梳理、分级办理、限期处理”原则，实行镇企两级调处，或指派职能部门人员调处，或聘请企业调解员参与调处。同时，按照“信息联网、部门联手、上下联动、条块联合”原则，在调委会统一组织下，实行各涉案单位共同调解、联合调解。新型运作机制打破了过去调解组织左右分割格局，形成多种调解主体协同作战、联合作战，多种调解方式多管齐下、联动运作的新格局，加大了对矛盾纠纷的调处力度，保证了调处成功率。劳动争议调处联动工作机制，降低了争议调处成本，缩短调处时限，成功化解了一批劳资矛盾，妥善处置了一批劳资纠纷，为企业和职工营建劳资关系的“和谐港湾”。①

据统计，2009 年全镇接到来电来访 1 684 起，受理劳动争议调解案件 1 289 起，集体劳动争议 11 起，经调解未成功申请仲裁 129 人次。2010 年全镇共受理劳动争议案件 778 起，同比下降 40. 1%，成功调处 654 件，调解率达 93. 2%，申请劳动仲裁 44 起，同比下降 47%。

（三）司法调解：新的途径探索

司法调解亦称诉讼调解，是我国民事诉讼法规定的一项重要的诉讼制度，是当事人双方在人民法院法官的主持下，通过处分自己的权益来解决纠纷的一种重要方式。司法调解以当事人之间私权冲突为基础，以当事人一方的诉讼请求为依据，以司法审判权的介入和审查为特征，以当事人处分自己的权益为内容，实际上是公权力主导下对私权利的一种处分和让与。周市镇和昆山市人民法院在共建平安乡镇的活动中，在司法调解方面进行了有益的探索。②

1. “矛盾纠纷信息联通网络”，确保信息畅通

为了破解“乡镇因纠纷多影响安定和谐，法院因案子多影响结案效率”的难题，昆山法院改变传统的“开门收，关门办”的办案模式，变被动司法为能动司法，变等案上门为早联络、早知辖区事。为此，该院与周市镇建立“矛盾纠纷信息联通网络”，在每个村都

---

① 见昆山新闻《营造“和谐港湾”——周市在全市首推劳动争议调处联动工作机制纪实》，《昆山日报》2011 年 2 月 14 日。

② 见王洪《一个双赢的创举，和谐攻坚——昆山市法院与周市镇结对共建平安乡镇》，《人民法院报》2009 年 9 月 22 日。

有专门联系的责任法官，确保信息24小时畅通。2009年，周市镇先后发生两起建设工程纠纷，一起是两家钢管供应商哄抢周市工地上的钢管，一起是包工头组织民工围堵小区讨要工程款，两起纠纷当事人均情绪激动、较为对立，矛盾各方大有一触即发的可能，周市镇司法所、派出所、建管所快速介入调处，调处不成及时转至巡回审判点，在巡回审判点联系法官主持调解下，矛盾双方达成协议，有效避免了群体性上访或恶性事件的发生。自法院与周市镇人民政府建立信息联络员制度一年以来，负责联络乡镇的法官受理信息上百条，相继消除了各类矛盾纠纷上百起，有效避免了群体性上访事件19次。

2. 及时发现，提前排查预防矛盾

昆山法院在与周市镇人民政府联合成立和谐共建工作领导小组后，共同对周市镇社会矛盾纠纷的现状与特点进行了集中排查，先后召开了农村片、社区片、企事业单位和行政机关的专题座谈会，实地走访了部分重点企业和村、社区，在深入调研的基础上，形成了周市镇社会矛盾纠纷的调查报告，并提出了预防和化解矛盾纠纷的对策建议。2009年年初，该院针对金融危机引发少数企业倒闭现象，与周市镇政府及海关、劳动、银行、税务等相关部门共同研究制定关于应对企业突然倒闭的预警预报及应急处置预案，按照“发现要早、化解要快、控制要稳、处置要好”的总体原则，相继排查了各类矛盾隐患31起，有效避免了昆山翊庆涂装设备有限公司、昆山鑫淼铝制品有限公司等3起群体性上访事件的发生。

3. 巡回审判点和镇人民调解工作室联动

在和谐共建进程中，昆山市法院和周市镇形成了基层调解组织、人民调解、行业协会调解、法院巡回审判点与人民调解工作室联动调解的网络，让各类矛盾纠纷在每一个层次都能及时得到疏导。该院还不断探索联合相关职能部门共同协调化解矛盾纠纷的工作运行机制。如前所述，在劳动争议领域，建立了与劳动和社会保障局联合调处劳资纠纷的协作机制，成立了劳资纠纷联合巡回调解工作组及劳资纠纷信息联络员制度，加强仲裁调解与诉讼调解的衔接。

和谐乡镇共建活动，使周市镇社会治安秩序良好，法制环境进一步提升。在金融危机严重影响下的2009年，周市镇经济仍呈现良好发展态势：当年新增外资项目41个、注册资金1.84亿美元，新增民营企业近600家，新增注册民资11亿元人民币；实现工业总产值228.04亿元，同比增长21.2%，实现全口径财政收入19.29亿元，同比增长34.7%。

当然，完善大调解的运行机制，除了综合运用人民调解、行政调解、司法调解外，还应规范矛盾纠纷排查研判、接待受理、分流指派、协调处理、检查督办等工作环节，建立健全工作例会、联络员工作、矛盾纠纷分析、信息报送、检查考核等工作制度；创新大调解工作方法，推广矛盾纠纷听证制、信访代理双向承诺制和信访突出问题法律服务制，推进调解人员专业化建设，努力造就一批调解能手；注意吸纳退休老领导、老职工参与矛盾纠纷调解工作，充实调解队伍，力求矛盾纠纷得到及时化解。

三 渠道畅通：信访平台运作机理

信访，是指公民、法人或者其他组织采用书信、电子邮件、传真、电话、走访等形式，向各级人民政府、县级以上人民政府工作部门反映情况，提出建议、意见或者投诉请求，依法由有关行政机关处理的活动。近年来，周市镇的信访稳定工作从构建“和谐周市”的高度出发，围绕“在和谐社会构件上实施新的跨越”的工作目标，以维护稳定、促进各项工作顺利开展为主攻方向，着力完善信访问题和矛盾纠纷排查、分析、处置制度，敞开信访渠道，掌控信访源头，规范信访行为，及时化解矛盾，为全镇经济社会又好又快发展提供了良好的社会政治稳定环境保障(详见图5-13)。

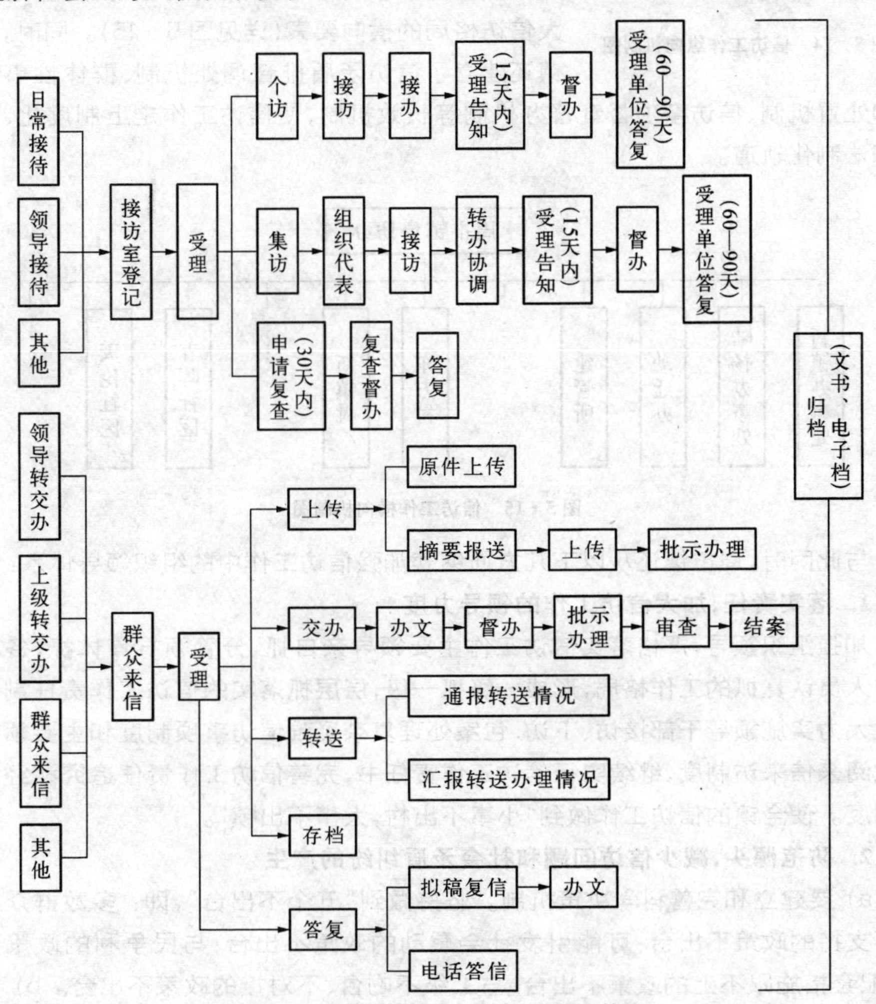

图5-13 周市镇接访办信访工作程序简图

(一)"纵向到底、横向到边":信访工作的组织体系

在信访工作中,坚持"纵向到底、横向到边"的组织领导体系,就是指:

首先,在纵向上,推进市、镇、办事处、村、社区、基层信访联络员(共56人)共同参与的信访工作联动机制(详见图5-14)。尤其是把信访接待窗口延伸到村(社区),建成23个基层信访接待室,形成了大信访格局的纵向要素。这一举措既方便群众,又提高了效率,还减少了越级上访的发生,为政府分忧。

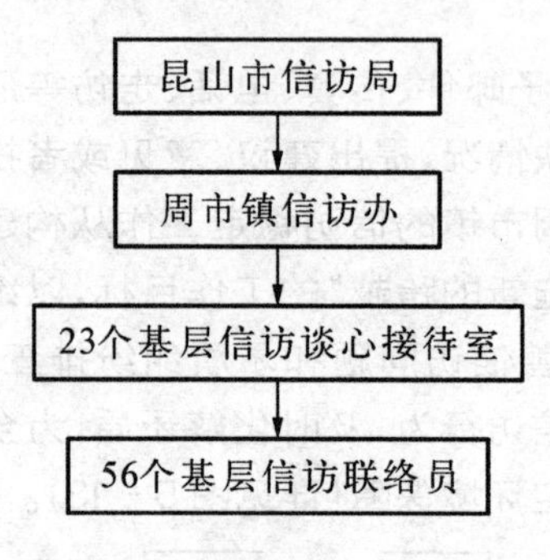

图5-14 信访工作纵向机制图

其次,在横向上,镇党委、政府、各单位、各部门齐抓共管,充分发挥职能部门在制定、执行、宣传政策以及化解政策性矛盾等方面的独特作用,建成了大信访格局的横向要素(详见图5-15)。同时,周市镇还建立了信访矛盾排查调处机制、群体性事件预防和处置机制、信访事项督查督办机制等长效机制,使信访工作走上制度化、规范化和法制化轨道。

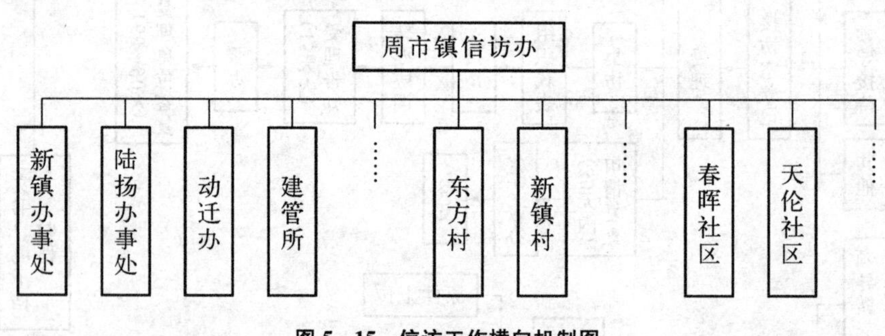

图5-15 信访工作横向机制图

与此同时,周市镇还从以下几方面继续加强信访工作中的组织领导体系:

1. 落实责任,加大信访工作的领导力度

加强组织领导,严格落实信访工作主要领导亲自抓,分管领导具体抓,各职能部门人员认真抓的工作格局,形成一级抓一级,层层抓落实的信访工作责任制。还通过大力实施领导干部接访、下访、包案处理复杂疑难信访事项制度和主要领导亲自批阅来信来访制度,继续实行信访工作责任书,完善信访工作责任追究和经济处罚制度。使全镇的信访工作做到"小事不出村,大事不出镇"。

2. 防范源头,减少信访问题和社会矛盾纠纷的产生

a)要建立和完善科学决策机制。坚持做到"五个不出台",即:多数群众不理解不支持的政策不出台;可能引发社会震动的政策不出台;与民争利的政策不出台;配套措施跟不上的政策不出台;与上级不吻合、不对接的政策不出台。b)完善

信访问题和矛盾纠纷排查、初信初访及时调处机制，把问题解决在源发地、解决在基层、解决在萌芽状态。c）完善思想政治教育工作机制，宣传、落实、执行好各项方针、政策、督查实施过程。

3. 健全机制，做好信访隐患排查调处和信访信息报告

抓好基层单位（23 个信访谈心接待室、各部门、单位）排查、化解、处置工作。做好信访信息预警上报工作。探索访调无缝对接工作机制。各相关单位认真做好重要信访信息预警上报工作，继续落实每周五、每月信访矛盾纠纷排查制度，加强信息上报工作，对排查出的社会矛盾纠纷做到及早介入，进行调处化解，做到早发现，早处置，要求基层信访接待室事项化解率在 80%以上。

4. 依法治访，推进信访问题的处置工作

2010 年是周市镇“深化三个优化内涵、实施五大发展跨越”之年，也是世博会举办之年，根据信访稳定工作的要求，镇政府于 4 月召开了全镇政法稳定工作会议，会议回顾了 2009 年信访稳定工作进展情况，对 2010 年的工作进行了部署并专题宣传，学习了新《信访工作条例》，对全镇的依法治访工作提出了明确的工作要求，会议统一和提高了与会人员的对依法治访工作的思想认识，会后各相关单位加强领导，明确责任，紧抓重点，强化措施，落实任务，推进了镇依法治访工作的开展，为解决信访问题和矛盾纠纷化解工作奠定了良好的基础。

5. 整合资源，形成处置信访问题的合力

加强对 23 个基层信访谈心接待室和相关部、单位的化解、调处工作的规范管理；继续执行周市镇十二项工作制度；抓好“统一领导、部门协调、各级负责、齐抓共管、责任追究”等关键环节。同时，根据市纪委、市信访局、矛盾调处中心、接待中心的工作要求、布置部署全镇信访稳定工作，并指导好基层信访接待谈心室工作。尤其是加大重信重访的处置力度，包案领导牵头、职能部门负责、力争处置一批，确保任务目标完成。继续推进重大疑难问题、稳控对象的领导包案包干处置工作。党政领导下基层接待群众来访做到“件件有着落，事事有交代”。

6. 整体推进，提升基层信访工作水平

2010 年，周市镇分片对信访业务工作进行了培训，使基层人员了解信访问题、掌握调处方法、明确信访程序、分析信访问题产生的原因，认识调处责任，为今后本单位工作应如何决策、全盘考虑、上通下达，做到决策前的正确调研、实施中的正确把关、事项可能出现信访事项的正确、及时、有效的调处终结。同时，加强对信访工作的考核力度，不仅制定了《周市镇 2011 年信访工作目标管理考核办法》和《周市镇信访工作目标管理考核评分表》，将考核对象从以前的 23 个基层信访接待室推广到全镇 55 个单位，调动了基层信访工作的积极性和主动性。同时，在具体工作中，倡导做到“五个敢于”、提高“五种能力”、坚持“五要五不要”，充分利用法律、法规、政策、经济、教育感化、听证等多种手段，切实解决好信访问题。

(1)“五个敢于”。对政策有依据解决的问题,要敢于表态解决;对受条件限制解决不了的问题,要敢于做好群众思想工作;对属于工作不到位,处理欠妥的问题,要敢于坚决纠正;对政策需要调整和完善的问题,要敢于向上级提出建议;对已按政策解决落实到位的问题,要敢于维护其权威性。

(2)“五种能力”。提高科学判断能力,善于运用理性思考推动工作;提高按照客观规律办事的能力,善于研究和解决工作中出现的新情况、新问题;提高依法办信接访调处的能力,善于引导、指导、运用法律法规解决群众的求诉问题;提高应对复杂局面的能力,善于处理各种社会矛盾;提高把握全局的能力,善于进行宏观指导。

(3)“五要五不要”。碰到问题要接,不要推;调查问题要实,不要虚;分析问题要正、不要歪;处理问题要对,不要错;解决问题要快,不要拖。

“纵向到底、横向到边”的组织领导体系,明显提升了周市镇的信访工作水平,使得信访态势进一步好转。2010 年,全年信与访总量呈下降趋势,全年来信来访 103 批(件)49 人次,与去年同期 150 批(件)181 人次相比,减少 47 件(批)132 人次,分别下降 31%和 73%。另外镇直接接待了(未进入信访登记程序)183 批(件)474 人次信访事项,与去年同期的 168 批(件)596 人次相比,增加了 15 批(件),减少了 122 人次,同比批(件)次增加了 9%,人次减少了 20%。

(二)村(社区)信访接待室:基层信访工作的平台

2007 年 4 月以来,为更好地了解社情民意,切实为群众排忧解难,进一步创新信访工作机制和载体,在昆山市的统一部署下,周市镇在建立人民来访接待中心的基础上,逐步建立社区、村信访接待室。这是进一步畅通信访渠道方便群众诉求、咨询、谈心和构建信访工作大格局的重要抓手;是实现信访问题源头防范、标本兼治的前提和保障;是实现“小事不出村、大事不出镇、疑难事不出市”,维护社会稳定的基础;是便利群众和开展基层群众思想工作的平台;更是贯彻国务院《信访条例》落实属地化管理的重要体现。它的建成有利于促进基层干部依法行政;有利于促进基层干部更好地为群众服务;有利于基层政府更快、更全面、更准确地了解掌握社情民意和社会热点难点问题,为“和谐周市”建设打下坚实的基础。

1. “标准化建设”

社区、村信访接待室建设总的要求是:“标准化建设,规范化管理”。“标准化建设”,就是各社区、村要集中精力抓好硬件设施和人员的落实,制定制度,明确责任,确保人、财、物到位,并着力做好试点工作,在 2007 下半年建成并全面投入运行。

(1)组织领导。各社区、村成立相应的信访工作领导小组,落实领导责任。整合街道、社区、村便民服务中心的干部资源,建立一支专兼职相结合的稳定的信访工作队伍,具体负责所属地的信访工作。

具体而言，镇配置1到2个专职信访工作人员，负责来信来访接待登记工作，台账资料管理工作，组织开展矛盾排查工作和经常性的矛盾化解工作，做好统计资料归类整理上报工作和预警预报工作，并指导和督促本辖区所属村、社区的信访接待谈心室工作。各村、各社区建立相对稳定的专兼职信访接待员。要落实专人负责台账记录、信息上报和统计汇报工作。要每天安排干部值班，负责群众来访接待工作和矛盾化解工作，要充分利用和发挥老党员、老干部的作用，组织一个由2～3名信访信息员和调解员队伍。帮助开展经常性的矛盾排查工作，帮助村、社区做经常性的群众思想工作，加强与群众的联系，以便能及时发现苗头性问题，确保对社会矛盾和信访问题能“发现得了、处置得早、处理得好”，各镇对信访信息员、调解员要发放聘书，并给予适当的补助，提高其工作积极性。

(2) 硬件配套。各社区、村在便民服务室安排1～2间办公室专门用于信访接待和调处工作，配置专门电话、传真机等必备的办公用品。有条件的单位可将信访接待室分设，便于群众反映和投诉有关问题。

(3) 挂牌运作。在街道、社区、村便民服务室的醒目处挂上“×××社区、村信访接待室”牌子，并向群众做好宣传工作，引导群众通过合理、合法的方式表达诉求。

2. “规范化管理”

“规范化管理”，就是要制定和完善各项工作制度，加强基础管理，确保基层信访工作有序展开。

(1) 工作职能。基层信访接待谈心室的主要工作职责是：及时了解和掌握本村、本社区、本街道的社情民意，开展经常性的社会矛盾排查工作，建立相应的信息预警预报机制，做好来信来访接待登记工作，开展经常性的群众思想工作，切实为民排忧解难，将矛盾化解在源发地以及萌芽状态，全力维护社会稳定。

(2) 运作机制。一是矛盾排查制度，定期或不定期地对所属地的社会矛盾进行排查和梳理，全面掌握所属地群众的所思所盼和所愿，为及时研究、合理调处社会矛盾纠纷做好准备；二是信息通报制度，尤其是“零报告”制度。镇指导各街道、村和社区，每周或每半月，开展一次矛盾排查工作，并将排查结果及时上报镇信访办，对于苗头性、倾向性、群体性的问题，要有针对性地做好预报工作和预案工作，超前介入，争取主动，将矛盾化解在未发状态；三是跟踪办结制度，对信访人提出的诉求和反映的问题，要按照“首问负责”和“领导包案制”的要求，抓好跟踪落实和协调督查，确保初信初访办结率达98%以上；四是信访事项会办制度，对于疑难信访问题或涉及多个方面的信访问题，要坚持会商会办，组织所涉部门共同研究和调处，确保问题得以有效解决；五是责任追究制度。按照市《信访事项责任追究制》意见，严肃纪律，严格责任追究，防止因责任不明、敷衍失责而造成不良后果；六是每日值班制度，安排工作人员每日轮流值班，确保群众上访有人接待、有人调查、有人调处。

(3) 规范接访。对于群众上访反映的问题要耐心听、记和梳理，理清问题的症结所在，对于政策性明确或当场能答复以及能处理的要当场答复处理，并做好登记工作，对于政策掌握不透或一时不能答复和处理的问题，要按照《信访条例》的规定，耐心做好工作，告知信访人受理、答复的具体规定和时限，并做好登记工作。信访案件资料要一人一档，妥善存档，每天接访后，要将所有的登记资料报所属部门主要领导阅批，并按照领导批示要求，对照政策加以跟踪落实，促进信访问题解决。

(4) 台账管理。印制统一的信访接待登记表，将信访群众的基本情况、诉求内容和所反映的事项完整地进行登记，以便于查阅、存档和处理，做到一人一表登记后交有关领导阅批，工作人员根据批办要求，按相关政策法规进行办理、答复。

四 矛盾化解：多措并举解决信访问题

周市镇在信访工作中，不断完善信访工作考核机制，加大考核力度，建立村民谈心接访制度。将工作重心下移，通过建立基层人民来访接待窗口来畅通群众诉求的渠道，增强村、社区信访组织功能，建立起控源治本、协调各方、齐抓共建的基层信访工作长效机制。近年来，针对新时期信访的新特点、新动向，周市镇勇于探索，多措并举，积极做好信访问题和社会矛盾纠纷的化解工作，努力维护政府、基层、群众的合法权益。并着力抓好新老信访事项化解处置的9个环节：

a) 重大疑难问题、稳控对象的领导包案包干处置；b) 党政领导下基层接访做到"件件有着落，事事有交代；c) 实施分工领导"一岗双责"限时限地处置信访问题和社会矛盾纠纷；d) 抓好各基层单位(23个信访谈心接待室、各部门、各单位)排查、化解、处置工作。镇信访办加强转办、交办、督办、督查、三项建议的工作力度；e) 完善信访问题和社会矛盾纠纷调处工作联席会议制度；f) 深化与市法院"诉调对接"共建合作，使涉法案件通过法律途径得到处置；g) 充分发挥突发性事件、群体性事件、疑难事件处置工作组的协调作用；h) 加大访调对接、公调对接、纪调对接、职能调解、司法调解、人民调解和矛盾调处与思想教育相结合的工作力度；i) 建立重大信访事项备案制度。

同时，畅通渠道，加大群众信访反映问题的解决力度。抓好办信、接访、受理电话诉求，认真办理网上信访、引导可视信访(占信访总量10%)，做好电子监察平台交办件工作，把解决信访突出问题作为工作重点，按照"属地管理、分级负责，谁主管、谁负责"，"依法、及时、就地解决问题与疏导教育相结合"的原则，切实把信访突出问题妥善处理在本地本部门，解决在基层。

(一) 领导包案制

周市镇在2011年《信访工作目标管理考核办法》中关于"信访制度的贯彻执行"明确要求：坚持抓早抓小在先，真正做到对各类矛盾纠纷早介入、早解决。特别是突发较大影响的事件，主要领导务必在第一时间到达现场，了解事情，妥善调处，在发生后1小时内必须向镇分管领导和信访办报送信息，并做好后续化解和信息报告工作。接待信访要讲情、讲理、讲法，处理问题要依法、依理、依情，办理结果要合法、合理、合情。尤其是要做好：a) 领导定期接访。各村、社区每个工作日都要安排1名干部接待群众来访，主要领导每月接待不少于1次；b) 领导主动下访。各村、社区的下访主要采取统一组织和分散组织两种方式，根据矛盾纠纷情况、下访对象、座谈内容确定下访的人数、时间和要求，统一组织下访，每季度不少于1次；c) 干部常态走访。各村、社区干部每个月到居民家里走访3次以上，主动上门了解群众的意见和建议，帮助群众解决实际困难；d) 领导包案。对集访、疑难个访、重复缠访、交办信访等实施领导包案制，有针对性地提出调处问题的原则、意见和措施，形成书面材料报镇信访办。同时，要求对所交办的信访事项，主要领导要亲自过问，分管领导要核实真相；答复意见要经集体商量，政策运用要得当、结论定性要准确、方法处理要稳妥、手续要规范完备。调查汇报和书面答复要按时完成，书面回复率应达100%。

表5-5是2010年8月周市镇部分潜在信访问题和矛盾纠纷排查化解工作党政领导包案表。

表5-5 周市镇部分潜在信访工作党政领导包案表

编号	来访者姓名	性别	年龄	单位或住址	主要内容	拟处置意见	包案领导
1	徐某等2人	女	51	新镇村4组	反映家中两个儿子，长子安置宅基地卖掉，次子未达增宅法定年龄，现要求增宅。	按周政52号文件第二条第1款规定，其次子必须达到法定婚龄方可增宅，请新镇村做好解释工作。	×××
2	徐某等3人	男	67	新镇村11组	反映新镇项路自然村31户农户要求动迁并安置宅基地。	请镇土管所建管所答复。	×××
3	朱某等2人	男	64	中乐6组	反映小儿子买户口为城镇居民，要求安置增宅房。	城镇居民不可享受农村居民增宅，请中乐村做好解释工作。	×××
4	唐某	男	60	小泾村5组	反映2004年高压线动迁，村民要求对种田补偿，当时动迁办答应每亩给600元，后未付，目前田已开挖鱼塘，每亩给村民补偿300元，另外只是在去年每亩给了100元补偿，现要求给付补偿。	请镇动迁办、小泾村调查处理，并请将处理结果书面报信访办。	×××

续表

编号	来访者姓名	性别	年龄	单位或住址	主要内容	拟处置意见	包案领导
5	唐某	男	42	小泾村6组	反映基础公司取土点的施工队运泥车，出车早影响村民休息，灰尘和道路有积土及路面损坏，影响村民出行的问题，另外高速公路的桥洞边未设置警示标志，给安全带来隐患。	请镇基础公司、建管所核实处理，请小泾村配合，并请将处理结果书面报信访办。	×××
6	杜某	男	35	住许家村4组	反映2003年建房手续齐全，当时镇里领导要求暂时停工，一停就是四年，期间多次要求复工，但未同意，因此带来损失，现要求建房复工，并对损失进行补偿。	请建管所核实处理，并请将处理结果书面报信访办。	×××

通过实施重要疑难事项领导包案责任制、完善主要领导亲自批阅来信来访制度、开展党政领导接访等活动，使周市镇的信访工作做到防范矛盾从源头抓、化解矛盾从初信初访抓、信访老户领导包案抓，基本做到了小事不出村（社区）、中事不出镇。2009年前11个月，党委、政府领导共批阅来信76件、登记来访61件，接待群众来访45批127件。通过落实领导包案制，当年信访积案化解率为73.5%，信访积案化解率为50%。2010年，信访积案事项化解率达到94%，剩余的正在采取有力措施，争取早日予以化解。

（二）网上信访、视频信访

周市镇在信访基础工作中，积极引导群众通过网上信访、视频信访反映诉求。

1. 网上信访

2005年，国务院公布实施的新《信访条例》第三条规定："各级人民政府、县级以上人民政府工作部门应当畅通信访渠道，为信访人采用本条例规定的形式反映情况，提出建议、意见或者投诉请求提供便利条件"，第十一条规定"县级以上地方人民政府应当充分利用现有政务信息网络资源，建立或者确定本行政区域的信访信息系统"。为此，在网络普及大势所趋的时代背景下，利用网络开展信访工作无疑是今后信访工作的发展方向。昆山市从2006年1月1日起，正式开通"网上信访"平台，受理各级群众的建议、咨询和诉求。并要求各镇统一思想、提高认识，加强软件（即落实专门人员）、硬件（即配备、连通电脑）建设，在信访局的业务指导和信息中心的技术支持下,有序开展“网上信访”工作。

首先,“网上信访”系统将全市各职能部门以承办人身份纳入“网上信访”平台,使群众的任何问题通过“网上信访”都能找到相应的处理部门。市信访局则会同市监察局和市信息中心重点做好指导、督促、协调、交办、查办等工作。也就是说,群众在网上提出的信访事项,不需要经过信访部门这个中间环节,而是直接提交给了有权处理的职能部门。职能部门收到“网上信访”事项后,必须在规定的时间内处理,并直接在网上给予回复。如群众一时难以确定具体承办部门的,则可提交给市信访局办理。

其次,为了体现“网上信访”方便高效快捷的特点,昆山突破《信访条例》所规定的处理时限(《信访条例》规定,信访事项处理时限为 60 天,疑难复杂的还可延长 1 个月),对“网上信访”事项进行快速反应,具体是:建议咨询类信访事项必须在 3 个工作日内给予回复,诉求类信访事项在 3 个工作日内决定是否受理,受理后 15 天内给予回复。

再次,目前“网上信访”平台具备十大功能,即自动转送、网上受理、网上交办、网上答复、网上查询、短信提醒、满意度评价、统计汇总、共享与保密、告警。具体来说就是,群众在“网上信访”平台提出信访事项后,系统会自动将该信访事项转送到信访人所选择的职能部门,该职能部门负责“网上信访”的管理员将在第一时间收到短信提醒(告知他有新的信访事项等待处理),职能部门在规定时间内在网上直接答复处理意见,信访人可对处理意见作出“满意”、“较满意”、“一般”或“不满意”的评价;对建议、咨询类信访问题,公众可公开查阅,对诉求类信访问题,因可能涉及隐私,需输入姓名和身份证号码方可查阅(即只能本人查阅);对逾期没有处理的信访事项,系统会显示红色告警,信访和监察部门将记录在案。

“网上信访” 平台的搭建,使网络成为信访工作的有力助手,群众可以不受时间地点的限制,足不出户就可以把自己关心的问题向政府有关部门提出咨询、建议或诉求,从而减少了群众出行,节约了群众的信访成本,又方便了一些不便在工作日期间信访的人员,展现了新时期信访部门新的形象。同时,“网上信访”平台的设立,创新了信访渠道,有利于引导群众理性、依托“网上信访”平台,群众不需要成群结队、拉帮结伙到政府门前请愿,也不必特意抽时间来信访局面谈,而只需通过网络如实反映问题,职能部门一样给予重视和答复。从而较好地减少了传统信访过程中可能出现的对抗性和人多带来的无序性。而且,依托“网上信访”平台,及时调处了一大批涉及群众生产生活的各类矛盾纠纷。由于“网上信访”平台的方便快捷性,群众所涉及的问题在初始状态得到处理答复,避免了矛盾的积累和恶化,使群众的呼声得到及时回应,拉近了群众和政府之间的距离,从而把矛盾纠纷化解在基层,化解在萌芽状态。

案例：

信访事项：	工厂污染
信访时间：	2011－01－13
信访人姓名：	×××
信访内容：	你好！在周市镇东方村振东路附近有好几个化工厂，经常在夜间排放刺鼻气体、污水，污染影响居住在附近的村民，村上有多名村民患上了癌症，为何不考虑将化工厂集中区与村民保持一定的距离呢！
受访单位：	环保局[2011－01－13]
回复时间：	2011－01－20
回复意见：	你好！你于2011年1月13日，在“中国昆山网上信访系统”中所反映的信访事项我局已受理，经调查了解，现答复如下：经查，苏州恒益医药原料有限公司元旦过后因限电实行限时生产，星期一、五两天限电停产，目前生产已进入扫尾阶段，准备于1月25日正式放假。其他企业如东辰化工厂、振东化工厂已停产多日。已要求企业如春节过后恢复生产，须向我局申请2011年废气监测。昆山市环境保护局2011.01.20

2. 视频信访

为进一步拓宽信访渠道，及时、高效、规范、透明处理人民群众网上信访事项，在“网上信访”的基础上，昆山于2008年8月正式开通了江苏省首个视频信访平台。这里所说的远程可视信访，是指公民、法人或者其他组织通过昆山市人民政府多媒体通讯系统，向市信访部门或市部委办局（已开通单位）反映情况，提出建议、意见或投诉请求的活动。远程可视信访事项按照“属地管理、分级负责，谁主管、谁负责”的原则，根据信访事项的性质和内容，由有权处理的部门和单位依照有关法律、法规、规章及其他有关规定，依法、及时、就地解决。

按照《昆山市远程可视信访工作办法》（试行）的规定；群众通过设立在各镇（区）、街道接待室的昆山市人民政府多媒体通讯系统反映问题，反映时应当表述清楚姓名、地址、联系电话等基本信息及反映事项的内容和理由，并遵守有关法律、法规规定。群众应如实反映情况，不得诽谤、诬告、陷害他人，不得聊与信访无关的其他事项，反映问题不宜超过10分钟。信访部门工作人员在受理远程可视信访事项时，要做到语言文明，态度热情，解答得当，并记录详细。视频信访结束后，受理员应打印出受理登记单，并归档留存。并且，远程可视信访不受理以下事项：a）已经受理或者正在办理期限内的信访事项；b）已提出复查、复核申请的信访事项；c）三级信访程序已终结的信访事项；d）已经或者依法应当通过诉讼、仲裁、行政复议等法定途径解决的信访事项；e）对各级人民代表大会及县级以上人民代表大会常务委员会、人民法院、人民检察院职权范围内的信访事项。

信访部门受理的远程可视信访事项按以下几种方式处理：a）当场答复。群众通过视频信访反映的问题，如事实清楚、政策明确的，受理员应当场答复信访人，也可与相关单位工作人员一同（多方视频）当场答复信访人；b）交办（转送）。群众通过远程可视信访反映的问题，如情况比较复杂，需要有关职能部门调查处理的，受理员应及时联系相关单位工作人员，当场进行多方视频对话，并通过昆山市行政综合监察平台信访办理业务系统进行交办、转送到有关职能部门处理，并限时30个工作日内反馈处理结果；c）批办。群众通过远程可视信访反映的问题，如涉及面较广，影响大，属群众关心的热点、难点问题，受理员应在5个工作日内填写《昆山市远程可视信访重要案件批办单》，报局领导批阅，待领导签批后以“交办函”的形式连同批示件交办到有关部门处理，并限时30个工作日内反馈处理结果。

承办单位接到交办后30个工作日内，书面（发送电子邮件到指定信箱）并通过昆山市行政综合监察平台信访办理业务系统反馈处理结果，同时答复信访人。情况紧急的，要随时反馈。在规定期限内不能办理的，可以申请延长办理期限，但延长期限不得超过30日，并告知信访人延期理由。

目前，昆山市正在规划将该平台延伸到各街道、社区、村，在基层设立视频信访信息点，使群众彻底能在家门口就可向上级政府反映问题，实现视频网络覆盖。

（三）诉调对接、公调对接、访调对接

在信访工作中，周市镇着力抓好三个环节：一要加强对村（社区）信访工作的领导，二要建立健全组织网络，三要健全信访隐患排查调出和信访信息报告制度，扎扎实实地推进人民来访接待室标准化建设，通过努力，力争把矛盾纠纷化解在萌芽状态，解决在基层，真正做到“小事不出村，大事不出镇”。同时，健全诉调对接、公调对接、访调对接等工作机制，改变司法部门单打独斗的局面。同时，充分发挥人民调解、行政调解、司法调解“三大调解”联动和市、镇、村三级调解工作网络的职能作用，全面增强周市化解矛盾纠纷的战斗力，筑牢维护社会稳定的第一道防线。在此基础上，针对不同的矛盾，建立如“劳资纠纷调委会”、“拆迁纠纷调委会”等专门小组，有针对性地解决一些影响大、针对性强的突出矛盾，全力化解各类社会矛盾。

1. 诉调对接

2008年，周市镇依托巡回法庭设立“人民调解工作室”，创出“诉调对接”新模式。所谓“诉调对接”，就是以人民调解为主、行政调解为辅的调解与法院的诉讼调解予以有机衔接，将化解矛盾的社会力量与审判力量有机结合，充实大调解工作范围，充分发挥各自的优势，提高调解解决纠纷的效率。同时，把对接的工作不仅仅局限于对诉讼案件的“诉中调处”，而是扩展到“诉前调解、诉后服从判、执行和解”，并在排查矛盾纠纷、人民调解员培训、法制宣传、社区矫正、建立村（社区、企业等）

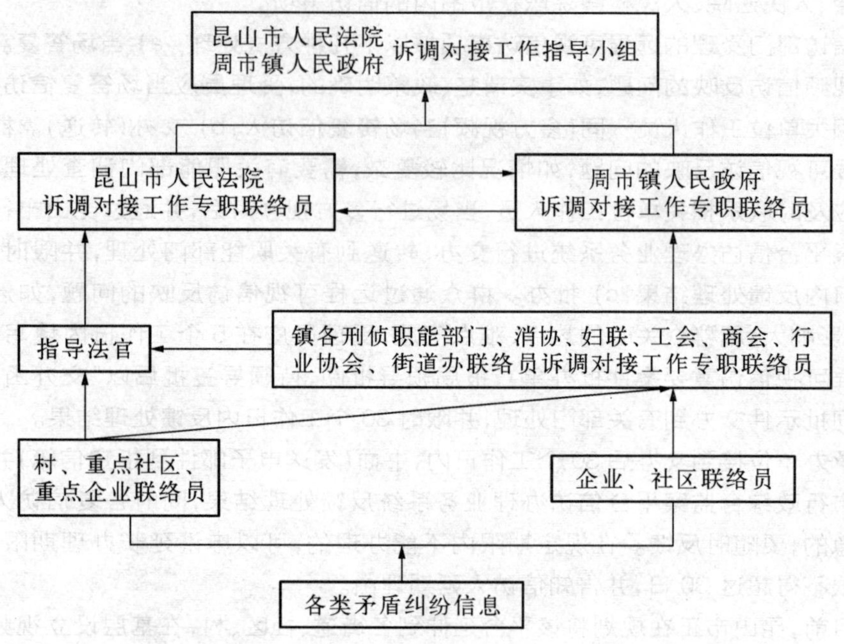

图 5-16 周市镇诉调对接工作组织图

练习法官、应对突发事件的预警及应急处置等方面进行全方位对接。

通过设立巡回审判点、设立人民调解工作室、建立法官值班制度、建立村(社区、企业、学校等单位)法官联系制度,镇司法所在排查矛盾纠纷的情况后,或者遇到可能引起涉法上访、诉讼的案件,及时与法院联系,法院通过巡回法庭办案、指导人民调解员调解等方式,与司法所、村(居)人民调解委员会一起调解各种社会矛盾和民间纠纷,将调解关口前移,把矛盾纠纷化解在萌芽状态、化解在基层。①

案例:

2008 年上半年,周市镇某企业因股东之间产生矛盾,导致经营不善,亏损数百万元后停止生产,无力支付 60 余名员工的工资,一起极有可能恶化的群体性纠纷一触即发。了解情况后,周市镇司法所、派出所、企业服务中心、劳动和社会保障所、工会等部门立即联系市法院迅速成立联合工作组进行调处。通过短短两个工作日的调处,最终促使一家债权人成功地接收该家企业,办理股权转让后,对员工全部留用,使得该起纠纷圆满得到解决。同年 10 月,周市镇某民营企业因经营不善无力支付民间借款,涉及 50 余户 500 余万元。周市司法所得知情况后,主动与市法院多次沟通,法院经报请相关领导同意后,采用"绿色诉讼通道",缓交案件受

① 见昆山市司法局《"一所一品牌,一镇一特色"创建活动专刊(二)》,《昆山司法信息》2009 年第 4 期。

理费，组织全体债权人及公司委托代理人携带各自的借条及身份证，法官、人民调解员到场集中办案，仅用半天时间全部达成调解协议，法院确认后申请强制执行，有效地避免了诉讼，赢得了群众的称赞。

通过近一年来的“诉调对接”工作，周市镇司法所与市法院诉前调处各类纠纷900余件，其中息诉的有700余件，当场由法院出具调解协议书的有173件。①

2. 公调对接

为进一步加强公安机关和人民调解的对接工作，实现矛盾纠纷调处的法律效果和社会效果的统一，预防、减少并全力化解各类社会矛盾纠纷，按照自愿原则、合法合理原则、有利于化解纠纷原则，由公安派出所（警务室）与镇（村、社区）人民调解委员会对接，也可与各行业专业调委会、外来务工人员集居地等调委会对接。双方按照管辖权限相互移交等方式进行，实现职能优势的互补。

（1）对接范围。公调对接纠纷的范围包括两种：一是婚姻家庭、邻里、房屋宅基地、人身损害赔偿、劳动争议、生产经营性等民间纠纷；二是部分符合调解范围的治安案件。公安派出所对于情节较轻的，因民间纠纷引起的打架斗殴或者损毁他人财物等违反治安管理行为的案件，根据当事人申请可以委托人民调解委员会进行调解。有下列情形之一的，不得移送人民调解委员会调解：雇凶伤人、涉黑涉恶、寻衅滋事、聚众斗殴及其他恶性案件；行为人系被判处管制、剥夺政治权利、宣告缓刑、裁定假释、暂于监外执行（含保外就医）的社区服刑人员；因民间纠纷引起的打架斗殴或损毁他人财物等违反治安管理行为，情节较重的；其他不能委托调解的。

（2）对接形式。a）驻所式。即镇人民调解委员会在公安派出所设立人民调解工作室。由镇（区）人民调解委员会和公安派出所各指派1～2名工作人员专职负责人民调解工作。同时，公安派出所当日值班民警为兼职调解员，协助专职调解员负责日常矛盾纠纷的调处工作。b）派驻式。即由公安机关选派民警常驻人民调解委员会（调处服务中心），协调派出所与人民调解委员会之间的矛盾纠纷移送对接，并参与人民调解委员会的矛盾纠纷调解工作。c）移交式。即公安机关与相应人民调解委员会之间建立规范化、制度化的协作关系。公安派出所对接报的属于人民调解委员会受理范围、经调解后仍无法达成协议的复杂疑难纠纷，可直接移交人民调解委员会或调处服务中心调解。人民调解委员会对不属于调解范围的案件也可直接移送派出所。

（3）对接程序。a）“公调对接”实行公安110指令辖区公安派出所先期处警。b）公安派出所对接报的一般矛盾纠纷进行现场调解；对复杂疑难的矛盾纠纷做好

① 见陈瑜《创出“诉调对接”新模式》，http：//www.jsdpc.gov.cn/pub/suzhou/gqxzz/kss/200903/t20090318_136698.htm。

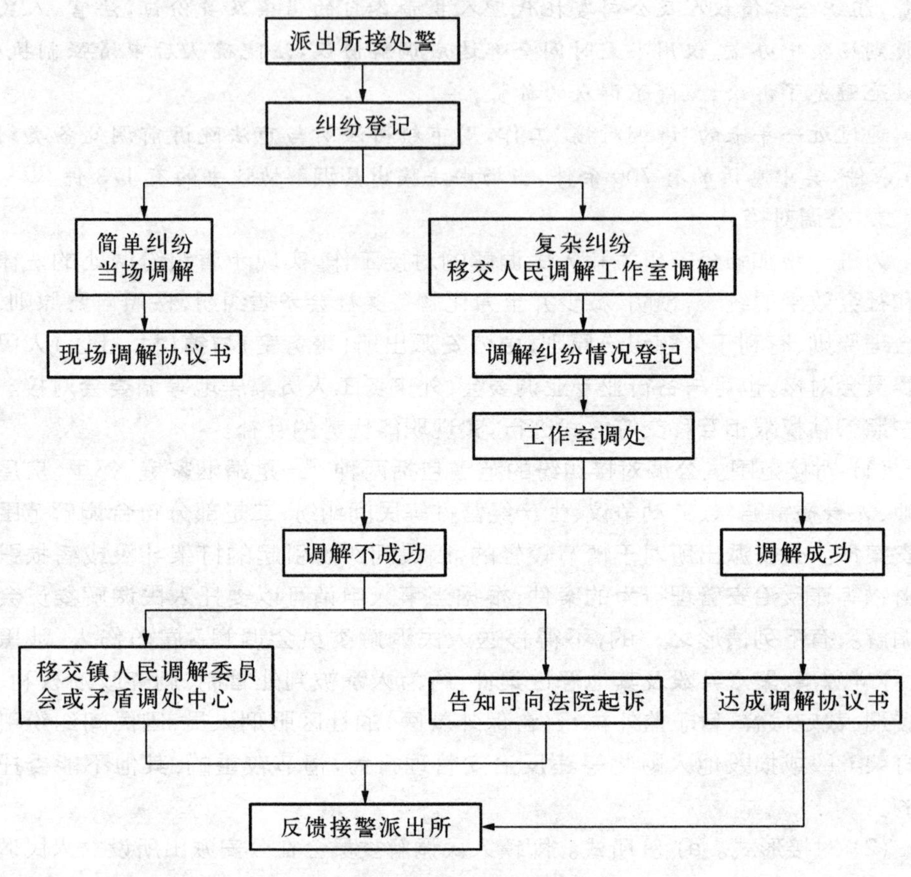

图 5-17 公调对接流程图

必要的先期调查取证，经调解无法达成协议的，填写移送单由公安派出所所长审签后，连同现场调查取证材料一并交人民调解委员会调解，同时书面告知双方当事人到相关人民调解委员会调解，并做好移交登记。人民调解委员会对公安机关移交的矛盾纠纷应做好受理登记，纠纷调解成功的，人民调解委员会应及时将调解结果反馈至公安机关。纠纷调解不成功的，人民调解委员会终止调解程序，属民间纠纷的，告知当事人可向法院起诉；属民间纠纷引起的治安案件的，告知当事人接受公安机关处理，人民调解委员会填写相应回复书，返回公安机关。c）人民调解委员会在受理调处矛盾纠纷过程中，发现应当由公安机关处理的治安、刑事案件，应及时移交至公安机关处理，公安机关也应及时向人民调解委员会反馈处理结果。

案例：

2010 年 1 月，在镇司法所和派出所民警的调处下，周市镇发生的一起因交通事故引发的赔偿纠纷终于平息了。由于死者是个中学生，肇事者史某又因酒后驾车执行公司任务时撞人，死者家属情绪激动，连续两天带领四五十人前往史某所在公司吵闹，要求赔偿。由于协商未果，司法所在接到派出所民警通知后，及时介入，经过两天的积极调处，双方最终就赔偿事宜达成一致意见。

3. 访调对接

为进一步发挥信访与人民调解在调处、化解社会矛盾纠纷方面的职能作用，更好地化解社会矛盾，及时有效地解决人民群众来信来访中反映的问题，消除社会不稳定因素，周市镇在昆山市的统一部署下，积极探索建立信访部门与人民调解对接的工作机制。

（1）对接制度。a）预警排查制度。充分发挥人民调解组织体系、信息网络和人力资源方面的优势，开展信访事件尤其是群体性信访事件所引发的矛盾纠纷的预警排查，力争将矛盾纠纷化解在萌芽状态，提高解决信访问题的主动性、针对性、有效性。b）情况通报制度。镇信访办与矛盾调处中心（人民调解委员会）之间，及时互通敏感时期和重大节日期间排查出的群体性事件和重点人员，统一组织稳控工作；及时互通重大信访信息的办理结果。信访办定期将信访的情况通报给调处中心，真正做到上访情况互通、信息共享、工作同做、结果洞悉。c）工作例会制度。信访办与调处中心定期举行工作例会，交换信访和调解工作有关的信息、情况，分析形势，提出对策、建议。对重大疑难复杂矛盾纠纷，会商确定联席会议的牵头单位，及时召开相关部门联席会议。d）会商会办制度。调处中心参加处理信访突出问题及处置群体性事件的联席会议，将涉及多部门的信访突出问题和群体性事件的处置作为“访调对接”的重要工作内容。信访局办与调处中心及有关部门要共同会商处置方案，协调配合，各负其责，确保相关问题得到及时、有效的化解处理。

（2）流转程序。a）对接范围。信访办接访的属于调处中心受理管辖（公民、法人或其他组织向区、镇（街道）两级提出的建议、意见、请求中涉及公民、法人或其他组织与多个行政机关之间发生的较大行政争议）的信访事项，直接转调处中心调处；经访、调部门协商会办拟列入调处中心调处的信访事项；领导直接交由调处中心牵头调处的信访事项。以上移交均应征得矛盾纠纷当事人的同意，即必须是自愿接受调解。b）调处中心与信访办相关接访人员为“访调对接”工作的具体承办部门和人员，负责日常的属于调处中心管辖处理的信访案件的受理、登记、转办、督办等项工作。c）区信访局对受理的信访事项中，归调处中心管辖范围、应移交调处中心调处的矛盾纠纷，须填写“访调对接”移送单经分管领导审签后，连同当事人同意调解的文书和必要法律文书复印件一并移交区调处中心，同时告知信访人到调处中心接受调解。调处中心对移交来的信访件决定受理的，采取自行调处或分流至相关镇调处中心调处。调处中心调处结束后应及时将调处结果反馈至信访局，并由信访局最终结案。调处中心决定不予受理的，在三天内将材料退回信访局，并告知理由。d）调处中心受理的由信访办转来的信访事项，应在信访和人民调解规定期限内完成。当事人达成一致意见后，由调处中心制作调解协议书，并加盖人民调解委员会印章。到期未能调解的，调处中心应在期限届满之日前转给信访办。e）调处中心在受理调处按“访调对接”程序承接的信访事件过程中，发现应当由有关部门处理的问题，则反馈给信访办，并由信访办按普通信访事件办理程序处理。f）在“访调对接”日常工作中，对管辖一时难以确定的涉及矛盾纠纷的信访事件，则由信访办与调处中心负责人碰头会商，并报告有关领导后，确定管辖受理的单位、部门。

案例：

2010年周市镇人民调解委员会驻新镇派出所工作室部分调解案例

时　间	纠　纷　概　况	调　处　结　果
2010年3月	快递公司杨某把价值五万元的道具错发给周市镇春晖路某电脑分店。后杨某在第一时间去该店交换，但该店已将网上订购的物品发往了下家。因发放物品较多，一时无法寻找。双方为此发生纠纷。	调解室工作人员动之以情、晓之以理，还前往该电脑分店做了大量的思想工作，终于将错发的道具收回，当时双方握手言和。
2010年6月	张某在周市镇易初爱莲附近的某饭店工作时，因煤气管老化造成厨房失火，在厨房工作的二名厨师遭到不同程度灼伤。饭店老板王某将二厨师送至医院治疗，后双方因补偿问题产生纠纷并报警。	在调解工作室工作人员的努力下，使得双方在补偿价位上达成一致。王某当日以现金的方式一次性补偿张某壹万元人民币。
2010年9月	杨某与客户朱某到周市镇某物业讨要广告牌费用4 000元无果后，杨某与朱某发生了打架纠纷。保安陈某在劝制过程中造成杨某右肩关节拖尾，脖子僵硬。	在民警和调解工作室人员的努力下，陈某以现金方式一次性补偿杨某人民币贰万元，双方握手言和。

第三章 外来人口服务与管理的制度架构

据周市镇外管办的统计资料显示，截至 2010 年 12 月底，周市镇外来人口为 140 655 人，接近本地户籍人口 51 035 的 3 倍之多。无疑，大量的外来人口，构成了周市镇产业工人的主体力量。他们在弥补当地劳动力缺陷、推动经济发展、方便市民生活等方面发挥了不可替代的作用；同时，也需要周市镇在社会安全、教育、社保、计生、生活等方面为其提供服务与管理。这也是周市镇社会建设的重要内容之一。

一 “人口信息采集仪”：以证管人的信息化渠道

全面、准确、及时地对外来人员进行信息采集、登记和办理《暂住证》，是一项源头性的工作，不仅有利于改善对外来人员的服务，也有利于加强对全镇社会面的监控，打击和防范各类违法犯罪行为，促进社会和谐稳定。多年来，周市镇在外来人员的信息采集和登记发证工作上总体是正常健康的，取得了不错的成效。但原来的工作模式中也暴露出一些问题和不足：信息采集的时效性不强、准确性不够高、制发证手段比较落后等。为适应新形势下外来人员的服务和管理需求，周市镇在调查研究的基础上，从 2010 年开始，引入了“人口信息采集仪”及相关工作机制，使问题得到了有效的解决。

（一）运行原理

由苏州某公司研制的“人口信息采集仪”外形比智能手机略大一些，内部安装有第二代居民身份证阅读模块和"新昆山人信息系统"规定登记的内容和字段以及协管员工作责任区域内的私房出租屋数据资料，并配有 300 万像素的摄像头。在使用过程中，协管员持该设备，在出租屋或企业工地进行采集登记时，只要将外来人员出示的第二代居民身份证直接在该设备上刷一下，则该人员的户籍信息和照片就采集到了，其暂住信息和相关计生、社保信息可以点击该机界面上的触摸屏选择，最后点击发送按钮，就完成了该名外来人员的信息采集和传送任务。无需向过去那样采用手工书写登记、人工录入方式，不仅可以大大提高采集效率，而且信息数据可以实现标准化无差错。

协管员采集到的数据经过 GPRS 无线网络实时传送至派出所警务指挥室，可以与"全国追逃库"和"高危人员数据库"进行实时比对，便于在第一时间内发现"网上逃犯"和各类有违法犯罪前科的人员。有关数据还传送至后台主机设备上，打印出彩色《暂住证》并及时发放到各社区警务站。

（二）工作机制

通过派出所半年多的实际运作情况来看，使用该套设备及其工作机制有突出的独特优势：

1. 采集效率明显提高

经过培训后，一般协管员采集一名外来人员的信息只花 1 分半左右时间，是以往常规作业时间的1/3，而且工作强度大为降低。

2. 采集信息数据完整准确

由于常住户籍信息是从第二代居民身份证内读取的，而暂住信息主要由设备内置的标准字典库内调取的，因此数据完整准确，杜绝了以往手工填写字迹不清、文字遗漏错误的情况发生。

3. 信息数据上传的时效性大大加快

由于所采集的数据无需再次人工录入，而由后台批量导入"新昆山人信息系统"中，因此基本上可以实现采集数据在 24 小时内上传入库的目标，这在实战中是有很大意义的。

4. 彻底解决了以往照片收集不易的问题

由于采集的信息由第二代居民身份证机读信息取得，因此可以十分方便地获得外来人员的身份证标准照片，彻底解决了以往在外来人员信息采集过程照片收集困难的情况，又不需另外增加外来人员拍摄照片的麻烦和费用。

5. 实战作用比较明显

由于该系统在后台安装有"全国追逃库"和"高危人员数据库"，信息上传实效性很强，便于公安机关及时发现网上逃犯和高危人员，也可以进行特定对象的链式布控。仅 2010 年上半年，就通过该系统比对抓获网上逃犯 15 名。另外，在该设备中还安装有 300 万像素的摄像头，可以对私房出租屋内的外来人员的可疑物品进行照片拍摄和信息采集，对治安管理和案件侦破有着重要的帮助作用。

6. 大大减轻了派出所的工作负担

采用该工作机制后，大量的诸如数据录入、信息上传、《暂住证》制发等劳务性工作都由相关企业承担了，困扰派出所的大量事务性工作得以解脱，这就为派出所加强路面巡防力量、优化警力配置创造了条件，真正实现了向科技要警力的目标。

当然，通过实践也发现这套设备还存在一些缺陷，如设备容量较小、运行速度较慢；公安信息、计生信息及劳动保障信息三者之间协调性不够等。这将在以后的工作中继续实践探索，更好地做好外来人员信息采集工作。

（三）功能显著

外来人口社会化采集工作是一项面广量大的系统性工程，周市镇外管办作为外来人口服务与管理的主管职能部门，负责全镇“协调指导、综合管理、调研监督、宣传教育”等方面的工作。通过外来人口信息化采集服务外包，使用“人口信息采集仪”。同时，加强业务指导。为确保信息化采集新模式的顺利开展，外管办会同派出所主动承担起对各采集点的业务指导。深入村、社区、工地等各采集点，及时掌握各点的工作情况，主动加强与街道、市信息办、市外管办的协调；定期通报各点的工作开展进度，多次召开各点负责人工作推进会，解决实际工作中遇到的各类问题。并且，开展业务培训。分片组织外来人口信息采集员、输入员培训，全面掌握操作系统功能。大大提高了信息采集效率。建立暂住证期满核查制度，确保数据鲜活准确。2010 年上半年，全镇共录入外来人口信息 112 879 人（2009 年上半年 54 400 人），全年共录入外来人口信息 219 902 人，比 2009 年增加了 8 万多人。外来人口信息采集仪也为网上抓逃提供了有力的帮助，全年通过系统对比，抓获网上逃犯 46 名。

二 “集居工程”：建管并重的规范化机制

“安居才能乐业”，对于那些舍家离乡的农民工而言，来到城市碰到最现实的问题，就是住在哪里。而对于城市来说，农民工居住地产生的种种问题也是管理中的难点。外来人口的集中住宿既能解决外来人口的大量涌入带来的违章建筑、环境卫生问题，也有利于维护良好的社会秩序，创建“平安周市”。因此，周市镇在对待外来人口居住问题上，摒弃了传统的“劳动力管理模式”，而逐渐向“居民管理模式”转换。

(一)出租户管理

昆山市在《外来流动人员管理办法》中对"房屋租赁"规定：a) 外来流动人员租赁房屋应到合法规范的房屋租赁中介机构承租。b) 房屋租赁中介机构应具备相应的资质按有关部门的规定规范操作。对出租人、承租人的姓名、性别，年龄、地址、职业等基本情况进行登记并向公安派出所备案。c) 房屋出租人应向公安派出所申领《房屋出租治安许可证》，禁止无证出租。出租房屋应具备居住的必要条件，禁止未经规划建设部门批准私搭乱建。住宅小区内禁止出租车库。d) 承租人应遵守居住地的各项规定，与当地居民同样承担应尽的义务，不得在租住房中私设小作坊和地下工场，不得利用所租房屋进行违法犯罪活动。

周市镇在实施以房管人的举措中，不断加强信息建设，全面提升出租户管理水平。a) 加强宣传力度，使广大人民群众充分认识到出租房管理的重要性和必要性，不为一点个人利益而忽视社会利益。b) 抓好出租屋的登记管理工作，重点加强对黑房屋租赁终结取缔力度，把私房出租的管控力度提高到 100%。建立动态核查、暂住证期满核查制度，确保数据鲜活准确。c) 2010 年，全镇共拆迁农户 1 000多家，镇外管办协同派出所做好了对全镇出租户出租房的室牌编制工作。将外来人员的活动轨迹精确到间、室，真正做到人户一致，为派出所的精确打击提供保障。d) 开展经常性的出租屋检查和清理，确保每户出租屋户主签订治安责任书。2010 年，共签订责任书 10 003 份，其中商品房出租 3 890 户。从而全面提升了全镇的出租户管理水平。五是抓好出租屋的分层次管理工作，掌握每次出租屋内租住的是什么人，将其分类，明确重点，建立以房管人的新机制。

(二)"集居工程"

周市镇在加强出租户管理的同时，不断深化"集居工程建设"，落实建管并重的规范化机制。

1. 集居地建设

按照昆山市《关于进一步规范打工楼项目用地管理的意见》和《昆山市外来人员"集居工程"实施意见》，对拟建和在建项目加强监督指导，严格执行城镇土地利用总体规划，规范施工行为，在确保施工质量的前提下，加快在建项目的施工进度。截至 2010 年上半年，全镇外来人员的集宿率达 67.2%。

2. 集居地日常管理

坚持建管并重的指导思想，不断规范外来人员集中居住点的日常管理，提升"三三制"管理运作模式——即三种形式：企业内部校园式、社会面上旅馆式、建筑工地营房式；三个档次：高档次社区公寓型、中档次宿舍型、低档次住户型；制定了 35 条加强内部管理的规定，不断规范集居地建设和日常管理，逐步使集居点的内部管理制度化、规范化(详见图 5－18)。

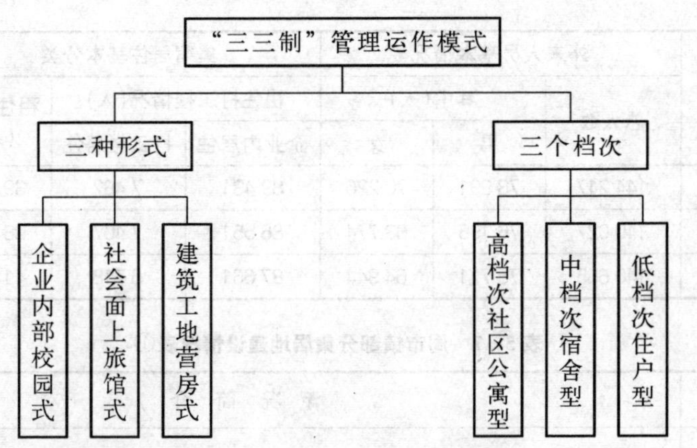

图 5-18 "三三制"管理运作模式

3. 参与集居工程建设

会同派出所对在建项目施工安全进行监督，主动介入已建成使用的集居点，指导、帮助他们建立健全日常管理制度，落实必要的治安、消防安全防范措施。同时上门检查企业内部的宿舍区，及时发现问题，及时指出并督促整改。截至 2010 年，周市镇已建打工楼集宿点 8 个（面积 14 600 平方米），单位内集宿点 114 个（面积 178 100 平方米），并在不断扩建之中。加强企业内部外来人员宿舍管理的安全防范，强化安全保护指导、检查和监督等各类措施的落实，做好企业内部宿舍管理和服务水平。

4. 境外人员管理

周市镇通过调查、走访、开座谈会等形式了解外籍人员的情况，针对不同情况落实措施，做到底数清、情况明，境外人员在周市居住地全部安装技防设施，确保其生命、财产安全，为其营造一个良好的治安投资环境。到 2011 年 2 月，周市镇常住境外人员达到 10 687 人。

表 5-6 周市镇近两年外来人员集宿情况表

日　期	外来人员基本情况			集宿居住基本分类			
	总人数	其中（人）		租住打工楼情况（人）		租住民房（人）	其他（人）
		男	女	企业内居住	打工楼居住		
2009 年第 1 季度	111 198	61 036	50 162	66 828	7 785	29 176	7 409
第 2 季度	122 763	66 600	56 163	74 585	8 034	32 281	7 863
第 3 季度	114 863	63 167	51 696	68 643	8 459	31 009	6 752
第 4 季度	12 173	60 740	60 997	73 619	8 310	32 134	7 674
2010 年第 1 季度	112 183	56 915	55 268	68 957	6 318	30 590	6 318

续 表

日 期	外来人员基本情况			集宿居住基本分类			
	总人数	其中(人)		租住打工楼情况(人)		租住民房(人)	其他(人)
		男	女	企业内居住	打工楼居住		
第2季度	144 217	73 991	70 226	89 431	7 482	39 923	7 381
第3季度	140 027	76 198	63 774	86 551	7 407	38 783	7 286
第4季度	140 655	75 711	64 944	87 661	6 718	41 955	4 321

表5-7 周市镇部分集居地建设情况表①

名 称	情 况 简 介
富民合作社打工楼	坐落于周市镇朱家湾村3组朱家湾路北侧,房屋性质股份制,享受富民政策。其由2幢楼组成,共有住房66套,总建筑面积2 100平方米,可住人数400人,现已入住150人。打工楼网络建设正在落实之中。
中乐村打工楼	坐落于周市镇新纬路,房屋性质股份制,享受富民政策。其由14幢楼组成,共有住房288套,总建筑面积8 500平方米,可住人数1 100人,现已入住865人。打工楼网络建设健全,门卫制度、消防设施、入住登记、计生管理、物业管理均已落实,有活动场所。
利民打工楼	坐落于周市镇新纬路,房屋性质股份制,享受富民政策。其由3幢楼组成,共有住房154套,总建筑面积9 800平方米,可住人数900人,现已入住600人。打工楼网络建设健全,门卫制度、消防设施、入住登记、计生管理、物业管理均已落实,有篮球场、乒乓球室等活动场所。
新镇村打工楼	坐落于周市镇新纬路东侧,房屋性质股份制,享受富民政策。其由4幢楼组成,共有住房72套,总建筑面积2 700平方米,可住人数300人,现已入住250人。打工楼网络建设健全,门卫制度、消防设施、入住登记、计生管理、物业管理均已落实,有活动场所。
"创业之家"	位于昆山北部工业区内,西临青阳北路,面向横长泾路,与港龙建材相临而居,距公交12路、104路一步之遥,生活四通八达。"创业之家"建筑面积近10万平方米,拥有普通宿舍楼、酒店式公寓、套房式公寓,其一期工程6幢宿舍楼已全部竣工,面积近6万平方米,提供A(34.8 m^2)、B(31.9 m^2)两种类型宿舍,每间自带卫生间、淋浴房。 "创业之家"为了提高入住人员的居住环境,配套设置了员工食堂、健身房、阅览室、篮球场等设施,丰富了员工的业余文化生活,沿横长泾支路的250米商业街也将为员工的日常生活提供便利。我们的设施提供菜单式选择,可根据企业的需要进行不同的配置。员工集中居住不仅便于企业的统一管理,也节约了企业的费用支出,为企业带来更大的盈利空间。 "创业之家"有高效、尽责的物业管理公司,配有专门的警卫人员,实行24小时值班巡逻,并采用人性化的管理模式,个性化的服务理念,优质的服务质量为创业之家住宿员工提供安全、舒心的居住环境。

① 资料源于"新昆山人之家"网站。

三 “精细化”：外来人员治安管理的取向

（一）“上有人管，下有人抓”的管理网络

外来人口管理是一项社会系统工程，涉及政府各部门工作，需要相互配合、综合管理。镇党委、政府经过研究，调整了外来人口管理领导小组，调整了外来人口管理办公室人员。进一步提高了镇外管办对全镇外管工作的指导、协调与督促能力。同时，根据近年来全镇外来人口不断增长的趋势，调整、充实全镇外来人口协管员队伍，按500∶1的标准在原有119名外管协管员的基础上又招收了92名专职协管员，使全镇外管专职协管员达221名。并且，狠抓外管队伍管理。外管办曾聘请派出所教导员及户籍内勤对此支队伍进行了三次集中培训，规范了全镇外来人口27个服务站的台账、健全了制度，从而全面提高了协管员队伍工作能力和业务素质。镇党委会专题讨论并进一步落实了专职协管员的待遇问题，进一步增强了协管员的事业心和责任感。真正形成了“上有人管，下有人抓”的管理网络，为全镇的外来人口管理工作顺利进行打下坚实的组织基础。

（二）强化责任制、细化措施

全面落实治安责任。周市镇积极做好宣传工作，坚决实行“谁用工谁管理”与“谁容留谁负责”的用工原则，配合市政法委《关于开展私房出租屋专项清理的实施方案》文件精神，与各房屋出租户主、用人单位和建筑工地负责人逐一签订治安责任书，增强他们的责任意识和法律意识，取得了较好的效果。同时，抓好外来人口的登记发证工作。镇外管办将外来人口登记前移到社区、用工单位，积极会同综治、公安等相关部门，建立抽查、倒查制度，通过定期与不定期向街道、社区居委、行政村干部以及群众了解协管员深入基层工作情况，到派出所随机抽查暂住人员登记发证情况，倒查被抓获的外来暂住违法犯罪嫌疑人员是否登记发证，不断加大对协管员的监督力度，做到对外来人员底数清、情况明、措施得力。

与此同时，周市镇外管工作在登记发证工作的基础上，进一步做好外来人员的房屋出租户的分层次管理，将管理重点放在“三无”人员和外来人员违法犯罪的“高危”人群身上，同时加大对重点地区的清理整治力度，坚决堵住犯罪漏洞。同时积极会同派出所、劳动管理所等部门，切实做好各类职业和房屋租赁中介的监督管理，使各部门积极配合做好外来人员的登记发证及外来违法犯罪的防范工作。同时，健全信息传递、收集工作机制。外管办通过培训，使全镇协管员都能熟练运用

“信息采集仪”采齐采全外来人口信息，准确、及时传入系统，及时进行网上比对，配合公安机关打击违法犯罪工作的开展。

并且，周市镇外管办牢固树立“抓大放小”的工作思路，把抓好外来高危人员的管控工作放在重要位置。建立健全了对高危人群和高危地区的分析研判机制。每月定期与派出所互通信息，掌握外来人员违法犯罪记录，提高了自身对信息研判和应用水平。并严格落实了协管员上门办证时的查人、查物、实时管控的“二查一管”工作机制，开展经常性的检查、清理、比对和重点对象监控工作，有效地挤压了高危人群的作案空间，打击了现行犯罪，积极为经济社会发展营造良好的治安环境。

表 5-8 外来流动人员违法、犯罪嫌疑情况统计表

时　间	犯罪嫌疑人总数	侵犯人身犯罪	侵犯财务犯罪	其　他
2010 年 1 季度	137	28	86	23
2 季度	342	85	218	39
3 季度	471	93	311	67
4 季度	521	98	357	66
2011 年 1 季度	141	30	87	24

案例：

去年，周市镇朱家湾村警务室协管员沈某、高某等人在外来人员登记过程中，发现一出租屋内几名男子形迹可疑，并藏有管制刀具。对其进行检查时，1 名男子慌忙逃窜，后被协管员连同出租屋内另 3 名男子一同控制起来，并报警将 4 人移交给周市派出所。经审查，犯罪嫌疑人郭某、艾某、夏某、李某交代了其从去年 8 月起，流窜在巴城和周市之间多次实施持刀入室抢劫的犯罪事实。10 月 3 日，犯罪嫌疑人李某持刀窜至巴城镇某电子公司宿舍进行抢劫，抢得手机 1 部和现金若干。11 月初，4 人在周市朱家湾四组入室抢劫，抢得手机、MP3 和现金等物。目前，4 人被周市派出所刑事拘留，已交代入室抢劫犯罪事实 5 起，此案正在进一步审理之中。这是一个典型的通过外来人口管控工作提高社会治安快速反应能力的例子，扎实的外管工作必将有利于整个社会治安大环境的改善，也将为构建“平安周市、和谐周市”提供坚实的基础。

四 “均等服务，乐在周市”：外来人口全面发展之路

周市镇在外来人口服务与管理工作中，在抓好外管工作队伍建设、人口信息社

会化采集、出租屋的长效管理机制和“集居工程”建设的同时，不断总结、完善现有的工作管理方法和经验，不断推进外来人口的全面发展。如做好“新昆山人”特邀顾问工作以及为“年度优秀外来建设者”推荐工作。在全镇各行各业外来人员建设者中树立典型，弘扬了外来优秀建设者艰苦创业的精神，鼓励全镇“新昆山人”艰苦奋斗、勤劳致富，积极投身到周市社会发展各项事业的建设中来。同时，周市镇成立了外来务工人员法制宣传教育基地，定期给外来务工人员上法制课，协调司法所开展“我爱第二故乡外来务工人员法律知识竞赛”，并配合计生部门开展了外来人员计生整合知识竞赛，提高了广大外来人员文明守法的法制意识和自我防范意识，强化其自我约束能力，取得了良好的社会效果。

(一) 法制宣传服务

周市镇十分注重对流动人口的宣传，不断提高对他们的服务和保障力度。切实做到保障流动人口与常住人口在政治上、经济上、法律上的平等，严厉查处侵害他们利益的行为，特别是拖欠外来人员工资的行为，大力开展排查调处流动人口群体中的矛盾纠纷。公安部门和综治基层组织在向他们进行法律、法规培训的同时还根据其从事的工作性质及时对其进行相应的安全技能、业务知识等培训，使他们既掌握一定技能又知法、守法和用法维护自身利益。上半年共开展法制宣传教育活动 11 场次，其中放映法制电影 3 场，法律进农村、社区、企业等活动 6 次，法律咨询活动 2 场。

表 5－9 周市镇外来人员法制宣传教育情况统计表

日　期	教育培训		咨询活动		法律知识竞赛		法律援助		外来人员法制副校长配备	
	期数	人数	期数	参与人数	次数	人数	次数	人数	学校数	人数
2009 年上半年	3	260	6	3 300	1	270	1	1	8	8
下半年	7	617	7	3 600	1	1 600	8	8	8	8
2010 年上半年	3	361	7	3 980	1	310	1	1	8	8
下半年	6	583	11	5 381	2	627	3	3	8	8

表 5－10 2010 年周市镇外来人口法制宣传活动

时　间	活　动　概　况
2010. 3. 15	镇司法所、综治办、外管办在易初爱莲广场举行“3. 15 法律宣传咨询活动”。
2010. 4. 15	镇创建办、综治办和 sofa 所在市北村举行“爱国卫生法制宣传”。
2010. 5. 18	周市外管办联合镇司法所、派出所、劳动保障所在易初爱莲超市门口的 18 法制广场进行了一次“外来务工人员法制咨询专场”活动，解答外来人口的劳资纠纷等法律问题，取得了较好的反响。
2010. 4. 27	镇司法所、外管办等在招商大楼举行“企业劳资关系讲座”。

续 表

时 间	活 动 概 况
2010.5.31	针对圣美精密外来务工人员举办"法律现场咨询活动"
2010.7.21	针对新镇外来人口子女举行"青少年暑期法制巡回讲座"
2010.8.10	针对外来人口举行"暑期禁毒巡回宣传"
2010.10.15	针对伯腾光电的外来人口进行法制宣传
2010.12.4	在白塔公园举办第三届"12.4 法制宣传游园会"
2010.12.10	外管办会同新镇派出所等部门在新镇村新陈路市民活动广场开展消防和安全隐患防范知识宣传活动。

表 5-11　2011 年上半年的法制宣传活动

时 间	活 动 概 况
2011 年 1 月 13 日	周市镇扫黄打非办公室组织镇综治办、外管办、工商分局、新镇派出所、周市派出所及文体站开展周市范围内外来人口集居地扫黄打非专项整治检查。两天内共计检查农贸市场周边小商品经营店 15 家(其中游商 2 个),收缴各类音像制品 1 150 余张、劣质盗版图书 320 余本、销毁赌博机 2 台;检查登记无证歌舞娱乐场所 4 处,执法人员对其无证经营行为进行口头警告,责令其立即停止经营。在春节前后,周市镇文化市场将加大整治力度,创造一个健康良好的节日氛围。
2011 年 5 月 5 日	大型沪剧"该不该留他"、"喜落洞房"——禁毒宣传专场演出走进周市,为当地居民带来了一场精彩的演出。周市镇综治办通过现场摆放展板,发放宣传资料的形式,发放禁毒宣传手册三百余份,并现场解答居民们的问题。
2011 年 5 月 17 日	周市镇外来人口管理办公室会同镇综治办、镇计生办、镇司法所、新镇派出所等部门,在周市镇外来人口打工楼——创业居乐家园开展"周市镇外来务工人员法律宣传周"活动。此次活动,向新昆山人发放各类宣传资料 300 余份、现场解答 30 余人次。通过宣传,让外来务工人员了解工伤理赔、计划生育、防抢防盗防诈骗方面的知识,提高了外来务工人员的懂法、守法意识,受到一致好评。
2011 年 5 月 27 日	周市镇外来人口管理办公室会同镇综治办、计生办、司法所、劳动所、新镇派出所等部门,在新镇珠江学校开展"周市镇外来务工人员法律宣传周"活动。活动中,通过悬挂横幅、发放宣传册等形式向外来务工人员宣传劳动法规、计划生育、防抢、防盗等方面知识。发放各类宣传资料 500 余份。同时,现场解答 60 余人次,结合法律法规宣传,解决了外来务工人员诸如工伤理赔、计划生育、防抢防盗防诈骗等关心的一些实际问题,提高了外来务工人员的学法、守法的意识,受到群众的好评。

(二)计划生育服务

为积极应对经济社会发展的新形势,不断适应统筹解决人口问题的新要求。巩固两年以来流动人口计划生育专项整治的成效,规范流动人口计划生育秩序,扎实推进流动人口计划生育统一管理、优质服务新体制建设。根据《2009 年昆山市流动人口计划生育专项整治行动实施方案》的要求,周市镇于 2009 年继续开展流动人口计划生育专项整治集中行动。该活动以建立完美流动人口计划生育管理服务新体制为目标,坚持“统一部署,属地负责,部门参与,各方联动”的原则,坚持“公平对待、搞好服务、合理引导、完善管理”的工作方针,以信息化应用为引领,以与流出地合作管理为重点,综合治理流动人口计划生育中存在的突出问题,从而为经济社会发展创造良好的人口环境。

专项行动的整治重点是违反政策或计划外怀孕情况,违反政策生育未处理情况,非法进行非医学需要的胎儿性别鉴定和选择性别人工终止妊娠等。从而进一步提高流动人口依法生育、持证生育的意识,优化生育秩序和生育环境;提高人口计划外怀孕落实补救率和服务率,实现流动人口享受计划生育公共服务同等化,进一步健全流动人口工作协调和综合治理机制。

专项活动分四个阶段。首先是宣传发动阶段,主要工作是制定方案,明确要求,加大宣传,形成声势。其次是清查摸底,掌握信息阶段,主要工作是开展全镇性的流动人口调查摸底工作,加强重点对象核查管理,双向协作及时通报,信息检查。再次是联合执法阶段,主要内容有查验《流动人口婚育证明》,查询怀孕人员,核查违法生育及处置情况,查处并取缔“黑诊所”。最后是总结巩固阶段,镇专项整治行动领导小组将针对全镇汇总分析情况,提出相应的整改措施,落实流动人口计划生育综合治理和联合执法长效管理机制,重点建立两项制度,即流动人口计划生育综合治理管理联席会议制度和流动人口计划生育联合执法制度。

表 5-12 周市镇流动人口计划生育专项整治活动计划推进表

工作部署	主 要 工 作	主要负责及配合部门
一、宣传发动阶段(5月4日～5月23日)	1. 调整镇流动人口计划生育专项整治领导小组成员	镇党政办
	2. 制定方案,明确分工	镇专项整治行动领导小组
	3. 召开专项整治行动会议	镇专项整治行动领导小组、党政办
	4. 办事处、村、居委(社区)成立专项整治工作小组,进行动员发动,上下联动	各村、居委(社区)
	5. 办事处、村、居委(社区)企业等宣传法律法规、张贴《公告》、发放材料	镇计生办,办事处,各村、居委(社区)
二、调查摸底阶段(5月14日～6月13日)	1. 召开业务部署培训会议	镇专项整治行动办公室
	2. 摸清辖区内违法怀孕的流动人口名单、2008年以来违法生育的对象情况、摸清“两非”黑诊所详细地址;对未持证对象发放《限期补办〈流动人口婚育证明告知书〉》	镇专项整治行动办公室,办事处,各村、居委(社区)

续 表

工作部署	主 要 工 作	主要负责及配合部门
二、调查摸底阶段（5月14日～6月13日）	3. 向户籍地及时通报孕情与违法生育对象	办事处，各村、居委（社区）
	4. 确定执法重点区域，汇总摸底情况、上报相关材料	镇专项整治行动办公室，办事处，各村、居委（社区）
三、联合执法阶段（6月14日～6月23日）	1. 组建二支联合执法队伍，按全市统一执法时间，部署联合执法工作要求	镇专项整治行动办公室
	2. 组织联合执法工作组现场执法、市级工作组现场督导	镇专项整治行动办公室
	3. 组织执法回头看，巩固联合执法成效	镇专项整治行动办公室，办事处，各村、居委（社区）
四、总结巩固阶段（6月24日～7月3日）	1. 上报专项整治行动开展情况执法成效	镇专项整治行动办公室，办事处，各村、居委（社区）
	2. 分析汇总	镇专项整治行动办公室

在开展流动人口计划生育专项整治集中行动的同时，周市镇的人口和计生工作全面展开。a）推进流动人口综合治理。联合各部门积极发挥计划生育流动人口执法队作用，通过定期开展综合治理（包括两非），使外来人口在昆计划外怀孕及违反生育行为得以及时地处理；加大婚育证明的查验力度，形成工作的常态化和制度化；加大有奖举报活动，以便更多渠道掌握孕情信息。b）建立流动人口驿站。在圣美和红星美凯龙市场建立流动人口驿站，将宣传、服务融入员工自治中，形成员工自我宣传、自我服务、自我管理的模式。c）推进流动人口计生区域协作。根据国家、省、市人口计生委提出的流动人口管理三年三步走的总体要求，加大同户籍地的联系，重点针对违法怀孕、违法生育及社会抚养费征收，做到区域协作、管理互补、服务互动、信息互通、资源共享，使流动人口计生工作更上一个新台阶。

表5-13 2010年周市镇开展流动人口计划生育活动

时 间	活 动 概 况
2010年春节前后	近期，对本镇范围内的流动人口开展了以计划生育政策宣传及生殖健康咨询服务为主要内容的系列“春风行动”。 在节前做好返乡流动人口的计划生育宣传告知，重点告知未办证的育龄妇女，利用返乡机会及时补办婚育证明；节后对返昆人员摸清生育状况和生殖健康需求，对其进行宣传教育和维权服务，落实避孕节育措施和奖励优惠政策。 2010年2月23日，计生协会与镇劳动保障所联手在流动人口集居地设立了以“生育关怀，共建和谐”为主题的现场宣传咨询服务点，现场接受流动人口有关计划生育咨询、宣传、服务等，向广大当地及外来人员提供计生咨询并免费发放避孕药具及相关计生折页、《依法持证生育告知书》、《致新昆山人的一封公开信》等宣传资料，共计2 500多份，现场咨询人次400多人。同时通过宣传栏、电子屏、宣传展板等进行宣传和服务。

续表

时 间	活 动 概 况
2010 年 5 月 29 日	在计生协会成立 30 周年之际，周市镇计生协会同镇外管办、司法所、团委、妇联等单位开展了“计生与我同行”的宣传活动。活动以“庆祝计生协会成立三十周年，加强外来人口计生宣传”为主题，通过对法律问题的现场咨询，计生知识及相关法规的普及宣传，计生用品发放等形式的活动，有力地推动了周市外来人口计生法规的宣传和贯彻，取得了良好的宣传效果和社会效益。
2010 年 10 月 27 日、28 日	为做好流动人口已婚育龄妇女常见病普查普治工作，推动实现流动人口与户籍人口同管理、同服务的工作目标，周市镇人口计生办在流动人口集聚地——红星美凯龙家居广场开展了为期两天的免费妇女病普查行动。 本次普查行动包括乳腺癌筛选、B 超和妇科常规检查三大类项目，共为商场 199 名女性员工做了检查。通过向流动人口免费普查让更多的流动人口已婚育龄妇女了解了常见病普查普治，进一步提高了全镇流动人口已婚育龄妇女的生殖健康水平。

2011 年，周市镇以“家庭・健康・文明・和谐・幸福”为中心，打造和谐家庭，构建和谐周市，全面开创人口计生工作新篇章。在夯实信息管理基础、注重计生载体建设、优化人口计生队伍配置、提升强基提质能力的同时，着力强化流动人口管理，全面提升均等化服务能力。在流动人口集宿地设立“知心姐姐”信箱，安装免费售套机；依托镇内最大的流动人口集居地圣美员工宿舍，建立流动人口驿站，提供政策法规、生殖健康等知识，推进流动人口综合管理；充分整合公安、人口计生队伍，提高流动人口社会化采集力度，提高流动人口信息的准确率，有效控制流动人口计划生育率。同时，周市镇围绕“善行天下，爱铸周市”系列活动方案，积极推进关心、关爱新周市人行动，全面提升流动人口计划生育基本公共均等化服务能力，将“四同”理念落到实处：a）进一步加强流动人口信息管理。建立部门协作的工作机制，强化流动人口信息社会采集工作，全面提升国家流动人口计划生育信息工作平台和江苏省综合信息平台的应用能力；通过网络化协作，与户籍地计生部门联合整合人员信息，提高信息采集的及时率、准确率和完整率，夯实流动人口计划生育管理服务的工作基础。b）进一步深化人口文化宣传教育。开展主题宣传教育活动；融入“春风行动”，关爱外来务工者，举行“大手牵小手”征文比赛和“六个一”系列教育活动，关爱民工子弟。建设流动人口驿站；在流动人口集宿地、企业等设立“知心姐姐信箱”。建设好圣美员工宿舍楼等流动人口驿站，提供多种服务为一体的计生平台。c）进一步提升流动人口技术服务水平。加大《苏州市非户籍人口计划生育管理服务卡》发放力度，为流动人口育龄妇女提供免费避孕药具、RTI 普查、孕环监测等技术服务项目。开展各类生殖健康促进活动，引导更多的新周市人参与，为流动人口提供范围更广、内容更多的服务，积极推动计划生育基本公共服务均等化。d）进一步推进关怀新周市人进程。向流动人口计划生育困难家庭发放

爱心救助卡；拓展生育关怀帮扶形式，安排家庭成员就业；完善计生协会帮扶工作，搭建计划生育救助平台，对流动人口计划生育困难家庭进行走访慰问，发放特别扶助金、慰问金等，帮助他们走出困境。全面开展生产、生育、生活的"三关爱"行动。①

① 见昆山新闻《周市镇四个"进一步"全面提升流动人口计划生育基本公共均等化服务能力》，2011年4月19日。

第四章 生产生活安全的保障方式和实践策略

生产、生活安全是社会安全的重要内容。近年来，覆盖周市全镇的安全生产、食品等监管体系逐渐完善，应急管理体制初步形成，应对突发公共事件的能力有所提高，各类生产安全事故、食品安全的死亡人数和直接经济损失全面下降，推进了"平安周市"的建设进程。

一 安全生产的实现路径

在安全生产工作中，周市镇积极贯彻执行《安全生产法》、《江苏省安全生产条例》等有关法律法规，围绕市镇两级安全生产目标责任书的签订目标和市安监局关于安全生产工作的具体业务指导、意见及任务时，坚持"安全第一、预防为主、综合治理"的方针，遵循"预防在先、监管前移、重心下移"的原则，按照"控指标、打基础、重整改、严监管、抓应急、广宣传、强队伍"的工作重点，全面加强企业安全管理，严格实施安全监管措施，杜绝了重特大安全生产事故和较大社会影响安全生产事故的发生，为全镇经济社会全面转型营造了良好的安全生产环境。

(一) 两个主体责任：安全生产责任落实

周市镇按照"政府统一领导、部门依法监管、企业全面负责、群众参与监督"的工作格局，落实了安全生产两个主体责任。

1. 监管主体责任

每年年初，周市镇都要及时召开全镇安全生产工作会议，完善安全生产监管网络。同时，镇长与镇分管领导签订了安全生产"一岗双责"责任书，镇政府与街道、行政村(社区)、相关部门的镇安委会成员单位签订了《安全生产目标责任书》。从而，把安全生产责任落实到相关分管领导、各街道、村(社区)、部门、单位，形成了齐抓共管的工作格局。如下所示：

二〇一一年周市镇安全生产工作责任书

一、目标任务

坚决杜绝重特大安全事故和重大社会影响事故，遏制较大事故，有效控制一般事故，所分管(联系)部门和行业的各类事故死亡人数不超过昆山市政府下达的年度控制指标。

二、工作职责

(一) 根据镇政府领导班子安全生产责任制的规定，坚持"一岗双责"原则，负责在分管(联系)部门和行业中贯彻落实国家有关安全生产的法律法规和方针政策，对分管领域的安全生产工作负领导责任。

(二) 把安全生产工作列入重要议事日程，定期研究分析分管(联系)部门和行业的安全生产形势，及时协调解决分管(联系)部门和行业安全生产的突出问题。

(三) 督促、检查分管(联系)部门和行业的安全生产责任制的贯彻落实，按季定期检查各单位主要负责人安全生产管理责任履职情况。

(四) 督促分管(联系)部门和行业及所属单位认真落实安全生产责任制，确保安全生产的有效投入，严格执行建设工程(项目)安全设施必须与主体工程同时设计，同时施工，同时投入生产和使用的规定，符合国家法律法规和标准技术规范规定的安全生产条件。

(五) 定期组织分管(联系)部门和行业的安全生产检查，开展安全隐患排查治理活动，对发现的重大隐患及时督促落实整改措施，予以清除。

(六) 接到分管(联系)部门和行业发生较大以上安全生产事故报告后，立即赶到事故现场，组织事故救援和善后处理工作。

(七) 督促有关部门依法履行安全生产监督管理职责，严格执行《生产安全事故报告和调查处理条例》，坚持"四不放过"的原则，严肃查处事故。

周市镇人民政府　　　　镇　　长：

分管责任人：

二〇一一年　月　日

2. 生产主体责任

每年初，镇政府与全镇的300多家化工企业、职业危害重点整治企业以及部分规模以上企业分别签订《安全生产目标责任书》；对全镇59家市、镇两级职业危害重点整治企业实行安全生产承诺制；敦促生产经营单位加强安全管理、加大安全费用投入、健全各项安全制度、落实相关安全设施、加强安全教育培训、提升事故防范和应急处置能力等。

二〇一一年周市镇安全生产目标责任书(B)

根据《中华人民共和国安全生产法》、《国务院关于特大安全事故行政责任追究的规定》等法律法规要求，进一步强化生产经营单位安全生产经营主体责任，切实完成安全生产控制目标，减少各类安全生产事故的发生，保障社会稳定和人民生命财产的安全，特签订本责任书。

一、全面落实生产经营单位安全生产责任制，严格安全生产重大事故行政责任追究。各生产经营单位的法人代表(主要负责人)对本单位的安全生产负总责，分管负责人对分管范围内的安全生产工作全面负责。要杜绝重、特大事故和重大社会影响事故，遏制较大事故，控制一般事故；各类事故死亡人数指标控制在市下达目标以内。

二、安全生产工作要列入本单位会议的重要议题，各生产经营单位每月至少召开一次安全生产例会，分析、部署、督促和检查本单位的安全生产工作；大力支持、配合并帮助解决安全生产管理部门在行政执法中遇到的困难和问题。

三、加强安全生产机构建设[300人以上(含300人)企业要设立安全生产管理机构或者配备专职安全员，300人以下生产经营单位要配备专职或兼职的安全员]，保证机构、人员、经费“三到位”，要设立安全生产专项资金，用于增强安全生产保障设施、事故隐患整改、安全生产宣传教育等。

四、经常性地组织本生产经营单位内的安全生产检查，建立健全自查自纠机制，建立健全安全生产管理台账，发现事故隐患(不安全因素)立即整改(消除)。加强在危险化学品、特种设备、职业卫生、消防设施、易燃易爆、用电用气等方面的安全管理工作；加强在生产过程中易造成人身伤害的工段、岗位的安全管理工作，遏制事故和避免伤害。安全生产责任制、管理制度、操作规程等要制定落实，做到制度健全、责任到人、措施到位、监管有力。因失职、渎职而造成重、特大事故，按照国家有关法律法规给予处罚，同时追究领导责任，直至法律责任。

五、认真开展安全生产专项整治和重特大事故隐患整治。全面配合、落实安全生产管理部门的监管，切实排查隐患、整改治理，确保整改率达100%。

六、各生产经营单位要做好有毒有害、粉尘、噪音等场所的职业病防护及女职工劳动保护等工作，并在新员工签订劳动合同时告知。

七、认真做好安全生产宣传教育和培训工作，学习党和国家安全生产的方针政策、法律法规和加强安全生产工作的重大举措，不断增强广大员工的安全意识和自我保护能力。要依法参加企业法人代表(主要负责人)、安全管理员，存在职业危害企业的人事主管、工会主席等人员的安全培训；要依法参加电工、电焊工、水质处理工，接触危化品操作工、“三废”处理工、检修工、危化品(化学品、剧毒品)仓库保管员、装卸作业人员、化验分析人员，剪切冲等高危岗位人员的特殊工种安全培训；要依法参加叉车工、司炉工、起重机械作业员、压力容器作业员等特种设备作业人员的安全培训。持证上岗率达100%。

八、建立完善事故应急救援预案体系，定期演练安全生产应急救援预案(每年不少于一次)；严格企业安全生产“三级”教育培训，特别是对新进员工、高危行业员工换岗、员工应急情况下的救援逃生、消防知识等方面强化“三级”教育培训，并进行考核，不合格不得上岗。

九、严格安全评价、“三同时”规定和严肃消防安全法规。新、改、扩建项目经批准后要做好“三同时”工作；生产、使用、储存危险化学品项目、易燃易爆项目、劳动密集型项目必须进行安全评价。要确保消防设施完好，消防通道畅通、安全间距达标，严肃擅自违章搭建堵塞和占用消防通道、改变安全间距及降低耐火等级等违法违规行为。严厉打击非法违法生产、使用、运输、储存危险化学品行为。

本目标责任书一式二份，甲、乙双方各执一份，考核期为2011年度，有效期至下年度签订日。

甲方：周市镇人民政府　　　　乙方：责任单位(章)

代表：　　　　代表：

二〇一〇年　月　日　　　　二〇一〇年　月　日

(二)“大检查、大排查、大整治”：安全生产的日常监管

周市镇将检查执法作为加强安全生产的重要手段，以安全办、监察中队的独立检查、安全办与监察中队的联合检查、安委会成员单位的联合检查三种检查方式，加强安全生产监管力度，排查治理各类安全生产隐患。按照做好重要时期、重要节日安全生产工作要求，镇安委会成员单位先后开展了“春节联合大检查”、“全国‘两会’期间联合大检查”、“5.1联合大检查”、“镇大检查、大整顿月联合大检查”和“10.1联合大检查”等联合大检查行动。2008年以来，共检查企业、各类公共聚集场所、各类市场(超市)、建筑施工、学校、医院、道路、网吧等1 259余家(处)次，检查出各类安全生产事故隐患710余处，提出整改意见680多条，要求企业提交整改方案13份。

1. 春节安全生产大检查

为做好春节期间的安全生产工作，确保全镇人民过上一个安定、祥和的节日，

根据镇安委会春节大检查相关布置，周市镇安全办于2011年1月开展了春节前针对性的安全检查。活动过程如下：

时 间	主 要 任 务
第一阶段：动员部署阶段（1月5日～1月11日）	由镇安委会办公室制定大检查方案，召开安委会会议，全面动员和部署大检查工作。
第二阶段：排查治理阶段（1月12日～1月27日）	各牵头部门，按照检查重点和分工，召集相关配合部门，进行全面检查。排查出的各类安全隐患，要执行边排查边治理，确保消除安全隐患。
第三阶段：汇报巩固阶段（1月28日～2月1日）	全面总结大检查开展情况，列出重大隐患目录，制定跟踪、复查、销案措施。形成书面材料于1月29日报镇安委会办公室。

本次检查重点是圣美等规模型企业、长藤等安全生产条件较差的20家企业。共发现安全隐患27处，主要存在的问题有：由于临近年终，部分企业进出货存在积压现象，厂区内堆货较多，一定程度上引起消防通道堵塞，影响消火栓、灭火器等消防器材的使用；由于受到春节假期影响，部分企业出现了超量储备危化品现象，危化品仓库物品标识不明，摆放杂乱，使用非防爆电器；生产车间废料、废溶剂堆放混乱，清理不及时；个别企业对前阶段安全生产检查中发现的隐患仍未完全整改到位；昆山瑞泽农药有限公司违法出租仓库用于储存危化品，存在较大安全隐患。针对以上安全隐患，周市镇安全办提出了整改意见，并以书面形式向市安监局、消防大队进行了报告瑞泽农药公司存在的隐患情况。当然，除了春节之外，周市镇还在两会、国庆、元旦等其他重要时期、重要时间都进行了安全生产大检查，维护了全镇生产安全的平稳态势。

2. "大检查、大排查、大整治"活动

2011年4月18日，周市镇根据"全市一季度安全生产工作会议"精神，在全镇范围内组织开展安全生产"大检查、大排查、大整治"活动。此次检查突出危化品、职业危害、道路交通、人员密集场所、建筑施工、地下管线、特种设备、交通运输等重点领域安全，真正把安全生产工作的重点从事后查处转变到事前防范上来；公安消防部门及行业管理部门则对商场（特别是地下商场）、医院、车站、宾馆、饭店、敬老院、学校、娱乐场所及"三合一"、"多合一"、"群租房"等场所，开展全面的消防安全大检查。此次检查以日常检查与集中整治相结合，日常检查实行常态化管理，集中整治突出重点问题与隐患，保证了重点时段特别是5.1期间的生产安全平稳。

镇安全办为配合此次行动，把日常检查和纺织行业专项复查及危化品企业安全生产"大检查、大排查、大整治"行动相结合，共开具现场检查记录37份，发现安全隐患 76 处,完成“一般生产经营单位复训班”和“危化品生产使用培训班”人数达 450 余人。此外,在 5 月 17 日及 19 日先后组织召开了“三级挂牌专题会议”和“化工企业标准化体系建设推进会”。走访 21 家重点危化品生产、使用和存储企业,做好开展重大危险源平台企业联网的动员工作。周市派出所则在深入开展消防安全教育的同时,开展检查整治活动。自 4 月 18 日以来对辖区内的集贸市场、大型超市、娱乐场所、“三合一”、“群租房”等人员密集场所和企事业单位进行安全检查,共检查单位 42 家,其中(集贸市场 4 家、娱乐场所 3 家、企事业单位 35 家),发现各类火灾隐患 24 次,发放《责令改正通知书》13 份,其中上报企业单位 3 家,处罚金额 50 000 元,当场处罚 10 起,处罚金额 500 元,合计共处罚款 50 500 元。其他职能部门、各办事处、村(社区)也就各自职能范围开展了形式多样的检查工作,均取得了一定的成效。

3. “挂牌督办”:事故隐患排查与整改的抓手

在重点领域内,周市镇大范围排查事故隐患,分等级建立隐患目录,有针对性地选择一批重点安全隐患,作为“三级挂牌”督办重大事故隐患。并密切联系监察中队,配合做好行政执法、安全生产违法行为及事故隐患的投诉受理和调查处理工作。2010 年是全镇安全生产事故隐患排查整改力度最大的一年,全年检查各类单位、场所超 2 500 家(次),排查治理各类隐患超 3 500 条。全面完成“三级”挂牌督办事故隐患 9 家(处),其中苏州市级挂牌事故隐患 1 家,昆山市级挂牌事故隐患 3 处,镇级挂牌事故隐患 5 处,共投入整改资金 404.157 7万元。

同时,对接好教育培训中心,宣传国家安全生产相关法律法规、方针政策,组织各类人员参加安全生产相关知识培训。2010 年,全镇组织重点企业员工观看安全生产专题文艺晚会,发放《安全生产宣传教育》等手册、读本 2 000 余份,发动企业广泛征订安全生产横幅、招贴画、安全标识等安全生产宣传资料,巡回展示 16 面安全生产知识板报,巡放安全生产专题影片 3 场、近 2 000 人观看;同时,全镇共举办或组织参加培训班 12 期,培训各类人员 1 145 人,其中,培训镇安全生产监管人员 93 人,生产经营单位负责人,安全员 622 人,特殊作业 271 人,外来务工人员 159 人,为全镇营造了安全生产的良好氛围。

(三)六个领域专项整治工作

2010 年以来,结合国务院安委办部署开展的打击非法生产、经营、建设行业专项行动要求和六个领域专项整治任务,周市镇深入开展了重点领域专项整治工作。

1. 危化品领域

在整治行动中,周市镇突出危险化学品领域,强化化学品生产经营单位安全生产监管。通过开展化工企业"春雷"、"护城河"、"秋收"三项行动,并进行隐患排查治理、打击违法生产经营、危险工艺自动化改造、安全生产责任保险推进、"双卡"制度建设、危化品企业安全生产标准化建设等重点工作。2010 年 5 月,周市镇对 44 家化工企业进行了检查任务,共计发现隐患 178 条。如部分企业未建立安全隐患专家排查制度或未按规定定期到厂检查;部分企业安全隐患排查制度未严格落实,五本台账记录不全;部分企业"双卡"制未推行;甲类区域使用铁制工具或非防爆电子秤,生产时未使用静电夹或使用不防静电塑料管输送有机溶剂;部分企业仓库、生产现场危化品超量储存;作业现场员工劳动防护不到位等一批安全隐患。针对发现的安全隐患,各企业及时进行了整改。

2. 职业危害领域

镇安全办、预防保健所、安监局执法三中队、工会、劳动所组成联合工作组,主要针对 15 家昆山市级及 45 家周市镇级职业危害重点企业,以年初全面排查,半年度复查,年末全面验收的形式,较好地完成了年初所制定的各项指标。同时,为切实保护广大员工健康,全镇认真将作业场所职业危害整治工作作为安全生产监管的重要内容之一加以积极开展:统一部署作业场所职业危害专项整治工作,切实落实企业作业场所使用有毒物质、防治职业危害的主体责任:加强监管,预防和整改职业危害。2010 年 6 月 24、25 日两天,周市镇在市安监局培训中心的安排下,开展了中小企业负责人、安全管理人员安全生产知识培训,共培训 213 人。参训人员系统、深入的学习了安全生产法律、法规及行业安全生产规章、标准,企业安全生产管理知识,作业现场职业健康监管,职业病防治、工伤处置和职工维权等。理论联系实际、深入浅出的讲解,赢得了在场人员的阵阵掌声。

3. 道路交通领域

镇交警部门围绕"降事故、保安全、保畅通"的工作目标,开展道路安全隐患排查及道路环境整治,2010 年共安装路面各大小监控探头 32 个,提升了监管的技防水平。同时,联合城管、交管,在辖区内开展"三小车"、黑车、危险品运输车、黑摩的、酒驾、无证、"三超"、黑驾培等为重点的专项整治。2009 年采集黑车信息 86 辆,暂扣 21 辆。2010 年,采集黑车信息 108 条,暂扣 71 辆;在"三小车"专项整治中,共查扣"三小车"315 辆,拘留无证驾驶人员 42 人,拘留妨碍公务人员 1 名,教育残疾人 61 人次。

4. 人员密集场所领域

近年来,周市镇对重点消防企业、集贸市场、歌舞厅、浴场、足浴房、网吧、游戏房、汽车站、旅馆、医院、学校、敬老院等各类公共聚集场所和人员密集场所加强安全监管。2009 全年,全镇共收缴各类赌博机 128 台,查扣电脑主机 373 台,显示器 45 台,交换器、路由器 72 个,取缔"黑中介"31 家,"黑网吧"16 家,"黑诊所"29 家;

“黑旅馆”9 家。在 2010 年的整治行动中，收缴各类赌博机 132 台，取缔“黑中介”43 家，“黑网吧”72 家，“黑诊所”35 家，“黑旅馆”17 家，关停非法美容院 2 家。同时，加强了对歌舞娱乐场所、大型商场、超市、“三合一”场所的消防安全检查。全面检查各类场所、单位 928 家，发现隐患 246 处，发放责令整改通知书 245 份，处罚单位 31 家，临时查封 20 家。

5. 建筑施工领域和地下管线领域

在建筑施工领域，周市镇开展在建工程安全生产检查，召开施工单位项目经理级房产开发公司负责人会议，深入施工现场组织安全生产宣传教育，形成了执法检查及宣传教育齐头并进的格局。同时，加强了建筑工地、市政工程、动迁房工程、旧房拆除工程的安全监管，落实安全防范措施，杜绝非法违法建设行为。并加强了对吊机、货梯、焊割气瓶等特种设备资质的检查，特种作业人员持证上岗的检查以及工地现场管理和务工人员临时宿舍区管理。在地下管线领域，按照昆山市的要求，排查了城市自来水、燃气管网现状，排查是否有违法、违章占压管网，是否有明确的管理保护标识和措施，是否有违法、违规开挖工程和应急抢险预案，地下管线档案和实际情况的动态变更管理等。根据市安委会的文件精神，镇安全办对全镇使用天然气、液化气的单位和液化气销售单位进行了普查和检查，取缔了无证燃气经营单位，对有资质的经营单位进行了定期检查。

(四)“重大危险源电子监控平台”：安全生产的科技化途径

为实现从人治向法治转变，从集中开展安全生产专项整治向规范化、制度化、经常化管理转变，从被动防范向管住源头转变，从以控制伤亡事故为主向全面做好职业安全健康工作转变，从事后查处向强化基础转变，加强对重大危险源的监测预警和应急处置，构建“政府统一领导、部门依法监管、企业全面负责、社会广泛支持”的工作格局，周市镇从 2010 年 7 月起着手建设安全生产综合监管暨重大危险源监测预警应急救援系统，该系统目前仍在建设进程中。

根据周市镇的实际需要，该系统主要由以下子系统构成：安全生产综合监管子系统、重大危险源远程监测预警子系统、安全生产应急救援信息支持子系统、企业安全生产网络申报管理子系统。

1. 安全生产综合监管信息子系统

这是日常监管使用频度最高的系统，内容涵盖了安监业务的方方面面，将在强化企业监督、健全基础信息、处置应急事件、工作汇报、业务总结等工作中快速提供大量相关信息；以威胁公共安全的重大危险源为主要对象，以重大事故风险控制为主线，建立企业安全生产数据库，实现一企一档，有效解决各地安全生产监督管理任务重、人员少、头绪多、要求高、信息量大和管理复杂的实际问题，提高工作效率。

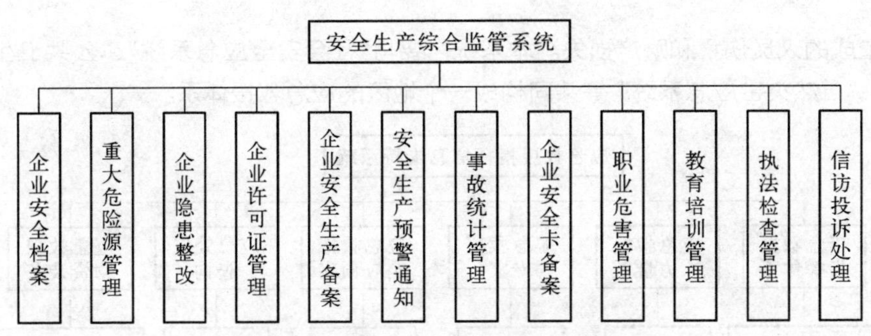

图 5－19　安全生产综合监管系统

2. 重大危险源监测预警子系统

该系统主要是通过网络远程监管重点企业的安全生产情况，监督企业是否及时处置重大危险源的预警（报警）情况，及时消除隐患，防止重特大事故发生。系统主要设有安全参数、安全状态、视频图像三种监管方式并设有进入语音、短信、文字提示、警灯闪烁、声音、曲线六种预警（报警）方式。周市镇首期需接入监控中心的企业为 30 家，相关中心设备（软件）配置预留接口，确保 1 000 家企业的接入。

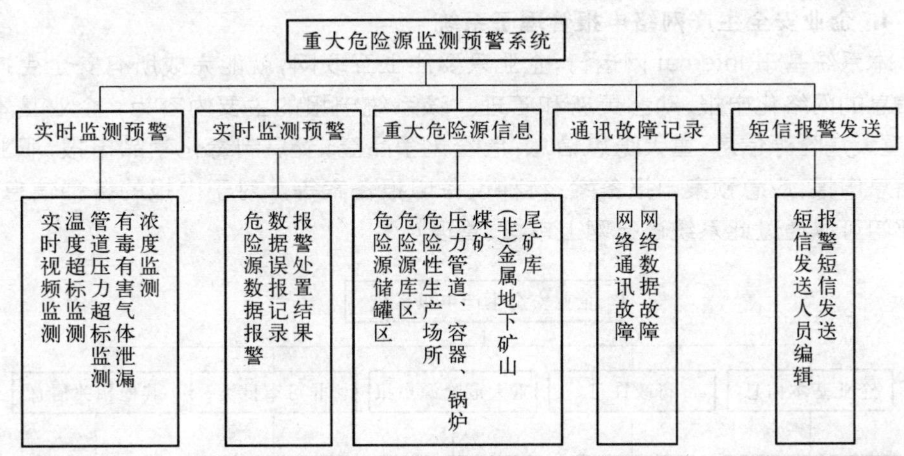

图 5－20　重大危险源监测预警系统

3. 安全生产应急救援信息支持子系统

大量实践表明，重特大生产安全事故大多有突发性的特点。如有毒有害、易燃易爆危险物质泄漏可能在很短的时间内发生，而且往往伴随着火灾或爆炸。为此，必须在极短的时间内做出应急反应，在造成严重后果之前采取各种有效防护、急救或疏散措施。应急救援指挥信息支持系统要求基于地理信息技术、数据库技术、网络技术和通讯技术、GPS 等高技术手段，将应急预案、各级指挥员通信联络、应急救援装备、技术器材、物资、危险源的地理信息及影像资料等自动合成，随时处于待用状态。一旦发生突发事件，可为指挥员争取时间，使指挥员有效的控制紧急事件的发生与发展并尽可能地降低事故造成的人员伤亡和财产损失。本系统需要与“社会安全应急系统”、“公共卫生应急系统”、“自然灾害应急系统” 等共同构成一个地区的应急救援体系。

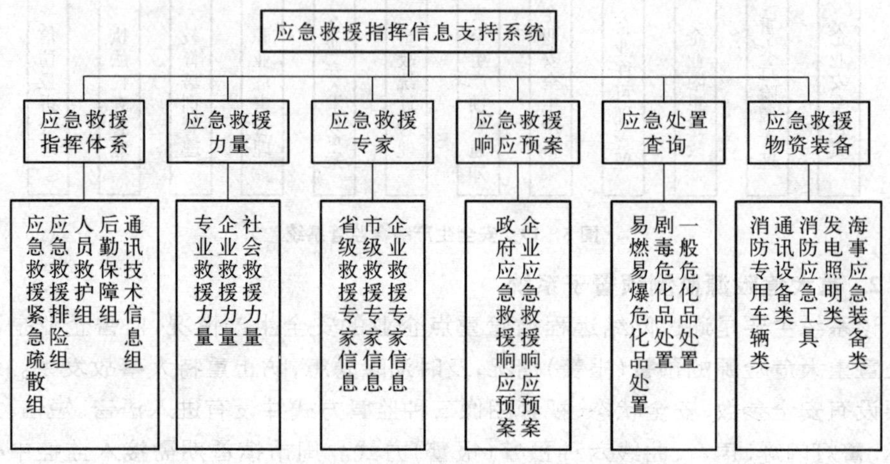

图 5－21　应急救援指挥信息支持系统

4. 企业安全生产网络申报管理子系统

本系统基于 Internet 网运行，企业只要能上互联网，就能完成所有安全生产监管信息的网络化申报、动态更新和管理。该系统申报的主要内容为：企业基本信息、重大危险源信息；重大隐患信息；危险化学品登记；易制毒化学品申报；职业卫生信息申报；应急预案申报备案；特种设备申报备案等。对于申报的各种信息，安监部门可以通过此系统进行网上审核、管理。

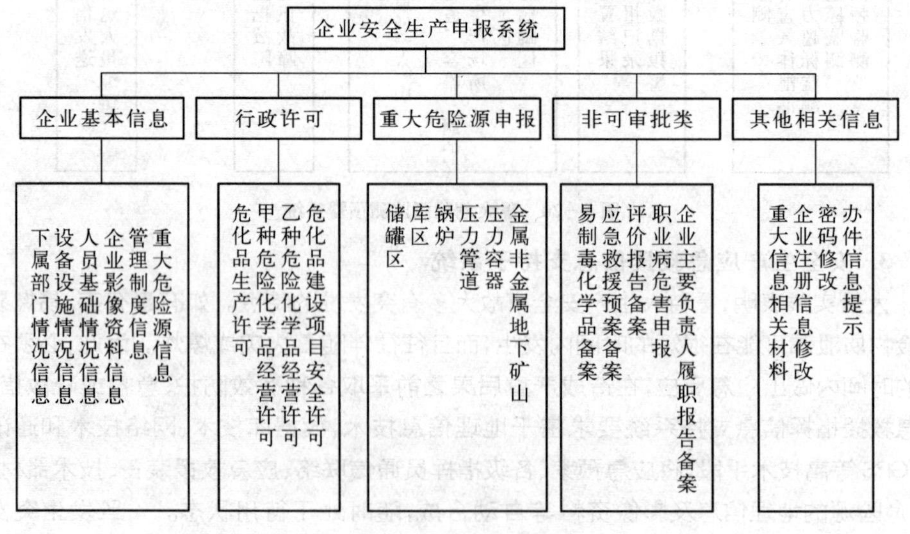

图 5－22　企业安全生产申报系统

周市镇已于2010年底完成了重大危险源电子监控平台的招标工作，预计镇中心平台于2011年8月份建设完成，9月份首批企业全部联网到位，10月份对中心平台及各企业端进行调试并投入试运行。进行联网的重点对象是周市镇危化品生产、使用、储存，剧毒品生产、使用，易燃易爆以及构成重大危险源的企业单位，目前已确定首批实施联网企业21家。

2011年，周市镇在安全生产领域将构建和完善企业安全生产管理体系，尤其是要进一步完善重大危险源电子监控平台建设，并最终建立一个集安全监控、应急指挥救援、信息管理为一体的重大危险源监控网络。同时，以“一岗双责”为前提，进一步落实安全生产责任制；以贯彻落实国务院23号文件精神为契机，进一步加强安全生产管理；以“挂牌督办”为抓手，进一步推进事故隐患排查与整改；以重点领域为突破，进一步强化安全生产专项整治；以普及安全知识为内容，进一步加大宣传教育培训力度，努力开创全镇安全生产工作新局面。

二 食品安全的监管机制

民以食为天，食以安为先。食品安全关系人民群众健康和生命安全，关系经济发展和社会和谐。周市镇在日常工作中，强化食品安全监管专项整治活动，制定食品安全事故应急处置预案，切实保障人民群众生活安全和身体健康。2007年、2008年，周市镇连续2年被昆山市评为“食品安全工作先进乡镇”。2009年被评为“苏州市食品安全示范镇”。目前，全镇有无公害、绿色和有机食用农产品生产基地16个，面积4 100亩，无公害农产品4个，绿色食品4个，食品生产单位15家，食品经营单位332家，餐饮单位187家，农贸市场9家。

（一）“三网”建设：构筑食品安全防线

1. 组织结构

食品安全工作是一件关系到千家万户和国计民生的大事，是经济建设的一个重要平台。近年来，周市镇政府在市政府及市食安委的领导下，大力推进农村食品安全“三网”建设。一是成立专职机构，安排专职办公场所及人员，对全镇的食品安全工作进行组织协调、综合监管，在各街道、社区设立食品安全工作站，并聘用了19名信息员，统一工作制度，统一手册，统一考核，统一培训。目前下设工作站在镇食安办的统一领导下开展了各项工作，通过开展对农村自办宴汇总、备案、上报信息及适时开展食品安全宣传等工作，有效地减少了食物中毒事故的发生，提高了农民群众饮食安全和自我防范意识。二是通过积极引导和鼓励大型食品生产流通企业利用现代流通方式改造农村食品经营点，提升管理水平，积极发挥“食品放心示范店”的作用，目前周市拥有苏州市级“食品放心示范店”3 家，放心粮店 3 家，各村都有一家开展昆山市“农村食品安全示范店”创建活动。三是充分利用信息员和设在各村、各超市的群众维权投诉点，共同构建起及时有效的群众监督网，来增强基层对食品安全事故及时发现和即时处置的反应能力。

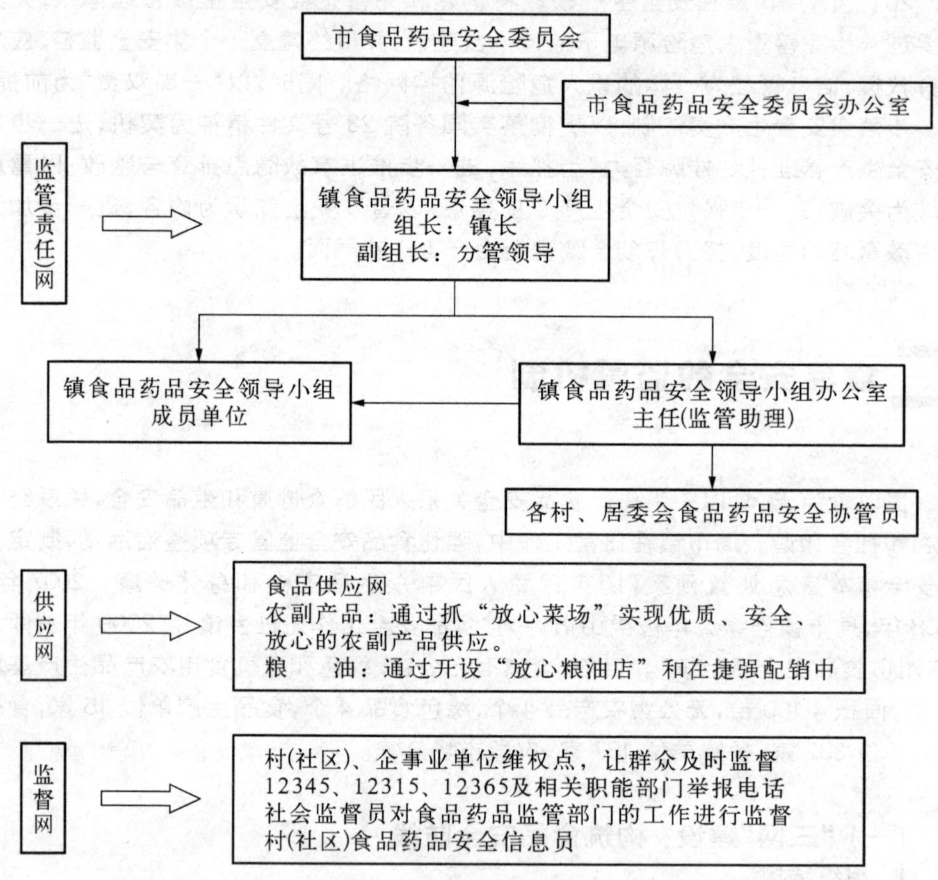

图 5－23 食品安全监管机制图

2. 各职能部门齐抓共管

按照“分段监管为主，集中执法为辅”的原则，明确各部门的监管职责，使各部门各负其责，相互配合，共同抓好全镇的食品安全工作。

农林部门加强种、养殖环节的源头管理。一是推进农业标准化建设，来加强源头管理。根据市局和自身的要求，基地从现场建设、制度建设、台账记录，仓库管理等方面进行严格管理，并开展农产品的专项整治，保障了农产品的源头生产安全。二是积极开展饲料、兽药、渔药等农业投入品的整治，整顿规范用药，严禁使用违禁药物。坚决打击生产、销售非法兽药产品行为，对农贸市场猪肉质量安全进行全面检查，确保猪肉产品的安全。三是大力发展无公害农产品，绿色食品和有机食品，积极推进农业专业合作社，加强对种、养殖大户的管理；要求其建立相关台账资料，做到可追溯性。

质监部门加强食品生产加工环节管理，做好卫生巡查、监管。认真实施食品市场准入制度，强化证后监管和无证查处工作，建立健全食品质量安全措施，并开展对食品加工小作坊的专项整治及签订食品生产加工小作坊质量安全承诺书，强化企业食品安全质量和第一责任人的意识。

工商部门积极强化流通领域食品的安全监管，营造放心的消费环境。针对农村食品的经营户分散、辐射面广、安全隐患大的特点，实行网络化管理，探索出一套适合农村的食品安全监管模式。一是对农村食品经营者主体资格的准入严格把关，利用工商协管员实行责任到人，分段分片包干，做到全能监管；二是建立健全经营者的自律体系，通过引导和监管经营者建立进货台账，索证索票，以及诚信经营等相关制度。在2009年建立起了诚信经营一条街后，以点带面在全镇范围内积极推广。根据相关规定对镇区内的大型超市建立索证索票制度。对街道、社区食杂店相应建立进货台账，以及由政府出资统一给食品批发部印制材料，统一记录，力求保证食品的追溯性；三是建立健全全社会监督体系。工商系统的“12315”投诉体系已经延伸到了农村行政村和社区，通过这个网络体系：一方面加强了农村食品市场的监管，另一方面及时受理和处理群众的投诉举报，同时可以宣传相关知识，提高广大群众的自我保护能力；四是加强对农贸市场的监控力度，严把蔬菜准入关。根据要求各农贸市场每天开展农产品检测并给予公示，检测不合格的农产品现场销毁，保障了人民的身体健康。

卫生部门加强食品消费环节监管。严把食品从业单位和从业人员的准入关。加强从业人员的培训，全面推进食品量化分级管理。一是依法严格监督检查餐饮经营者的资格，严格执行相关的许可和等级制度，规范原料进货和索证索票。二是在提高单位自律性的基础上，继续推行食品卫生量化分级管理，全面覆盖全镇大中型餐饮单位、团膳公司、学校食堂、企业食堂、食品超市。通过经常性、不定期的监管，规范从业人员的自律性，促使其养成良好的习惯，并通过发放有关宣传材料减少事故的发生。

3. 开展食品安全专项整治

根据市食安委专项整治工作要求，结合全镇实际，在重要时段对重点区域、重点产品进行专项整治，各部门间相互配合，联合进行执法检查。2010年，全镇共开展各类食品安全专项检查18次，查处各类不合格食品400余公斤，处理食品安全类投诉12起，重大活动食品安全保障3次，开展食品药品专题知识宣教培训4次，发放各类宣传资料1 800余份。全镇全年农畜水产品无违禁药物检书，动植物未发生一项重大疫病、病害，加工食品质量抽查合格率100%，未发生一例重大食物安全事故。一是开展联合检查。镇食安办会同工商、卫生、环保、城管、公安、农业、兽医、文卫等部门对重点区域进行联合检查，重点对无证无照进行治理，同时加强对小作坊的整治共取缔非法加工小作坊5家。二是加强对流通领域食品的专项检查，要求各单位必须证照齐全，做好索证索票工作，有条件的单位要建立电子台账，加强食品专用仓库的管理，规范储贮。三是积极处理群众投诉，保障群众的合法权益，做到投诉处理率达100%。

4. 通过宣传培训营造良好氛围

通过设点咨询，发放食品安全手册，悬挂标语等形式，开展多渠道宣传食品安全知识，使各村、社区、大型超市都建立起一个食品安全宣传阵地。定期更新内容，营造出"人人关注食品安全，人人参与食品安全"的良好氛围来提高人民的食品安全意识。同时走进社区、学校发放宣传材料。开展从业人员的培训，提高从业者的食品安全意识。各相关部门针对各自的行业对从业人员进行了培训。提高了从业人员的质量意识和技术水平。开展协管员信息培训，为了提高自身的业务水平和管理水平，保障全镇食品安全监管网络有效地长期运作，在积极参加市食安办举办的业务知识培训的同时，全镇食安办定期和不定期的召开协管员信息员会议，组织开展业务学习，增强队伍的工作水平。做好食品安全事故的应急预案。为了在最短时间内以最快的速度最有效的办法处理食品安全的突发事件，全镇制定了周市镇突发公共卫生事件应急预案，并适时开展演练，确保有足够的能力应对突发事件，为百姓的身体健康保驾护航。

(二)"苏州市食品安全示范镇"

2009年6月，为了更好地推进全镇食品安全工作，规范食品生产经营行为，夯实食品安全工作基础，加强食品安全长效机制建设，进一步提高全镇食品安全保障水平，周市镇成立了以镇长为首的"食品安全示范镇"领导小组，积极争创"苏州市食品安全示范镇"。整个创建活动按照"镇政府负总责，部门指导协调，各方联合行动"的工作机制，坚持突出重点，全面推进、标本兼治、着力治本的原则，通过建立食品安全监督网络，促进食品生产经营企业自律，引导广大群众安全消费，不断推进食品安全协调发展。

1. 创建内容

(1) 落实镇政府食品安全责任。进一步完善农村食品安全监管网络，责任明确。镇和街道、村、相关部门签订食品安全责任书，将镇食品安全监管经费列入年度财政预算，加大投入，加强镇食品安全软硬件建设，保证农村食品安全工作正常开展。支持、协助工商、卫生、农林等部门开展行政执法工作，根据全镇实际组织部门开展联合执法或整治活动。

(2) 强化农产品质量安全监管。推进农业合作社建设,积极发展无公害农产品、绿色食品和有机食品,加强农业投入和管理,建立农资放心店,杜绝经营、使用国家明令禁止使用的农药、兽药和添加剂等。推广农业标准化生产,督促农业专业合作社和种植、养殖大户建立生产经营记录,引导农民合理使用化肥、农药、兽药、饲料、添加剂和植物生长激素等,规范种植养殖行为。

(3) 强化食品生产加工业监管,全面掌握辖区内食品生产加工企业基本情况,食品小企业、小作坊 100%签订食品质量安全承诺书,全面提升食品生产加工小企业、小作坊产品质量控制能力,促进农村小食品生产企业健康发展;坚决取缔无证、无照的食品生产加工企业;企业严格按照食品质量、卫生标准组织生产,杜绝使用非食品原料生产加工食品;严格实行生猪定点屠宰管理,定点屠宰率达到 100%。

(4) 加强流通领域食品安全监管。坚决取缔无照经营、超范围经营食品违法行为,严格规范经营主体资格。落实集贸市场、食品批发市场开办者的质量安全监管责任,强化集贸市场质量安全快速检测,并将检测结果给予公示。实现村级“标准化农家店”100%全覆盖,食品集中配送率 85%。加强学校周边商店的食品经营管理。食品经营者全面实施进货查验、索证索票、购销台账、不合格食品退市和质量承诺制度街道和社区食杂店 100%建立食品进货台账制度。食品经营单位无销售假劣食品现象,街道及学校周边无食品流动摊贩。加强生产者产品销售管理,禁止从非定点屠宰企业购入、销售生猪产品。

(5) 开展消费领域食品安全监管。推进餐饮业食品卫生量化分级管理,严格餐饮业和学校食堂服务许可证、从业人员健康证的审查发证和年检,开展食品安全法及有关法律法规知识培训,加强餐饮业日常监管,落实餐具消毒、保洁和防蝇措施。学校食堂建立食品购进验收台账,原料进货索证索票率达到 100%。加强农村自办宴席管理,开展预防食物中毒的宣传和指导,预防和减少食物中毒事件和食源性疾病发生。

(6) 强化食品安全宣传教育,充分发挥基层组织作用,广泛开展针对居民的食品安全常识和法律知识宣传普及活动。开辟食品安全宣传橱窗或专栏来宣传食品安全知识。加强食品安全协管员、信息员和食品生产经营从业人员培训。

(7) 加强食品安全长效机制建设。建立健全食品安全应急机制。建立食源性疾病预警处置方案,加强本级食品卫生和食源性疾病监测工作,提高食源性疾病的预警和控制能力,完善餐饮服务业重大食品卫生和食源性疾病事件调查的报告和处理机制,确保报告及时、反应迅速、处理得当。

2. 创建过程

全镇的“食品安全示范镇”创建工作分以下四个阶段具体进行:

阶 段	主 要 任 务
准备阶段 (2009 年 5 月)	把创建工作纳入政府年度工作目标考核内容,建立领导机构,加大经费投入力度,把食品安全专项经费纳入财政预算,确保创建工作经费到位,制定创建实施方案,明确部门职责,做好宣传动员工作。
实施阶段 (2009 年 5 月至 7 月)	按创建要求,扎实工作。镇食品安全办按照示范镇的工作要求,明确职责,落实责任,分解任务,强化措施,全面推进创建工作。各成员单位工商、质监、农林、卫生、教育等部门把食品安全示范镇的创建工作列入本部门的工作计划,结合自身职能,主动完成各项创建工作。
验收阶段 (2009 年 7 月至 8 月)	按创建要求完成各项工作,上报食品安全示范镇建设工作总结,准备各项材料,接受苏州市食安委领导的考核验收。

通过持续不断的努力,2009 年底,周市镇被评为“苏州市食品安全示范镇”。

(三) 食品安全事故应急处置预案

为了提高对食物中毒等食品安全事故的应急处理能力,及时采取应对控制措施,规范和做好食品安全事故的应急处理工作,根据中央和江苏省的相关规定,周市镇制定了食品安全事故应急处置预案。

1. 基本原则

(1) 预防为主,常备不懈

提高全社会对食物中毒等食品安全事故的防范意识,落实各项防范措施,做好人员、技术、物资和设备的应急储备工作。对可能引发食物中毒等食品安全事故的危害因素要及时进行分析、预警,做到早发现、早报告、早处理。

(2) 统一领导,分级负责

根据食物中毒等食品安全事故的范围、性质和危害程度,实行分级管理。医疗卫生机构按照预案规定,在各自的职责范围内做好食物中毒等食品安全事故应急处理的技术工作。

(3) 依法规范,措施果断

按照相关法律法规等的规定,完善食品安全事故应急保障体系,建立健全食品安全事故应急处理工作制度,及时、有效地对食品安全事故和可能发生的食品安全事故进行监测、预警、报告和应急处理工作。

(4) 依靠科学,加强合作

食品安全事故应急处理工作要充分尊重和依靠科学,要重视开展防范和处理食品安全事故的科研和培训,为食品安全事故应急处理提供科技保障。

2. 组织结构

(1) 食品安全事故应急指挥小组

全面负责食物中毒等食品安全事故的应急处置工作。组长、副组长分别由镇

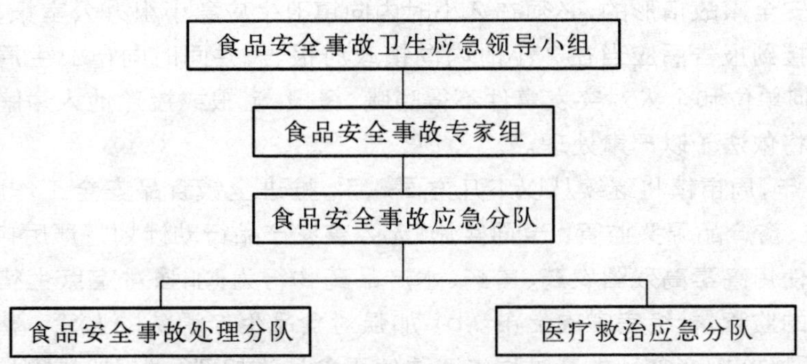

图 5－24 食品安全事故处理组织图

预防保健所所长、分管副所长担任，成员由办公室、公共卫生科、疾病控制科、体检服务中心和社区服务中心等科室负责人组成。领导小组下设办公室，以协助领导小组实施本预案；传达、执行、督促落实领导小组的各项指令。

（2）食品安全事故专家组

对食物中毒等食品安全事故进行讨论、分析、研究，提出可行性意见，为采取相应控制措施提供科学决策依据；对流行病学调查研究、临床救治工作、食品卫生调查等工作进行技术指导；对各类专业技术人员进行业务培训，提高应对食物中毒等食品安全事故的能力和水平。

（3）食品安全事故应急分队

食品安全事故应急分队由食品安全事故处理分队和医疗救治应急分队组成。食品安全事故处理分队由预防保健所分管副所长任队长，领导公共卫生科全体人员协助上级机构尽快查明食品安全事故的经过、原因、人员伤亡情况和危害程度，提出和采取控制食品安全事故的措施，及时采集样品进行实验室检验；分析食品安全事故责任，收集违法者实施违法行为的证据，提出对事件责任人的处罚意见并完成上级业务部门交付的其他工作任务。医疗救治应急分队由镇人民医院分管副院长任队长，由医院临床各科室主任和社区服务中心主任组成，负责对食品安全事故病人或疑似病人进行诊断、治疗、报告；根据患者病情确定治疗方案；发现传染病病人或疑似病人及时报告并采取相应措施。

3. 应急处置

（1）预警

依据食品安全事故可能造成的危害程度、涉及范围、影响大小及财产损失等情况，由低到高分级实施临时紧急控制措施，以达到最有效的控制效果。

（2）报告

加强辖区内食品安全事故报告系统的科学化、信息化、网络化建设，提高报告的及时性。镇内的各医疗卫生机构包括民营医疗机构和个体诊所，发现有食物中毒等食品安全事故情形的，必须在 2 小时内向镇卫生应急小组办公室报告；应急小组办公室接到报告后应当在 2 小时内向镇政府报告，并同时向市卫生局报告。并规定：任何单位和个人对突发事件不得隐瞒、缓报、谎报或授意他人隐瞒、缓报、谎报，否则，将依法予以严肃处理。

2011 年，周市镇将继续从以下几方面入手，推进全镇食品安全工作顺利进行：a）加强农、畜产品源头监管：全面实施“无公害农产品行动计划”；严厉打击违法经营、销售、使用高毒高残留农药、兽药、水产品药物行为；加强对定点生猪屠宰场内生猪检疫的监管，杜绝病害肉上市。b）加强对食品生产源头的监管：整治违法生产行为，严格监控在食品生产过程中违法使用食品添加剂行为，加强食品生产原料的监管，加大食品生产环节的监督和抽检力度，严查用变质食品、地沟油、陈化粮进行食品生产行为。c）抓好流通环节的食品安全监管：指导经营企业建立健全食品进货验收、索证索票、质量追溯、封存报告和销售台账制度。对经营不符合标准和有毒有害食品的行为，做到早发现、早控制、追根溯源，依法严厉打击。d）抓好消费环节的食品安全监管：严格餐饮业卫生许可准入制度和保证餐饮业从业人员健康证持证率达 100%，提高学校食堂、集体食堂和餐饮业食品卫生分级量化管理范围，加强消费环节日常监管，努力提高监管覆盖面，以筑牢全镇食品安全防线。

第五章 "平安周市"建设的综合分析与路径探索

近年来，周市镇立足"做优周市"，不断深化"三个优化"内涵，实施"五大发展跨越"，在转型升级中跳出数量扩张的局限，在城镇功能、人口素质、生活品质等方面努力彰显现代化的内涵，取得了突出的成就。同时，社会管理全面加强，"平安周市"建设成效显著。在新的发展时期，周市镇还应建立社会治安综合治理的公众参与机制，健全城市公共安全体系和应急管理体制，完善流动人口服务与管理模式，继续加强和创新社会管理，深化"平安周市"建设，为全镇经济社会又好又快的发展创造更加良好的环境。

一 社会安全体系的整合能力分析

周市镇在社会安全方面秉持"大综治"理念，以"大防控"、"大信访"、"大调解"为工作平台，积极构建"大安全"格局，综治工作网络和平台更加健全，不断推动"平安周市"建设向纵深发展。具体从以下三方面加以分析。

1. 社会治安"大防控"机制

不断建设和完善"五联机制"，通过户村联动、所区联网、三区联防、内外联控、水陆联守等五个方面实行社会治安资源的有效整合，拓展了防控领域，形成了监控合力。尤其是通过户村(社)接警系统、村(社)"五位一体"综治办、"三区联防"、"大巡防"、"平安细胞工程"、大走访"开门"等工作，健全人防、物防、技防相结合的立体网络，构筑了社会治安大防控网络。推动"三无"村(社区)创建，法律援助工作实现常态化、社区化。同时,"五五"普法全面完成,"六五"普法全面展开,顺利通过江苏省"五五"普法先进集体、苏州市首批法治先进镇验收,市北村成功创建全国民主法治示范村,实现了昆山市"全国民主法治示范村"零突破。

2. 矛盾纠纷"大调解"机制

积极应对当前社会稳定的新挑战,超前研判、超前谋划、超前工作。充分发挥镇、办事处、村(社区)企业单位等各类矛盾纠纷调解组织的作用,强化大调解机制。规范矛盾纠纷排查研判、接待受理、分流指派、协调处理、检查督办等工作环节,健全领导包案、干部下访等制度,集中排查解决信访热点难点问题,做到各种矛盾防范在前、处置在早、化解在小,切实维护信访秩序。创新大调解工作方法,完善对接机制,强化部门联动,健全"诉调对接"、"检调对接"、"公调对接"、"纪调对接"、"访调对接"等工作机制,充分发挥人民调解、行政调解、司法调解"三大调解"联动和市、镇、村三级调解工作网络的职能作用,在全市首推劳动争议调处联动机制,降低调处成本,缩短调处时限,提高调解成效,缓解各类社会矛盾。同时,完善重大决策社会稳定风险评估机制,从源头上预防和减少矛盾纠纷,妥善处理各类群体性事件,不断提升服务保障发展大局的工作水平。

3. 生产生活"大安全"机制

在生产生活安全中,周市镇不断推动安全生产责任落实和长效监管,开展危化品领域重点工作,强化食品药品安全监管,提高道路交通安全管理科学化水平,深化校园安全及周边环境整治,开展劳动关系和谐企业创建活动,促进刑释解教人员社区矫正和安置帮教工作,努力减少社会不稳定因素。从而,使得覆盖全镇的安全生产、卫生防疫、食品药品等监管体系更加完善,应急管理体制初步形成,应对突发公共事件的能力有所提高,各类安全生产事故起数、死亡人数和直接经济损失全面下降,"大安全"格局得到进一步完善。

二 社会安全面临的问题与挑战

当前,周市镇社会安全的总体形势平稳。随着和谐社会建设的全面推进,一些人民群众最关心、最直接、最现实的利益问题逐步解决,保障社会公平正义的制度性措施继续完善,从源头上化解了社会矛盾和不稳定因素,为全镇经济社会良性运行和协调发展提供了有效的环境保障。但是,和谐社会建设的任务依然艰巨,社会稳定的压力突出,社会累积性矛盾和阶段性问题相互交织,新的社会需求、社会事务、社会矛盾等对社会管理体制提出了新的挑战,维护社会稳定的任务更加繁重。

1. 社会治安方面

经过近几年持续高压严打和治安防范大投入，全镇刑事案件得到有效控制，并呈下降趋势，但案件总量仍在高位运行，犯罪的暴力化、动态化、智能化特征日益明显。受经济形势、人员流动等因素的影响，流动人口犯罪、多发性侵财犯罪比较突出，个人极端暴力犯罪、涉枪涉爆犯罪、黑恶势力犯罪和群众反映强烈、深恶痛绝的电信诈骗、拐卖儿童妇女、“两抢一盗”、“黄赌毒”等违法犯罪现象时有发生。治安重点地区和突出问题的长效管理机制、社会治安防控体系有待加强，尤其是应继续加强对全镇户村接警系统、治安监控系统（路面监控、“电子警察”、“全球眼”系统、老小区和自然村等一般监控无法布设的地点安装 3G 无线红外电子眼）的维护和建设，进一步织密技防网络。并进一步深化平安系列创建，继续组织开展平安单位、企业、校园、医院、市场、道路、家庭、场所等基层系列平安创建活动，共同为维护社会治安的平稳态势贡献力量。

2. 矛盾纠纷方面

利益格局和利益表达发生深刻变化，给统筹化解各种社会矛盾、预防处置群体性事件提出了新的挑战。当前，各种社会矛盾的内容和表现形式错综复杂，一些群体性事件诱因简单、突发性强，一起普通的刑事案件、治安案件、民事纠纷都有可能转化为大规模的群体性事件，给调处化解带来了很大难度。同时，原有的一些社会矛盾可能凸显，新的社会矛盾不断产生（如劳资纠纷、征地补偿、拆迁矛盾等），将会出现新老矛盾交织，经济领域的矛盾与其他领域的矛盾相互影响、相互作用的局面。应加强社会矛盾纠纷排查活动，拓展社会矛盾纠纷信息平台建设，畅通群众诉求表达渠道，努力把矛盾纠纷解决在基层、解决在萌芽状态中。并加强社会矛盾纠纷调处，切实加强村（社区）调解组织和人民调解员队伍建设，全面提升调解员业务水平，进一步完善人民调解、行政调解、司法调节等机制，创新拓展诉调、检调、公调、访调等对接机制，增强化解矛盾纠纷的整体合力。

3. 社会管理方面

随着周市镇城镇化加速，经济结构、产业结构的调整，经济成分、就业方式、组织形式、利益关系和分配方式日益多元化，整个社会的开放性、流动性大大加强，对社会管理提出了新的挑战。一是外来人口服务与管理难度越来越大，一些盲目流入、无业可就、被打击处理的人员刑满解教后滞留周市，成为违法犯罪高危群体，给社会治安带来较大冲击。二是场所行业管理任务艰巨。黑网吧、黑中介、黑旅馆、无证废旧收购等，虽经过几轮集中整治，仍存在反弹现象，为犯罪分子提供落脚场所和销赃渠道。应进一步完善镇综治中心建设，完善工作机制，整合基层资源，充实工作内容，创新工作方法。充分发挥村（社区）“五位一体”综治办的功能和作用，大力开展各种群防群治活动，发挥好人民群众在打造平安家园中的作用，树立警力有限、民力无限新理念。尤其是要加强对外来人口和特殊人群的服务管理，实行逐人建档、分类管理，不断提高服务和管理的绩效。

4. 生产生活安全方面

当前，生产生活安全日益受到人们的重视。但在全镇“大检查、大排查、大整治”活动中，发现消防重点单位中消防隐患检查不深入，消防安全意识淡漠，危化品存储、使用不规范，危化品监管难度较大，整改不到位等情况大量存在，基层火灾自防自救能力不强，容易引发事故。因此，应以“一岗双责”为前提，进一步落实安全生产责任制；稳妥推行高危企业注册安全工程师制度，加强安全生产专项整治和事故隐患整改，加强宣传培训教育，构建和完善企业安全生产管理体系。进一步完善重大危险源电子监控平台建设，加强对高危企业、职业危害和中小企业的监管督查，加大职业危害预防力度，严防各类事故发生。同时，完善“大安全”格局，健全城市公共安全体系，进一步推动安全生产责任落实和长效监管，尤其应以保障民生为准则，通过加强农、畜产品源头管理，加强对食品生产源头的监管，抓好流通环节和消费环节的食品安全监督，筑牢食品安全防线。

三 “平安周市”建设的路径探索

在新的发展进程中，周市镇要继续完善大防控、大调解机制，尤其是要加强和创新社会管理方式，建立社会治安综合治理的公众参与机制，健全城市公共安全体系和应急管理体制，完善流动人口服务与管理模式，推进“平安周市”、“法治周市”建设进程，切实维护社会安全稳定。

1. 建立社会治安综合治理的公众参与机制

近年来，周市镇内大型建设项目和重大活动数量越来越多，规模也越来越大，社会治安、应急管理、公共安全等方面承载的压力越来越大，公众参与正是社会治安综合治理的基础。有助于发现一些极少见的、易被忽略的安全隐患，特别是可以在第一时间了解基层的真实状况，乃至一些具有倾向性的事件和不安全因素，进而及时、有效地预防、化解社会矛盾纠纷，以弥补政府对社会治安综合治理能力的不足。

但在目前，政府部门对于公众参与的社会价值没有充分认识，缺乏法律和制度保障，缺少可操作的方式、程序和准则；同时，公众整体安全文化教育不够，参与意识和技能薄弱，缺少必要的社会组织和机制作为参与的有效载体。应成立专门的、常设性公共安全信息管理机构，收集、整理和分析公众意见，建立城市公共安全信息平台，完善公共安全信息通报制度，适时、适度地发布警情或向社会公示；政府有关部门应加强组织、管理和引导，明确公众参与的方式、程序和准则，将街道、社区作为公众参与活动的组织主体,设置固定活动场所,通过多种途径使群众提出的各种潜在安全隐患及防治方法得以及时、有效的表达。

2. 加强基层基础建设,扩大社会自治与自我管理的空间

在进一步完善社会管理的工作格局时,按照"党委领导、政府负责、社会协同、公众参与"的要求,除了发挥党委的领导核心作用和政府的管理职能,更要发挥社区自治组织、非营利社会组织和广大公民为主体的社会自治和自我管理作用,整合社会资源,积极推动建立政府行政功能同社会自治功能互补、政府管理力量与社会调解力量互动的社会协同管理网络。

因此,需要加强基层基础建设,尤其是进一步加强以城乡社区为重点的基层基础建设,在基层构建一个横向到边、纵向到底的社会管理体系,切实把社会问题和社会矛盾解决在基层。同时,发挥社会组织的作用。完善培育扶持的政策措施,推动包括社会团体、行业组织、中介机构、志愿者团体等在内的各种社会组织发展壮大,让公民有更多的机会利用这种载体实现自我管理和参与社会管理。并且,进一步强化各类企事业单位社会管理的责任。要鼓励和支持各类所有制企业承担社会责任,合理处理企业内部的劳资关系,加强人文关怀,改善用工环境,保持职工队伍稳定。积极发挥各种所有制企业单位在基层治安、矛盾调处、安全生产、劳资关系等方面的作用。①

3. 健全城市公共安全体系和应急处置机制

随着周市由镇向城的发展,城市公共安全体系也应引起足够的重视。在某种程度上,随着城市的发展,其抵抗社会风险的能力反而是越脆弱。如各种偶发性的自然灾害、生产安全、公共卫生或社会安全事件都越来越严重地威胁着城市公共安全。应充分认识这些突发事件的孕育、发生、发展的机理及其对城市公共安全体系的风险,从而有效减少或预防此类突发事件的发生,弱化其消极影响,增强城市的公共安全保障。

与此同时,应逐步探索构建完善的应急处置机制。首先,完善应急管理领导体制。按照"统一领导、综合协调、分类管理、分级负责、属地管理为主"的要求,建立健全各级各类应急管理机构,明确职责权限,理顺工作关系,完善工作制度。其次,加强应急管理机制建设。健全完善突发事件监测预警机制、信息报告和信息共享机制、风险评估和事故调查机制、应急处置救援机制、社会动员和参与机制,以及信息发布和舆论引导机制、国际合作机制、恢复重建机制等。最后,要加强全民风险防范和应急处置能力建设。加强应急知识和相关法规的全民宣传教育,将公共安全纳入教育体系。利用各种新闻媒体介绍普及应急知识,特别是要加强对各级干部应急知识和能力的培养,提高对突发事件的应对和处置能力,提高全社会防灾救

---

① 见李培林《创新社会管理是我国改革的新任务》,《人民日报》2011年2月22日。

灾和应对危机的能力。

4. 深化外来人口的服务与管理

针对周市镇外来人口较多的实际情况，在落实信息采集外包服务、“集居工程”、社会治安精细化管理和“均等服务、乐在周市”等机制的同时，要进一步深化外来人口的服务和管理。a）提高外来人口的法律意识。在“六五普法”中，要通过多种形式的法制宣传教育活动，为其提供便捷的法律咨询和法律服务，切实提高外来人口的学法、懂法、守法、用法的意识，培育其通过法律途径解决所面临问题的思维，预防产生不当或违法犯罪行为。b）丰富外来人口的业余文化生活。鼓励企业运用独特的文化理念，加强对外来员工的关爱，为其工作之余提供丰富多彩的企业文化活动。同时，大力开展科技、文化、卫生、法制、体育等下基层进社区活动。把知识、技能、娱乐送到外来流动人口之中，为他们提高面对面的服务，满足他们的精神文化需求。c）多措并举，促进外来人口的全面成长。如践行“均等服务，乐在周市”的理念，设立外来人口综合服务中心，健全综合服务网络，为外来人口提供求职、培训、就业、创业、法律、教育、维权、计生、社保等方面的优质便民服务，增强其对第二故乡的认同感、归属感。

后记

《善爱　公信　共生——昆山周市镇社会建设的实践与探索》终于面世了，她是高等院校与地方政府战略合作的结晶。华东理工大学一批长期从事一线科研工作的青年骨干教师，在考察昆山周市镇社会建设实践的基础上，运用多学科的视角，全面透视了周市镇经济发展社会的全貌，包括民生与社会保障、社区建设与管理、公信政府建设、人文氛围构建与包容环境建设，以及平安周市建设等五个方面，涵盖了经济、政治、社会、文化等四位一体建设，各篇在总体框架内既相互支撑，又自成体系，既是周市镇社会建设与社会管理的经验总结和系统解读，又可以为周市镇社会转型与优化升级提供决策参考。

本书的具体分工为：华东理工大学社会与公共管理学院副院长张广利教授、博士导师（总论），华东理工大学社会学系副系主任汪华博士、副教授（第一篇），华东理工大学学报编辑部主任徐丙奎博士、副编审（第二篇），华东理工大学行政管理系副系主任陈丰博士、副教授（第三篇），华东理工大学社会学系张燕博士（第四篇），华东理工大学社会学系赵方杜博士（第五篇）。华东理工大学社会发展研究中心主任、博士生导师、著名社会学家曹锦清教授欣然为本书作序。全书由张广利教授、史红亮书记、汪华副教授、蒋跃副书记等人拟定提纲统筹分工，经过与昆山周市镇领导和职能部门多次沟通、讨论，课题组分篇撰稿人多次统稿、校稿完成。华东理工大学社会学系唐有财博士全程参与了课题组的论证工作。

感谢对本书一直给予高度关注的华东理工大学社会与公共管理学院院长徐永

祥教授和曹锦清教授，感谢本书所有作者的创造性劳动和不畏艰辛精神。本书在写作过程中，借鉴了有关社会建设与社会管理领域的诸多研究成果，有些引文已经在参考文献中标明，有些因我们的疏漏尚未标注，在此对相关研究的学者深表谢意和敬意。部分资料来源于周市镇相关职能部门，对所有为课题顺利完成提供便利的各位领导和职能部门的工作人员深表谢忱。书中部分章节有待进一步展开论证，唯愿通过一些后续的研究逐步完善。

作者

2011 年 8 月